2024 이패스 손해평가사 2차 필기노트

2024 최신판

손해평가사 2차 시험대비 기본이론서

송형근 편저

1과목 농작물재해보험 및 가축재해보험의 이론과 실무

2과목 농작물재해보험 및 가축재해보험 손해평가의 이론과 실무

2차

작물별 특징 및 공통사항 요약정리
농업재해보험 관련용어 및 첨부자료 수록
주제별 기출문제 수록

손해평가사 2차 시험대비 보험전문교육기관 이패스손사 www.sonsakorea.com

epasskorea

머리말

　손해평가사 시험은 농업재해보험에서 보험사고가 발생했을 때 피해사실을 확인하고 손해를 평가하는 전문가를 선발하는 시험이다. 농작물과 가축, 자연재해에 대한 손해평가라는 흥미로운 조합을 지닌 자격증이며 최근에 응시인원이 급격히 늘고 있다.

　이 책은 손해평가사 2차 시험을 준비하는 분들을 위해 집필하였다. 시중에 수험생을 위한 전문교재가 많지 않다는 점과 농업정책보험금융원에서 발간하는 이론서의 경우 실무적인 매뉴얼이다 보니 작물별로 같은 내용이 반복되어 단기간에 학습하는데는 다소 비효율적이라는 점에 착안하였다.

　저자는 농업재해보험을 하나의 보험상품으로 접근하여 작물별로 공통되는 사항은 하나로 묶고 개별 보험상품은 비교되는 특징 위주로 기술하였다. 아울러 상품별로 핵심사항을 정리하여 쉽게 이해할 수 있도록 하였다. 전체 분량과의 싸움이었으며 모호한 부분은 자료를 보강하는 작업을 계속하였다.

　손해평가사 2차 시험은 보험가입비중이 높은 품목을 중심으로 학습하면 될 것이다. 다만 최근 들어 출제범위가 다양화되고 있고 응시인원 증가로 인한 난이도 변화에도 대비를 해야 한다.

　수험생들은 농작물에 대한 지식이 부족하기 때문에 보험상품을 이해하는데 어려움을 겪는다. 이럴수록 생소한 용어부터 기초적인 내용에 충실하는 것이 필요하다. 이 책은 농업재해보험의 기본적인 틀을 이해하고 수험기간을 단축하는데 도움이 될 것이다. 이론적인 틀을 만든 후 실전문제를 통해 이해의 폭을 넓혀가면 된다.

　이 책을 통해 여러분들이 손해평가사 시험을 쉽게 접근하고 취득하기를 진심으로 바란다. 아울러 이 책을 발간할 수 있도록 도와주신 이패스코리아 에도 깊은 감사를 드린다.

2024년 4월 사저에서

손해평가사 시험안내

손해평가사

> 정책보험인 농업재해보험에서 보험사고가 발생한 경우 피해사실을 확인하고 보험가액 및 손해액을 평가하는 일을 수행하는 자로 농림축산식품부장관이 시행(한국산업인력공단에 위탁)하는 손해평가사 자격시험에 합격한 자를 말한다.

▶ 2024년도 손해평가사 시험일정

구분	원서접수	시험일자	합격자 발표일	원서접수방법
1차	04.29 ~ 05.03	2024.06.08.(토)	2024.07.10.(수)	큐넷
2차	07.22 ~ 07.26	2024.08.31.(토)	2024.11.13.(수)	www.q-net.or.kr

▶ 시험과목 및 문항 수, 배점

구분	시험과목	문항 수	시험시간	시험방법
1차	1. 상법 보험편 2. 농어업재해보험법령 3. 재배학 및 원예식물학	과목별 25문항	90분	객관식
2차	1. 농작물재해보험 및 가축재해보험의 　이론과 실무 2. 농작물재해보험 및 가축재해보험 　손해평가의 이론과 실무	과목별 10문항	120분	주관식

▶ 응시자격 및 합격기준
  - 응시자격 : 제한없음
  - 합격기준 : 1차 및 2차시험 각 과목 40점 이상, 평균 60점 이상
  - 1차 시험에 합격하거나 면제된 자에 한하여 2차시험 응시 가능
  - 1차시험에 합격한 경우 다음 회에 한하여 1차시험 면제

▶ 손해평가사 합격자 통계

구분	1차시험				2차시험			
	대상자	응시자	합격자	합격률(%)	대상자	응시자	합격자	합격률(%)
1회	5,684	4,002	1,865	46.6	2,835	2,260	430	19.0
2회	3,655	2,879	1,761	61.2	2,442	1,852	167	9.0
3회	3,240	2,374	1,444	60.8	1,939	1,538	260	16.9
4회	3,716	2,594	1,949	75.1	2,372	1,934	129	6.7
5회	6,614	3,901	2,486	63.7	3,254	2,712	153	5.6
6회	9,752	8,193	5,748	70.2	5,855	4,937	566	11.5
7회	15,385	13,230	9,508	71.9	10,136	8,699	2,233	25.7
8회	15,796	13,361	9,067	67.9	10,685	9,016	1,113	12.3
9회	16,930	14,107	10,830	76.8	11,732	9,977	1,390	13.9
합계	80,772	64,641	44,658	69.1	51,250	42,925	6,441	15.0

▶ 손해평가사 합격자 통계
  - 한국손해평가사협회 또는 한국농어업재해보험협회에 가입하여 손해평가 활동
  - 보험업법에 따른 손해사정을 업으로 하는 손해사정법인 취업

손해평가사 2차 출제경향 분석

▶ 출제경향분석(2015~2023년)

구분	내용	1회	2회	3회	4회	5회	6회	7회	8회	9회	계
1과목 (매회 10문항)	제도일반/용어	3	2	1	2	1	1	2	3	2	17
	과수작물	2	4	5	4	3	4	2	1	2	27
	논작물		1	1		1		2	1		6
	밭작물	2	1		2	2	2	2	3	3	17
	시설작물			1		1		1			3
	계약관리/인수	1	2		1				1	1	6
	가축	2		2	1	2	3	1	1	2	14
2과목 (매회 10문항)	제도일반/용어	1		1			1	1			4
	과수작물	5	4	3	4	5	3	3	4	3	34
	논작물	2	1	1	2	1	2	1	2	1	13
	밭작물	2	5	3	2	2	2	3	2	4	25
	시설작물					1		1	1	1	4
	가축			2	2	1	2	1	1	1	10
	계	20	20	20	20	20	20	20	20	20	180

⇨ 출제경향분석

- 농업재해보험 2차 출제는 과수작물과 논작물, 밭작물 중심으로 출제되고 있으며 최근 가축분야에 대한 비중도 증가하고 있습니다.
- 과수작물은 사과 등 과수 4종 위주의 출제에서 포도, 복숭아, 복분자 등으로 품목이 다양화되고 있습니다. 논작물은 재해보험에서 보험가입비중이 가장 큰 벼 품목에 집중되어 있습니다.
- 밭작물은 수확감소보장방식과 생산비보장방식으로 나눌 수 있으며 전자의 출제비중이 높습니다. 품목별로 다양한 수확량 조사방법, 인삼과 해가림시설에 대한 문제도 꾸준히 출제되고 있습니다.
- 가축재해보험의 경우 학습분량이나 난이도에 비해 출제비중이 높은 편입니다. 소와 돼지(豚) 등에 대한 손해액 산출, 부문별 보상하는 손해와 보상하지 않는 손해, 축사(畜舍)의 범위와 잔가율 등을 중심으로 출제되고 있습니다.
- 최근 몇 년간 응시자의 급증으로 난이도 조절에 대한 우려가 있었으나 출제수준의 큰 변화는 없었습니다.

손해평가사 2차 학습전략

2023년 손해평가사 2차 총평 및 학습방법

⇨ 1과목(보험상품의 내용)과 2과목(손해평가와 보험금 산출) 공히 과수작물과 밭작물의 출제비중이 높았습니다.

⇨ 시험의 난이도가 높지는 않으나 사과의 평년수확량 산출, 해가림시설의 보험가입금액 산정, 시설작물(쑥갓)의 생산비보장보험금 산정 등에서 까다로운 변수가 추가되어 득점이 쉽지 않았습니다. 즉 해가림시설의 단위면적당 시설비(재료), 쑥갓의 표준생장일수 등 이전에 지문에 주어지던 변수들이 문제로 출제되었습니다.

⇨ 1과목과 2과목은 배점이 15점인 문제가 5문항씩 출제되는데 문항별로 2~3개의 소문제로 구성되어 실질적인 문항수가 증가되어 있습니다.

⇨ 학습방법은 용어부터 식물의 생장 특성까지 기본적인 내용에 충실해야 난이도 변화에 대응할 수 있습니다. 출제범위도 다양화되고 있으므로 전략품목이 아닌 전체 내용을 빠짐없이 학습해야 합니다. 작물별 표준생장일수, 가축의 발육표준표 등 세부적인 통계도 주어지는 변수가 아닌 출제대상으로 생각해야 합니다.

좀 더 자세한 내용 및 수험정보 등은 당사 홈페이지(www.sonsakorea.com) 참조

손해평가사 2차 교재특징

STEP 1　기본이론

① 작물별로 특징을 요약하여 체계적인 이해를 도왔습니다.
② 작물별로 공통사항은 묶어 쉽게 이해하도록 하였습니다.
③ 학습기간 단축을 위해 전체내용을 절반으로 줄였습니다.

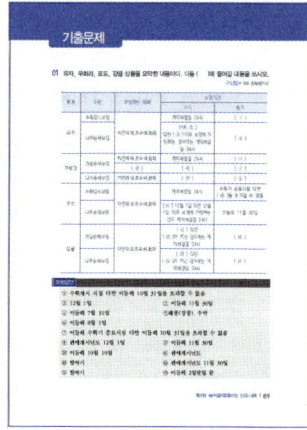

STEP 2　기출문제

① 이론서 내용을 이해하는데 필요한 문제만 엄선하였습니다.
② 장별로 문제를 수록해 이론서의 입체적인 이해를 도왔습니다.
③ 문제별 해설과 실전에 맞는 명료한 답안을 제시하였습니다.

이 책의 차례

I 농작물재해보험 및 가축재해보험의 이론과 실무

제01장 보험의 이해

제1절	위험과 보험	14
제2절	보험의 정의와 성립조건	17
제3절	보험의 기능	19
제4절	손해보험	20
	기출문제	30

제02장 농업재해보험의 필요성과 특징

제1절	농업재해보험의 필요성	32
제2절	농업재해보험의 특징과 기능	35
제3절	농업재해보험 법령	36

이 책의 차례

제03장 농작물재해보험제도

- 제1절 사업운영 체계 ... 38
- 제2절 사업시행 내용 ... 41
- 기출문제 ... 56

제04장 농작물재해보험의 상품내용

- 제1절 보상하는 재해와 보상하지 않는 손해 ... 57
- 제2절 과수작물 ... 66
- 제3절 논작물 ... 89
- 제4절 밭작물 ... 97
- 제5절 원예시설 및 시설작물(버섯재배사 및 버섯작물 포함) ... 112
- 제6절 농업수입보장 ... 124
- 기출문제 ... 132

제05장 농작물재해보험의 계약관리

제1절 계약인수 156
제2절 인수심사 159
　　　　　기출문제 172

제06장 가축재해보험제도

제1절 사업시행 내용 177
제2절 가축재해보험 보통약관 182
제3절 가축재해보험 특별약관 196
　　　　　기출문제 201

이 책의 차례

II 농작물재해보험 및 가축재해보험의 손해평가의 이론과 실무

제01장 농업재해보험 손해평가 개요

| 제1절 | 손해평가의 개요 | 204 |
| 제2절 | 손해평가의 체계 | 205 |

제02장 농작물재해보험 손해평가

제1절	과수작물 손해평가	210
제2절	논작물 손해평가	257
제3절	밭작물 손해평가	269
제4절	시설(작물) 손해평가	294
제5절	농업수입보장방식 손해평가	308
	기출문제	310

제03장　가축재해보험 손해평가

제1절	손해의 평가	352
제2절	특약의 손해평가	364
제3절	보험금 지급 및 심사	365
	기출문제	368

Appendix　부록

부록 1　농업재해보험 관련 용어　374

- 농어업재해보험 관련 용어　374
- 농작물재해보험 관련 용어　375
- 가축재해보험 관련 용어　383

부록 2　미경과비율표　388

부록 2　별표 (01~04, 07)　392

- 별표 01 품목별 표본주(구간)수 표　392
- 별표 02 농작물재해보험 미보상비율 적용표　396
- 별표 03 과실 분류에 따른 피해인정계수　399
- 별표 04 매실 품종별 과실 비대추정지수　401
- 별표 07 품목별 감수과실수 및 피해율 산정 방법　402

과목 01

농작물재해보험 및 가축재해보험의 이론과 실무

- 01 보험의 이해
- 02 농업재해보험의 필요성과 특징
- 03 농작물재해보험제도
- 04 농작물재해보험의 상품내용
- 05 농작물재해보험의 계약관리
- 06 가축재해보험제도

제1장 보험의 이해

01 위험과 보험

가. 위험의 정의와 분류

보험은 위험관리의 한 방법이며 자신의 위험을 제3자에게 전가하는 사회적 제도(장치)이다. 위험에 대한 정의는 다양하나 일반적으로 "앞으로 안좋은 일이 일어날 수 있는 가능성"이라는 의미로 쓰인다(석승훈 2020: 14). 위험과 관련되는 개념으로 위태(危殆), 손인(損因), 손해(損害) 등이 있다. 위태는 위험한 상태를 말하며 손인은 손해의 원인, 그리고 손인의 결과로 발생하는 가치의 감소가 손해이다.

〈위태와 손인과 손해의 구분〉

위태 (위험상황)	→	손인 (사고)	→	손해 (가치감소)
Hazard		Peril		Loss
사고발생 가능성 사고의 원인 (발생 전 단계)		위험의 현실화 손해의 원인 (발생)		사고발생 결과 경제적 수요발생 (발생 후 단계)

위험은 여러 가지로 분류할 수 있는데 보험이 모든 위험을 대상으로 하는 것이 아니므로 그 분류를 통해 보험에 적합한 위험을 정의할 필요가 있다.

1) 객관적 위험과 주관적 위험

위험 속성의 측정 여부에 따라 객관적 위험과 주관적 위험으로 구분한다. 객관적 위험은 실증자료 등이 있어 확률 또는 표준편차와 같은 수단을 통해 측정가능한 위험을 말한다.

2) 순수위험과 투기적 위험

손실의 기회와 이득의 기회 존재 여부에 따라 순수위험과 투기적 위험으로 구분한다. 손실의 기회만 있는 위험이 순수위험이며 손실의 기회와 이득의 기회를 함께 있는 위험이 투기적 위험이다. 순수위험에는 재산손실위험, 간접손실위험, 배상책임위험, 인적손실위험 등이 있다.

3) 정태적 위험과 동태적 위험

위험의 발생빈도나 발생규모가 시간에 따라 변하는지 여부에 따라 정태적 위험과 동태적 위험으로 구분한다. 화산 폭발, 지진 발생 등은 정태적 위험이며 소비자 기호의 변화, 가격 변동 등은 동태적 위험이다.

4) 기본적 위험과 특정적 위험

위험이 미치는 범위에 따라 기본적 위험과 특정적 위험으로 구분한다. 기본적 위험은 불특정 다수나 사회 전체에 손실을 초래하는 위험을 의미하며, 특정적 위험은 피해 당사자에 한정되거나 매우 제한적인 범위 내에서 손실을 초래하는 위험을 말한다.

5) 담보위험과 비담보위험, 면책위험

보험계약이 성립되었을 때 보험자가 책임을 부담하는 여부에 따라 담보위험, 비담보위험, 면책위험 등으로 구분한다. 담보위험은 보험자가 책임을 부담하는 위험이다. 비담보(부담보)위험은 보험자가 담보하는 위험에서 제외한 위험이다. 면책위험은 계약자 등의 고의에 의한 사고, 전쟁위험과 같이 보험자가 책임을 면하기로 한 위험이다.

이상과 같은 위험의 분류에서 보험에 적합한 위험은 객관적 위험, 순수위험, 정태적 위험, 특정적 위험이라고 할 수 있다. 다만 기본적 위험과 동태적 위험의 경우 어떤 종류는 손실 규모가 너무 크고 손실 발생의 예측이 어렵기는 하지만 사회복지나 경제안정을 위해 국가가 직접 또는 간접적으로 개입하여 보험화하는 위험도 있다.

나. 위험관리의 방법

위험관리는 위험을 발견하고 그 발생빈도나 심도를 분석하여 가능한 최소의 비용으로 손실 발생을 최소화하기 위한 제반 활동을 의미한다. 위험관리의 방법은 발생할 위험을 어떻게 대응하느냐에 따라 위험통제를 통한 대비방법과 위험자금 조달을 통한 대비방법으로 구분한다. 전자를 물리적인 위험관리, 후자를 재무적 위험관리라고 한다.

1) 물리적 위험관리

물리적 위험관리에는 위험회피, 손실통제, 위험요소의 분리, 계약을 통한 위험전가(轉嫁),

위험인수 등이 있다.

① 위험회피는 자동차 사고가 위험하다고 생각해 자동차를 타지 않는 것과 같이 손실의 가능성을 원천적으로 회피해 버리는 방법이다.
② 손실통제는 손실의 발생횟수나 규모를 줄이는 방법이다.
③ 위험요소의 분리는 위험 분산의 원리에 의해 복제(duplication)나 격리(seperation)를 하는 방법이다. 복제는 주요한 설계도면이나 자료 등을 복사하여 원본이 파손된 경우에도 복원하는 방법이며, 격리는 재산이나 시설 등을 여러 장소에 나누는 것과 같이 손실의 크기를 감소시키기 위해 시간적, 공간적으로 나누는 방법이다. 한편 위험요소의 분리와는 반대로 위험결합을 통해 위험을 관리하는 방법도 있다. 다수의 동질적 위험을 결합하여 위험발생에 대비하는 것으로 보험이 이에 해당한다.
④ 계약을 통한 위험전가는 발생손실로부터 야기될 수 있는 법적, 재무적 책임을 계약을 통해 제3자에게 넘기는 방법이다.
⑤ 위험인수는 별다른 대응조치없이 스스로 위험을 감당하는 방법이다.

2) 재무적 위험관리

재무적 위험관리에는 위험보유, 위험을 제3자에게 전가, 위험결합을 통한 대비 등이 있다. 위험 발생으로 인한 경제적 손실을 해결하는 재무적 방법을 의미한다. 위험보유는 위험을 스스로 인수하여 경제적 위험을 완화하는 것으로 각자의 경상계정에서 손실을 흡수하는 방법이다. 위험결합은 다수의 동질적 위험을 결합하여 위험발생에 대비하는 것이며 비슷한 위험을 가진 사람들끼리 모여 공동으로 대응함으로써 개인이 감당할 수 없는 규모의 위험에 대비하는 방법이다.

다. 위험관리 방법의 선택

위험관리의 방법은 다양하며 각자에게 가장 바람직한 방법을 선택하면 된다. 위험의 발생빈도와 평균적인 손실규모에 따라 아래 표와 같은 네가지 위험관리 수단이 고려될 수 있다.

손실규모(심도) \ 손실횟수(빈도)	적음(少)	많음(多)
작음(小)	① 보유 – 자가보험	③ 손실통제
큼(大)	② 전가 – 보험	④ 위험회피

즉 ① 빈도가 낮고 손실규모가 작은 경우 스스로 위험을 인수하고, ② 빈도는 적으나 손실규모가 큰 경우 위험을 외부에 전가하는 것이 타당하다. ③ 빈도는 높으나 규모가 작은 경우에는 손실을 통제하며, ④ 빈도가 높고 손실규모가 크다면 위험회피하는 것이 적절하다.

02 보험의 정의와 성립조건

가. 보험의 정의

보험은 위험관리의 한 방법으로 자신의 위험을 제3자에게 전가하는 제도이다. 보험에 대한 정의도 다양하며 이를 종합하면, 보험이란 위험결합으로 불확실성을 확실성으로 전환시키는 사회적 시설을 말한다. 보험은 다수의 동질적인 위험을 한 곳에 모으는 위험결합행위(pooling)를 통해 가계나 기업이 우연적인 사고발생으로 입게 되는 실제손실을 위험집단의 평균손실로 대체하는 것이다. 보험은 경제적, 사회적, 법적 및 수리적 관점에서 정의될 수 있다(이경룡 2013: 105) 경제적 관점에서 보험은 재무적 손실에 대한 불확실성의 감소를 목적으로 하며 이를 위해 위험전가 및 위험결합을 이용한다. 사회적 관점에서 보험은 사회의 구성원에게 발생한 손실의 분담을 목적으로 하며 이러한 손실의 불확실성에 대비하기 위한 사회적 제도이다. 법적인 관점에서 보험은 재무적 손실의 보전을 목적으로 하는 보험자와 피보험자 또는 계약자 사이의 법적 계약이다. 수리적 관점에서 보험은 확률이론과 통계적 기법을 바탕으로 미래의 손실을 예측하여 배분하는 수리적 제도이다. 이와 같은 정의를 기초로 보험의 특성을 열거하면 다음과 같다.

① 예기치 못한 손실의 집단화이다. 예기치 못한 손실이란 계약자나 피보험자의 입장에서 전혀 예상할 수 없는 불의의 손실을 의미하며, 손실의 집단화란 손실을 한데 모음으로써 개별위험을 손실집단으로 전환시키는 것을 의미한다.

② 위험의 분담이다. 위험의 집단화는 다른 측면에서 보면 위험을 나누어 부담하는 것을 의미한다.

③ 계약을 통한 위험의 전가이다.

④ 실제손실을 보상한다. 보험자가 보상하는 손실보상은 실제로 발생한 손실을 원상회복하거나 교체할 수 있는 금액으로 한정되며 이익을 보는 경우는 없다. 실제손실에 대한 보상은 중요한 보험의 원칙 중 하나이다.

⑤ 대수(大數)의 법칙이 적용된다. 표본이 클수록 예측된 확률에 가까워진다는 통계학적 원리이다. 즉 관찰 대상의 수를 늘려갈수록 개개의 단위가 가지고 있는 고유의 요인은 중화되고 그 집단에 내재된 본질적인 경향성이 나타나게 된다. 계약자가 많아질수록 보험자는 보다 정확하게 손실을 예측할 수 있다.

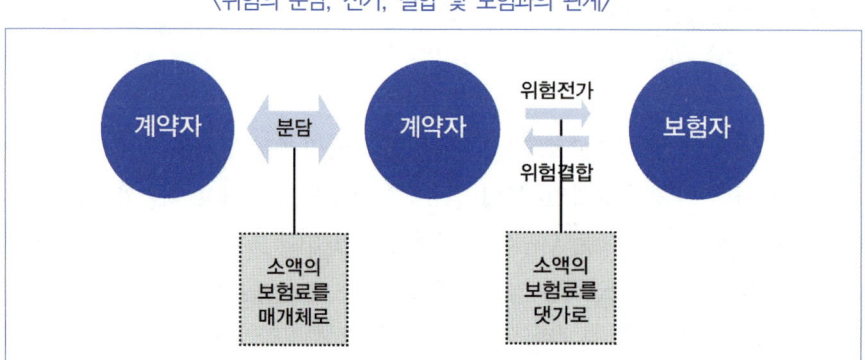

〈위험의 분담, 전가, 결합 및 보험과의 관계〉

나. 보험의 성립조건

전술한 위험의 분류와 관련하여 보험이 성립할 수 있는 조건을 열거하면 다음과 같다. 아래의 조건을 모두 충족하면 이상적이지만 현실적으로 쉽지 않으며 분야에 따라서는 가능하지 않을 수도 있다. 그렇다고 해서 보험이 전혀 불가능한 것은 아니며 보완적인 방법이나 유사한 조건으로 보험을 설계할 수 있다.

1) 동질적 위험의 다수 존재

동질적 위험이란 발생의 빈도와 피해규모가 같거나 유사한 위험을 의미한다. 특성이 같거나 유사한 위험끼리 결합되어야 동일한 보험료(체계)가 적용되어도 형평성을 유지할 수 있기 때문이다. 이러한 동질적 위험은 각각 독립적이어야 한다. 다수(多數) 존재해야 한다는 것은 손실예측이 정확해지기 위해서는 대수의 법칙이 적용될 수 있을 정도로 사례가 많아야 하는데 이를 위해서는 계약자가 많을수록 좋다는 의미이다.

2) 손실의 우연적 발생

보험이 가능하려면 손실이 인위적이거나 의도적이지 않고 누구도 예기치 못하도록 순수하게 우연적으로 발생한 것이어야 한다. 계약자의 고의나 사기 의도가 개입될 여지가 없는 통제 불가능한 위험만이 보험화가 가능하다.

3) 한정적 손실

보험이 가능하기 위해서는 피해 원인과 발생시간, 장소 및 피해정도 등을 명확하게 판별하고 측정할 수 있는 위험이라야 한다. 피해규모 등을 정확하게 판단하기 어려우면 정확한 손실 예측이 어렵고 이에 따라 보험료 계산이 불가능하기 때문에 보험으로 인수하기 어렵다. 급속하게 퍼지는 전염병이나 질병의 경우 언제 어떻게 어느 정도의 규모를 발생할지 또 후유증 유무 및 정도 등을 예측할 수 없어 손실을 한정지을 수 없다.

4) 비재난적 손실

손실규모가 지나치게 크지 않아야 한다. 손실이 재난적일 만큼 막대하다면 보험자가 감당하기 어려워 파산하게 되고 결국 대다수 계약자가 보장을 받을 수 없는 상황으로 전개될 수 있다. 보험자가 안정적으로 보험을 운영하기 위해서는 감당할 만한 수준의 위험을 인수해야 한다.

5) 확률적으로 계산가능한 손실

보험이 가능하기 위해서는 손실발생 가능성을 추정할 수 있는 위험이어야 한다. 장차 발생할 손실의 빈도나 규모를 예측할 수 없으면 보험료 계산이 어렵다. 또한 정확하지 않은 예측을 토대로 보험설계시 지속적으로 운영하기 어려우며 결국 보험을 중단하게 되는 상황도 벌어진다.

6) 경제적으로 부담 가능한 보험료

확률적으로 보험료 계산이 가능하더라도 산출되는 보험료 수준이 너무 높아 가입대상자들에게 부담으로 작용하면 보험을 가입할 수 없어 유지되기 어렵다. 보험이 가능하기 위해서는 그 위험이 발생하는 빈도와 손실규모가 종적(시간적) 및 횡적(계약자간)으로 분산 가능한 수준이어야 한다.

03 보험의 기능

가. 보험의 순기능

보험은 순기능과 역기능을 동시에 갖는다. 우선 보험은 손실이 발생하였을 경우 계약자에게 보험금을 지급함으로써 경제적 손실을 회복하거나 최소화한다(손실회복). 보험은 개인이나 기업에게 불안감을 해소시켜준다. 개인이나 기업은 언제 어떻게 발생할지 불확실한 위험을 보험으로 대비함으로써 안심하고 경제활동을 할 수 있다(불안감소). 보험은 예기치 않은 위험이 닥치더라도 일정 수준까지 복구할 수 있는 보호장치이기 때문에 그만큼 계약자의 신용력이 높아진다(신용력 증대).

보험은 계약자에게는 소액에 불과할지라도 다수의 계약자로부터 납부된 보험료가 모이면 큰 자금이 형성되며 이러한 자금을 필요한 기업 등에게 제공함으로써 경제성장에도 기여할 수 있다(투자재원 마련). 개인이나 기업 등 경제주체는 한정된 자원을 효율적으로 투자하여 최대의 성과를 얻으려고 한다. 기대수익이 높은 것으로 판단되어도 손실발생이 우려된다고 판단하면 투자를 주저하게 되는데 보험을 통해 예상되는 손실위험을 해소할 수 있다면 투자자 입장에서는 유한한 자원을 보다 효율적으로 활용하게 된다(자원의 효율적 이용에 기여). 마지막으로 보험에 가입한다는 것은 이미 위험에 대비할 필요성을 인지하고 있다고 볼 수 있다. 보험에 가입하더라도 보험료 부담을 줄이기 위해 위험발생에 스스로 대비하는 노력을 하도록 한다(안전의식 고양).

나. 보험의 역기능

보험사업을 유지하기 위해서는 불가피하게 비용이 초래된다. 이러한 비용은 보험이 없다면 다른 분야에 유용하게 사용될 수 있을 것이다. 즉 사회 전체로 보면 기회비용이라고 할 수 있다(사업비용 발생). 보험은 만일의 경우에 대비하는 것인데 보험금을 타기 위해 보험에 가입하는 경우도 발생한다. 다수가 결합하여 위험에 대비하는 건전한 제도임에도 불구하고 이를 악용하는 사례가 증가하면 보험 본연의 취지는 퇴색하고 사회질서를 문란하게 한다(보험사기의 증가).

보험에 가입한 후 손실이 발생할 경우 손실의 크기를 부풀려 보험금을 청구하려는 경향이 있다. 이러한 보험금 과잉청구는 보험의 정상적인 운영에 지장을 초래하며 사회적으로도 불필요한 비용을 발생시킨다(손실 과장으로 사회적 비용 초래).

보험은 보험자가 계약자의 정보를 완전히 파악한 상태에서 설계하는 것이 이상적이지만 현실적으로 쉽지 않다. 보험자가 계약자에 대한 정보를 완전히 파악하지 못하고 계약자는 자신의 정보를 보험자에게 제대로 알려주지 않는 정보의 비대칭(asymmetric information)이 발생하면 역선택(adverse selection)과 도덕적 위태(moral hazard)가 발생한다(역선택과 도덕적 위태).

역선택은 보험계약 전에 보험자가 계약자의 위험 특성을 제대로 파악하지 못하면(계약자 또는 피보험자가 보험자보다 더 많은 정보를 가지고 있는 상태가 되면) 오히려 계약자 측에서 손실 발생 가능성이 커 자신에게 이득이 되는 보험을 선택하게 된다. 도덕적 위태는 보험가입 이후 어느 한쪽이 보험계약을 충실히 이행하지 않아 발생되는 문제로 계약자 또는 피보험자가 고의나 과실로 보험사고의 발생 가능성을 높이거나 손해액을 확대하려는 성향을 의미한다.

04 손해보험

가. 손해보험의 의의와 원리

1) 손해보험의 의의

농작물재해보험이나 가축재해보험은 정책보험이지만 기본적으로는 손해보험의 틀을 유지하고 있으므로 일반 손해보험에 대한 내용을 이해할 필요가 있다.

보험은 상법상의 분류에 따라 손해보험과 인보험, 보험금 지급방법에 따라 정액보험과 부정액보험, 1차적으로 인수한 보험의 전가 여부에 따라 원보험과 재보험 등으로 구분할 수 있다.

우리나라에서 보험과 직접 관련이 있는 법률은 상법과 보험업법인데 상법에서는 손해보험에 관한 정의를 내리지 않고 있으며 보험업법 제2조(정의)에서 손해보험상품을 "위험보장을 목적으로 우연한 사건(질병·상해 및 간병은 제외)으로 발생하는 손해(계약상의 채무불이행 또는 법령상 의무 불이행으로 발생하는 손해를 포함)에 관하여 금전 및 그밖의 급여를 제공할 것을 약속하고 대가를 수수하는 계약으로서 대통령령으로 정하는 계약"으로 정의하고 있다. 실제로 손해보험이라는 보험상품은 없으며 생명보험을 제외한 대부분의 보험을 포괄하는 의미라고 할 수 있다. 손해보험은 재산보험을 말하지만 실질적으로는 생명보험 중 생명 침해를 제외한 신체에 관한 보험도 포함한다고 할 수 있다(김창기 2020: 217)

2) 손해보험의 원리

가) 위험의 분담
보험은 소액의 보험료를 매개로 하여 큰 위험을 나누어 가짐으로써 경제적 불안으로부터 해방되어 안심하고 살 수 있게 해주는 제도이다. 손해보험 역시 계약자가 보험단체를 구성하여 위험을 분담하게 되는데 독일의 보험학자 마네즈는 보험을 "1인은 만인을 위하여, 만인은 1인을 위하여"서로 위험을 분담하는 제도라고 하였다.

나) 위험대량의 원칙
수학이나 통계학에서 적용되는 대수의 법칙을 보험에 응용한 것이 위험대량의 법칙이다. 보험이 성립하기 위해서는 일정기간 중 위험집단에서 발생할 사고의 확률과 사고에 의해 발생할 손해의 크기를 파악할 수 있어야 한다. 계약자가 늘어나게 되면 사고발생확률이 보다 잘 적용되어 안정적인 보험경영이 가능하다.

다) 급부 반대급부 균등의 원칙
여기에서 급부(給付)는 계약자가 내는 보험료를 의미하며 반대급부는 보험자로부터 받게 되는 보험금에 대한 기대치를 의미한다. 즉 위험집단의 구성원 각자가 부담하는 보험료는 지급보험금에 사고발생의 확률을 곱한 금액과 같다는 원칙이다.

> 보험료 = 지급보험금 × 사고발생 확률

라) 수지상등의 원칙
급부 반대급부 균등의 원칙이 계약자 개개인의 관점에서 본 원칙이라면 수지상등의 원칙은 계약자 전체의 관점에서 본 원칙이다. 보험자가 받은 보험료가 지급한 보험금보다 부족하거나 반대로 지나치게 많아서는 안된다는 원칙이다. 보험자가 받아들이는 수입 보험료 총액과 사고시 지급하는 지급보험금 총액이 같아져야 한다는 것이다.

$$\text{수입 보험료 합계} = \text{지출 보험금의 합계}$$
$$\text{계약자 수} \times \text{보험료} = \text{사고 발생 건수} \times \text{평균 지급보험금}$$

마) 이득금지의 원칙

손해보험 가입의 목적은 손해의 보상에 있으므로 피보험자는 보험사고 발생시 실제로 입은 손해만을 보상받아야 하며 그 이상의 보상을 받아서는 안된다는 원칙이다. 계약자가 손해보험에 가입하고 사고가 발생한 결과 피보험자가 사고발생 직전의 경제 상태보다 더 좋은 상태에 놓이게 된다면 보험에 의해 부당한 이익을 얻는 것이 되며 그 이득을 얻기 위해 인위적인 사고를 유발하는 요인이 될 수 있을 것이다.

보험에 의해 이득을 보아서는 안된다는 이득금지의 원칙은 손해보험의 대원칙으로 적용되고 있으며 이를 실현하기 위한 대표적인 법적 규제로는 초과보험, 중복보험, 보험자대위 등이 있다.

나. 손해보험계약의 법적성질과 원칙

1) 손해보험계약의 법적성질

가) 불요식 낙성계약성

손해보험계약은 정해진 요식행위를 필요로 하지 않고 계약자의 청약과 보험자의 승낙이라는 쌍방 간의 의사 합치(諾成)만으로 성립한다.

나) 유상계약성

손해보험계약은 계약자의 보험료 지급과 보험자의 보험금 지급을 약속하는 유상행위를 필요로 하는 계약이다. 유상행위(有償行爲)라 함은 당사자 쌍방이 서로 대가적 의미를 가지는 출연(出捐)을 하는 법률행위를 의미한다.

다) 쌍무계약성

보험자의 손해보상 의무와 계약자의 보험료 납부 의무가 대가적인 관계에 있으므로 쌍무계약이다.

라) 상행위성

손해보험계약은 상행위이며(상법 제46조) 영업행위이다.

마) 부합계약성

부합(附合)계약이란 당사자 일방이 만들어놓은 계약조건에 상대방 당사자가 그대로 따르는 계약을 말한다. 손해보험계약은 동질의 많은 계약을 간편하고 신속하게 처리하기 위해 계약조건을 미리 정형화하고 있으며 보험계약의 이러한 특성으로 인해 약관이 존재하게 된다.

바) 최고선의성

손해보험계약은 보험자가 사고의 발생 위험을 직접 관리할 수 없기 때문에 도덕적 위태의 야기 가능성이 큰 계약이다. 따라서 신의성실의 원칙이 무엇보다도 중요시 되고 있다.

사) 계속계약성

손해보험계약은 한 때 한번만의 법률행위가 아니고 일정기간에 걸쳐 당사자 간의 권리의무 관계를 존속시키는 법률행위이다.

2) 보험계약의 법적 원칙

가) 피보험이익의 원칙

피보험이익은 계약자가 보험목적물에 대해 가지는 경제적 이해관계를 의미한다. 피보험이익을 금전으로 평가한 것이 보험가액이다. 피보험이익이 있어야 보험에 가입할 수 있으며 피보험이익이 없는 보험계약은 무효이다.

피보험이익은 다음과 같은 역할을 한다(보험경영연구회 2021: 120). 즉 ① 피보험이익은 보험계약의 도박화를 방지한다, ② 도덕적 위태를 감소시킨다. 보험사고로 경제적 손실을 입는 계약자가 고의로 사고를 일으키지는 않을 것이다, ③ 피보험이익은 계약자의 손실규모와 같으므로 손실의 크기를 측정하는 기준이 된다.

나) 실손보상의 원칙

실손보상의 원칙은 문자 그대로 실제손실을 보상한다는 것이다. 이는 보험의 기본인 이득금지의 원칙에 입각한 보상의 기본원리로서 보험으로 손해를 복구하는 것으로 충분하며 이득까지 보장하는 것은 지나치다는 원칙이다. 실손보상 원칙의 예외로는 ① 기평가계약, ② 대체비용보험, ③ 생명보험 등이 있다.

기평가계약(valued policy)은 전손(全損)이 발생한 경우 미리 약정한 금액을 지급하기로 하는 계약이다. 골동품, 미술품 및 가보 등과 같이 손실발생시점에서 손실의 현재가치를 산정할 수 없는 경우 미리 합의한 금액으로 계약을 하게 된다.

대체비용보험은 손실지급액을 결정할 때 감가상각을 고려하지 않는 보험이다. 손실이 발생한 경우 새것으로 교체할 수밖에 없는 물건이나 감가상각을 따지는 것이 의미가 없는 경우 적용된다.

생명보험은 실손보상의 원칙이 적용되지 않는다. 사망이나 부상의 경우 실제손실이 얼마나 되는지 측정할 방법이 없어 인간의 생명에 감가상각의 개념을 적용할 방법이 없기 때문이다. 미리 약정한 금액으로 보험계약을 체결하고 보험사고가 발생하면 그 금액을 지급받는다.

다) 보험자대위의 원칙

상법은 보험자가 피보험자에게 보험금을 지급한 때에는 일정한 요건 하에 계약자 또는 피보험자가 가지는 권리가 보험자에게 이전하는 것으로 하고 있는데 이를 보험자대위라고 한다. 잔존물대위와 청구권대위가 있다. 보험금을 지급받은 피보험자가 보험목적물에 대한 권리를 그대로 가지거나 제3자에 대한 손해배상청구권을 행사할 수 있도록 한다면 피보험자에게 이중의 이득을 주는 결과가 되기 때문이다.

보험의 목적의 전부가 멸실한 경우에 보험금액을 전부 지급한 보험자는 그 목적에 대한 피보험자의 권리를 취득한다. 그러나 보험가액의 일부를 보험에 붙인 경우에는 보험자가 취득할 권리는 보험금액의 보험가액에 대한 비율에 따라 이를 정한다(상법 제681조, 보험목적에 관한 보험대위 또는 잔존물대위). 손해가 제3자의 행위로 인하여 발생한 경우 보험금을 지급한 보험자는 그 지급한 한도에서 그 제3자에 대한 보험계약자 또는 피보험자의 권리를 취득한다. 다만 보험자가 보상할 보험금의 일부를 지급한 경우에는 피보험자의 권리를 침해하지 아니하는 범위에서 그 권리를 행사할 수 있다 (동 법 제682조, 제3자에 대한 보험대위 또는 청구권대위)

라) 최대선의의 원칙

보험은 대상으로 하는 내용이 미래지향적이며 우연적인 특성이 있기 때문에 당사자 쌍방은 모든 사실에 대해 정직할 것을 요구되고 있다. 즉 보험계약시 계약당사자에게 일반계약보다 높은 정직성과 신의성실이 요구되는데 이를 최대선의의 원칙이라 한다. 보험계약에서는 자신에게 불리한 사실도 보험자에게 고지해야 하는데 계약체결 후에도 위험의 증가, 위험의 변경금지의무 등이 부과되기 때문이다.

최대선의의 원칙은 고지(告知), 은폐(隱蔽) 및 담보의 원리에 의해 유지되고 있다(보험경영연구회 2021: 124).

고지(또는 진술)는 계약자가 보험계약이 체결되기 전에 보험자가 요구하는 사항에 대해 사실 및 의견을 제시하는 것을 말한다. 은폐(의식적 불고지)는 계약자가 보험계약시 보험자에게 중대한 사실을 고지하지 않고 의도적이거나 무의식적으로 숨기는 것을 말한다. 담보(보증)는 보험계약의 일부로서 피보험자가 진술한 사실이나 약속을 의미한다. 담보의 내용은 여러 가지 형태를 취할 수 있는데 어떤 특정한 사실의 존재, 특정한 조건의 이행, 보험목적물에 영향을 미치는 특정한 상황의 존재 등이 있다.

고지와 은폐 의무 위반의 법적 효과는 기본적으로 동일하다. 상법 제651조에서는 '보험계약 당시에 계약자 또는 피보험자가 고의 또는 중대한 과실로 인하여 중요한 사항을 고지하지 아니하거나 부실의 고지를 한 때에는 보험자는 그 사실을 안 날로부터 1월 내에, 계약을 체결한 날로부터 3년 내에 한하여 계약을 해지할 수 있다. 그러나 보험자가 계약당시에 그 사실을 알았거나 중대한 과실로 인하여 알지 못한 때에는 그러하지 아니한다'라고 규정하고 있다.

이에 반해 담보(보증)는 고지와는 달리 계약자가 보험자에게 약속한 보험계약상의 조건이기 때문에 위반하게 되면 중요성의 정도에 관계없이 보험자는 계약을 해제 또는 해지할 수 있다.

다. 보험계약 당사자의 의무

1) 보험자의 의무

① 보험계약시 계약자에게 보험상품을 설명하여 계약자가 충분히 이해한 상황에서 보험상품을 선택할 수 있도록 도와야 한다.

② 보험사고가 발생하면 신속하게 손해사정 절차를 걸쳐 피보험자에게 보험금을 지급하여야 한다.

③ 보험경영을 건실하게 하여야 한다.

2) 보험계약자 또는 피보험자의 의무

가) 고지의무

고지의무는 계약자 또는 피보험자가 보험계약 체결에 있어 보험자가 보험사고 발생가능성을 측정하는데 필요한 중요 사항에 대하여 진실을 알려야 할 보험계약 상의 의무를 말한다(한낙현·김흥기 2008:96). 고지의무를 이행하지 않는다고 해서 보험자가 강제적으로 그 수행을 강요하거나 불이행을 이유로 손해배상을 청구할 수 있는 것은 아니며 보험자는 고지의무 위반을 이유로 보험계약을 해지할 수 있을 뿐이다. 고지는 구두 또는 서면 등 어느 것도 가능하며 명시적이든 묵시적이든 상관없다.

나) 통지의무

계약자 또는 피보험자는 위험 발생과 관련하여 보험자에게 통지해야 하는 의무가 있다. 위험변경·증가의 통지의무, 위험유지의무, 보험사고 발생의 통지의무 등이다.

계약자 또는 피보험자는 보험사고 발생 위험이 현저하게 변경 또는 증가한 사실을 안 때에는 지체없이 보험자에게 통지하여야 한다(위험변경·증가의 통지의무). 보험기간 중에 계약자와 피보험자, 보험수익자는 보험자의 동의없이 보험자가 인수한 위험을 증가시키거나 제3자에 의해 증가시키도록 해서는 안될 의무가 있으며(위험유지의무), 보험사고의 발생을 안 때에는 지체없이 보험자에게 통지하여야 한다(보험사고 발생 통지의무). 보험사고 발생통지 의무의 법적성질에 대해서는 고지의무나 위험변경·증가 통지의무와 같이 계약자 또는 피보험자, 보험수익자에게 그 의무 이행을 강제할 수 없으나 보험금 청구를 위한 전제조건인 동시에 보험자에 대한 진정한 의무라고 할 수 있다.

다) 손해방지 경감의무

보험계약자와 피보험자는 손해의 방지와 경감을 위하여 노력해야 한다. 그러나 이를 위하여 필요 또는 유익하였던 비용과 보상액이 보험금액을 초과한 경우라도 보험자가 이를 부담한다(상법 제680조). 손해방지 경감의무의 존속기간은 보험사고가 발생하여 손해가 발생할 것이라는 것을 계약자나 피보험자가 안 때부터 손해방지 가능성이 있는 기간 동안 존속한다. 손해방지 경감의무의 방법과 노력의 정도는 계약자나 피보험자가 그 상황에서 일반적으로 기대되는 방법이면 되며 임의로 정할 수 있는 것은 아니고 보험계약의 최대선의의 원칙에 따라 사안별로 판단해야 한다.

계약자 또는 피보험자가 손해방지 경감의무를 해태한 경우의 효과에 대해서는 상법상 규정이 없다. 그러나 개별 손해보험약관에서는 계약자 등이 고의 또는 중대한 과실로 이를 게을리 한 때에는 방지 또는 경감할 수 있었을 것으로 밝혀진 값(늘어난 손해)을 손해액에서 공제한다고 규정하고 있다. 아울러 상법에서는 손해방지를 위하여 계약자 등이 부담하였던 필요 또는 유익한 비용과 보상액이 보험금액을 초과한 경우에도 보험자가 이를 부담하게 하고 있다(상법 제680조).

라. 보험증권 및 보험약관

1) 보험증권

보험증권은 보험계약이 성립되었음과 그 내용을 증명하기 위하여 보험자가 작성하여 기명 날인 후 계약자에게 교부하는 증서이다. 보험자는 보험계약이 성립한 때 지체없이 보험증권을 작성하여 보험계약자에게 교부할 의무가 있다.

보험증권의 법적 성격은 일정 사항을 기재하여야 하는 요식증권이며 보험계약의 성립을 증명하는 증거증권이다. 보험자가 보험금 등의 급여 지급에 있어 제시자의 자격 유무를 조사할 권리는 있으나 의무는 없는 면책증권이며, 보험증권과 상환으로 보험금을 지급하는 상환증권이다. 유가증권성은 운송보험 등 일부보험을 제외하고는 인정되지 않는다. 면책증권과 관련하여 보험자는 보험증권을 제시한 사람에게 악의 또는 중대한 과실이 없이 보험금 등을 지급할 때에는 그가 비록 권리자가 아니더라도 책임을 면한다.

보험증권의 내용은 ① 보험계약청약서의 기재 내용에 따라 작성되는 표지의 계약자 성명과 주소, 피보험자의 성명과 주소, 보험에 붙여진 목적물, 계약기간, 보험금액, 보험료 및 보험계약 체결일자 등이 들어가는 부분, ② 보험자가 보상하는 손해와 보상하지 않는 손해 등이 인쇄된 보통보험약관, ③ 어떠한 특별한 조건을 부가하거나 삭제할 때 쓰이는 특별보험약관으로 구성되어 있다.

2) 보험약관

보험약관은 보험자와 계약자 또는 피보험자 간에 권리의무를 규정하여 놓은 것을 말한다. 보험약관에는 계약의 무효, 보상받을 수 없는 경우 등 보험계약의 권리와 의무에 관한 사항들이 적혀있다. 보험약관은 보통보험약관과 특별보험약관으로 구분된다. 보통보험약관은 보험자가 일반적인 보험계약의 내용을 미리 정형적으로 정하여 놓은 약관이다. 특별보험약관은 보통보험약관을 보충, 변경 또는 배제하기 위한 약관이다. 특별보험약관이 보통보험약관에 우선하여 적용된다.

보통보험약관은 반대의 의사표시가 없는 한(당사자가 약관의 내용을 이해하고 그에 따를 의사의 유무에 불문) 약관의 내용이 합리적인 한 보험계약의 체결과 동시에 당사자를 구속하게 된다. 금융위원회의 허가를 받지 아니한 보통보험약관에 의하여 보험계약이 체결된 경우에도 사법상의 효력은 인정되는 것이 타당하다.

보통보험약관의 해석은 당사자의 개별적인 해석보다는 법률의 일반 해석원칙에 따라 보험계약의 단체성·기술성을 고려하여 각 규정의 뜻을 합리적으로 해석해야 한다(한낙현·김흥기 2008: 95). 보험약관은 보험계약의 성질과 관련하여 신의성실의 원칙에 따라 공정하게 해석되어야 하며 계약자에 따라 다르게 해석되어서는 안된다.

보험약관 상의 인쇄조항(printed)과 수기조항(hand written) 간에 충돌이 발생하는 경우 수기조항이 우선한다. 보험약관의 내용이 모호한 경우 즉, 하나의 규정이 객관적으로 여러 가지 뜻으로 풀이되는 경우나 해석상 의문이 있는 경우에는 보험자에게 엄격·불리하게 계약자에게 유리하게 풀이해야 한다(작성자 불이익의 원칙).

마. 재보험

1) 재보험의 의의

재보험이란 보험자가 인수한 보험의 일부 또는 전부를 다른 보험자에게 넘기는 것으로 보험경영에 있어 중요한 역할을 한다. 재보험은 원보험자가 인수한 위험을 다른 보험자에게 분산함으로써 보험자 간에 위험을 줄이는 방법이다.

보험자는 보험사고로 인하여 부담할 책임에 대하여 다른 보험자와 재보험계약을 체결할 수 있다. 재보험계약은 원보험계약의 효력에 영향을 미치지 아니한다(상법 제661조). 이는 양 계약이 법률적으로 독립된 별개의 계약임을 명시한 것이다. 재보험계약은 책임보험의 일종이며 손해보험계약에 속한다. 상법상 책임보험에 관한 규정(상법 제4편 제2장 제5절)은 재보험계약에 준용된다(상법 제726조).

2) 재보험의 기능

① 원보험자가 인수한 위험을 양적·질적·장소적으로 분산하는 기능을 한다. 재보험은 원보험자가 인수한 위험의 전부 또는 일부를 분산시킴으로써 한 보험자로서는 부담할 수 없는 커다란 위험을 인수할 수 있도록 한다(양적 분산). 또한 원보험자가 특히 위험률이 높은 보험종목을 인수한 경우 이를 재보험으로 분산시켜 원보험자의 재정적 곤란을 구제할 수 있도록 하며(질적 분산), 원보험자가 장소적으로 편재한 다수의 위험을 인수하는 경우 이를 공간적으로 분산시킬수 있도록 한다(장소적 분산).

② 원보험자의 인수능력 확대로 마케팅 능력을 강화하는 기능을 한다. 원보험자는 재보험이 없는 경우 인수할 수 있는 금액보다 훨씬 더 큰 금액의 보험을 인수할 수 있게 된다.

③ 재보험은 실적의 안정화 및 대형 이상재해로부터 보호 등 원보험사업의 경영 안정성을 꾀할 수 있게 한다(재난적 손실로부터 원보험사업자 보호).

④ 재보험은 신규 보험상품 개발을 촉진한다. 원보험자가 신상품을 개발하여 판매하고자 할 때 손해율 추정 등이 불안하여 판매 후 전액 보유하기를 꺼리는 경우가 있으며 이 경우 재보험이 참여하여 지원하는 기능을 한다.

memo

기출문제

01 위험관리방법 중 물리적 위험관리방법 5가지를 쓰시오. (5점) ▶ 8회 손해평가사

모범답안

위험인수, 손실통제, 위험전가, 위험회피, 위험요소의 분리

02 다음은 손해보험계약의 법적 특성이다. 각 특성에 대하여 기술하시오. (15점) ▶ 9회 손해평가사

○ 유상계약성   ○ 쌍무계약성   ○ 상행위성   ○ 최고선의성   ○ 계속계약성

모범답안

○ 유상계약성 : 계약자의 보험료 지급과 보험자의 보험금 지급을 약속하는 계약이다.
○ 쌍무계약성 : 보험자의 손해배상의무와 계약자의 보험료 납입의무가 대가관계에 있는 계약이다.
○ 상행위성 : 손해보험계약은 상행위이며(상법 제46조) 영업행위이다.
○ 최고선의성 : 손해보험계약에 있어 보험자는 사고의 발생위험을 직접 관리할 수 없기 때문에 도덕적 위태의 야기 가능성이 큰 계약이다. 따라서 신의성실의 원칙이 무엇보다도 중요시 된다.
○ 계속계약성 : 손해보험계약은 한 때 한번만의 법률행위가 아니고 일정기간에 걸쳐 당사자 간에 권리의무관계를 존속시키는 법률행위이다.

03 보통보험약관의 해석에 관한 내용이다. ( )에 들어갈 내용을 쓰시오.

(5점) ▶ 8회 손해평가사

> ○ 보험약관은 보험계약의 성질과 관련하여 (①)에 따라 공정하게 해석되어야 하며 계약자에 따라 다르게 해석되어서는 안된다. 보험약관 상의 (②)조항과 (③)조항 간에 충돌이 발생한 경우 (③)조항이 우선한다.
> ○ 보험약관의 내용이 모호한 경우에는 (④)에게 엄격·불리하게 (⑤)에게 유리하게 풀이해야 한다.

모범답안

① 신의성실의 원칙   ② 인쇄   ③ 수기   ④ 보험자   ⑤ 계약자

제2장 농업재해보험의 필요성과 특징

01 농업재해보험의 필요성

가. 농업재해의 특성

농업은 자연과 불가분의 관계가 있으며 주어진 자연조건에 적응하면서 때로는 적절히 활용하여 농작물을 생산한다. 다양한 농업재해가 발생하며 그 특징은 다음과 같다.

① 언제 어디에서 어느 정도로 발생할지 예측하기 힘들다(불예측성).
② 기상재해는 발생하는 범위가 매우 넓다(광역성). 몇 개의 지역에 걸쳐 발생하기도 하고 때로는 전국적으로 발생하기도 하며 발생하는 지역의 범위도 시시각각으로 변한다.
③ 기상재해는 한 번 발생하면 동시에 여러 가지 재해가 발생한다(동시성·복합성). 예를들어 태풍은 집중호우를 동반하는 것이 일반적이며 긴 장마가 끝나면 병충해가 연례행사로 발생한다.
④ 우리나라는 지구온난화의 영향은 있지만 4계절의 변화가 뚜렷하며 동일한 재해라도 계절에 따라 영향이 달라진다(계절성).
⑤ 가뭄이나 장마, 태풍 등이 발생하면 이로 인한 피해는 막대하다(피해의 대규모성).
⑥ 각종 기상재해를 방지하거나 최소화하기 위해 다양한 수단과 방법이 동원되지만 이러한 노력에도 불구하고 재해는 계속 발생하고 있다(불가항력성).

〈자연과 농산업과의 관계〉

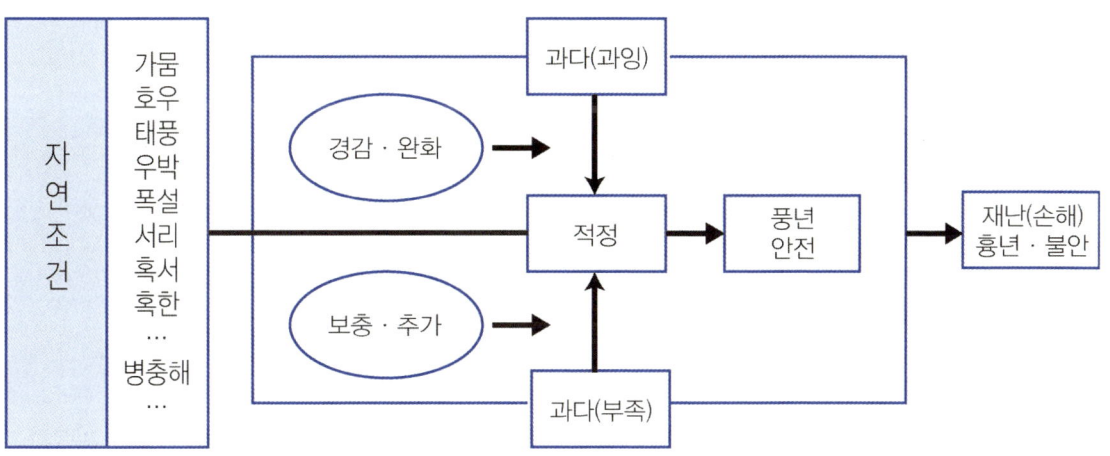

나. 농업재해보험의 필요성

농업분야는 재해에 취약한 산업적 특성을 고려하여 국가적 재난대책 외에 농업재해대책이 시행되고 있다. 그러나 농업재해대책은 집단적으로 발생한 재해지역의 농가에게 재해복구를 지원하는데 목적이 있으며 개별농가의 재해로 인한 손실을 보전하는데는 한계가 있다.

또한 국제무역기구(WTO) 체제가 출범하면서 그동안 농가를 직접 지지해오던 가격정책은 축소하거나 폐지해야 한다. 그러나 각국의 열악한 농업을 보완하는 정책은 허용되는데 직접지불제와 농업재해보험이 이에 해당한다. 따라서 WTO 체제하에서도 허용되는 정책인 농업재해보험을 농가 지원을 위한 수단으로 적극 활용할 필요가 있다.

다. 시장실패와 정책보험

자유경쟁시장에서 모든 상품은 수요와 공급이 일치하는 점에서 가격이 결정되고 거래가 이루어진다. 수요와 공급이 만나지 않으면 거래가 이루어지지 않는데 이를 시장실패라고 한다. 농업재해보험의 경우 보험시장에만 의존하면 거래가 이루어지기 어렵다. 시장수요는 낮은데 비해 가격이 너무 낮은 수준에서는 공급이 어렵기 때문이다.

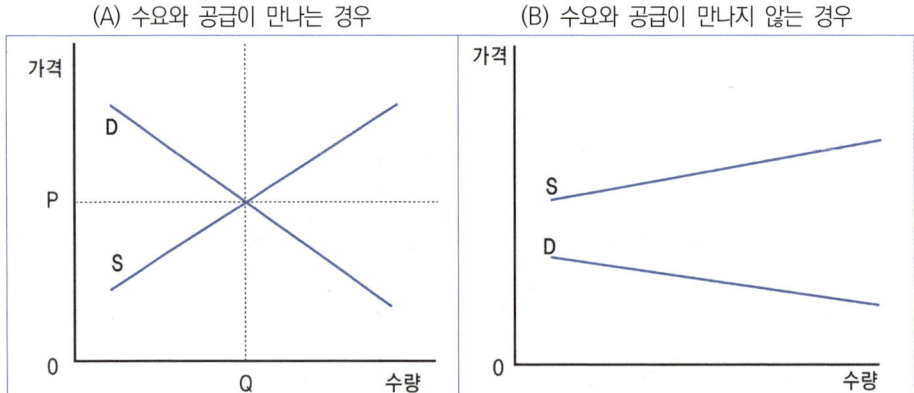

〈수요와 공급〉
(A) 수요와 공급이 만나는 경우
(B) 수요와 공급이 만나지 않는 경우

농업인의 입장에서는 농업재해보험이 필요하다는 점은 알지만 높은 가격(보험료)를 지불하고 보험에 가입하기에는 경제력이 부족하여 망설일 수 있다. 반대로 보험자의 입장에서는 농업재해보험을 유지하기 위해서는 일정한 가격을 유지해야 한다. 가격을 낮추어 회사가 손해를 보면서까지 농업재해보험을 판매할 수는 없다. 이러한 상황에서 농업재해보험상품을 판매하더라도 거래가 이루어지기는 어렵다. 여기에 농업재해보험을 활성화하기 위해 국가가 개입할 필요성이 존재한다.

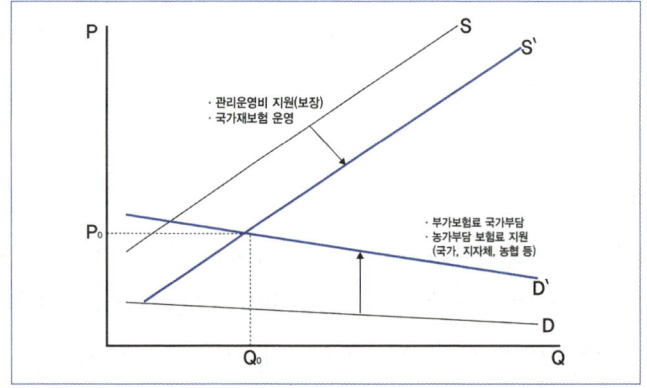

〈정책보험으로서의 농업재해보험〉

위에서 보는 바와 같이 국가가 농가에게는 보험료의 일부를 지원함으로써 수요를 증가시키고, 공급자인 보험자에게는 운영비를 지원하든지 재보험을 통해 위험비용을 줄여줌으로써 보다 저렴한 가격에 공급이 가능하도록 한다. 결국 변경된 수요와 공급이 만나는 수준에서 가격이 결정되어 거래가 이루어진다. 국가의 개입정도는 각국의 보험시장 상황에 따라 다르기 때문에 일률적으로 판단할 사항은 아니다.

02 농업재해보험의 특징과 기능

가. 농업재해보험의 특징

농업재해보험이란 농업재해로 발생하는 재산 피해(손해)를 보상하기 위한 보험이다. 농어업재해보험법에는 재해보험의 종류를 농작물재해보험과 임산물재해보험, 가축재해보험, 양식수산물재해보험 등으로 구분하고 있다. 농작물재해보험은 다음과 같은 특징을 지니고 있다.

① 민영보험사에서 취급하는 일반보험은 자연재해로 인한 피해를 보상하지 않는 반면 농작물재해보험은 자연재해로 인한 피해를 대상으로 하는 특수한 보험이다(보험대상 재해가 자연재해).
② 생물인 농작물의 특성상 손해액을 정확하게 평가하는 것이 어렵다(손해평가의 어려움). 재해발생 이후 어느 시점에서 파악하느냐에 따라 피해의 정도가 달라질 수 있고 재해가 발생한 이후 기상조건에 따라 작황이 크게 달라질 수 있다.
③ 보험은 위험의 정도에 따라 보험료를 부과함으로써 위험이 낮은 계약자와 높은 계약자를 구분해야 하나 농작물재해는 위험의 세분화가 쉽지 않다(위험도에 따른 차별화 곤란).
④ 경제력이 낮은 농업인을 대상으로 하는 보험이다.
⑤ 농업생산과정에서 재해로 인한 농작물의 손실을 보험대상으로 한다(물(物)보험-손해보험).
⑥ 농작물의 생육이 확인되는 시기부터 농작물을 수확할 때까지의 기간에 발생하는 재해를 대상으로 한다(단기 소멸성 보험).
⑦ 대부분의 국가에서 정책보험으로 실시되고 있으며 국가가 재해보험사업자가 인수한 책임의 일부를 나누어 가지는 국가재보험을 실시하고 있다(국가재보험 운영).

나. 농업재해보험의 기능

① 농업재해보험이 없는 상황에서 대규모 농업재해가 발생하면 농가에 심각한 영향을 초래한다. 그러나 농업재해보험을 통해 보험금이 지급되면 재해를 입은 농가는 경제적 손실의 상당부분을 회복하게 된다(재해농가의 손실 회복).
② 농가의 신용력을 높여주는 역할을 한다. 농업재해보험에 가입했다는 것만으로도 농가의 신용을 보증하는 결과가 된다(농가의 신용력 증대).
③ 대규모 농업재해 발생과 같은 경우에도 농업재해보험을 통해 일정수준의 수입이 보장되기 때문에 지역경제에 불안요소로 작용하지 않는다(농촌지역경제의 안정화).
④ 농업재해보험이 보편화되면 농업재해보험에 대한 재정적 지원규모가 확정되기 때문에 예상치 못한 대규모 농업재해가 발생하더라도 정부는 예산 등의 조정없이 농업정책을 보다 안정적으로 계획대로 추진할 수 있게 된다(농업정책의 안정적 추진).

⑤ 농업재해보험에 가입한 농가는 평소 재해 발생을 줄임으로써 보험료 부담을 경감하려고 노력하게 되며, 보험에 가입하지 않은 농가도 농업재해보험의 기능과 중요성을 인식하게 된다(재해대비의식 고취).

03 농업재해보험 법령

농업재해보험 관련 기본법인「농어업재해보험법」은 2001년 1월 26일 제정되어 같은 해 3월 1일 시행되었으며 이후 2009년 전면 개정을 통해 관련 법제명이 변경되고 재해보험사업이 통합·일원화되었다. 농작물재해보험사업은 2001년 3월 17일부로 사과와 배 품목에 대한 보험상품판매를 개시하면서 시행되었다.

〈농어업재해보험법 주요 연혁〉

연도	제정 및 시행일시	주요 내용
2001년	2001.1.26. 제정 2001.3.1. 시행	〈농작물재해보험법〉 ◦ 농작물재해보험심의회 설치 ◦ 보험 대상 농작물의 종류, 자연재해의 범위 등을 대통령령에서 정할 수 있는 근거 마련 ◦ 재해보험사업자에 대한 관련 규정(선정, 지원 근거 등)
2010년	2009.3.5. 개정 2010.1.1. 시행	〈농어업재해보험법〉: 법제명 개정 ◦ 농어업 관련 재해보험을 통합·일원화 ◦ 재해보험 대상을 농작물에서 양식수산물, 가축 및 농어업용 시설물로 확대 ◦ 재해보험 대상재해를 자연재해에서 병충해, 조수해(鳥獸害), 질병 및 화재까지 포괄
2014년	2014.6.3. 개정 2014.12.4 시행	〈농어업재해보험법〉 ◦ 농업재해보험사업의 관리에 관한 위탁 근거 규정 신설 ◦ 전문손해평가인력의 양성 및 자격제도 도입

농업재해보험 관련 법령으로는 기본법인 농어업재해보험법과 동 시행령이 있으며 행정규칙으로 농업재해보험 손해평가요령, 농업재해보험에서 보상하는 목적물의 범위, 농업재해보험의 목적물별 보상하는 병충해 및 질병 규정 등이 있다.

〈농어업재해보험법령 체계도〉

■ 상하위법

- **법률** 농어업재해보험법 [시행 2021. 3. 25.] [법률 제17112호, 2020. 3. 24., 타법개정] [본문] [3단비교] [판례등]
  - **시행령** 농어업재해보험법 시행령 [시행 2021. 3. 25.] [대통령령 제31553호, 2021. 3. 23., 타법개정]
    - 행정규칙
      - 고시 농업재해보험 손해평가요령 [시행 2019. 12. 18.] [고시 제2019-81호, 2019. 12. 18., 일부개정]
      - 고시 농업재해보험에서 보상하는 보험목적물의 범위 [시행 2020. 3. 19.] [고시 제2020-21호, 2020. 3. 19., 일부개정]
      - 고시 농업재해보험의 보험목적물별 보상하는 병충해 및 질병규정 [시행 2019. 12. 18.] [고시 제2019-82호, 2019. 12. 18., 일부개정]
      - 고시 농업재해보험통계 생산·관리 수탁관리자 지정 [시행 2018. 1. 1.] [고시 제2017-108호, 2017. 12. 11., 일부개정]
      - 고시 양식수산물재해보험 손해평가요령 [시행 2021. 6. 14.] [고시 제2021-120호, 2021. 6. 14., 일부개정]
      - 고시 양식수산물재해보험사업의 운영 등에 관한 규정 [시행 2021. 7. 1.] [고시 제2021-109호, 2021. 6. 1., 제정]
      - 고시 양식수산물재해보험에서 보상하는 보험목적물의 범위 [시행 2020. 1. 6.] [고시 제2019-222호, 2019. 12. 31., 일부개정]
      - 고시 양식수산물재해보험의 보험료율 산정을 위한 권역단위 규정 [시행 2021. 6. 14.] [고시 제2021-123호, 2021. 6. 14., 일부개정]
      - 고시 양식수산물재해보험의 보험목적물별 보상 질병 규정 [시행 2021. 6. 14.] [고시 제2021-121호, 2021. 6. 14., 일부개정]
      - 고시 양식수산물재해보험통계 생산·관리 수탁관리자 지정 [시행 2021. 7. 1.] [고시 제2021-110호, 2021. 6. 1., 제정]
      - 고시 재보험사업 및 농업재해보험사업의 운영 등에 관한 규정 [시행 2020. 2. 12.] [고시 제2020-16호, 2020. 2. 12., 일부개정]
  - 행정규칙
    - 고시 농업재해보험 손해평가요령 [시행 2019. 12. 18.] [고시 제2019-81호, 2019. 12. 18., 일부개정]
    - 고시 농업재해보험에서 보상하는 보험목적물의 범위 [시행 2020. 3. 19.] [고시 제2020-21호, 2020. 3. 19., 일부개정]
    - 고시 농업재해보험의 보험목적물별 보상하는 병충해 및 질병규정 [시행 2019. 12. 18.] [고시 제2019-82호, 2019. 12. 18., 일부개정]
    - 고시 양식수산물재해보험 손해평가요령 [시행 2021. 6. 14.] [고시 제2021-120호, 2021. 6. 14., 일부개정]
    - 고시 양식수산물재해보험에서 보상하는 보험목적물의 범위 [시행 2020. 1. 6.] [고시 제2019-222호, 2019. 12. 31., 일부개정]
    - 고시 양식수산물재해보험의 보험목적물별 보상 질병 규정 [시행 2021. 6. 14.] [고시 제2021-121호, 2021. 6. 14., 일부개정]

제3장 농작물재해보험제도

농업재해보험에서 가장 큰 비중을 차지하고 있는 농작물재해보험은 제도(일반)과 보험상품내용, 계약관리 등 세 장(章)으로 나누어 기술한다. 본 장은 농작물재해보험의 개론 부분이다.

01 사업운영 체계

가. 기관별 역할

농작물재해보험의 사업주관부서는 농림축산식품부이며 사업관리기관은 농업정책보험금융원이다. 농림축산식품부는 "농작물재해보험 사업시행지침"에서 사업단계별로 관련기관의 역할 분담을 정하고 있다.

1) 농림축산식품부

재해보험 관계법령의 개정, 보험료 및 운영비를 포함한 국고보조금 지원 등 전반적인 제도 업무를 총괄한다. 농작물재해보험 세부사업 시행계획을 확정하여 농업정책보험금융원 및 재해보험사업자에 시달하며 농업정책보험금융원에서 보고한 상품개선안에 대해 검토하고 자문한다. 재해보험사업자에게는 농작물재해보험에 필요한 정책자금을 농업정책보험금융원의 검토를 거쳐 배정한다.

2) 농업정책보험금융원

농업업재해보험법 제25조의2(농어업재해보험사업의 관리) 제2항에 따라 농림축산식품부로부터 농작물재해보험 사업관리업무를 수탁받아 시행한다. 주요 업무는 재해보험사업의 관리·감독, 재해보험 상품의 연구 및 보급, 재해 관련 통계 생산 및 데이터베이스 구축, 손해평가인력 육성, 손해평가기법의 연구·개발 및 보급, 재해보험사업의 약정 체결, 손해평가사 제도 운영, 농어업재해재보험기금 관리·운영 등이다.

보험상품 및 손해평가 방법에 대한 제도개선사항을 검토하고 품목별 상품개선안을 재해보험사업자에 통보하여 시행한다. 재해보험사업자 및 대리점에 대한 사업점검, 농업인·지방자치단체에 대한 제도 홍보 등을 추진한다.

3) 재해보험사업자

농업재해보험의 사업시행기관은 사업관리기관과 약정을 체결한 재해보험사업자이며 현재 NH농협손해보험이다. 재해보험사업자는 보험상품의 개발 및 판매, 손해평가, 보험금 지급 등 실질적인 보험사업을 운영한다.

보험가입 촉진계획, 보험상품 개선·개발 계획, 재해보험 교육·홍보 등 세부시행계획을 수립하며, 농업인들의 현장의견을 수렴하여 상품을 개발하고 객관적인 통계를 활용하여 보험료율을 산출한다. 농업재해보험사업을 추진하고 재해 발생시 신속한 손해평가를 실시하고 보험금 등을 지급한다.

4) 농업재해보험심의회

농업재해보험에 대한 중요사항을 심의하는 농업재해보험심의회는 농림축산식품부장관 소속으로 차관을 위원장으로 하며 재해보험 목적물 선정, 보상하는 재해의 범위, 재해보험사업 재정지원, 손해평가방법 등을 심의한다.

나. 정부의 지원

농업재해보험 사업의 재원은 보험료이다. 보험료는 보험가입시 계약자가 부담하는 것이 원칙이다. 그러나 정부는 농업인의 경제적 부담을 줄이고 농업재해보험 사업의 원활한 추진을 위하여 통상적으로 계약자의 납입 순보험료의 50%를 지원한다. 다만 아래 품목은 보장수준별로 33~60%를 차등 보조한다. 재해보험사업자의 운영비는 국고에서 100% 지원한다. 농업인 또는 농업법인이 보험료 지원을 받으려면 농어업경영체 육성 및 지원에 관한 법률에 따라 농업경영체 등록을 해야 한다. 농업경영체에 미등록한 경우에는 등록 후 보험가입을 진행한다.

<정부의 농가부담보험료 지원 비율>

구분	품목	보장수준 (%)				
		60	70	80	85	90
국고 보조율 (%)	사과, 배, 단감, 떫은감	60	60	50	38	33
	벼	60	55	50	44	41

다. 농작물재해보험 추진절차

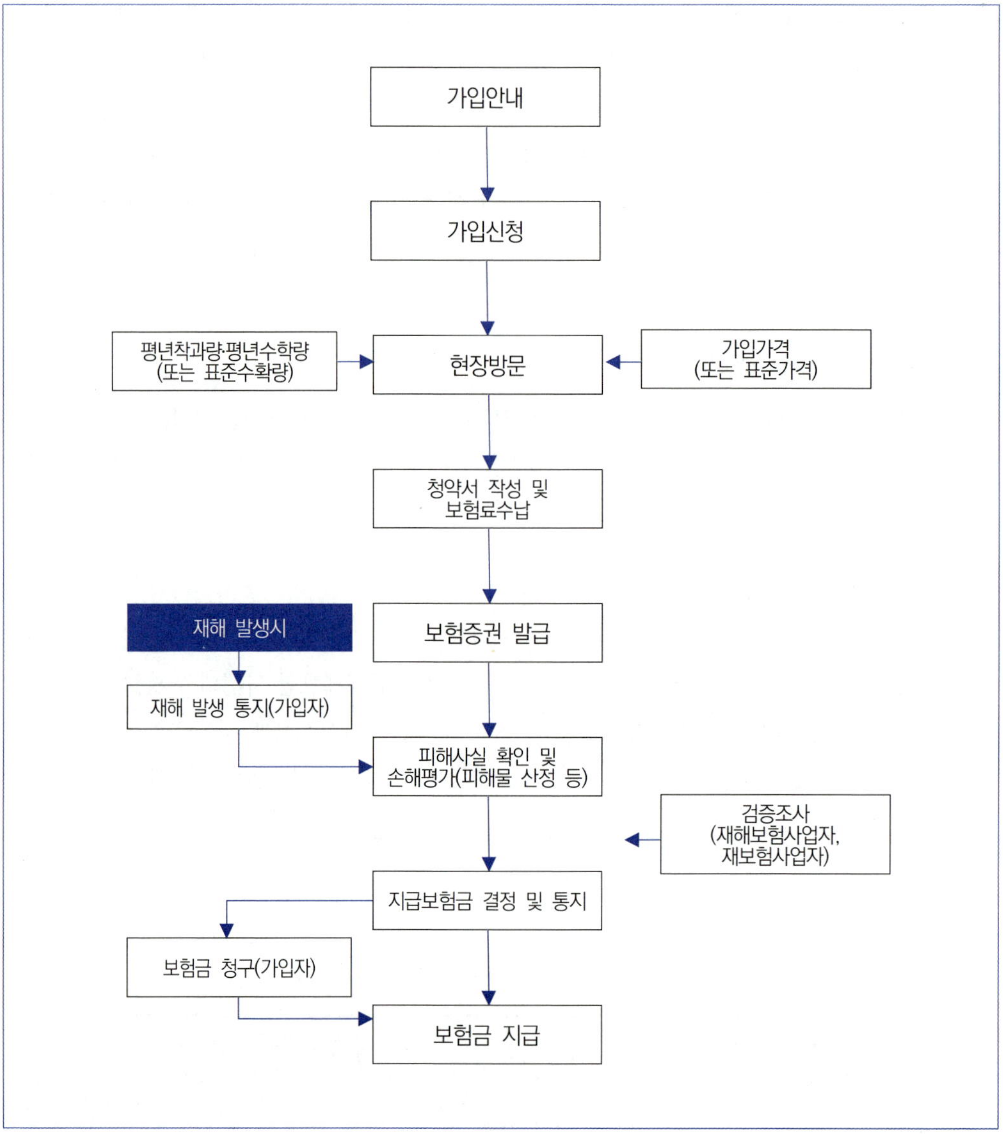

라. 손해평가

재해보험사업자는 농어업재해보험법 제11조 및 농림축산식품부장관이 고시하는 "농업재해보험 손해평가요령"에 따라 손해평가를 실시해야 하며 손해평가시 고의로 진실을 숨기거나 허위로 손해평가를 해서는 안된다.

손해평가에 참여하고자 하는 손해평가사는 농업정책보험금융원에게, 손해평가인은 재해보험사업자에게 정기적으로 교육을 받아야 한다. 손해평가사는 1회 이상 실무교육을 이수하고 3년

마다 1회 이상의 보수교육을 이수하여야 한다. 손해평가인 및 손해사정사, 손해사정사 보조인은 연 1회이상 정기교육을 필수적으로 받아야 하며 이수하지 않을 경우 손해평가를 할 수 없다.

마. 재보험

농작물재해보험사업 품목에 대해 일정 부분은 정부가 국가재보험으로 인수하며 재해보험사업자는 국가(농업정책보험금융원)와 재보험에 관하여 별도의 약정을 체결한다. 재해보험사업자가 보유한 부분의 손해는 자체적으로 민영보험사와 재보험약정을 체결할 수 있다. 재해보험사업자가 민영보험사와 재보험으로 출재할 경우 출재방식, 금액, 비율 등을 농업정책보험금융원에 제출하여야 한다. 농작물재해보험에 대한 국가재보험제도는 2005년부터 도입되었다.

02 사업시행 내용

가. 계약자의 가입요건

농작물재해보험의 사업대상자는 사업실시지역에서 보험대상 작물을 경작하는 개인 또는 법인이다. 사업대상자 중 재해보험에 가입할 수 있는 자는 농어업재해보험법 제7조 및 동법 시행령 제9조에 따른 농작물을 재배하는 자이다.

> 「농어업재해보험법」 제7조(보험가입자)
> 재해보험에 가입할 수 있는 자는 농림업, 축산업, 양식수산업에 종사하는 개인 또는 법인으로 하고, 구체적인 보험가입자의 기준은 대통령령으로 정한다.
>
> 「농어업재해보험법 시행령」 제9조(보험가입자의 기준)
> 법 제7조에 따른 보험가입자의 기준은 다음 각 호의 구분에 따른다.
>   1. 농작물재해보험 : 법 제5조에 따라 농림축산식품부장관이 고시하는 농작물을 재배하는 자
>   1의 2. 임산물재해보험 : 법 제5조에 따라 농림축산식품부장관이 고시하는 임산물을 재배하는 자
>   2. 가축재해보험 : 법 제5조에 따라 농림축산식품부장관이 고시하는 가축을 사육하는 자

농작물재해보험은 임의보험방식이다. 다만 보험에 가입하려면 일정한 요건이 필요하다.

① 보험에 가입하려는 지역이 해당 농작물에 대한 농작물재해보험이 실시되는 지역이라야 한다.
② 보험대상 농작물이라고 하더라도 경작규모가 일정 수준 이상이어야 한다.
③ 보험가입시 정부의 보험료 지원을 받기 위해서는 농업경영체 등록이 되어야 한다.

⟨농작물재해보험 대상 품목 및 가입자격(2023년 기준)⟩

품목명	가입자격
사과, 배, 단감, 떫은감, 감귤, 포도, 복숭아, 자두, 살구, 매실, 참다래, 대추, 유자, 무화과, 밤, 호두, 마늘, 양파, 감자, 고구마, 고추, 양배추, 브로콜리, 오미자, 복분자, 오디, 인삼	농지의 보험가입금액 (생산액 또는 생산비) 200만원 이상
옥수수, 콩, 팥, 배추, 무, 파, 단호박, 당근, 시금치, 양상추	농지의 보험가입금액 (생산액 또는 생산비) 100만원 이상
벼, 밀, 보리, 메밀, 귀리	농지의 보험가입금액 (생산액 또는 생산비) 50만원 이상
농업용 시설물 및 시설작물 버섯재배사 및 버섯작물	단지 면적이 $300m^2$ 이상
차(茶), 조사료용 벼, 사료용 옥수수	농지 면적이 $1,000m^2$ 이상

나. 보험의 목적물

보험 대상 농작물은 2023년 현재 70개 품목이며 이외에 농업시설물(농업용 시설물·버섯재배사)이 있다.

① 과수작물(12) : 사과, 배, 단감, 감귤, 포도, 복숭아, 자두, 살구, 매실, 참다래, 유자, 무화과
② 식량작물(10) : 벼, 밀, 보리, 감자, 고구마, 옥수수, 콩, 팥, 메밀, 귀리
③ 채소작물(12) : 양파, 마늘, 고추, 양배추, 배추, 무, 파, 당근, 브로콜리, 단호박, 시금치, 양상추
④ 특용작물(3) : 인삼, 오디, 차
⑤ 임산물(7) : 떫은감, 대추, 밤, 호두, 복분자, 오미자, 표고버섯
⑥ 버섯작물(3) : 느타리버섯, 새송이버섯, 양송이버섯
⑦ 시설작물(23) : (화훼류) 국화, 장미, 백합, 카네이션
              (비화훼류) 딸기, 오이, 토마토, 참외, 풋고추, 호박, 수박, 멜론, 파프리카, 상추, 부추, 시금치, 가지, 배추, 파(대파·쪽파), 무, 미나리, 쑥갓, 감자

다. 보험실시지역

농업재해보험은 본사업과 시범사업으로 구분되며 본사업은 주로 전국, 시범사업은 주산지 등 일부지역에서 실시한다. 다만 본사업 중 일부(고랭지감자·밀)는 품목의 특성상 사업실시지역을 제한하는 경우가 있고, 시범사업 중에도 전국에서 실시하는 품목이 있다.

〈농작물재해보험 대상 품목별 사업지역〉

구분	품목	사업지역
본사업	사과, 배, 단감, 떫은감, 벼, 밤, 대추, 감귤, 고추, 고구마, 옥수수, 콩, 마늘, 양파, 인삼, 자두, 매실, 포도, 복숭아, 참다래, 시설작물(23), 버섯작물(표고, 느타리), 농업용시설물 및 버섯재배사	전국
	감자	[가을재배] 전국, [고랭지재배] 강원
	밀	광주, 전북, 전남, 경남, 충남
시범사업	버섯작물(양송이, 새송이), 조사료용 벼, 사료용 옥수수	전국
	양배추, 브로콜리, 당근	(제주) 제주, 서귀포
	메밀	전남, 제주
	차	(전남) 보성, 광양, 구례, (경남) 하동
	감자(봄재배)	경북, 충남
	오디	전북, 전남, (경북) 상주, 안동
	복분자	(전북) 고창, 정읍, 순창 (전남) 함평, 담양, 장성
	오미자	(경북) 문경, 상주, 예천, (충북) 단양 (전북) 장수, (강원) 인제, (경남) 거창
	무화과	(전남) 영암, 신안, 목포, 무안, 해남
	유자	(전남) 고흥, 완도, 진도 (경남) 거제, 남해, 통영
	배추	[고랭지] (강원) 정선, 삼척, 태백, 강릉, 평창 [가을] (전남) 해남, (충북) 괴산, (경북) 영양 [월동] (전남) 해남
	무	[고랭지] (강원) 홍천, 정선, 평창, 강릉 [월동] (제주) 제주, 서귀포
	단호박	경기
	파	[대파] (전남) 신안, 진도, 영광, (강원) 평창 [쪽파, 실파] (충남) 아산, (전남) 보성
	살구	(경북) 영천
	호두	(경북) 김천
	보리	(전남) 보성, 해남, (전북) 김제, 군산 (경남) 밀양
	팥	(전남) 나주, (강원) 횡성, (충남) 천안
	시금치	(경남) 남해, (전남) 신안

주) 2023년 신규 품목인 시설감자, 귀리(전남 강진, 해남), 양상추(강원 횡성, 평창)는 추후 이론서 업데이트 예정

시범사업은 일부지역에서 보험설계의 적정성, 사업확대 가능성, 농가의 호응도 등을 파악해 미비점을 보완함으로써 본사업의 시행착오를 최소화하기 위해 실시한다. 시범사업 3년차 이상의 품목 중에서 농업재해보험심의회 심의를 거쳐 본사업으로 전환될 수 있다. 재해보험사업자는 시범사업 실시 지역의 추가, 제외 또는 변경이 필요한 경우 그 내용을 농림축산식품부장관과 사전협의 하여야 한다.

2022년도 시범사업 품목(25개)

구 분	5년차 이상	4년차	3년차	2년차	1년차
작물명	복분자, 오디, 양배추, 오미자, 무화과, 유자, 차, 메밀, 브로콜리, 양송이버섯, 새송이버섯	배추, 무, 단호박, 파, 당근, 감자(봄재배), 조사료용 벼, 사료용 옥수수	보리, 팥, 살구, 시금치, 호두	–	가을배추
작물수	11	8	5		1

라. 보험대상 재해의 범위

보상하는 재해의 범위를 어떻게 정하느냐에 따라 종합위험방식과 특정위험방식으로 구분한다. 종합위험방식은 자연재해와 화재, 조수해(鳥獸害)를 담보한다. 특정위험방식은 해당품목에 재해를 일으키는 몇 개의 재해(위험)만을 보험대상으로 한다.
종합위험방식은 적과전 종합위험방식과 수확전 종합위험방식, 종합위험방식으로 나눌 수 있다. 적과전 종합위험방식은 적과(摘果) 전에는 종합위험을 담보하고 적과 후에는 특정위험을 담보한다. 수확전 종합위험방식은 수확개시 전에는 종합위험을 담보하고 수확개시 후에는 특정위험을 담보한다. 종합위험방식은 적과전 종합위험방식과 수확전 종합위험방식을 제외한 방식이다. 종합위험방식(적과전 종합위험방식, 수확전 종합위험방식 포함)은 주요 재해를 기본적으로 보장(주계약)하고 특약으로 특정재해를 추가보장 또는 부보장으로 정할 수 있다.

〈보험 대상 품목별 대상 재해〉

구분	품목	대상 재해
적과전 종합위험	사과, 배, 단감, 떫은감 (특약) 나무보장	(적과전) 자연재해·조수해·화재 (특약) 태풍·우박·집중호우·지진·화재 한정보장 (적과후) 태풍(강풍)·우박·화재 지진·집중호우·일소피해·가을동상해 (특약) 가을동상해·일소피해 부보장

구분	품목	대상 재해
수확전 종합위험	무화과 (특약) 나무보장	(7.31일 이전) 자연재해·조수해·화재 (8.1일 이후) 태풍(강풍)·우박
	복분자	(5.31일 이전) 자연재해·조수해·화재 (6.1일 이후) 태풍(강풍)·우박
특정위험	인삼	태풍(강풍)·폭설·집중호우·침수 ·화재·우박·폭염·냉해
종합위험	참다래, 매실, 자두 (특약) 나무보장	자연재해·조수해·화재
	포도, 감귤(만감류) (특약) 나무보장, 수확량감소추가보장	자연재해·조수해·화재
	유자, 살구 (특약) 나무보장	자연재해·조수해·화재
	복숭아 (특약) 나무보장, 수확량감소추가보장	자연재해·조수해·화재· 병충해(세균구멍병)
	감귤(온주밀감) (특약) 나무보장, 과실손해추가보장	자연재해·조수해·화재(12.20일 이전) (특약)동상해(12.20일 이후)
	벼	자연재해·조수해·화재 (특약) 병충해(7종)
	밀, 고구마, 옥수수, 콩, 차, 오디, 밤, 대추, 오미자, 양파	자연재해·조수해·화재
	감자	자연재해·조수해·화재·병충해
	마늘 (특약) 조기보장특약	자연재해·조수해·화재
	배추, 무, 파, 호박, 당근, 시금치, 메밀, 팥, 보리, 귀리, 양상추	자연재해·조수해·화재
	양배추	자연재해·조수해·화재
	호두 (특약) 조수해부보장	자연재해·조수해·화재
	브로콜리	자연재해·조수해·화재
	고추	자연재해·조수해·화재·병충해
	해가림시설(인삼)	자연재해·조수해·화재
	농업용시설물 (특약) 재조달가액, 버섯재배사, 부대시설	자연재해·조수해 (특약)화재, 화재대물배상책임, 수해부보장
	비가림시설 (포도, 대추, 참다래)	자연재해·조수해 (특약) 화재
	시설작물, 버섯작물	자연재해·조수해 (특약)화재, 화재대물배상책임

마. 보장방식

농작재해보험의 상품은 크게 수확감소를 보장하는 상품, 생산비를 보장하는 상품 그리고 시설물의 원상복구를 보장하는 상품으로 분류할 수 있다.

수확감소보장방식은 보상하는 재해로 수확량이 감소되었을 경우 그 수확감소에 따른 피해를 보장하는 방식이다. 수확량을 조사한 후 평년수확량 대비 보상하는 감수량의 비율로 피해율을 산정하여 보험금을 지급한다. 과수작물·논작물·밭작물에 모두 적용되는 대표적인 보장방식이다. 생산비보장방식은 밭작물(시설작물 포함)에 적용되며 보상하는 재해로 작물이 피해를 입어 특정시점에 이미 투입되었거나 회수가 덜된 생산비를 보상하는 방식이다. 수확량조사를 하지 않으며 경과비율이라는 개념을 사용한다. 또한 농업용 시설물로는 비가림시설, 해가림시설, 원예시설 등이 있으며 보상하는 재해로 인한 피해시 시설물의 원상복구(액)를 보장한다.

바. 보장유형(자기부담금)

농작물재해보험은 일반 손해보험과 마찬가지로 재해로 인한 모든 피해금액을 보장하지 않는다. 그 이유는 소소한 피해까지 보상하기 위해서는 비용이 과다하여 보험으로서의 실익이 없으며 다른 한편으로는 계약자의 도덕적 해이를 방지하기 위함이다. 보험가입금액의 일정 부분을 보장하는 것이 일반적이며 보장수준(=100%-자기부담비율)을 어느 정도로 하느냐에 따라 보장유형이 다양하다. 수확량을 보장하는 상품의 경우 보험가입금액의 60-90%를 보장수준으로 한다. 생산비를 보장하는 품목 중 고추와 브로콜리는 3% 또는 5%를 자기부담금으로 한다. 시설작물은 손해액 10만원까지는 계약자 본인이 부담하고 이를 초과하는 손해는 전액 보상한다. 시설물은 기본적으로 손해액의 10%를 자기부담금으로 한다. 품목별 보장수준은 아래와 같다.

〈보험 대상 품목별 보장수준〉

구분	품목	보장수준 (보험가입금액의 %)				
		60	70	80	85	90
적과전 종합위험	사과, 배, 단감, 떫은감	○	○	○	○	○
수확전 종합위험	무화과	○	○	○	○	○
	복분자	○	○	○	○	○
특정위험	인삼	○	○	○	○	○

구분	품목	보장수준 (보험가입금액의 %)				
		60	70	80	85	90
종합위험	참다래, 매실, 자두	○	○	○	○	○
	포도	○	○	○	○	○
	유자, 살구	○	○	○	-	-
	복숭아	○	○	○	○	○
	감귤	○	○	○	○	○
	벼	○	○	○	○	○
	밀, 고구마, 옥수수, 콩, 차, 오디, 밤, 대추, 오미자, 양파, 팥	○	○	○	○	○
	감자, 마늘, 배추(고랭지배추), 무(고랭지무), 파(대파), 단호박, 시금치, 당근	○	○	○	○	○
	보리, 귀리, 배추(가을배추, 월동배추), 무(월동무), 파(쪽파.실파), 메밀, 양상추	○	○	○	-	-
	양배추	○	○	○	○	-
	호두	○	○	○	-	-
종합위험	브로콜리, 고추	(자기부담금) 잔존보험가입금액의 3% 또는 5%				
	해가림시설 (인삼)	(자기부담금) 최소 10만원에서 최대 100만원 한도 내에서 손해액의 10%를 적용				
	농업용 시설물·버섯재배사 및 부대시설 & 비가림시설 (포도, 대추, 참다래)	(자기부담금) 최소 30만원에서 최대 100만원 한도 내에서 손해액의 10%를 적용 (단 피복재 단독사고는 최소 10만 원에서 최대 30만 원 한도 내에서 손해액의 10%를 적용하고, 화재로 인한 손해는 자기부담금을 적용하지 않음)				
	시설작물 & 버섯작물	손해액이 10만 원을 초과하는 경우 손해액 전액 보상 (단 화재로 인한 손해는 자기부담금을 적용하지 않음)				

※ (자기부담금) 보장형별 보험가입금액의 40%, 30%, 20%, 15%, 10% 해당액 (보장수준의 잔여비율)은 자기부담금으로 보험계약시 계약자가 선택하며 자기부담금 이하의 손해는 보험금을 지급하지 않음
※ 보장에 대한 구체적인 사항은 농작물재해보험 약관에 따름

사. 보험가입단위

농작물재해보험에 가입하기 위해서는 보험대상 목적물을 명확히 식별할 수 있어야 한다. 농작물재해보험의 보험대상 목적물은 크게 농작물과 농업용 시설(작)물로 구분된다.

농작물은 필지에 관계없이 논두렁 등으로 경계 구분이 가능한 농지별로 가입한다. 농지는 필지에 관계없이 실제 경작하는 단위이므로 동일인의 한 덩어리의 농지가 여러 필지로 나누어져 있더라도 하나의 농지로 취급한다. 다만 읍·면·동을 달리하는 농지를 가입하는 경우 등은 사업관리기관과 사업시행기관이 협의한 기준을 적용할 수 있다.

농업용 시설물과 시설작물, 버섯재배사와 버섯작물은 하우스 1단위로 가입이 가능하며 단지 내 인수제한 목적물 및 타인 소유의 목적물은 제외된다. 단지는 도로, 둑방, 제방 등으로 경계가 명확히 구분되는 경지 내에 위치한 시설물이다. 농업용 시설물은 가입자격 규모 미만의 단지의 경우 인접한 단지의 면적을 합하여 가입자격 규모 이상이 되는 경우 하나의 단지로 취급될 수 있다.

이상에서 언급한 물리적 단위 외에 아래의 표에서 보는 바와 같이 보험가입금액이 200만원 미만인 농지는 보험대상에서 제외된다. 다만 옥수수, 콩 등은 보험가입금액이 100만원 미만인 경우, 벼, 메밀 등은 보험가입금액이 50만원 미만인 경우 각각 보험대상에서 제외된다.

<농작물재해보험 대상 품목 및 가입자격> (2023년 기준)

품목명	가입자격
사과, 배, 단감, 떫은감, 감귤, 포도, 복숭아, 자두, 살구, 매실, 참다래, 대추, 유자, 무화과, 밤, 호두, 마늘, 양파, 감자, 고구마, 고추, 양배추, 브로콜리, 오미자, 복분자, 오디, 인삼	농지의 보험가입금액 (생산액 또는 생산비) 200만원 이상
옥수수, 콩, 팥, 배추, 무, 파, 단호박, 당근, 시금치, 양상추	농지의 보험가입금액 (생산액 또는 생산비) 100만원 이상
벼, 밀, 보리, 메밀, 귀리	농지의 보험가입금액 (생산액 또는 생산비) 50만원 이상
농업용 시설물 및 시설작물 버섯재배사 및 버섯작물	단지 면적이 300m² 이상
차(茶), 조사료용 벼, 사료용 옥수수	농지 면적이 1,000m² 이상

아. 보험판매기간

농작물재해보험은 타 손해보험과는 다르게 농작물의 특성에 따라 판매기간을 정하고 있으며 작물의 생육시기와 연계하여 판매한다. 대체로 과수는 11월에서 익년 6월, 일반작물은 4월에서 10월, 농업용 시설물 및 시설작물과 버섯재배사 및 버섯작물은 2월에서 12월 등 작물별로 판매기간이 다르다.

〈농작물재해보험 판매기간(2022년 기준)〉

품목	판매기간
사과, 배, 단감, 떫은감	1~3월
농업용시설물 및 시설작물(23)	2~12월
버섯재배사 및 버섯작물 (양송이, 새송이, 표고, 느타리)	2~12월
밤, 대추, 고추, 호두	4~5월
감귤	5월
고구마, 옥수수, 사료용 옥수수	4~6월
단호박	5월
감자	(봄재배) 4~5월, (고랭지재배) 5~6월, (가을재배) 8~9월
배추	(고랭지) 4~6월, (월동) 9~10월
무	(고랭지) 4~6월, (월동) 8~10월
파	(대파) 4~6월, (쪽파) 8~10월
벼, 조사료용 벼	4~6월
(가루쌀)벼	4~7월
참다래, 콩, 팥	6~7월
인삼	4~5월, 10~11월
당근	7~8월
양상추	7~9월

품목	판매기간
양배추, 메밀	8~9월
브로콜리	8~10월
마늘	(난지형 남도종) 9~10월, (난지형) 10월, (한지형, 홍산) 10~11월
차, 양파, 시금치	10~11월
밀, 보리, 귀리	10~12월
포도, 유자, 자두, 매실, 복숭아, 오디, 복분자, 오미자, 무화과, 살구	11~12월

※ 구체적인 일 단위 일정은 농업정책보험금융원이 보험판매전 지자체에 별도 통보(판매기간은 변동 가능)
※ 태풍 등 기상상황에 따라 판매기간 중 일시 판매 중지될 수 있음

자. 보험가입절차

재해보험에 가입하는 절차는 보험가입 안내(지역대리점 등) → 가입신청(계약자) → 현지 확인(농지원장 작성 등) → 청약서 작성 및 보험료 수납(보험가입금액 및 보험료 산정) → 보험증권 발급 순이다. 농작물재해보험은 재해보험사업자와 판매 위탁계약을 체결한 지역대리점(지역농협 및 품목농협) 등에서 보험 모집·판매를 담당한다.

보험료는 일시납을 원칙으로 하되 현금, 즉시이체, 신용카드(할부 가능) 등으로 납부가 가능하다. 보험료 납입은 보험계약 인수와 연계되어 시행되며 계약인수 심사 중에는 사전수납할 수 없다.

차. 보험료, 보험가입금액 등

1) 보험료 산정

보험료는 주계약별, 특약별로 해당 보험가입금액에 지역별 적용요율을 곱하고 품목에 따라 과거의 손해율 및 가입연수에 따른 할인·할증, 방재시설별 할인율 등을 추가로 곱하여 산정한다. 주요 품목의 주계약(보통약관) 및 특약별 보험료 산정식은 아래 예시와 같다.

〈예시〉 과수 4종(사과, 배, 단감, 떫은감) 및 벼 품목의 보험료 산정식

① 과수 4종
- 과실손해보장 보통약관(주계약) 적용보험료 :
  보통약관 가입금액 × 지역별 보통약관 영업요율 × (1-부보장 및 한정보장 특별약관 할인율) × (1+손해율에 따른 할인·할증률) × (1-방재시설할인율)
- 나무손해보장 특별약관 적용보험료 :
  특별약관 가입금액 × 지역별 특별약관 영업요율 × (1+손해율에 따른 할인·할증률)

② 벼
- 수확감소보장 보통약관(주계약) 적용보험료 :
  주계약 보험가입금액 × 지역별 기본 영업요율 × (1+손해율에 따른 할인·할증률) × (1+친환경 재배 시 할증률) × (1+직파재배 농지 할증률)
- 병해충보장 특별약관 적용보험료 :
  특별약관 보험가입금액 × 지역별 기본 영업요율 × (1+손해율에 따른 할인·할증률) × (1+친환경 재배 시 할증률) × (1+직파재배 농지 할증률)

2) 보험료율 적용

보험료율은 주계약별, 특약별로 지역(시·군)별 자연재해의 특성을 반영하여 산정된다. 자연재해가 많은 지역은 보험료율이 높고 반대의 경우는 낮다. 보험료율을 산출하는 지역단위는 시·군·구 또는 광역시·도이나 2022년부터 사과, 배 품목을 대상으로 통계신뢰도를 일정수준 충족하는 읍·면·동의 경우 시범적으로 보험요율 산출단위의 세부화(시·군·구 → 읍·면·동)를 추진한다.

3) 보험료 할인·할증 적용

보험료의 할인·할증의 종류는 품목별로 다르며 품목별 재해보험 요율서에 따라 적용된다. 과거의 손해율 및 가입연수에 따른 할인·할증, 방재시설별 할인율 등이 있다.

〈손해율 및 가입연수에 따른 할인·할증률〉

손해율	평가기간				
	1년	2년	3년	4년	5년
30% 미만	-8%	-13%	-18%	-25%	-30%
30% 이상 60% 미만	-5%	-8%	-13%	-18%	-25%
60% 이상 80% 미만	-4%	-5%	-8%	-13%	-18%
80% 이상 120% 미만	-	-	-	-	-
120% 이상 150% 미만	3%	5%	7%	8%	13%
150% 이상 200% 미만	5%	7%	8%	13%	17%
200% 이상 300% 미만	7%	8%	13%	17%	25%
300% 이상 400% 미만	8%	13%	17%	25%	33%
400% 이상 500% 미만	13%	17%	25%	33%	42%
500% 이상	17%	25%	33%	42%	50%

※ 손해율 = 최근 5개년 보험금 합계 ÷ 최근 5개년 순보험료 합계

〈방재시설 할인율〉

단위 : %

구분	밭작물								
방재시설	인삼	고추	브로콜리	양파	마늘	옥수수[1]	감자[2]	콩	양배추
방조망	-	-	5	-	-	-	-	-	5
전기시설물 (전기철책, 전기울타리 등)	-	-	5	-	-	5	-	5	5
관수시설 (스프링쿨러 등)	5	5	5	5	5	-	5	5	5
경음기	-	-	5	-	-	-	-	-	5
배수시설 (암거배수시설, 배수개선사업)	-	-	-	-	-	-	-	5[3]	-

[1] 사료용 옥수수 포함
[2] 봄재배, 가을재배만 해당(고랭지재배는 제외)
[3] 논콩의 경우에만 해당

단위 : %

구분		적과전 종합위험방식Ⅱ			과수									
방재시설		사과	배	단감 떫은감	포도	복숭아	자두	살구	참다래	대추	매실	유자	감귤	하우스 감귤
지주 시설	개별지주	7	-	5	-	-	-	-	-	-	-	-	-	-
	트렐리스방식 (2선식)	7	-	-	-	-	-	-	-	-	-	-	-	-
	트렐리스방식 (4·6선식)	7	-	-	-	-	-	-	-	-	-	-	-	-
	지주	-	-	-	-	10	-	-	-	-	-	-	-	-
	Y형	-	-	-	-	15	5	-	-	-	-	-	-	-
방풍림		5	5	5	5	5	-	-	5	-	-	5	-	-
방풍망	측면 전부설치	10	10	5	5	10	-	-	10	-	-	5	10	기본할인
	측면 일부설치	5	5	3	3	5	-	-	5	-	-	3	3	-
방충망		20	20	15	15	20	-	-	-	-	-	-	15	추가할인
방조망		5	5	5	5	5	-	-	5	-	-	-	5	기본할인
방상팬		20	20	20	10	10	15	15	10	-	15	-	20	추가할인
서리방지용 미세살수장치		20	20	20	10	10	15	15	10	-	15	-	20	추가할인
덕 또는 Y자형 시설		-	7	-	-	-	-	-	-	-	-	-	-	-
비가림시설		-	-	-	10	-	10	-	-	10	-	-	-	-
비가림 바람막이		-	-	-	-	-	-	-	30	-	-	-	-	-
바닥멀칭		-	-	-	5	-	-	-	-	-	-	-	-	-
타이벡 멀칭	전부설치	-	-	-	-	-	-	-	-	-	-	-	5	추가할인
	일부설치	-	-	-	-	-	-	-	-	-	-	-	3	추가할인

※ 2개 이상의 방재시설이 있는 경우 합산하여 적용하되 최대 할인율은 30%를 초과할 수 없음
※ 방조망, 방충망은 과수원의 위와 측면 전체를 덮도록 설치되어야 함
※ 농업수입보장 상품(양파, 마늘, 감자-가을재배, 콩, 양배추, 포도)도 할인율 동일
※ 하우스 감귤(온주밀감류)의 경우 방재시설 할인 적용 기준은 아래와 같음
　① 추가할인 : 현장조사 시 실제 설치 여부 확인 후 추가할인 적용(최대 20%)
　② 추가할인 적용 시 반드시 설치 여부를 확인하여야 함
※ 하우스 감귤(만감류)의 경우 방풍망과 방조망 설치에 따른 기본할인 미적용
※ 하우스 감귤 방재시설 할인 적용 시, 과수원의 일부가 하우스 감귤인 경우 방재시설 할인 불가
※ 감귤 품목의 방재시설 할인 중 방상팬, 서리방지용 미세살수장치는 동상해 특약 가입시에만 적용 가능

〈방재시설 판정기준〉

방재시설	판정기준
방상팬	• 방상팬은 팬 부분과 기둥 부분으로 나뉘어짐 • 팬 부분의 날개 회전은 원심식으로 모터의 힘에 의해 돌아가며 좌우 180도 회전가능하며 팬의 크기는 면적에 따라 조정 • 기둥 부분은 높이 6m 이상 • 1,000㎡당 1마력은 3대, 3마력은 1대 이상 설치 권장 (단 작동이 안 될 경우 할인 불가)
서리방지용 미세살수장치	• 서리피해를 방지하기 위해 설치된 살수량 500~800ℓ/10a의 미세살수장치 * 점적관수 등 급수용 스프링클러는 포함되지 않음
방풍림	• 높이가 6미터 이상의 영년생 침엽수와 상록활엽수가 5미터 이하의 간격으로 과수원 둘레 전체에 식재되어 과수원의 바람 피해를 줄일 수 있는 나무
방풍망	• 망구멍 가로 및 세로가 6~10mm의 망목네트를 과수원 둘레 전체나 둘레 일부(1면 이상 또는 전체둘레의 20% 이상)에 설치
방충망	• 망구멍이 가로 및 세로가 6mm 이하 망목네트로 과수원 전체를 피복
방조망	• 망구멍의 가로 및 세로가 10mm를 초과하고 새의 입출이 불가능한 그물 • 주 지주대와 보조 지주대를 설치하여 과수원 전체를 피복
비가림 바람막이	• 비에 대한 피해를 방지하기 위하여 윗면 전체를 비닐로 덮어 과수가 빗물에 노출이 되지 않도록 하고 바람에 대한 피해를 방지하기 위하여 측면 전체를 비닐 및 망 등을 설치한 것

트렐리스
2,4,6선식
	• 트렐리스 방식 : 수열 내에 지주를 일정한 간격으로 세우고 철선을 늘려 나무를 고정해 주는 방식
	• 나무를 유인할 수 있는 재료로 철재 파이프(강관)와 콘크리트를 의미함
	• 지주의 규격 : 갓지주 → 48~80mm ~ 2.2~3.0m
	  중간지주 → 42~50mm ~ 2.2~3.0m
	• 지주시설로 세선(2선, 4선 6선) 숫자로 선식 구분
	  * 버팀목과는 다름

사과 개별지주	• 나무주간부 곁에 파이프나 콘크리트 기둥을 세워 나무를 개별적으로 고정시키기 위한 시설 * 버팀목과는 다름
단감·떫은감 개별지주	• 나무주간부 곁에 파이프를 세우고 파이프 상단에 연결된 줄을 이용해 가지를 잡아주는 시설 * 버팀목과는 다름
덕 및 Y자형 시설	• 덕 : 파이프, 와이어, 강선을 이용한 바둑판식 덕시설 • Y자형 시설 : 아연도 구조관 및 강선 이용 지주설치

4) 보험기간 적용

보험기간은 농작물재해보험이 보장하는 기간을 말하며 종합위험방식·특정위험방식의 품목별로 생육기를 감안하여 보험기간을 따로 정하고 있다. 보험기간의 구체적인 사항은 해당 보험약관에 기술된다.

5) 보험가입금액 산출

보험가입금액은 기본적으로 가입수확량에 가입(표준)가격을 곱하여 산출한다. 다만 품목 또는 분야에 따라 구체적인 사항을 별도로 정하는 경우가 있다. 품목별·분야별 보험가입금액은 각각 다르며 일부 품목의 산출방법은 다음과 같다.

① 수확감소보장방식의 보험가입금액은 가입수확량에 가입가격을 곱하여 산출하며 평년수확량의 일정 범위(50~100%) 내에서 보험계약자가 결정한다(천 원 단위 미만은 절사). 가입가격은 보험에 가입할 때 결정한 보험목적물의 단위(kg)당 평균가격이다.

② 벼의 보험가입금액은 가입단위 농지별로 가입수확량(kg)에 단위당 표준가격을 곱하여 산출한다. 벼의 표준가격은 보험가입년도 직전 5개년의 시·군별 농협 RPC(미곡종합처리장) 계약재배 수매가 최근 5년 평균값에 민간 RPC지수를 반영하여 산출한다.

③ 버섯의 보험가입금액은 하우스 단지별 연간 재배예정인 버섯 중 생산비가 가장 높은 버섯 가액의 50~100% 범위 내에서 보험계약자가 10% 단위로 결정한다.

④ 농업용 시설물의 보험가입금액은 단지 내 하우스 1동 단위로 설정하며 산정된 재조달기준가액의 90~130% 범위 내에서 결정한다. 다만 기준가액 설정이 불가능한 콘크리트·경량 철골조, 비규격 하우스 등은 계약자 고지사항 및 관련 서류를 기초로 보험가액을 추정하여 보험가입금액을 결정한다.

⑤ 인삼의 보험가입금액은 연근별 (보상)가액에 재배면적(m^2)을 곱하여 결정한다. 인삼의 가액은 농협 통계 및 농촌진흥청의 자료를 기초로 연근별로 투입되는 누적생산비를 고려하여 연근별로 차등 설정한다. 인삼 해가림시설의 보험가입금액은 재조달가액에 감가상각률을 적용하여 결정한다.

기출문제

01 용어의 정의로 ( )에 들어갈 내용을 쓰시오. (5점) ▶ 6회 손해평가사

> ○ 과수원이라 함은 (①)의 토지의 개념으로 (②)와는 관계없이 실제 경작하는 단위이므로 (①) 과수원이 여러 (②)로 나누어져 있더라도 하나의 농지로 취급한다.
> ○ (③)란 보험사고로 인하여 발생한 손해에 대하여 보험가입자가 부담하는 일정비율로 보험가입금액에 대한 비율을 의미한다.
> ○ 신초발아기란 과수원에서 전체 신초가 (④)% 정도 발아한 시점을 말한다.
> ○ (⑤)(이)란 영양조건, 기간, 기온, 일조시간 따위의 필요조건이 다차서 꽃눈이 형성되는 현상

모범답안

① 한 덩어리　② 필지(지번)　③ 자기부담비율　④ 50　⑤ 꽃눈분화

02 농작물재해보험 보험료 방재시설 할인율의 방재시설 판정기준에 관한 내용이다. ( )에 들어갈 내용을 쓰시오. (5점) ▶ 9회 손해평가사

> ○ 방풍림은 높이가 (①)미터 이상의 영년생 침엽수와 상록활엽수가 (②) 미터 이하의 간격으로 과수원 둘레 전체에 식재되어 과수원의 바람피해를 줄일 수 있는 나무
> ○ 방풍망은 망구멍 가로 및 세로가 6~10mm의 망목네트를 과수원 둘레 전체나 둘레 일부(1면 이상 또는 전체둘레의 (③)% 이상)에 설치
> ○ 방충망은 망구멍이 가로 및 세로가 (④)mm 이하 망목네트로 과수원 전체를 피복
> ○ 방조망은 망구멍의 가로 및 세로가 (⑤)mm를 초과하고 새의 입출이 불가능한 그물, 주지주대와 보조지주대를 설치하여 과수원 전체를 피복

모범답안

① 6　② 5　③ 20　④ 6　⑤ 10

제4장 농작물재해보험의 상품내용

01 보상하는 재해와 보상하지 않는 손해

농작물재해보험의 보험상품별 내용 중 보상하는 재해와 보상하지 않는 손해는 본항에서 통합하여 정리하고 개별 보험상품을 기술한다. 따라서 개별 보험상품의 내용에서 보상하는 재해와 보상하지 않는 손해에 대한 세부적인 설명은 생략한다.

가. 과수작물

1) 적과전 종합위험방식 Ⅱ

(가) 보상하는 재해

대상품목	보상하는 재해
사과, 배, 단감, 떫은감	적과종료 이전 : 자연재해, 조수해(鳥獸害), 화재(종합위험) 적과종료 이후 : 태풍(강풍), 집중호우, 우박, 지진, 화재, 일소(日燒), 가을동상해(특정위험)

(나) 보상하지 않는 손해

　(1) 적과(摘果)종료 이전

　　① 계약자, 피보험자 또는 이들의 법정대리인의 고의 또는 중대한 과실로 인한 손해
　　② 제초작업, 시비관리 등 통상적인 영농활동을 하지 않아 발생한 손해
　　③ 보상하지 않는 재해로 제방, 댐 등이 붕괴되어 발생한 손해
　　④ 보상하는 재해에 해당하지 않은 재해로 발생한 손해
　　⑤ 전쟁, 혁명, 내란, 사변, 폭동, 노동쟁의, 기타 이들과 유사한 사태로 생긴 손해
　　⑥ 원인의 직·간접을 묻지 않고 병해충으로 발생한 손해
　　⑦ 하우스, 부대시설 등의 노후 및 하자로 생긴 손해
　　⑧ 계약체결 시점 현재 기상청에서 발령하고 있는 기상특보 발령지역의 기상특보 관련 재해로 인한 손해
　　⑨ 보상하는 자연재해로 인하여 발생한 동녹(과실에 발생하는 검은 반점 병) 등

간접손해

⑩ 식물방역법 제36조(방제명령 등)에 의거 금지 병해충인 과수 화상병 발생에 의한 폐원으로 인한 손해 및 정부 및 공공기관의 매립으로 발생한 손해

> ①~⑤는 농작물(나무, 시설물 포함)에 공통적으로 적용되는 사항(이하 "공통사항"으로 명기)이다

(2) 적과종료 이후

①~⑤ 공통사항

⑥ 수확기에 계약자 또는 피보험자의 고의 또는 중대한 과실로 수확하지 못하여 발생한 손해

⑦ 원인의 직·간접을 묻지 않고 병해충으로 발생한 손해

⑧ 보상하는 자연재해로 인하여 발생한 동녹(과실에 발생하는 검은 반점 병) 등 간접손해

⑨ 식물방역법 제36조(방제명령 등)에 의거 금지 병해충인 과수 화상병 발생에 의한 폐원으로 인한 손해 및 정부 및 공공기관의 매립으로 발생한 손해

⑩ 최대순간풍속 14m/sec 미만의 바람으로 발생한 손해

⑪ 저장한 과실에서 나타난 손해

⑫ 저장성 약화, 과실경도 약화 등 육안으로 판별되지 않는 손해

⑬ 농업인의 부적절한 잎소지(잎 제거)로 인하여 발생한 손해

⑭ 병으로 인해 낙엽이 발생하여 태양광에 과실이 노출되어 발생한 손해

(3) 나무손해보장특약의 보상하지 않는 손해

①~⑤ 공통사항

⑥ 병충해 등 간접손해에 의해 생긴 나무손해

⑦ 하우스, 부대시설 등의 노후 및 하자로 생긴 손해

⑧ 계약체결 시점 현재 기상청에서 발령하고 있는 기상특보 발령지역의 기상특보 관련 재해로 인한 손해

⑨ 피해를 입었으나 회생이 가능한 나무 손해

⑩ 토양관리 및 재배기술의 잘못된 적용으로 인해 생기는 나무손해

2) 종합위험 수확감소보장방식

(가) 보상하는 재해

대상품목	보상하는 재해
복숭아, 자두, 밤, 매실, 오미자, 유자, 호두, 살구, 감귤(만감류)	자연재해, 조수해(鳥獸害), 화재(종합위험) ※ 복숭아는 병충해 추가보장(세균구멍병)

(나) 보상하지 않는 손해

① ~ ⑤ 공통사항

⑥ 수확기에 계약자 또는 피보험자의 고의 또는 중대한 과실로 수확하지 못하여 발생한 손해

⑦ 원인의 직·간접을 묻지 않고 병해충으로 발생한 손해(다만 복숭아의 세균구멍병으로 인한 손해는 제외)

⑧ 하우스, 부대시설 등의 노후 및 하자로 생긴 손해

⑨ 계약체결 시점 현재 기상청에서 발령하고 있는 기상특보 발령지역의 기상특보 관련 재해로 인한 손해

3) 종합위험 비가림과수 손해보장방식

(가) 보상하는 재해

대상품목	보상하는 재해
포도, 참다래, 대추	자연재해, 조수해(鳥獸害), 화재(종합위험)
비가림시설	자연재해, 조수해(鳥獸害), 화재(특약)

(나) 보상하지 않는 손해

① ~ ⑤ 공통사항

⑥ 수확기에 계약자 또는 피보험자의 고의 또는 중대한 과실로 수확하지 못하여 발생한 손해

⑦ 원인의 직·간접을 묻지 않고 병해충으로 발생한 손해

⑧ 보험 목적의 노후 및 하자로 생긴 손해

⑨ 계약체결 시점 현재 기상청에서 발령하고 있는 기상특보 발령지역의 기상특보 관련 재해로 인한 손해

⑩ 자연재해, 조수해가 발생했을 때 생긴 도난 또는 분실로 생긴 손해

⑪ 침식활동 및 지하수로 생긴 손해

⑫ 직·간접을 묻지 않고 농업용 시설물의 시설, 수리, 철거 등 관계법령의 집행으로 발생한 손해

⑬ 피보험자가 파손된 보험목적의 수리 또는 복구를 지연함으로써 가중된 손해

4) 수확전 종합위험 과실손해보장방식

(가) 보상하는 재해

대상품목	보상하는 재해
복분자, 무화과	수확전 : 자연재해, 조수해(鳥獸害), 화재(종합위험) 수확후 : 태풍(강풍), 우박(특정위험)

(나) 보상하지 않는 손해

(1) 수확개시전

①~⑤ 공통사항

⑥ 원인의 직·간접을 묻지 않고 병해충으로 발생한 손해

⑦ 하우스, 부대시설 등의 노후 및 하자로 생긴 손해

⑧ 계약체결 시점 현재 기상청에서 발령하고 있는 기상특보 발령지역의 기상특보 관련 재해로 인한 손해

(2) 수확개시후

①~⑤ 공통사항

⑥ 수확기에 계약자 또는 피보험자의 고의 또는 중대한 과실로 수확하지 못하여 발생한 손해

⑦ 원인의 직·간접을 묻지 않고 병해충으로 발생한 손해

⑧ 최대순간풍속 14m/sec 미만의 바람으로 발생한 손해

⑨ 저장한 과실에서 나타난 손해

⑩ 저장성 약화, 과실경도 약화 등 육안으로 판별되지 않는 손해

5) 종합위험 과실손해보장방식

(가) 보상하는 재해

대상품목	보상하는 재해
오디, 감귤(온주밀감)	자연재해, 조수해(鳥獸害), 화재(종합위험)

(나) 보상하지 않는 손해

①~⑤ 공통사항

⑥ 수확기에 계약자 또는 피보험자의 고의 또는 중대한 과실로 수확하지 못하여 발생한 손해

⑦ 원인의 직·간접을 묻지 않고 병해충으로 발생한 손해

⑧ 하우스, 부대시설 등의 노후 및 하자로 생긴 손해

⑨ 계약체결 시점 현재 기상청에서 발령하고 있는 기상특보 발령지역의 기상특보 관련 재해로 인한 손해

나. 논작물

1) 종합위험 수확감소보장방식

(가) 보상하는 재해

대상품목	보상하는 재해
벼, 조사료용 벼, 밀, 보리, 귀리	자연재해, 조수해(鳥獸害), 화재(종합위험) ※ 벼는 병해충 특약 보장(7종) : 흰잎마름병, 줄무늬잎마름병, 세균성벼알마름병, 벼멸구, 도열병, 깨씨무늬병, 먹노린재

(나) 보상하지 않는 손해

①~⑤ 공통사항

⑥ 수확기에 계약자 또는 피보험자의 고의 또는 중대한 과실로 수확하지 못하여 발생한 손해

⑦ 원인의 직·간접을 묻지 않고 병해충으로 발생한 손해(다만 벼 병해충보장 특약 가입시는 제외)

⑧ 하우스, 부대시설 등의 노후 및 하자로 생긴 손해

⑨ 계약체결 시점 현재 기상청에서 발령하고 있는 기상특보 발령지역의 기상특보 관련 재해로 인한 손해

다. 밭작물

1) 종합위험 수확감소보장방식

(가) 보상하는 재해

대상품목	보상하는 재해
마늘, 양파, 양배추, 고구마, 감자(고랭지·봄·가을), 옥수수(사료용 옥수수), 차, 콩, 팥	자연재해, 조수해(鳥獸害), 화재(종합위험) ※ 감자는 병충해 추가보장

(나) 보상하지 않는 손해

①~⑤ 공통사항

⑥ 수확기에 계약자 또는 피보험자의 고의 또는 중대한 과실로 수확하지 못하여 발생한 손해

⑦ 원인의 직·간접을 묻지 않고 병해충으로 발생한 손해(다만 감자는 제외)

⑧ 하우스, 부대시설 등의 노후 및 하자로 생긴 손해

⑨ 계약체결 시점 현재 기상청에서 발령하고 있는 기상특보 발령지역의 기상특보 관련 재해로 인한 손해

⑩ 저장성 약화 또는 저장, 건조 및 유통과정 중에 나타나거나 확인된 손해

2) 종합위험 생산비보장방식

(가) 보상하는 재해

대상품목	보상하는 재해
고추, 배추, 무, 당근, 파, 시금치, 단호박, 메밀, 브로콜리, 양상추	자연재해, 조수해(鳥獸害), 화재(종합위험) ※ 고추는 병충해 추가보장

(나) 보상하지 않는 손해

①~⑤ 공통사항

⑥ 수확기에 계약자 또는 피보험자의 고의 또는 중대한 과실로 수확하지 못하여 발생한 손해

⑦ 원인의 직·간접을 묻지 않고 병해충으로 발생한 손해(다만 고추품목은 제외)

⑧ 하우스, 부대시설 등의 노후 및 하자로 생긴 손해

⑨ 계약체결(파종. 정식) 시점 현재 기상청에서 발령하고 있는 기상특보 발령지역의 기상특보 관련 재해로 인한 손해

3) 작물특정 및 시설종합위험 인삼손해보장방식

(가) 보상하는 재해

대상품목	보상하는 재해
인삼	태풍(강풍), 집중호우, 우박, 화재, 폭설, 폭염, 냉해, 침수(특정위험)
해가림시설	자연재해, 조수해(鳥獸害), 화재(종합위험)

(나) 보상하지 않는 손해

(1) 인삼

①~⑤ 공통사항

⑥ 수확기에 계약자 또는 피보험자의 고의 또는 중대한 과실로 수확하지 못하여 발생한 손해

⑦ 원인의 직·간접을 묻지 않고 병해충으로 발생한 손해

⑧ 계약체결 시점 현재 기상청에서 발령하고 있는 기상특보 발령지역의 기상특보 관련 재해로 인한 손해

⑨ 해가림시설 등의 노후 및 하자로 생긴 손해

⑩ 연작장해, 염류장해 등 생육장해로 인한 손해

(2) 해가림시설

① 계약자, 피보험자 또는 이들의 법정대리인의 고의 또는 중대한 과실로 인한 손해

② 보상하지 않는 재해로 제방, 댐 등이 붕괴되어 발생한 손해

③ 보상하는 재해에 해당하지 않은 재해로 발생한 손해

④ 계약체결 시점 현재 기상청에서 발령하고 있는 기상특보 발령지역의 기상특보 관련 재해로 인한 손해

⑤ 원인의 직접·간접을 묻지 않고 지진, 분화 또는 전쟁, 혁명, 내란, 사변, 폭동, 소요, 노동쟁의, 기타 이들과 유사한 사태로 생긴 화재 및 연소 또는 그밖의 손해

⑥ 보험목적의 노후 및 하자로 생긴 손해

⑦ 침식활동 및 지하수로 인한 손해

⑧ 보상하는 재해가 발생했을 때 생긴 도난 또는 분실로 생긴 손해

⑨ 화재로 기인되지 않은 수도관, 수관 또는 수압기 등의 파열로 인한 손해

⑩ 발전기, 여자기(정류기 포함), 변류기, 변압기, 전압조정기, 축전기, 개폐기, 차단기, 피뢰기, 배전반 및 그밖의 전기기기 또는 장치의 전기적 사고로 생긴 손해. 그러나 그 결과로 생긴 화재 손해는 보상

⑪ 보험의 목적의 발효, 자연발열·발화로 생긴 손해. 그러나 자연발열 또는 발화로 연소된 다른 보험의 목적에 생긴 손해는 보상

⑫ 핵연료물질 또는 핵연료물질에 의하여 오염된 물질의 방사성, 폭발성 그밖의 유해한 특성 또는 이들의 특성에 의한 사고로 인한 손해

⑬ 이외의 방사선을 쬐는 것 또는 방사능 오염으로 인한 손해

⑭ 국가 및 지방자치단체의 명령에 의한 재산의 소각 및 이와 유사한 손해

라. 원예시설 및 시설작물(버섯재배사 및 버섯작물 포함)

1) 종합위험 생산비보장방식(시설작물 및 버섯작물)

(가) 보상하는 재해

대상품목	보상하는 재해
원예시설(버섯재배사 포함) 시설작물(버섯작물 포함)	자연재해, 조수해(鳥獸害) ※ 화재, 화재대물배상은 특약

(나) 보상하지 않는 손해

①~⑤ 공통사항

⑥ 수확기에 계약자 또는 피보험자의 고의 또는 중대한 과실로 수확하지 못하여 발생한 손해

⑦ 원인의 직·간접을 묻지 않고 병해충으로 발생한 손해

⑧ 보험목적의 노후 및 하자로 생긴 손해

⑨ 계약체결 시점 현재 기상청에서 발령하고 있는 기상특보 발령지역의 기상특보 관련 재해로 인한 손해

⑩ 보상하는 재해가 발생했을 때 생긴 도난 또는 분실로 생긴 손해

⑪ 침식활동 및 지하수로 인한 손해

⑫ 직·간접을 묻지 않고 보험목적인 농업용 시설물과 부대시설의 시설, 수리, 철거 등 관계법령(국가 및 지방자치단체의 명령 포함)의 집행으로 발생한 손해

⑬ 피보험자가 파손된 보험목적의 수리 또는 복구를 지연함으로써 가중된 손해

⑭ 농업용 시설물이 피복재로 피복되어 있지 않은 상태 또는 그 내부가 외부와 차단되어 있지 않은 상태에서 보험의 목적에 발생한 손해

⑮ 피보험자가 농업용 시설물(부대시설 포함)을 수리 및 보수하는 중에 발생한 피해

마. 농업수입보장

1) 농업수입감소보장방식

(가) 보상하는 재해

대상품목	보상하는 재해
포도	자연재해, 조수해(鳥獸害), 화재, 가격하락
마늘, 양파, 고구마, 감자(가을재배), 양배추, 콩	자연재해, 조수해(鳥獸害), 화재, 가격하락 ※ 감자(가을재배)는 병충해 추가보장

(나) 보상하지 않는 손해(포도)

종합위험 비가림과수 손해보장방식의 보상하지 않는 손해+개인 또는 법인의 행위가 직접적인 원인이 되어 수확기가격이 하락하여 발생한 손해

(다) 보상하지 않는 손해(밭작물)

①~⑤ 공통사항

⑥ 수확기에 계약자 또는 피보험자의 고의 또는 중대한 과실로 수확하지 못하여 발생한 손해

⑦ 원인의 직·간접을 묻지 않고 병해충으로 발생한 손해(다만 감자(가을재배)는 제외)

⑧ 하우스, 부대시설 등의 노후 및 하자로 생긴 손해

⑨ 계약체결(파종. 정식) 시점 현재 기상청에서 발령하고 있는 기상특보 발령지역의 기상특보 관련 재해로 인한 손해

⑩ 저장성 약화 또는 저장, 건조 및 유통과정 중에 나타나거나 확인된 손해

⑪ 개인 또는 법인의 행위가 직접적인 원인이 되어 수확기가격이 하락하여 발생한 손해

02 과수작물

과수작물은 과수 4종(적과전 종합위험방식)과 기타과수(16개 품목)로 구분할 수 있다. 전자는 보상하는 재해로 피해를 입은 과실에 직접 보상하는 반면, 후자는 수확량을 조사하여 감수량의 비율(피해율)로 보상하는 수확감소보장방식이다. 다만 오디, 감귤, 복분자, 무화과 품목은 수확감소보장방식과 유사하나 다른 기준에 의해 피해율을 산출한다.

가. 적과전 종합위험방식Ⅱ 상품

1) 대상품목 : 과수 4종(사과, 배, 단감, 떫은감)

2) 주요특징

적과전 종합위험보장방식은 보험의 목적에 대해 보험기간 개시일부터 통상적인 적과를 끝내는 시점까지는 자연재해, 조수해, 화재에 해당하는 종합위험을 보장하고, 적과 이후부터 보험기간 종료일까지는 태풍(강풍), 집중호우, 우박, 화재, 지진, 가을동상해, 일소피해에 해당하는 특정위험을 보장하는 방식이다.

보장개시일부터 통상적인 적과(摘果)를 끝내는 시점까지의 기간동안 보험사고가 발생했을 경우 가입당시 정한 평년착과량과 적과후착과량의 차이를 보상하고, 적과 이후부터 보험기간 종료일까지는 해당하는 재해가 발생할 때마다 약관에 따라 해당 재해로 감수된 양을 조사(누적)하여 보험금을 지급한다.

3) 상품내용

가) 보상하는 재해

종합위험은 재해에 대한 정의가 포괄적인 반면, 특정위험은 세부적으로 기술하고 판정기준이 보다 엄격하다는 점에 유의한다.

구분	보상하는 재해	
적과종료 이전	(1) 자연재해	
	구 분	정 의
	태풍피해	기상청 태풍주의보이상 발령할 때 발령지역의 바람과 비로 인하여 발생하는 피해
	우박피해	적란운과 봉우리적운 속에서 성장하는 얼음알갱이나 얼음덩이가 내려 발생하는 피해
	동 상 해	서리 또는 기온의 하강으로 인하여 농작물 등이 얼어서 발생하는 피해
	호우피해	평균적인 강우량 이상의 많은 양의 비로 인하여 발생하는 피해

	강풍피해	강한 바람 또는 돌풍으로 인하여 발생하는 피해
	한 해 (가뭄피해)	장기간의 지속적인 강우 부족에 의한 토양수분 부족으로 인하여 발생하는 피해
	냉 해	농작물의 성장 기간 중 작물의 생육에 지장을 초래할 정도의 찬기온으로 인하여 발생하는 피해
	조 해	태풍이나 비바람 등의 자연현상으로 인하여 연안지대의 경지에 바닷물이 들어와서 발생하는 피해
	설 해	눈으로 인하여 발생하는 피해
	폭 염	매우 심한 더위로 인하여 발생하는 피해
	기타 자연재해	상기 자연재해에 준하는 자연현상으로 발생하는 피해

(2) 조수해(鳥獸害) : 새나 짐승으로 인하여 발생하는 피해
(3) 화재 : 화재로 인하여 발생하는 피해

적과종료
이후
	(1) 태풍(강풍)
	  - 기상청에서 태풍에 대한 기상특보(태풍주의보 또는 태풍경보)를 발령한 때 발령지역 바람과 비를 말하며, 최대순간풍속 14m/sec 이상의 바람(이하 "강풍")을 포함. 강풍은 과수원에서 가장 가까운 3개 기상관측소(기상청 설치 또는 기상청이 인정하고 실시간 관측자료를 확인할 수 있는 관측소)에 나타난 측정자료 중 가장 큰 수치의 자료로 판정
	(2) 우박
	  - 적란운과 봉우리적운 속에서 성장하는 얼음알갱이 또는 얼음덩어리가 내리는 현상
	(3) 집중호우
	  - 기상청에서 호우에 대한 기상특보(호우주의보 또는 호우경보)를 발령한 때 발령지역의 비 또는 과수원에서 가장 가까운 3개소의 기상관측장비(기상청 설치 또는 기상청이 인증하고 실시간 관측 자료를 확인할 수 있는 관측소)로 측정한 12시간 누적강수량이 80mm 이상인 강우상태
	(4) 화재 : 화재로 인하여 발생하는 피해
	(5) 지진
	  - 지구 내부의 급격한 운동으로 지진파가 지표면까지 도달하여 지반이 흔들리는 자연지진을 말하며, 대한민국 기상청에서 규모 5.0 이상의 지진통보를 발표한 때 지진통보에서 발표된 진앙이 과수원이 위치한 시군 또는 그 시군과 인접한 시군에 위치하는 경우에 피해를 인정
	(6) 가을동상해
	  - 서리 또는 기온의 하강으로 인하여 과실 또는 잎이 얼어서 생기는 피해를 말하며, 육안으로 판별 가능한 결빙증상이 지속적으로 남아 있는 경우에 피해를 인정. 잎 피해는 단감, 떫은감 품목에 한하여 10월 31일까지 발생한 가을동상해로 나무의 전체 잎 중 50% 이상이 고사한 경우에 피해를 인정
	(7) 일소피해
	  - 폭염(暴炎)으로 인해 보험의 목적에 일소(日燒)가 발생하여 생긴 피해를 말하며, 일소는 과실이 태양광에 노출되어 과피 또는 과육이 괴사되어 검게 그을리거나 변색되는 현상. 폭염은 대한민국 기상청에서 폭염특보(폭염주의보 또는 폭염경보)를 발령한 때

| | 과수원에서 가장 가까운 3개소의 기상관측장비(기상청 설치 또는 기상청이 인증하고 실시간 관측 자료를 확인할 수 있는 관측소)로 측정한 낮 최고기온이 연속 2일 이상 33℃ 이상으로 관측된 경우를 말하며, 폭염특보가 발령한 때부터 해제 한 날까지 일소가 발생한 보험의 목적에 한하여 보상하며 이때 폭염특보는 과수원이 위치한 지역의 폭염특보를 적용 |

나) 보상하지 않는 손해 : 생략(4장 1. 참조)

다) 보험기간

보장	약관	구분		보험의 목적	보험기간	
		대상재해			보장개시	보장종료
과실손해보장	보통약관	적과종료이전	자연재해, 조수해, 화재	사과, 배	계약체결일 24시	적과 종료 시점 다만 Y년 6월 30일을 초과할 수 없음
				단감, 떫은감	계약체결일 24시	적과 종료 시점 다만 Y년 7월 31일을 초과할 수 없음
		적과종료이후	태풍(강풍), 우박, 집중호우, 화재, 지진	사과, 배, 단감, 떫은감	적과 종료 이후	Y년 수확기 종료 시점 다만 Y년 11월 30일을 초과할 수 없음
			가을동상해	사과, 배	Y년 9월 1일	Y년 수확기 종료 시점 다만 Y년 11월 10일을 초과할 수 없음
				단감, 떫은감	Y년 9월 1일	Y년 수확기 종료 시점 다만 Y년 11월 15일을 초과할 수 없음
			일소피해	사과, 배, 단감, 떫은감	적과종료 이후	Y년 9월 30일
나무손해보장	특별약관	자연재해, 조수해, 화재		사과, 배, 단감, 떫은감	Y년 2월 1일. 다만 2월 1일 이후 가입시는 계약체결일 24시	(Y+1)년 1월 31일

※ "Y"는 해당 품목 판매개시일이 속하는 연도, "(Y+1)"은 Y년 이후에 도래하는 연도

라) 보험가입금액

(1) 과실손해보장 보험가입금액

가입수확량에 가입가격을 곱하여 산출된 금액(천원 단위 미만은 절사)으로 한다. 가입가격은 보험에 가입할 때 결정한 과실 kg당 평균가격이다. 가입수확량이 기준수확량을 초과하는 경우 그 초과분은 제외되며 보험가입금액을 감액한다.

(2) 나무손해보장특약 보험가입금액

> 과수작물은 밤·호두·대추·오디·오미자·복분자를 제외하고 나무손해보장 특약에 가입이 가능하다.

보험에 가입한 결과(結果)주수에 1주당 가입가격을 곱하여 계산한 금액으로 한다. 보험에 가입한 결과주수가 과수원 내 실제결과주수를 초과하는 경우 보험가입금액을 감액한다.

(3) 보험가입금액의 감액

적과전 사고가 없으나 적과후착과량이 평년착과량보다 적은 경우 보험가입금액을 감액한다. 보험가입금액을 감액한 경우에는 아래와 같이 계산한 차액보험료를 환급한다.

> 차액보험료 = (감액분 계약자부담보험료 × 감액미경과비율) - 미납입보험료
> ※ 감액분 계약자부담보험료는 감액한 가입금액에 해당하는 계약자부담보험료

과수 4종의 경우 감액미경과비율은 특정위험 5종 한정보장 특약 가입여부와 보장수준에 따라 아래와 같이 적용한다.

〈감액미경과비율〉

* 적과종료 이전 특정위험 5종 한정보장 특별약관에 가입하지 않은 경우

품목	착과감소보험금 보장수준 50%형	착과감소보험금 보장수준 70%형
사과,배	70%	63%
단감,떫은감	84%	79%

* 적과종료 이전 특정위험 5종 한정보장 특별약관에 가입한 경우

품목	착과감소보험금 보장수준 50%형	착과감소보험금 보장수준 70%형
사과,배	83%	78%
단감,떫은감	90%	88%

차액보험료는 적과후착과수 조사일이 속한 달의 다음달 말일 이내에 지급한다. 적과후착과수 조사 이후 착과수가 적과후착과수 보다 큰 경우 지급한 차액보험료를 다시 정산한다.

마) 보험료

(1) 보험료의 구성

영업보험료는 순보험료와 부가보험료를 더하여 산출한다. 순보험료는 계약자가 납부하는 보험료이며 부가보험료는 보험회사 경비 등으로 사용되는 보험료이다.

$$\text{영업보험료} = \text{순보험료} + \text{부가보험료}$$

보험료에 대한 정부보조는 순보험료의 50%와 부가보험료의 100%를 지원한다. 다만 과수 4종은 순보험료의 33~60%를 지원한다(과수 4종과 벼는 지원비율이 따로 있음). 지방자치단체 지원 보험료는 지방자치단체별로 지원금액(비율)을 정한다.

구분	품목	보장수준(%)				
		60	70	80	85	90
국고보조율 (%)	사과, 배, 단감, 떫은 감	60	60	50	38	33
	벼	60	55	50	44	41

(2) 보험료의 산출

보험료는 보험가입금액×보험료율을 기본으로 하여 할인·할증요율을 추가 적용한다. 농작물재해보험에서 보험가입금액×지역별 영업요율×(1±손해율에 따른 할인·할증률)까지는 공통으로 적용된다.

(가) 과실손해보장 보통약관 적용보험료

보통약관 보험가입금액 × 지역별 보통약관 영업요율 × (1±손해율에 따른 할인·할증률) × (1-부보장 및 한정보장 특별약관 할인율) × (1-방재시설할인율)

(나) 나무손해보장 특별약관 적용보험료

특별약관 보험가입금액 × 지역별 특별약관 영업요율 × (1±손해율에 따른 할인·할증률)

※ 손해율에 따른 할인·할증은 계약자를 기준으로 판단(할인·할증폭은 -30%~+50%)
※ 2개 이상의 방재시설이 있는 경우 합산하여 적용하되, 최대 할인율은 30%로 제한
※ 품목별 방재시설 할인율은 3장 02. 참조

(3) 보험료의 환급

다른 보험계약조건은 변경하지 않고 보험가입금액(보장금액)만 줄이는 감액과 보험계약을 해약하는 경우의 보험료 환급과는 구별해야 한다.

보험계약이 무효, 효력상실 또는 해지된 때에는 다음과 같이 보험료를 환급한다. 보험기간 중 보험사고가 발생하고 보험금이 지급되어 보험가입금액이 감액된 경우에는 감액된 보험가입금액을 기준으로 환급액을 계산한다.

(가) 계약자 또는 피보험자의 책임없는 사유에 의하는 경우 : 무효의 경우에는 납입한 계약자부담보험료의 전액, 효력상실 또는 해지의 경우에는 해당 월 미경과 비율에 따라 환급보험료를 계산한다.

환급보험료 = 계약자부담보험료 × 미경과비율 〈별표의 미경과비율표 참조〉
※ 계약자부담보험료는 최종 보험가입금액 기준으로 산출한 보험료 중 계약자가 부담한 금액

(나) 계약자 또는 피보험자의 책임있는 사유에 의한 경우 : 계산한 해당 월 미경과비율에 따라 환급보험료. 다만 계약자, 피보험자의 고의 또는 중대한 과실로 무효가 된 때에는 보험료를 반환하지 않는다.

책임있는 사유라 함은 계약자 또는 피보험자가 임의해지하는 경우, 사기에 의한 계약·계약의 해지 또는 중대사유로 인한 해지에 따라 계약을 취소 또는 해지하는 경우, 보험료 미납으로 인한 계약의 효력상실 등이다.

계약의 무효, 효력상실 또는 해지로 인하여 반환해야 할 보험료가 있을 때에는 계약자는 환급금을 청구하여야 하며 청구일의 다음날부터 지급일까지의 기간에 대하여 보험개발원이 공시하는 보험계약대출이율을 연단위 복리로 계산한 금액을 더하여 지급한다.

바) 보험금

과수 4종은 적과를 기준으로 2종류의 보험금이 지급된다. 과수 4종의 보장별 보험금 지급사유 및 보험금 계산은 아래와 같다.

보장	보험의 목적	보험금 지급사유	보험금 계산(지급금액)

과실손해보장 (보통약관)	사과 배 단감 떫은감	보상하는 재해로 인해 발생한 감수량이 자기부담감수량을 초과하는 경우	① 착과감소보험금
			  = (착과감소량 − 미보상감수량 − 자기부담감수량)
			    × 가입가격 × 보장수준(50% or 70%)
			② 과실손해보험금
			  = (적과종료후 누적감수량 − 자기부담감수량) ×
			    가입가격

나무손해보장 (특별약관)		보상하는 재해로 인해 발생한 피해율이 자기부담비율을 초과하는 경우	보험가입금액 × (피해율 − 자기부담비율) ※ 피해율 = 피해주수(고사된 나무) ÷ 실제 결과주수 ※ 자기부담비율 : 5%

(1) 착과감소보험금의 계산

보험의 보장개시일부터 적과종료 이전에 보상하는 재해로 착과감소량이 자기부담감수량을 초과하는 경우 아래와 같이 계산된 착과감소보험금을 지급한다.

보험금 = (착과감소량 − 미보상감수량 − 자기부담감수량) × 가입가격 × 보장수준(50% or 70%)

① 착과감소량(착과감소과실수×가입과중)은 평년착과량에서 적과후착과량을 차감

하여 산출한다(세부내용은 2과목에서 기술)
② 미보상감수량은 착과감소량에 미보상비율을 곱하고 미보상주수가 있는 경우 그 감소분을 더한다.
③ 자기부담감수량은 기준수확량에 자기부담비율을 곱하여 계산한다.
④ 가입가격은 보험에 가입할 때 결정한 과실의 kg당 평균가격이다. 한 과수원에 다수의 품종이 혼식된 경우에도 품종과 관계없이 동일하다.
⑤ 보장수준(50%, 70%) 계약할 때 계약자가 선택한 수준으로 한다. 50%형은 임의선택 가능하며 70%형은 최근 3년 연속 보험에 가입한 과수원으로 누적 적과전 손해율이 100% 이하인 경우에 가능하다.

보험금의 지급한도에 따라 계산된 보험금이 "보험가입금액×(1-자기부담비율)"을 초과하는 경우에는 "보험가입금액×(1-자기부담비율)"을 보험금으로 한다.

(2) 과실손해보험금의 계산

보상하는 재해로 인하여 적과종료 이후 누적감수량이 자기부담감수량을 초과하는 경우 아래와 같이 계산한 보험금을 지급한다.

> 과실손해보험금 = (적과종료 이후 누적감수량 - 자기부담감수량) × 가입가격

① 적과종료 이후 누적감수량은 보험종료시점까지 산출된 감수량을 누적한 값으로 한다.
② 자기부담감수량은 기준수확량에 자기부담비율을 곱한 값으로 하며 착과감소보험금에서 차감된 만큼 과실손해보험금에 적용된다.

(3) 나무손해보험금의 계산

보험기간 내에 보상하는 재해로 인한 나무 피해율이 자기부담비율을 초과하는 경우 아래와 같이 계산한 보험금을 지급한다.

> 보험금 = 보험가입금액 × (피해율 - 자기부담비율)
> ※ 피해율은 피해주수(고사된 나무수)를 실제결과주수로 나눈 값으로 한다.

사) 자기부담비율

> 농작물재해보험에서 자기부담비율은 5종류(10%, 15%, 20%, 30%, 40%)가 있다. 일부 예외가 있으며 밭작물 중 생산비보장방식과 수입감소 보장방식은 기본적으로 20%, 30%, 40%를 적용한다. 논작물 중 간척지 벼, 보리, 귀리 등도 같은 비율을 적용한다.

(1) 자기부담비율은 지급보험금을 계산할 때 피해율에서 차감하는 비율로서 계약할

때 계약자가 계약시 선택한 비율(10%, 15%, 20%, 30%, 40%)을 말한다.

(2) 자기부담비율 선택기준

　(가) 10%형 : 최근 3년간 연속 보험가입 과수원으로 3년간 수령한 보험금이 순보험료의 100% 이하인 경우 선택이 가능하다.

　(나) 15%형 : 최근 2년간 연속 보험가입 과수원으로 2년간 수령한 보험금이 순보험료의 100% 이하인 경우 선택이 가능하다.

　(다) 20%형, 30%형, 40%형 : 제한없음

(3) 나무손해위험보장 특별약관의 자기부담비율 : 5%

아) 특별약관

(1) 적과종료 이전 특정위험 5종 한정보장

보상하는 재해에도 불구하고 적과종료 이전에는 5종의 재해(태풍(강풍)·집중호우·우박·화재·지진)로 입은 손해만을 보상한다.

(2) 적과종료 이후 가을동상해 부보장

보상하는 재해에도 불구하고 적과종료 이후 가을동상해로 인해 입은 손해는 보상하지 않는다.

(3) 적과종료 이후 일소피해 부보장

보상하는 재해에도 불구하고 적과종료 이후 일소피해로 인해 입은 손해는 보상하지 않는다.

(4) 종합위험 나무손해보장

보험기간 중 종합위험으로 인하여 나무에 피해를 입은 경우 보상한다. 나무손해보장특약의 보상하지 않는 손해는 전술한 내용(4장 01. 참조).

자) 계약인수 관련 수확량

> 평년수확량은 보험가입금액의 결정과 보험사고시 감수량 산정을 위한 기준이 되는 중요한 개념이다. 과수작물과 논작물, 밭작물별로 산출방법이 다르다.

(1) 표준수확량

과거의 통계를 바탕으로 품종, 경작형태, 수령, 지역 등을 고려하여 산출한 나무 1주당 예상 수확량이다.

(2) 평년착과량

　(가) 보험가입 수확량 산정과 적과종료 이전 보험사고 발생시 감수량 산정의 기준이 되는 착과량(수확량)이다.

(나) 평년착과량은 자연재해가 없는 이상적인 상황에서 수확할 수 있는 수확량이 아니라 평년 수준의 재해가 있다는 점을 전제로 한다.

(다) 최근 5년 이내 보험에 가입한 이력이 있는 과수원은 최근 5개년 적과후착과량과 표준수확량에 의해 산출하며, 신규로 가입하는 과수원은 표준수확량을 기준으로 산출한다.

(라) 산출방법

① 과거수확량 자료가 없는 경우(신규 가입) : 표준수확량의 100%를 평년착과량으로 한다.

② 최근 5년 이내 보험에 가입한 이력이 있는 과수원 : 아래와 같이 산출한다.

> ☐ 평년착과량 = 〔A + (B − A) × (1 − Y/5)〕 × C/D
>
> ○ A = Σ과거 5년간 적과후착과량 ÷ 과거 5년간 가입횟수
> ○ B = Σ과거 5년간 표준수확량 ÷ 과거 5년간 가입횟수
> ○ Y = 과거 5년간 가입횟수
> ○ C = 당해연도(가입연도) 기준표준수확량
> ○ D = Σ과거 5년간 기준표준수확량 ÷ 과거 5년간 가입횟수
> ※ 과거 적과후착과량 : 연도별 적과후착과량을 인정하되, 2021년부터 아래 상·하한 적용
> • 상한 : 평년착과량의 300%
> • 하한 : 평년착과량의 30%
> • 단, 상한의 경우 가입 당해를 포함하여 과거 5개년 중 3년 이상 가입 이력이 있는 과수원에 한하여 적용
> ※ 기준표준수확량 : 아래 품목별 표준수확량표에 의해 산출한 표준수확량
> • 사과 : 일반재배방식의 표준수확량
> • 배 : 소식재배방식의 표준수확량
> • 단감·떫은감 : 표준수확량표의 표준수확량
> ※ 과거기준표준수확량(D) 적용 비율(사과만 해당)
> • 3년생 : 일반재배 5년 표준수확량의 50%
> • 4년생 : 일반재배 5년 표준수확량의 75%

(3) 가입수확량

보험에 가입한 수확량으로 가입가격을 곱하여 보험가입금액으로 한다. 평년착과량의 100%를 가입수확량으로 결정한다.

나. 종합위험방식 상품

적과전 종합위험방식의 과수 4종을 제외한 과수작물은 큰 틀에서 수확감소보장방식으로 이해해도 무리가 없다. 12개 품목(비가림과수 포함)은 수확감소보장방식이며 나머지 품목(오디, 온주밀감, 복분자, 무화과)도 피해율을 산출하는 기준만 다르다.

1) 대상품목 : 포도, 복숭아, 자두, 밤, 호두, 참다래, 매실, 살구, 대추, 오미자, 유자, 복분자, 무화과, 오디, 감귤(온주밀감, 만감류)(16개 품목)

2) 주요특징

과수작물의 종합위험방식 상품은 ① 종합위험 수확감소보장방식(복숭아·자두·밤·호두·매실·살구·오미자·유자·감귤(만감류)), ② 종합위험 비가림과수 손해보장방식(포도·대추·참다래), ③ 수확전 종합위험 과실손해보장방식(복분자·무화과), ④ 종합위험 과실손해보장방식(오디·감귤(온주밀감)) 등으로 구분할 수 있다.

종합위험 수확감소보장방식은 보상하는 재해로 인한 수확량 감소비율이 자기부담비율을 초과시 보상하며, 종합위험 비가림과수 손해보장방식은 해당품목의 수확량 감소 피해 뿐만 아니라 보상하는 재해로 인한 비가림시설의 피해도 보상한다.

수확전 종합위험 과실손해보장방식은 수확전까지는 종합위험을 담보하고 수확 이후에는 태풍(강풍), 우박의 특정위험만 보상한다. 종합위험 과실손해보장방식은 보상하는 재해로 과실에 직접적인 피해가 발생하여 손해액이 자기부담금을 초과하는 경우 보상한다.

3) 상품내용

가) 보상하는 재해

(1) 종합위험 수확감소보장방식

대상품목	보상하는 재해
복숭아, 자두, 밤, 매실, 오미자, 유자, 호두, 살구, 감귤(만감류)	자연재해, 조수해(鳥獸害), 화재(종합위험) ※ 복숭아는 병충해 특약 추가보장(세균구멍병)

※ 세균구멍병 : 주로 잎에 발생하며 가지와 과일에도 발생한다. 봄철 잎에 형성되는 병반은 수침상의 적자색 내지 갈색이며 이후 죽은 조직이 떨어져나와 구멍이 생기고 가지에서는 병징이 적자색 내지 암갈색으로 변하고 심하면 가지가 고사된다.

⟨세균구멍병에 의한 피해 사진⟩

(2) 종합위험 비가림과수 손해보장방식

대상품목	보상하는 재해
포도, 참다래, 대추	자연재해, 조수해(鳥獸害), 화재(종합위험)
비가림시설	자연재해, 조수해(鳥獸害), 화재(특약)

(3) 수확전 종합위험 과실손해보장방식

대상품목	보상하는 재해
복분자, 무화과	수확전 : 자연재해, 조수해(鳥獸害), 화재(종합위험) 수확후 : 태풍(강풍), 우박(특정위험)

(4) 종합위험 과실손해보장방식

대상품목	보상하는 재해
오디, 감귤(온주밀감)	자연재해, 조수해(鳥獸害), 화재(종합위험)

나) 보상하지 않는 손해 : 생략(4장 1. 참조)

다) 보험기간
(1) 종합위험 수확감소보장방식

구분		보험의 목적	보험기간	
약관	보장		보장개시	보장종료
보통약관	종합위험 수확감소보장	복숭아 자두 매실 살구 오미자 감귤(만감류)	계약체결일 24시	수확기 종료 시점 다만 아래 날짜를 초과할 수 없음 - 복숭아 : 이듬해 10월 10일 - 자두 : 이듬해 9월 30일 - 매실 : 이듬해 7월 31일 - 살구 : 이듬해 7월 20일 - 오미자 : 이듬해 10월 10일 - 감귤(만감류) : 이듬해 2월말일
		밤	발아기 다만 발아기가 지난 경우에는 계약체결일 24시	수확기 종료 시점 다만 판매개시연도 10월 31일을 초과할 수 없음
		호두		수확기 종료 시점 다만 판매개시연도 9월 30일을 초과할 수 없음
		이듬해에 맺은 유자 과실	계약체결일 24시	수확개시 시점 다만 이듬해 10월 31일을 초과할 수 없음
특별약관	종합위험 나무손해보장	복숭아 자두,매실 살구,유자	판매개시연도 12월 1일 다만 12월 1일 이후 보험에 가입하는 경우에는 계약체결일 24시	이듬해 11월 30일
		감귤(만감류)	계약체결일 24시	이듬해 4월 30일
	수확량감소 추가보장	복숭아 감귤(만감류)	계약체결일 24시	수확기 종료 시점 다만 아래 날짜를 초과할 수 없음 - 복숭아 : 이듬해 10월 10일 - 감귤(만감류) : 이듬해 2월말일

※ 판매개시연도는 해당 품목의 판매개시일이 속하는 연도를 말하며, 이듬해는 판매개시연도의 다음 연도를 말함(이하 기타과수 동일)

(2) 종합위험 비가림과수 손해보장방식

구분		보험의 목적	보험기간	
약관	보장		보장개시	보장종료
보통 약관	종합위험 수확감소보장	포도	계약체결일 24시	수확기 종료 시점 다만 이듬해 10월 10일을 초과할 수 없음
		이듬해에 맺은 참다래 과실	꽃눈분화기 다만 꽃눈분화기가 지난 경우에는 계약체결일 24시	해당 꽃눈이 성장하여 맺은 과실의 수확기 종료 시점. 다만 이듬해 11월 30일을 초과할 수 없음
		대추	신초발아기 다만 신초발아기가 지난 경우에는 계약체결일 24시	수확기 종료 시점 다만 판매개시연도 10월 31일을 초과할 수 없음
		비가림시설	계약체결일 24시	포도 : 이듬해 10월 10일 참다래 : 이듬해 6월 30일 대추 : 판매개시연도 10월 31일
특별 약관	화재위험보장	비가림시설	계약체결일 24시	포도 : 이듬해 10월 10일 참다래 : 이듬해 6월 30일 대추 : 판매개시연도 10월 31일
	나무손해보장	포도	판매개시연도 12월 1일. 다만 12월 1일 이후 보험에 가입하는 경우에는 계약체결일 24시	이듬해 11월 30일
		참다래	판매개시연도 7월 1일. 다만 7월 1일 이후 보험에 가입하는 경우에는 계약체결일 24시	이듬해 6월 30일
	수확량감소 추가보장	포도	계약체결일 24시	수확기 종료 시점 다만 이듬해 10월 10일을 초과할 수 없음

(3) 수확전 종합위험 과실손해보장방식

구분		보험의 목적	보험기간			
약관	보장		보상하는 재해		보장개시	보장종료
보통약관	경작불능보장	복분자	자연재해, 조수해, 화재		계약체결일 24시	수확개시시점 다만 이듬해 5월 31일을 초과할 수 없음
	과실손해보장	복분자	이듬해 5월 31일 이전 (수확개시 이전)	자연재해 조수해 화재	계약체결일 24시	이듬해 5월 31일
			이듬해 6월 1일 이후 (수확개시 이후)	태풍 (강풍) 우박	이듬해 6월 1일	이듬해 수확기 종료 시점 다만 이듬해 6월 20일을 초과할 수 없음
		무화과	이듬해 7월 31일 이전 (수확개시 이전)	자연재해 조수해 화재	계약체결일 24시	이듬해 7월 31일
			이듬해 8월 1일 이후 (수확개시 이후)	태풍 (강풍) 우박	이듬해 8월 1일	이듬해 수확기 종료 시점 다만 이듬해 10월 31일을 초과할 수 없음
특별약관	나무손해보장	무화과	자연재해, 조수해, 화재		판매개시연도 12월 1일	이듬해 11월 30일

(4) 종합위험 과실손해보장방식

구분		보험의 목적	보험기간	
약관	보장		보장개시	보장종료
보통약관	종합위험 과실손해 보장	오디	계약체결일 24시	결실완료시점 다만 이듬해 5월 31일을 초과할 수 없음
		감귤 (온주밀감)	계약체결일 24시	판매개시연도 12월 20일

구분		보험의 목적	보험기간	
약관	보장		보장개시	보장종료
특별 약관	동상해 과실손해 보장	감귤 (온주밀감)	판매개시연도 12월 21일	이듬해 2월 말일
	나무손해 보장		계약체결일 24시	이듬해 4월 30일
	과실손해 추가보장		계약체결일 24시	판매개시연도 12월 20일

※ 과실손해보장에서 보험의 목적은 이듬해 수확하는 과실을 말함

라) 보험가입금액

(1) 과실손해(수확감소)보장

가입수확량에 가입가격을 곱하여 산출한다(천원 단위 미만은 절사).

(2) 나무손해보장

가입한 결과주수에 1주당 가입가격을 곱하여 계산한 금액으로 한다. 가입한 결과주수가 과수원 내 실제결과주수를 초과하는 경우 보험가입금액을 감액한다.

(3) 비가림시설보장

비가림시설의 m^2당 시설비에 비가림시설 면적을 곱하여 산정(천원 단위 미만 절사)하며, 산정된 금액의 80~130% 범위 내에서 계약자가 결정한다(10% 단위 선택). 다만 참다래의 비가림시설은 계약자 고지사항을 기초로 보험가입금액을 결정한다.

마) 보험료

영업보험료는 순보험료와 부가보험료를 더하여 산출한다. 순보험료는 지급보험금의 재원이 되는 보험료이며 부가보험료는 보험회사의 경비 등으로 사용되는 보험료이다. 정부보조는 순보험료의 50%와 부가보험료의 100%를 지원한다. 지방자치단체지원보험료는 지자체별로 지원금액(비율)을 정한다.

(1) 보험료의 산출

(가) 종합위험 수확감소보장방식

① 수확감소보장 보통약관 적용보험료

보통약관 보험가입금액 × 지역별 보통약관 영업요율 × (1±손해율에 따른 할인·할증률) × (1-방재시설할인율)

② 나무손해보장 특별약관 적용보험료

특별약관 보험가입금액 × 지역별 특별약관 영업요율 × (1±손해율에 따른 할인·할증률)

③ 수확량감소 추가보장 특별약관 적용보험료

특별약관 보험가입금액 × 지역별 특별약관 영업요율 × (1±손해율에 따른 할인·할증률) × (1-방재시설할인율)

※ 호두 품목은 조수해 부보장 특별약관 가입 시 0.15% 할인 적용
※ 손해율에 따른 할인·할증은 계약자를 기준으로 판단하며 할인·할증폭은 -30%~+50%로 제한
※ 방재시설할인은 복숭아, 자두, 매실, 살구, 유자, 감귤(만감류)에만 해당
※ 2개 이상의 방재시설이 있는 경우 합산하여 적용하되 최대 할인율은 30%로 제한

(나) 종합위험 비가림과수 손해보장방식

① 비가림과수 손해(수확감소)보장 보통약관 적용보험료

보통약관 보험가입금액 × 지역별 보통약관 영업요율 × (1±손해율에 따른 할인·할증률) × (1-방재시설할인율)

② 나무손해보장 특별약관 적용보험료(포도, 참다래)

특별약관 보험가입금액 × 지역별 보통약관 영업요율 × (1±손해율에 따른 할인·할증률)

③ 비가림시설보장 적용보험료

- 보통약관(자연재해, 조수해 보장)

비가림시설 보험가입금액 × 지역별 비가림시설보장 보통약관 영업요율

- 특별약관(화재위험 보장)

비가림시설 보험가입금액 × 지역별 화재위험보장 특별약관 영업요율

④ 수확량감소 추가보장 특별약관 적용보험료(포도)

특별약관 보험가입금액 × 지역별 특별약관 영업요율 × (1±손해율에 따른 할인·할증률) × (1-방재시설할인율)

※ 손해율에 따른 할인·할증은 계약자를 기준으로 판단
※ 손해율에 따른 할인·할증폭은 -30% ~ +50%로 제한
※ 2개 이상의 방재시설이 있는 경우 합산하여 적용하되, 최대 할인율은 30%로 제한

(다) 수확전 종합위험 과실손해보장방식
① 과실손해보장 보통약관 적용보험료

> 보통약관 보험가입금액 × 지역별 보통약관 영업요율 × (1±손해율에 따른 할인·할증률)

② 나무손해보장 특별약관 적용보험료(무화과)

> 특별약관 보험가입금액 × 지역별 특별약관 영업요율 × (1±손해율에 따른 할인·할증률)

(라) 종합위험 과실손해보장방식
① 과실손해보장 보통약관 적용보험료

> 보통약관 보험가입금액 × 지역별 보통약관 영업요율 × (1±손해율에 따른 할인·할증률)
> × (1-방재시설할인율)

※ 오디 품목의 경우 방재시설할인율이 적용되지 않음

② 나무손해보장 특별약관 적용보험료(감귤(온주밀감))

> 특별약관 보험가입금액 × 지역별 특별약관 영업요율 × (1±손해율에 따른 할인·할증률)

③ 수확개시 이후 동상해보장 특별약관 적용보험료(감귤(온주밀감))

> 특별약관 보험가입금액 × 지역별 특별약관 영업요율 × (1±손해율에 따른 할인·할증률)
> × (1-방재시설할인율)

④ 과실손해 추가보장 특별약관 적용보험료(감귤(온주밀감))

> 특별약관 보험가입금액 × 지역별 특별약관 영업요율 × (1±손해율에 따른 할인·할증률)
> × (1-방재시설할인율)

(2) 보험료의 환급(4장의 2. 참조)

바) 보험금
(1) 종합위험 수확감소보장방식

보장	보험의 목적	보험금 지급사유	보험금 계산(지급금액)
수확감소보장 (보통약관)	복숭아	보상하는 재해로 피해율이 자기부담비율을 초과하는 경우	보험가입금액×(피해율-자기부담비율) ※ 피해율 = {(평년수확량-수확량-미보상감수량) +병충해감수량}÷평년수확량
	자두, 매실, 살구, 오미자 밤, 호두		보험가입금액×(피해율-자기부담비율) ※ 피해율 = (평년수확량-수확량-미보상감수량) ÷평년수확량

	유자, 감귤 (만감류)		
나무손해보장 (특별약관)	복숭아 자두 매실 살구 유자, 감귤 (만감류)	보상하는 재해로 나무에 자기부담비율을 초과하는 손해가 발생한 경우	보험가입금액×(피해율-자기부담비율) ※ 피해율 = 피해주수(고사된 나무) ÷실제결과주수 ※ 자기부담비율은 5%로 함
수확량감소 추가보장 (특별약관)	복숭아 감귤(만감류)	보상하는 재해로 피해율이 자기부담비율을 초과하는 경우	보험가입금액×(주계약 피해율×10%) ※ 피해율 = 수확감소보장 피해율

주1) 평년수확량은 과거 조사내용, 해당 과수원의 식재내역·현황 및 경작상황 등에 따라 정한 수확량을 활용하여 산출한다.
주2) 수확량, 피해주수, 미보상감수량 등은 농림축산식품부장관이 고시하는 손해평가요령에 따라 조사·평가하여 산정한다.
주3) 자기부담비율은 보험가입 시 선택한 비율로 한다.
주4) 미보상감수량이란 보장하는 재해 이외의 원인으로 감소되었다고 평가되는 부분을 말하며, 계약 당시 이미 발생한 피해, 병해충으로 인한 피해 및 제초상태 불량 등으로 인한 수확감소량으로써 피해율 산정 시 감수량에서 제외된다.
주5) 복숭아의 세균구멍병으로 인한 피해과는 50%형 피해과실로 인정한다.

(2) 종합위험 비가림과수 손해보장방식

보장	보험의 목적	보험금 지급사유	보험금 계산(지급금액)
비가림과수 손해보장 (보통약관)	포도 참다래 대추	보상하는 재해로 피해율이 자기부담비율을 초과하는 경우	보험가입금액 × (피해율 - 자기부담비율) ※ 피해율 = (평년수확량 - 수확량 - 미보상감수량) ÷ 평년수확량
	비가림 시설	자연재해, 조수해로 인하여 비가림 시설에 손해가 발생한 경우	Min(손해액 - 자기부담금, 보험가입금액) ※ 자기부담금 : 최소자기부담금(30만원)과 최대자기부담금(100만원)을 한도로 보험사고로 인하여 발생한 손해액의 10%에 해당하는 금액. 다만 피복재단독사고는 최소자기부담금(10만원)과 최대 자기부담금(30만원)을 한도로 함 ※ 다만 화재손해는 자기부담금 미적용
화재위험 보장 (특별약관)	비가림 시설	화재로 인하여 비가림 시설에 손해가 발생한 경우	

보장	보험의 목적	보험금 지급사유	보험금 계산(지급금액)
나무손해 보장 (특별약관)	포도 참다래	보상하는 재해로 나무에 자기부담비율을 초과하는 손해가 발생한 경우	보험가입금액 × (피해율 − 자기부담비율) ※ 피해율 = 피해주수(고사된 나무) ÷ 실제결과주수 ※ 자기부담비율은 5%로 함
수확량감소 추가보장 (특별약관)	포도	보상하는 재해로 피해율이 자기부담비율을 초과하는 경우	보험가입금액 × (주계약 피해율 × 10%) ※ 주계약 피해율은 비가림과수 손해보장(보통약관)에서 산출한 피해율을 말함

주1) 포도의 경우 착색불량된 송이는 상품성 저하로 인한 손해로 감수량에 포함되지 않는다.

(3) 수확전 종합위험 과실손해보장방식

보장	보험의 목적	보험금 지급사유	보험금 계산(지급금액)
경작불능 보장 (보통약관)	복분자	보상하는 재해로 식물체 피해율이 65% 이상이고, 계약자가 경작불능 보험금을 신청한 경우	보험가입금액 × 일정비율 ※ 일정비율은 자기부담비율에 따라 차등적용 (p82 참조)
과실손해 보장 (보통약관)	복분자	보상하는 재해로 피해율이 자기부담비율을 초과하는 경우	보험가입금액×(피해율 − 자기부담비율) ※ 피해율=고사결과모지수÷평년결과모지수 ※ 고사결과모지수 ① 사고가 5.31. 이전에 발생한 경우 　평년결과모지수−(살아있는 결과모지수−수정불량 환산 고사결과모지수)−미보상 고사결과모지수 ② 사고가 6.1. 이후에 발생한 경우 　수확감소환산 고사결과모지수−미보상 고사결과모지수
	무화과		보험가입금액×(피해율−자기부담비율) ※ 피해율 ① 사고가 7.31. 이전에 발생한 경우 　(평년수확량 − 수확량 − 미보상감수량) ÷ 평년수확량 ② 사고가 8.1. 이후에 발생한 경우 　(1− 수확전사고 피해율) × 경과비율 × 결과지 피해율
나무손해 보장 (특별약관)	무화과		보험가입금액×(피해율−자기부담비율) ※ 피해율 = 피해주수(고사된 나무) ÷ 실제결과주수 ※ 자기부담비율은 5%로 함

* 식물체 피해율 : 식물체가 고사한 면적을 보험가입면적으로 나누어 산출한다.

(4) 종합위험 과실손해보장방식

보장	보험의 목적	보험금 지급사유	보험금 계산(지급금액)
과실손해 보장 (보통약관)	오디	보상하는 재해로 피해율이 자기부담비율을 초과하는 경우	보험가입금액×(피해율-자기부담비율) ※ 피해율 = (평년결실수 - 조사결실수 - 미보상감수결실수) ÷ 평년결실수
과실손해 보장 (보통약관)	감귤 (온주밀감)	보상하는 재해로 인해 자기부담금을 초과하는 손해가 발생한 경우	손해액 - 자기부담금 ※ 손해액 = 보험가입금액 × 피해율 ※ 피해율 = {(등급 내 피해과실수 + 등급 외 피해과실수 × 50%) ÷ 기준과실수} × (-1 미보상비율) ※ 자기부담금=보험가입금액 × 자기부담비율
수확개시 이후 동상해보장 (특별약관)	감귤 (온주밀감)	동상해로 인해 자기부담금을 초과하는 손해가 발생한 경우	손해액 - 자기부담금 ※ 손해액 ={보험가입금액 - (보험가입금액 × 기사고피해율)} × 수확기 잔존비율 × 동상해피해율 × (1 - 미보상비율) ※ 자기부담금 = ∣보험가입금액 × min(주계약피해율 - 자기부담비율, 0)∣
나무손해 보장 (특별약관)	감귤 (온주밀감)	보상하는 재해로 나무에 자기부담비율을 초과하는 손해가 발생한 경우	보험가입금액×(피해율-자기부담비율) ※ 피해율 = 피해주수(고사된 나무) ÷ 실제결과주수 ※ 자기부담비율은 5%로 함
과실손해 추가보장 (특별약관)	감귤 (온주밀감)	보상하는 재해로 인해 자기부담금을 초과하는 손해가 발생한 경우	보험가입금액×주계약 피해율×10% ※ 주계약 피해율은 과실손해보장(보통약관)에서 산출한 피해율을 말함

사) 자기부담비율

(1) 과실손해보장 자기부담비율

보험계약시 계약자가 선택한 비율(10%, 15%, 20%, 30%, 40%)이며 호두, 살구, 유자의 경우 자기부담비율은 20%, 30%, 40%이다. 자기부담비율 선택기준은 4장의 2. 참조

(2) 비가림시설의 자기부담금

비가림시설 피해시 30만원≦손해액의 10%≦100만원의 범위에서 자기부담금을 차감한다. 다만 피복재 단독사고인 경우에는 10만원≦손해액의 10%≦30만원 내에서 차감한다.

(3) 나무손해보장특약 자기부담비율 : 5%

(4) 자기부담비율에 따른 경작불능보험금 산출방식(복분자)

보상하는 재해로 식물체 피해율이 65% 이상이고 계약자가 경작불능보험금을 신청한 경우 아래의 표와 같이 자기부담비율에 따라 보험금을 계산한다. 경작불능보험금을

지급한 경우 그 손해보상의 원인이 생긴 때로부터 해당 농지의 계약은 소멸된다.

〈자기부담비율에 따른 경작불능보험금(복분자)〉

자기부담비율	경작불능보험금
10%형	보험가입금액의 45%
15%형	보험가입금액의 42%
20%형	보험가입금액의 40%
30%형	보험가입금액의 35%
40%형	보험가입금액의 30%

아) 특별약관

(1) 종합위험 나무손해보장(복숭아, 자두, 매실, 살구, 유자, 포도, 참다래, 무화과, 감귤)

보상하는 재해로 보험의 목적인 나무에 피해를 입은 경우 보상한다. 밤, 호두, 대추, 복분자, 오디, 오미자 품목은 나무손해보장 특약을 적용하지 않는다.

※ 나무손해보장특약의 보상하지 않는 손해 : 4장의 1. 참조

(2) 수확량감소 추가보장(복숭아, 포도, 감귤(만감류))

보상하는 재해로 피해가 발생한 경우 동 특약에서 정한 바에 따라 주계약 피해율이 자기부담비율을 초과하는 경우 아래와 같이 계산한 보험금을 지급한다.

$$보험금 = 보험가입금액 \times (주계약 피해율 \times 10\%)$$

(3) 과실손해 추가보장(감귤(온주밀감))

보상하는 재해로 인해 주계약 손해액이 자기부담금을 초과하는 경우 아래와 같이 계산한 보험금을 지급한다.

$$보험금 = 보험가입금액 \times (주계약 피해율 \times 10\%)$$

(4) 조수해 부보장(호두)

호두 품목의 경우 조수해 또는 조수해의 방재와 긴급피난에 필요한 조치로 보험의 목적에 생긴 손해는 보상하지 않는다. 적용대상은 ① 과수원에 조수해 방재를 위한 시설이 없는 경우, ② 과수원에 조수해 방재를 위한 시설이 과수원 전체 둘레의 80% 미만으로 설치된 경우, ③ 과수원의 가입 나무에 조수해 방재를 위한 시설이 80% 미만으로 설치된 경우 등이다.

조수해 방재를 위한 시설로는 목책기(전기·태양열), 올무, 갓모형, 원통모형 등이 있다.

〈조수해 방재시설 예시 사진〉
올무 / 갓 모형 / 목책기 / 원통모형

(5) 수확개시 이후 동상해보장(감귤(온주밀감))

감귤(온주밀감)의 경우 동상해로 인해 보험의 목적에 생긴 손해를 보상한다. 동상해라 함은 서리 또는 과수원에서 가장 가까운 3개 관측소의 기상관측방비(기상청이 설치 또는 기상청이 인증하고 실시간 관측자료를 확인할 수 있는 관측소)로 측정한 기온이 0°C 이하로 48시간 이상 지속됨에 따라 농작물 등이 얼어서 생기는 피해를 말한다.

(6) 비가림시설 화재위험보장(포도, 참다래, 대추)

보험의 목적인 비가림시설에 화재로 입은 손해를 보상한다. 비가림시설의 경우 자연재해, 조수해로 인한 피해만 보상하며 특약에 의해 화재로 입은 손해을 보상한다.

(7) 수확기 부보장 특약(복분자)

복분자의 과실손해보험금 중 이듬해 6월 1일 이후 태풍(강풍), 우박으로 인하여 발생한 손해는 보상하지 않는다.

(8) 농작물 부보장 특약(포도, 참다래, 대추)

종합위험 비가림과수 손해보장방식에서 보상하는 재해에도 불구하고 농작물에 입은 손해를 보상하지 않는다.

(9) 비가림시설 부보장 특별약관(포도, 참다래, 대추)

(8)항과는 반대로 보상하는 재해에도 불구하고 비가림시설에 입은 손해를 보상하지 않는다.

자) 계약인수 관련 수확량

(1) 표준수확량

과거의 통계를 바탕으로 지역, 수령, 재식밀도, 과수원 조건 등을 고려하여 산출한 예상 수확량이다.

(2) 평년착과량

(가) 농지의 기후가 평년수준이고 비배관리 등 영농활동을 평년수준으로 실시하였을 때 기대할 수 있는 수확량을 말한다.

(나) 평년착과량은 자연재해가 없는 이상적인 상황에서 수확할 수 있는 수확량이 아니라 평년수준의 재해가 있다는 점을 전제로 한다.

(다) 주요 용도로는 보험가입금액 결정 및 보험사고 발생시 감수량 산정을 위한 기준으로 활용된다.

(라) 농지(과수원) 단위로 산출하며 가입년도 5년 중 보험에 가입한 연도의 실제수확량과 표준수확량을 가입횟수에 따라 가중평균하여 산출한다.

(마) 산출방법은 가입이력 여부로 구분된다.

① 과거수확량 자료가 없는 경우(신규 가입) : 표준수확량의 100%를 평년착과량으로 한다.

> 살구·대추(사과대추)·유자는 표준수확량의 70%를 평년수확량으로 한다.

② 과거수확량 자료가 있는 경우(최근 5년 이내) : 아래 표와 같이 산출하여 결정한다.

> □ 평년수확량 = [A + (B − A) × (1 − Y/5)] × C/B
>   ○ A(과거평균수확량) = Σ과거 5년간 수확량 ÷ Y
>   ○ B(평균표준수확량) = Σ과거 5년간 표준수확량 ÷ Y
>   ○ C(당해연도(가입연도) 표준수확량)
>   ○ Y = 과거수확량 산출연도 횟수(가입횟수)
>   ※ 다만 평년수확량은 보험가입연도 표준수확량의 130%를 초과할 수 없음

> ※ 복분자, 오디의 경우 (A × Y/5) + [B × (1 − Y/5)] 로 산출한다.
>   * A = 과거 5개년 평균결실수(결과모지수), B = 품종별 표준결실수(결과모지수)

> □ 과거수확량 산출방법
>   ○ 조사수확량〉평년수확량의 50% → 조사수확량, 평년수확량의 50% ≥ 조사수확량 → 평년수확량의 50%
>   ○ 감귤(온주밀감)의 경우 평년수확량×(1−피해율) ≥ 평년수확량의 50% → 평년수확량×(1−피해율), 평년수확량의 50%〉평년수확량×(1−피해율) → 평년수확량 50%
>   ※ 사고시에는 조사수확량 값 적용
>   ※ 무사고시에는 표준수확량의 1.1배와 평년수확량의 1.1배 중 큰 값 적용
>   ※ 복숭아, 포도의 경우 무사고 시에는 수확전 착과수 조사를 한 값을 적용
>   ※ 무사고시 수확량 = 조사한 착과수 × 평균과중(복숭아, 포도)

(3) 가입수확량

보험에 가입한 수확량으로 평년수확량의 50~100% 사이에서 계약자가 결정한다.

03 논작물

논작물(벼) 품목은 농작물재해보험에서 차지하는 비중이 가장 큰 작물(가입면적 기준)이며 보험상품의 내용이나 손해평가 방법은 비교적 단순하므로 완전히 숙지하여야 한다.

가. 대상품목 : 벼, 조사료용 벼, 밀, 보리, 귀리

나. 보장방식 : 종합위험방식 수확감소보장

다. 주요특징

논작물은 자연재해, 조수해, 화재의 피해로 발생하는 보험목적물의 수확량 감소에 대해 보상한다. 수확감소보장방식으로 평년수확량과 조사수확량의 차이로 피해율을 계산하여 보험금을 산출한다.

라. 상품내용

1) 보상하는 재해

대상품목	보상하는 재해
벼, 조사료용 벼, 밀, 보리, 귀리	자연재해, 조수해, 화재(종합위험) ※ 벼는 병해충 특약 보장(7종) : 흰잎마름병, 줄무늬잎마름병, 세균성벼알마름병, 벼멸구, 도열병, 깨씨무늬병, 먹노린재

2) 보상하지 않는 손해 : 생략(4장 1. 참조)

3) 보험기간

구분			보험의 목적	보험기간	
약관	보장	대상재해		보장개시	보장종료
보통약관	이앙·직파불능 보장	종합위험	벼(조곡)	계약체결일 24시	판매개시연도 7월 31일
	재이앙·재직파			이앙(직파)완료일 24시 다만 보험계약시	판매개시연도 7월 31일

	보장			이앙(직파)완료일이 경과한 경우에는 계약체결일 24시	
	경작불능 보장		벼(조곡), 조사료용 벼	이앙(직파)완료일 24시 다만 보험계약시 이앙(직파)완료일이 경과한 경우에는 계약체결일 24시	출수기 전 다만 조사료용 벼의 경우 판매개시연도 8월 31일
			밀 보리 귀리	계약체결일 24시	수확개시 시점
	수확불능 보장		벼 (조곡)	이앙(직파)완료일 24시 다만 보험계약시 이앙(직파)완료일이 경과한 경우에는 계약체결일 24시	수확기 종료 시점 다만 판매개시연도 11월 30일을 초과할 수 없음
	수확감소 보장		벼 (조곡)	이앙(직파)완료일 24시 다만 보험계약시 이앙(직파)완료일이 경과한 경우에는 계약체결일 24시	수확기 종료 시점 다만 판매개시연도 11월 30일을 초과할 수 없음
			밀 보리 귀리	계약체결일 24시	수확기 종료 시점 다만 이듬해 6월 30일을 초과할 수 없음
특별약관	병해충보장특약	재이앙·재직파 보장	병해충 (7종)	벼 (조곡)	각 보장별 보통약관 보험시기와 동일	각 보장별 보통약관 보험종기와 동일
		경작불능 보장				
		수확불능 보장				
		수확감소 보장				

주) 병해충(7종) : 흰잎마름병, 줄무늬잎마름병, 벼멸구, 도열병, 깨씨무늬병, 먹노린재, 세균성벼알마름병

4) 보험가입금액

보험가입금액은 가입수확량에 표준(가입)가격을 곱하여 산정한 금액으로 한다(천원 단위 미만은 절사). 다만 조사료용 벼는 보장생산비와 가입면적을 곱하여 산출한 금액으로 한다. 즉, 조사료용 벼는 생산비보장방식의 상품이다.

5) 보험료

영업보험료는 순보험료와 부가보험료를 더하여 산출한다. 순보험료는 지급보험금의 재원이 되는 보험료이며 부가보험료는 보험회사의 경비 등으로 사용되는 보험료이다. 정부보조보험료는 순보험료의 50%와 부가보험료의 100%를 지원한다. 다만 벼는 보장수준에 따라 가입조건별로 차등 지원한다. 지방자치단체지원보험료는 지자체별로 지원금액(비율)을 정한다.

가) 보험료의 산출

(1) 수확감소보장 보통약관 적용보험료

보통약관 보험가입금액 × 지역별 보통약관 영업요율 × (1±손해율에 따른 할인·할증률)

(2) 병해충보장 특별약관 적용보험료(벼)

특별약관 보험가입금액 × 지역별 특별약관 영업요율 × (1±손해율에 따른 할인·할증률) × (1+친환경재배시 할증률) × (1+직파재배 농지 할증률)

※ 벼 품목은 (1)의 산식에 '(1+친환경재배 시 할증률)'과 '(1+직파재배농지 할증률)'을 추가로 곱하여 계산
※ 손해율에 따른 할인·할증은 계약자를 기준으로 판단
※ 손해율에 따른 할인·할증폭은 −30%~+50%로 제한

나) 보험료의 환급(4장의 2. 참조)

6) 보험금

보장	보험의 목적	보험금 지급사유	보험금 계산(지급금액)
이앙·직파 불능 보장 (보통약관)	벼	보상하는 재해로 농지 전체를 이앙·직파하지 못하게 된 경우	보험가입금액 × 15%
재이앙·재직파 보장 (보통약관)		보상하는 재해로 면적 피해율이 10%를 초과하고, 재이앙·재직파한 경우	보험가입금액 × 25% × 면적피해율 ※ 면적피해율=(피해면적÷보험가입면적)
경작불능 보장 (보통약관)	벼 밀 보리 조사료용 벼	보상하는 재해로 식물체 피해율이 65%(분질미 60%) 이상이고, 계약자가 경작불능보험금을 신청한 경우	보험가입금액 × 일정비율 ※ 일정비율은 자기부담비율에 따라 차등적용 단 조사료용 벼의 경우 아래와 같다. 보험가입금액 × 보장비율 × 경과비율

수확불능 보장 (보통약관)	벼	보상하는 재해로 벼(조곡) 제현율이 65%(분질미 70%) 미만으로 정상벼로서 출하가 불가능하고, 계약자가 수확불능보험금을 신청한 경우	보험가입금액 × 일정비율 ※ 일정비율은 자기부담비율에 따라 차등적용
수확감소 보장 (보통약관)	벼 밀 보리 귀리	보상하는 재해로 피해율이 자기부담비율을 초과하는 경우	보험가입금액×(피해율−자기부담비율) ※ 피해율 = (평년수확량 − 수확량 − 미보상감수량) ÷ 평년수확량

주1) 벼 품목의 경우 병해충(7종)으로 인한 피해는 병해충 특약 가입시 보장
주2) 식물체 피해율 : 식물체가 고사한 면적을 보험가입면적으로 나누어 산출

7) 자기부담비율

보험기간 내 보상하는 재해로 발생한 손해에 대하여 계약자 또는 피보험자가 부담하는 일정비율으로 자기부담비율 이하의 손해는 보상하지 않는다. 논작물의 자기부담비율은 계약자가 선택한 비율(10%, 15%, 20%, 30%, 40%)로 한다. 다만 간척지 농지의 벼와 보리, 귀리는 20%, 30%, 40%이다. 자기부담비율의 선택기준은 4장의 2. 참조

8) 특별약관

가) 이앙·직파불능 부보장

보상하는 재해로 이앙·직파를 하지 못하여 생긴 손해를 보상하지 않는다.

나) 병해충 보장 특약(벼)

> 벼 작물에 대한 병해충 보장 특약은 이론서에서 비중있게 다루고 있으므로 주의할 필요가 있다. 실제 손해평가에서도 현장에서 직접 판단해야 할 사항이다.

(1) 보상하는 병해충

구분	보상하는 병해충의 종류
병해	흰잎마름병, 줄무늬잎마름병, 도열병, 깨씨무늬병, 세균성벼알마름병
충해	벼멸구, 먹노린재

(가) 보상하는 병해충의 증상[4]

① 흰잎마름병

발병은 보통 출수기 전후에 나타나나 상습발생지에서는 초기에 발병하며, 드물게는 묘판에서도 발병된다. 병징은 주로 엽신 및 엽초에 나타나며, 때에 따라서는 벼알에

---

4) 자료출처 : 국가농작물병해충관리시스템https://ncpms.rda.go.kr

서도 나타난다. 병반은 수일이 경과 후 황색으로 변하고 선단부터 하얗게 건조 및 급속히 잎이 말라 죽게 된다.

〈벼 흰잎마름병에 의한 피해 사진〉

② 줄무늬잎마름병

매개충인 애멸구에 의하여 전염되는 바이러스병이다. 전형적인 병징은 넓은 황색줄무늬 혹은 황화 증상이 나타나고, 잎이 도장하면서 뒤틀리거나 아래로 처진다. 일단 병에 걸리면 분얼경도 적어지고 출수되지 않으며, 출수되어도 기형 이삭을 형성하거나 불완전 출수가 많다.

〈줄무늬잎마름병에 의한 피해 사진〉

  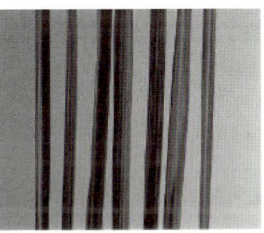

③ 깨씨무늬병

잎에서 초기병반은 암갈색 타원형 괴사부 주위에 황색의 중독부를 가지고, 시간이 지나면 원형의 대형 병반으로 윤문이 생긴다. 줄기에는 흑갈색 미세 무늬가 발생, 이후 확대하여 합쳐지면 줄기 전체가 담갈색으로 변한다. 이삭줄기에는 흑갈색 줄무늬에서 전체가 흑갈색으로 변한다. 도열병과 같이 이삭 끝부터 빠르게 침해되는 일은 없으며, 벼알에는 암갈색의 반점으로 되고 후에는 회백색 붕괴부를 형성한다.

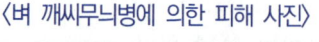

④ 도열병

도열병균은 진균의 일종으로 자낭균에 속하며, 종자나 병든 잔재물에서 겨울을 지나 제1차 전염원이 되고 제2차 전염은 병반 상에 형성된 분생포자가 바람에 날려 공기 전염한다. 잎, 이삭, 가지 등의 지상 부위에 병반을 형성한다. 잎에는 방추형의 병반이 형성되어 심하면 포기 전체가 붉은 빛을 띠우며 자라지 않게 되고, 이삭목이나 이삭가지는 옅은 갈색으로 말라죽으며 습기가 많으면 표면에 잿빛의 곰팡이가 핀다.

⑤ 세균성벼알마름병

주로 벼알에 발생하나 엽초에도 병징이 보인다. 벼알은 기부부터 황백색으로 변색 및 확대되어 전체가 변색된다. 포장에서 일찍 감염된 이삭은 전체가 엷은 붉은색을 띠며 고개를 숙이지 못하고 꼿꼿이 서 있으며, 벼알은 배의 발육이 정지되고 쭉정이가 된다. 감염된 종자 파종 시 심한 경우 발아하지 못하거나 부패되며, 감염 정도가 경미한 경우 전개되지 못하거나 생장이 불량하여 고사한다.

⟨세균성벼알마름병에 의한 피해 사진⟩

⑥ 벼멸구

벼멸구는 성충이 중국으로부터 흐리거나 비 오는 날 저기압 때 기류를 타고 날아와 발생하고 정착 후에는 이동성이 낮아 주변에서 증식한다. 벼멸구는 형태적으로 애멸구와 유사하여 구별이 쉽지 않으나, 서식 행동에서 큰 차이점은 애멸구는 개별적으로 서식하나 벼멸구는 집단으로 서식한다. 벼멸구 흡즙으로 인한 전형적인 피해 양상은 논 군데군데 둥글게 집중고사 현상이 나타나고, 피해는 고사시기가 빠를수록 수확량도 크게 감소하며, 불완전 잎의 비율이 높아진다.

⟨벼멸구에 의한 피해 사진⟩

⑦ 먹노린재

비가 적은 해에 발생이 많고, 낮에는 벼 포기 속 아랫부분에 모여 대부분 머리를 아래로 향하고 있다가 외부에서 자극이 있으면 물속으로 잠수한다. 성충과 약충 모두 벼의 줄기에 구침을 박고 흡즙하여 피해를 준다. 흡즙 부위는 퇴색하며 흡즙 부위에서 자란 잎은 피해를 받은 부분부터 윗부분이 마르고 피해가 심하면 새로 나온 잎이 전개하기 전에 말라죽는다. 피해는 주로 논 가장자리에 많이 나타나는데, 생육 초기에 심하게 피해를 받으면 초장이 짧아지고 이삭이 출수하지 않을 수도 있으며 출수 전후에 피해를 받으면 이삭이 꼿꼿이 서서 말라죽어 이화명나방 2화기의 피해 특징인 백수와 같은 증상을 나타내기도 한다.

〈먹노린재에 의한 피해 사진〉

9) 계약인수 관련 수확량

가) 표준수확량

과거의 통계를 바탕으로 지역별 기준수량에 농지별 경작요소를 고려하여 산출한 예상 수확량이다.

나) 평년수확량

> 평년수확량은 보험가입금액 결정과 감수량 산정의 기준이 되는 중요한 개념이다. 과수 4종과 벼의 평년 수확량 계산이 상대적으로 출제가능성이 높다.

(1) 최근 5년 이내 조사수확량 자료와 미가입연수에 대한 표준수확량을 가중평균하여 산출한 해당 농지에 기대되는 수확량을 말한다.

(2) 평년수확량은 자연재해가 없는 이상적인 상황에서의 수확량이 아니라 평년수준의 재해가 있다는 점을 전제로 한다.

(3) 주요 용도로는 보험가입금액의 결정 및 보험사고 발생시 감수량 산정을 위한 기준으로 활용된다.

(4) 산출방법은 가입이력 여부로 구분된다.

 (가) 과거수확량 자료가 없는 경우(신규 가입) : 표준수확량의 100%를 평년수확량으로 결정한다.

 (나) 과거수확량 자료가 있는 경우(최근 5년 이내 가입이력 존재) : 아래 표와 같이 산출한다.

> □ 벼 품목 평년수확량 = $[A+(B \times D-A) \times (1-Y/5)] \times C/D$
> ○ A(과거평균수확량) = Σ과거 5년간 수확량 ÷ Y
> ○ B = 가입연도 지역별 기준수확량
> ○ C(가입연도 보정계수) = 가입년도의 품종, 이앙일자, 친환경재배 보정계수를 곱한 값
> ○ D(과거평균보정계수) = Σ과거 5년간 보정계수 ÷ Y
> ○ Y = 과거수확량 산출연도 횟수(가입횟수)

※ 다만 평년수확량은 보험가입연도 표준수확량의 130%를 초과할 수 없음
※ 조사료용 벼 제외(생산비보장방식)

□ 과거수확량 산출방법
  ○ 조사수확량 〉 평년수확량의 50% → 조사수확량, 평년수확량의 50% ≥ 조사수확량
    → 평년수확량의 50%
  ※ 사고시에는 조사수확량 값 적용
  ※ 무사고시에는 표준수확량의 1.1배와 평년수확량의 1.1배 중 큰 값 적용

□ 보리·밀·귀리 품목 평년수확량 = [A+(B-A)×(1-Y/5)]×C/B
  ○ A(과거평균수확량) = Σ과거 5년간 수확량 ÷ Y
  ○ B(평균표준수확량) = Σ과거 5년간 표준수확량 ÷ Y
  ○ C(표준수확량) = 가입연도 표준수확량
  ○ Y = 과거수확량 산출연도 횟수(가입횟수)
  ※ 다만 평년수확량은 보험가입연도 표준수확량의 130%를 초과할 수 없음

□ 과거수확량 산출방법
  ○ 벼 품목과 동일

다) 가입수확량

보험에 가입한 수확량으로 평년수확량의 50~100% 사이에서 계약자가 결정한다.

04 밭작물

밭작물은 수확감소보장방식과 생산비보장방식으로 구분할 수 있다. 보장방식이 비교적 단순한 반면 작물별로 생장특성이 다양하다. 생산비보장방식에서 사고발생시점까지 투입된 생산비 비율은 경과비율로 나타낸다. 인삼은 작물특정 및 시설종합위험 손해보장방식이다.

가. 대상품목

1) 종합위험 수확감소보장방식 : 마늘, 양파, 감자(고랭지재배, 봄재배, 가을재배), 고구마, 옥수수(사료용 옥수수), 양배추, 콩, 팥, 차(9개 품목)
2) 종합위험 생산비보장방식 : 고추, 브로콜리, 메밀, 단호박, 당근, 배추(고랭지배추, 월동배추, 가을배추), 무(고랭지무, 월동무), 시금치, 파(대파, 쪽파·실파), 양상추(10개 품목)
3) 작물특정 및 시설종합위험 인삼손해보장방식 : 인삼

나. 주요 특징

종합위험 수확감소보장방식은 자연재해, 조수해, 화재 등의 보상하는 재해로 발생하는 보험목적물의 수확량 감소를 보상한다. 종합위험 생산비보장방식은 사고발생시점까지 투입된 작물의 생산비를 피해율에 따라 보상한다.

작물특정 및 시설종합위험 인삼손해보장방식은 작물(인삼)의 경우 태풍(강풍), 집중호우, 우박, 화재, 폭설, 폭염, 침수, 냉해 등 특정위험을 보장하고 해가림시설은 자연재해, 조수해, 화재로 인한 종합위험을 보장한다.

다. 상품내용

1) 보상하는 재해

가) 종합위험 수확감소보장방식

대상품목	보상하는 재해
마늘, 양파, 양배추, 고구마, 감자(고랭지·봄·가을), 옥수수(사료용 옥수수), 차, 콩, 팥	자연재해, 조수해, 화재(종합위험) ※ 감자는 병충해 추가보장

나) 종합위험 생산비보장방식

대상품목	보상하는 재해
고추, 배추, 무, 당근, 파, 시금치, 단호박, 메밀, 브로콜리, 양상추	자연재해, 조수해, 화재(종합위험) ※ 고추는 병충해 추가보장

다) 작물특정 및 시설종합위험 인삼손해보장방식

대상품목	보상하는 재해
인삼	태풍(강풍), 집중호우, 우박, 화재, 폭설, 폭염, 냉해, 침수(특정위험)
해가림시설	자연재해, 조수해, 화재(종합위험)

2) 보상하지 않는 손해 : 생략(4장 1. 참조)

※ **인삼의 보상하는 재해**

① 태풍(강풍) : 기상청에서 태풍에 대한 특보(태풍주의보, 태풍경보)를 발령한 때 해당 지역의 바람과 비 또는 최대순간풍속 14m/s 이상의 강풍
② 폭설 : 기상청에서 대설에 대한 특보(대설주의보, 대설경보)를 발령한 때 해당지역의 눈 또는 24시간 신적설이 5cm 이상인 상태
③ 집중호우 : 기상청에서 호우에 대한 특보(호우주의보, 호우경보)를 발령한 때 해당 지역의 비 또는 24시간 누적 강수량이 80mm 이상인 상태
④ 침수 : 태풍, 집중호우 등으로 인하여 인삼 농지에 다량의 물(고랑 바닥으로부터 침수 높이 최소 15cm 이상)이 유입되어 상면에 물이 잠긴 상태
⑤ 우박 : 적란운과 봉우리 적운 속에서 성장하는 얼음알갱이나 얼음덩이가 내려 발생하는 피해
⑥ 냉해 : 출아 및 전엽기(4~5월) 중에 해당지역에 최저기온 0.5℃ 이하의 찬 기온으로 인하여 발생하는 피해를 말하며, 육안으로 판별 가능한 냉해 증상이 있는 경우에 피해를 인정
⑦ 폭염 : 해당 지역에 최고기온 30℃ 이상이 7일 이상 지속되는 상태를 말하며, 잎에 육안으로 판별 가능한 타들어간 증상이 50% 이상 있는 경우 인정
⑧ 화재 : 화재로 인하여 발생하는 피해

3) 보험기간

가) 종합위험 수확감소보장방식

보장	보험의 목적	보험기간	
		보장개시	보장종료
종합위험 재파종 보장	마늘	계약체결일 24시 다만 조기파종 보장 특약 가입 시 해당 특약 보장종료 시점	판매개시연도 10월 31일
조기파종 보장(특약)	마늘 (남도종)	계약체결일 24시	한지형마늘 보험상품 최초판매개시일 24시
종합위험 재정식 보장	양배추	정식완료일 24시 다만 보험계약시 정식완료일이 경과한 경우에는 계약체결일 24시이며 정식 완료일은 판매개시연도 9월 30일을 초과할 수 없음	재정식 완료일 다만 판매개시연도 10월 15일을 초과할 수 없음
종합위험 경작불능 보장	마늘	계약체결일 24시 다만 조기파종 보장 특약 가입 시 해당 특약 보장종료 시점	수확개시 시점
	콩, 팥	계약체결일 24시	종실비대기 전
	양파, 감자		수확개시 시점

보장	보험의 목적	보험기간	
		보장개시	보장종료
	(고랭지재배), 고구마, 옥수수, 사료용 옥수수		다만 사료용 옥수수는 판매개시연도 8월 31일을 초과할 수 없음
	감자 (봄재배, 가을재배)	파종완료일 24시 다만 보험계약시 파종완료일이 경과한 경우에는 계약체결일 24시	수확개시 시점
	양배추	정식완료일 24시 다만 보험계약시 정식완료일이 경과한 경우에는 계약체결일 24시이며 정식 완료일은 판매개시연도 9월 30일을 초과할 수 없음	수확개시 시점
종합위험 수확감소 보장	마늘, 양파, 감자(고랭지재배), 고구마, 옥수수, 콩, 팥	계약체결일 24시 다만 마늘의 경우 조기파종 보장 특약 가입 시 해당 특약 보장종료 시점	수확기 종료 시점 단, 아래 날짜를 초과할 수 없음 - 마늘 : 이듬해 6월 30일 - 양파 : 이듬해 6월 30일 - 감자(고랭지재배) : 판매개시연도 10월 31일 - 고구마 : 판매개시연도 10월 31일 - 옥수수 : 판매개시연도 9월 30일 - 콩 : 판매개시연도 11월 30일 - 팥 : 판매개시연도 11월 13일
	감자 (봄재배)	파종완료일 24시 다만 보험계약시 파종완료일이 경과한 경우에는 계약체결일 24시	수확기 종료 시점 다만 판매개시연도 7월 31일을 초과할 수 없음
	감자 (가을재배)		수확기 종료 시점 다만 제주는 판매개시연도 12월 15일, 제주 이외는 판매개시연도 11월 30일을 초과할 수 없음
	양배추	정식완료일 24시 다만 보험계약시 정식완료일이 경과한 경우에는 계약체결일 24시이며 정식완료일은 판매개시연도 9월 30일을 초과할 수 없음	수확기 종료 시점 다만 아래의 날짜를 초과할 수 없음 - 극조생, 조생 : 이듬해 2월 28일 - 중생 : 이듬해 3월 15일 - 만생 : 이듬해 3월 31일

보장	보험의 목적	보험기간	
		보장개시	보장종료
	차(茶)	계약체결일 24시	햇차 수확종료시점 다만 이듬해 5월 10일을 초과할 수 없음

주) "판매개시연도"는 해당 품목 판매개시일이 속하는 연도를 말하며, "이듬해"는 판매개시연도의 다음 연도를 말한다.

나) 종합위험 생산비보장방식

보장	보험의 목적	보험기간	
		보장개시	보장종료
종합위험 생산비 보장	고추	계약체결일 24시	정식일부터 150일째 되는 날 24시
	브로콜리	정식완료일 24시 다만 보험계약시 정식완료일이 경과한 경우에는 계약체결일 24시이며 정식완료일은 판매개시연도 9월 30일을 초과할 수 없음	정식일로부터 160일이 되는 날 24시
	메밀	파종완료일 24시 다만 보험계약시 파종완료일이 경과한 경우에는 계약체결일 24시	최초 수확 직전 다만 판매개시연도 11월 20일을 초과할 수 없음
	고랭지무	파종완료일 24시 다만 보험계약 시 파종완료일이 경과한 경우에는 계약체결일 24시 단, 파종완료일은 아래의 일자를 초과할 수 없음 - 고랭지무 : 판매개시연도 7월 31일 - 월동무 : 판매개시연도 10월 15일 - 당근 : 판매개시연도 8월 31일 - 쪽파(실파)[1·2형] : 판매개시연도 10월 15일 - 시금치 : 판매개시연도 10월 31일	파종일부터 80일째 되는 날 24시
	월동무		최초 수확 직전 다만 이듬해 3월 31일을 초과할 수 없음
	당근		최초 수확 직전 다만 이듬해 2월 29일을 초과할 수 없음
	쪽파(실파) [1형]		최초 수확 직전 다만 판매개시 연도 12월 31일을 초과할 수 없음
	쪽파(실파) [2형]		최초 수확 직전 다만 이듬해 5월 31일을 초과할 수 없음

보장	보험의 목적	보험기간	
		보장개시	보장종료
	시금치	정식완료일 24시 다만 보험계약 시 정식완료일이 경과한 경우에는 계약체결일 24시 단, 정식완료일은 아래의 일자를 초과할 수 없음 - 고랭지배추 : 판매개시연도 7월 31일 - 가을배추 : 판매개시연도 9월 10일 - 월동배추 : 판매개시연도 9월 25일 - 대파 : 판매개시연도 5월 20일 - 단호박 : 판매개시연도 5월 29일 - 양상추 : 판매개시연도 8월 31일	최초 수확 직전 다만 이듬해 1월 15일을 초과할 수 없음
	고랭지배추		정식일부터 70일째 되는 날 24시
	가을배추		정식일부터 110일째 되는 날 24시 다만 판매개시 연도 12월 15일을 초과할 수 없음
	월동배추		최초 수확 직전 다만 이듬해 3월 31일을 초과할 수 없음
	대파		정식일부터 200일째 되는 날 24시
	단호박		정식일부터 90일째 되는 날 24시
	양상추		정식일부터 110일째 되는 날 24시 다만 판매개시연도 11월 10일 초과할 수 없음
종합위험 경작불능 보장	고랭지무	파종완료일 24시 다만 보험계약시 파종완료일이 경과한 경우에는 계약체결일 24시 단, 파종완료일은 아래의 일자를 초과할 수 없음 - 고랭지무 : 판매개시연도 7월 31일 - 월동무 : 판매개시연도 10월 15일 - 당근 : 판매개시연도 8월 31일 - 쪽파(실파)[1·2형] : 판매개시연도 10월 15일 - 시금치 : 판매개시연도 10월 31일	최초 수확 직전 다만 종합위험생산비 보장에서 정하는 보장종료일을 초과할 수 없음
	월동무		
	당근		
	쪽파(실파) [1형,2형]		
	시금치		
	고랭지배추	정식완료일 24시 다만 보험계약시 정식완료일이 경과한 경우에는 계약체결일 24시 단, 정식완료일은 아래의 일자를 초과할 수 없음 - 고랭지배추 : 판매개시연도 7월 31일 - 가을배추 : 판매개시연도 9월 10일 - 월동배추 : 판매개시연도 9월 25일	
	가을배추		
	월동배추		
	대파		
	단호박		

보장	보험의 목적	보험기간	
		보장개시	보장종료
	양상추	- 대파 : 판매개시연도 5월 20일 - 단호박 : 판매개시연도 5월 29일 - 양상추 : 판매개시연도 8월 31일	
	메밀	파종완료일 24시 다만 보험계약시 파종 완료일이 경과한 경우에는 계약체결일 24시	

주) "판매개시연도"는 해당 품목 판매개시일이 속하는 연도를 말하며, "이듬해"는 판매개시연도의 다음 연도를 말한다.

주) 재파종보장(메밀. 시금치. 월동무. 쪽파(실파)1-2형) 및 재정식보장(양상추. 브로콜리. 월동배추. 가을배추) 품목은 추후 이론서 업데이트 예정

다) 작물특정 및 시설종합위험 인삼손해보장방식

구분		보험기간	
		보장개시	보장종료
1형	인삼 해가림시설	판매개시연도 5월 1일 다만 5월 1일 이후 보험에 가입하는 경우에는 계약체결일 24시	이듬해 4월 30일 24시 다만 6년근은 판매개시 연도 10월 31일을 초과할 수 없음
2형	인삼 해가림시설	판매개시연도 11월 1일 다만 11월 1일 이후 보험에 가입하는 경우에는 계약체결일 24시	이듬해 10월 31일 24시

주) "판매개시연도"는 해당 품목 판매개시일이 속하는 연도를 말하며, "이듬해"는 판매개시연도의 다음 연도를 말한다.

4) 보험가입금액

가) 종합위험 수확감소보장방식

수확감소보장방식의 보험가입금액은 가입수확량에 기준가격을 곱하여 산정한 금액(천원 단위 미만 절사)으로 한다. 다만 사료용 옥수수는 보장생산비와 가입면적을 곱한 금액(천원 단위 미만 절사)으로 한다.

나) 종합위험 생산비보장방식

재해보험사업자가 평가한 단위면적당 보장생산비에 가입면적을 곱하여 산정한 금액(천원 단위 미만 절사)으로 한다. 보험의 목적이 고추, 브로콜리인 경우 이전에 손해를 보상한 경우에는 보험가입금액에서 보상액을 뺀 잔액을 손해가 생긴 후의 나머지 보험

기간에 대한 잔존보험가액으로 한다.

다) 작물특정 및 시설종합위험 인삼손해보장방식(인삼)

보험가입금액은 연근별 (보상)가액에 재배면적(m^2)을 곱하여 산정한 금액(천원 단위 미만 절사)으로 한다. 인삼의 가액은 농협 통계 및 농촌진흥청 자료를 기초로 연근별 투입되는 평균 누적생산비를 고려하여 연근별로 차등 설정한다.

〈연근별 (보상)가액〉

구분	2년근	3년근	4년근	5년근	6년근
인삼	8,000원	9,100원	10,400원	11,700원	13,700원

라) 작물특정 및 시설종합위험 인삼손해보장방식(해가림시설)

재조달가액에 (100%-감가상각률)을 곱하여 보험가입금액을 산출하며 천원 단위 미만은 절사한다.

(1) 해가림시설의 설치시기와 감가상각

계약자에게 설치시기를 고지받아 해당 일자를 기초로 감가상각을 한다. 최초 설치시기를 특정하기 어려운 때에는 인삼의 정식시기와 동일한 시기로 한다.

해가림시설의 구조체를 재사용하여 설치하는 경우 해당 구조체의 최초 설치시기를 기초로 감가상각하며, 최초 설치시기를 알 수 없는 경우에는 해당 구조체의 최초 구입시기를 기준으로 감가상각한다.

(2) 해가림시설 설치재료에 따른 감가상각

동일한 재료(철제 또는 목재)로 설치하였으나 설치시기 경과년수가 각기 다른 해가림시설 구조체가 상존하는 경우 가장 넓게 분포하는 구조체의 설치시기를 적용한다. 1개의 농지 내 감가상각률이 상이한 재료(철제+목재)로 설치한 경우 재료별로 설치구획이 나뉘어 있는 경우에만 인수가 가능하며 각각의 면적만큼 구분하여 가입한다.

(3) 경년감가율 적용시점과 연단위 감가상각

감가상각은 보험가입시점을 기준으로 적용하며 보험가입금액은 보험기간 동안 동일하다. 연 단위 감가상각을 적용하며 경과기간이 1년 미만은 미적용한다.

예) 시설년도 2021년 5월, 가입시기 2022년 11월일 때 경과기간은 1년 6개월→ 경과기간 1년 적용

잔가율은 20%와 자체 유형별 내용연수를 기준으로 경년감가율을 산출하며, 내용년수가 경과한 경우라도 현재 정상 사용 중인 시설은 경제성을 고려하여 잔가율을 최대 30%로 수정할 수 있다.

유형	내용연수	경년감가율
목재	6년	13.33%
철재	18년	4.44%

(4) 재조달가액 : 단위면적(m^2)당 시설비에 재배면적(m^2)을 곱하여 산출한다.

유형	시설비(원)/m^2
07-철인-A형	7,200
07-철인-A-1형	6,600
07-철인-A-2형	6,000
07-철인-A-3형	5,100
13-철인-W	9,500
목재A형	5,900
목재A-1형	5,500
목재A-2형	5,000
목재A-3형	4,600
목재A-4형	4,100
목재B형	6,000
목재B-1형	5,600
목재B-2형	5,200
목재B-3형	4,100
목재B-4형	4,100
목재C형	5,500
목재C-1형	5,100
목재C-2형	4,700
목재C-3형	4,300
목재C-4형	3,800

5) 보험료

영업보험료는 순보험료와 부가보험료를 더하여 산출한다. 순보험료는 지급보험금의 재원이 되는 보험료이며 부가보험료는 보험회사의 경비 등으로 사용되는 보험료이다. 정부보조보험료는 순보험료의 50%와 부가보험료의 100%를 지원한다. 지방자치단체지원보험료는 지자체별로 지원금액(비율)을 정한다.

가) 보험료의 산출

(1) 종합위험 수확감소보장방식

(가) 수확감소보장 보통약관 적용보험료

> 보통약관 보험가입금액 × 지역별 보통약관 영업요율 × (1±손해율에 따른 할인·할증률) × (1-방재시설할인율)

※ 고구마, 팥, 차 품목의 경우 방재시설할인율 미적용
※ 손해율에 따른 할인·할증은 계약자를 기준으로 판단
※ 손해율에 따른 할인·할증폭은 -30%~+50%로 제한
※ 품목별 방재시설 할인율은 3장의 2. 참조((나)(다)항 동일)

(나) 종합위험 생산비보장방식

① 생산비보장 보통약관 적용보험료

> 보통약관 보험가입금액 × 지역별 보통약관 영업요율 × (1±손해율에 따른 할인·할증률) × (1-방재시설할인율)

※ 방재시설 할인은 고추, 브로콜리 품목에만 해당
※ 손해율에 따른 할인·할증은 계약자를 기준으로 판단
※ 손해율에 따른 할인·할증폭은 -30%~+50%로 제한

(다) 작물특정 및 시설종합위험 인삼손해보장방식

① 작물 특정위험보장 보통약관 적용보험료

> 보통약관 보험가입금액 × 지역별 보통약관 영업요율 × (1±손해율에 따른 할인·할증률) × (1-방재시설할인율)

② 해가림시설 종합위험보장 보통약관 적용보험료

> 보통약관 보험가입금액 × 지역별 보통약관 영업요율

※ 손해율에 따른 할인·할증은 계약자를 기준으로 판단
※ 손해율에 따른 할인·할증폭은 -30%~+50%로 제한
※ 종별 보험요율 차등적용에 관한 사항은 아래와 같음

종구분	상세	요율상대도
2종	허용적설심 및 허용풍속이 지역별 내재해형 설계기준 120% 이상인 인삼재배시설	0.9
3종	허용적설심 및 허용풍속이 지역별 내재해형 설계기준 100% 이상~120% 미만인 인삼재배시설	1.0
4종	허용적설심 및 허용풍속이 지역별 내재해 설계기준 100% 미만이면서, 허용적설심 7.9cm 이상이고, 허용풍속이 10.5m/s 이상인 인삼재배시설	1.1
5종	허용적설심 7.9cm 미만이거나, 허용풍속이 10.5m/s 미만인 인삼 재배시설	1.2

나) 보험료의 환급 : 생략(4장의 2. 참조)

6) 보험금

> 종합위험 수확감소보장방식의 밭작물 중 옥수수는 유일하게 피해량을 기준으로 보험금을 산출하며 수확량도 평년수확량이 아닌 표준수확량을 사용한다.

가) 종합위험 수확감소보장방식

보장	보험의 목적	보험금 지급사유	보험금 계산(지급금액)
경작불능 보장 (보통약관)	마늘, 양파, 감자(고랭지, 봄, 가을), 고구마, 옥수수, 양배추, 사료용 옥수수, 콩, 팥	보상하는 재해로 식물체 피해율이 65% 이상이고 계약자가 경작불능보험금을 신청한 경우 (보험계약 소멸)	보험가입금액 × 일정비율 ※ 일정비율은 자기부담비율에 따라 차등적용 (사료용 옥수수) 보험가입금액 × 보장비율 × 경과비율
수확감소 보장 (보통약관)	마늘, 양파, 고구마, 양배추, 콩, 팥, 차(茶),	보상하는 재해로 피해율이 자기부담비율을 초과하는 경우	보험가입금액 × (피해율 - 자기부담비율) ※ 피해율 = (평년수확량 - 수확량 - 미보상감수량) ÷ 평년수확량
	감자 (고랭지, 봄, 가을)	보상하는 재해로 피해율이 자기부담비율을 초과하는 경우	보험가입금액 × (피해율 - 자기부담비율) ※ 피해율 = {(평년수확량 - 수확량 - 미보상감수량) + 병충해감수량} ÷ 평년수확량
	옥수수	보상하는 재해로 손해액이 자기부담금을 초과하는 경우	MIN(보험가입금액, 손해액) - 자기부담금 ※ 손해액 = 피해수확량 × 가입가격 ※ 자기부담금 = 보험가입금액 × 자기부담비율

나) 종합위험 재파종·조기파종·재정식 보장

보장	보험의 목적	보험금 지급사유	보험금 계산(지급금액)
재파종 보장 (보통약관)	마늘	보상하는 재해로 10a당 출현주수가 30,000주보다 작고, 10a당 30,000주 이상으로 재파종한 경우	보험가입금액 × 35% × 표준출현 피해율 ※ 표준출현피해율(10a 기준) = (30,000 − 출현주수) ÷ 30,000
재파종 보장(보통약관)	메밀 시금치 월동무 쪽파 (실파)1,2형	보상하는 재해로 면적피해율이 자기부담비율을 초과하고 재파종한 경우	보험가입금액 × 20% × 면적피해율 ※ 면적피해율 = 피해면적/보험가입면적
조기파종 보장 (특별약관)	제주도 지역 농지에서 재배하는 남도종 마늘	한지형 마늘 최초 판매개시일 24시 이전에 보상하는 재해로 10a당 출현주수가 30,000주보다 작고, 10월 31일 이전 10a당 30,000주 이상으로 재파종한 경우	보험가입금액 × 25% × 표준출현 피해율 ※ 표준출현피해율(10a 기준) = (30,000 − 출현주수) ÷ 30,000
		한지형 마늘 최초 판매개시일 24시 이전에 보상하는 재해로 식물체 피해율이 65% 이상 발생한 경우	보험가입금액 × 일정비율 ※ 일정비율은 자기부담비율에 따라 차등적용
		보상하는 재해로 피해율이 자기부담비율을 초과하는 경우	보험가입금액 × (피해율 − 자기부담비율) ※ 피해율 = (평년수확량 − 수확량 − 미보상감수량) ÷ 평년수확량
재정식 보장 (보통약관)	양배추 양상추 브로콜리 월동배추 가을배추	보상하는 재해로 면적 피해율이 자기부담비율을 초과하고 재정식한 경우	보험가입금액 × 20% × 면적피해율 ※ 면적피해율 = 피해면적 ÷ 보험가입면적

다) 종합위험 생산비보장방식(고추, 브로콜리를 제외한 8개 품목)

보장	보험의 목적	보험금 지급사유	보험금 계산(지급금액)
경작불능보장 (보통약관)	메밀, 단호박, 당근, 배추(고랭지·월동·가을), 무(고랭지·월동), 시금치, 파(대파, 쪽파·실파), 양배추, 양상추	보상하는 재해로 식물체 피해율이 65% 이상이고, 계약자가 경작불능보험금을 신청한 경우(해당 농지의 계약 소멸)	보험가입금액 × 일정비율 ※ 일정비율은 자기부담비율에 따라 적용
생산비보장 (보통약관)		보상하는 재해로 약관에 따라 계산한 피해율이 자기부담비율을 초과하는 경우	보험가입금액 × (피해율 − 자기부담비율)

주1) 식물체 피해율 : 식물체가 고사한 면적을 보험가입면적으로 나누어 산출한다.

라) 종합위험 생산비보장방식(고추, 브로콜리)

보장	보험의 목적	보험금 지급사유	보험금 계산(지급금액)
생산비보장 (보통약관)	고추	보상하는 재해로 약관에 따라 계산한 생산비보장보험금이 자기부담금을 초과하는 경우	○ 병충해가 없는 경우 (잔존보험가입금액 × 경과비율 × 피해율) − 자기부담금 ○ 병충해가 있는 경우 (잔존보험가입금액 × 경과비율 × 피해율 × 병충해 등급별 인정비율) − 자기부담금
	브로콜리		(잔존보험가입금액 × 경과비율 × 피해율) − 자기부담금

주1) 보상하는 재해는 자연재해·조수해·화재로 발생하는 피해를 말한다. 다만 고추는 병충해로 발생하는 피해를 포함한다.
주2) 경과비율, 피해율 등은 보통약관 일반조항에서 규정한 손해평가요령에 따라 조사·평가하여 산정한다.
주3) 자기부담금 = 잔존보험가입금액 × 보험가입을 할 때 계약자가 선택한 비율(3% 또는 5%)

마) 작물특정 및 시설종합위험 인삼손해보장방식

보장	보험의 목적	보험금 지급사유	보험금 계산(지급금액)
인삼손해보장 (보통약관)	인삼	보상하는 재해로 피해율이 자기부담비율을 초과하는 경우	보험가입금액 × (피해율 − 자기부담비율) ※ 피해율 = (1 − 수확량 ÷ 연근별 기준수확량) × (피해면적 ÷ 재배면적)

보장	보험의 목적	보험금 지급사유	보험금 계산(지급금액)
해가림시설 보장 (보통약관)	해가림시설	보상하는 재해로 손해액이 자기부담금을 초과하는 경우	가) 보험가입금액이 보험가액과 같거나 클 때 ○ 보험가입금액을 한도로 손해액에서 자기부담금을 차감한 금액. 그러나 보험가입금액이 보험가액보다 클 때에는 보험가액을 한도로 함 나) 보험가입금액이 보험가액보다 작을 때 ○ 보험가입금액을 한도로 비례보상 = (손해액 − 자기부담금) × (보험가입금액 ÷ 보험가액) ※ 손해액이란 그 손해가 생긴 때와 곳에서의 보험가액을 말함

7) 자기부담비율(금)

보험사고로 발생한 손해에 대하여 계약자 또는 피보험자가 부담하는 일정비율로 자기부담비율 이하의 손해는 보험금이 지급되지 않는다.

가) 종합위험 수확감소보장방식

보험계약시 계약자가 선택한 비율(10%, 15%, 20%, 30%, 40%)로 하며 다만 양배추의 자기부담비율은 15%, 20%, 30%, 40%로 한다. 팥의 자기부담비율은 20%, 30%, 40%로 한다. 자기부담비율 선택기준은 4장의 2. 참조.

나) 종합위험 생산비보장방식

생산비 보장 밭작물중 고추와 브로콜리를 제외한 품목은 20%, 30%, 40%를 적용한다. 다만 고랭지배추, 고랭지무, 대파, 시금치, 단호박 품목은 10%, 15%, 20%, 30%, 40%로 한다. 고추와 브로콜리의 자기부담비율은 3%와 5%가 있으며 계약시 계약자가 선택한 비율로 한다.

① 3%형 : 최근 2년 연속 가입 및 2년간 수령한 보험금이 순보험료의 100% 이하인 계약자

② 5%형 : 제한없음

다) 작물특정 및 시설종합위험 인삼손해보장방식(해가림시설)

해가림시설은 최소자기부담금(10만원)과 최대자기부담금(100만원) 범위 안에서 보험사고로 발생한 손해액의 10%에 해당하는 금액을 자기부담금으로 한다. 자기부담금은 1사고 단위로 적용한다.

8) 계약인수 관련 수확량

가) 표준수확량

과거의 통계를 바탕으로 지역별 기준수량에 농지별 경작요소를 고려하여 산출한 예상 수확량이다.

나) 평년수확량

> 종합위험 생산비보장방식에서는 보험금 산출시 평년수확량 개념이 쓰이지 않음에 유의한다.

(1) 농지의 기후가 평년수준이고 비배관리 등 영농활동을 평년수준으로 실시하였을 때 기대할 수 있는 수확량을 말한다.

(2) 평년수확량은 자연재해가 없는 이상적인 상황에서의 수확량이 아니라 평년수준의 재해가 있다는 점을 전제로 한다.

(3) 주요 용도로는 보험가입금액 결정 및 보험사고 발생시 감수량 산정을 위한 기준으로 활용된다.

(4) 농지 단위로 산출하며 가입년도 직전 5년 중 보험에 가입한 연도의 실제수확량과 표준수확량을 가입횟수에 따라 가중평균하여 산출한다.

(5) 산출방법은 가입이력 여부로 구분된다.

　(가) 과거수확량 자료가 없는 경우(신규가입) : 표준수확량의 100%를 평년수확량으로 결정한다.

　(나) 과거수확량 자료가 있는 경우(최근 5년 이내 가입이력 존재) : 아래 표와 같이 산출하여 결정한다.

> □ 평년수확량 = [A + (B − A) × (1 − Y / 5)] × C / B
> ○ A(과거평균수확량) = Σ과거 5년간 수확량 ÷ Y
> ○ B(평균표준수확량) = Σ과거 5년간 표준수확량 ÷ Y
> ○ C(표준수확량) = 가입연도 표준수확량
> ○ Y = 과거수확량 산출연도 횟수(가입횟수)
> ※ 다만 평년수확량은 보험가입연도 표준수확량의 130%를 초과할 수 없음
> ※ 옥수수, 사료용 옥수수 등 생산비보장방식 품목 제외
> □ 과거수확량 산출방법
> ○ 조사수확량〉평년수확량의 50% → 조사수확량, 평년수확량의 50%≧조사수확량 → 평년수확량의 50%
> ※ 사고시에는 조사수확량 값 적용
> ※ 무사고시에는 표준수확량의 1.1배와 평년수확량의 1.1배 중 큰 값 적용

다) 가입수확량

보험에 가입한 수확량으로 평년수확량의 50~100% 범위에서 계약자가 결정한다. 옥

수수의 경우 표준수확량의 80~130% 범위에서 계약자가 결정한다.

※ 옥수수의 표준수확량=품종별, 지역별 표준수확량×재식시기지수

05 원예시설 및 시설작물(버섯재배사 및 버섯작물 포함)

원예시설(작물)의 경우 보험목적물의 범위와 보험가입금액을 산정하는 기준이 중요하다. 단기에 속성 재배하는 시설 작물의 특성상 보험료 산출에서 단기요율 적용지수를 사용한다.

가. 대상품목 : 농업용 시설물과 시설작물(화훼류 4개, 비화훼류 19개)

농업용 시설물(버섯재배사 포함) 및 부대시설, 시설작물 23개 품목(딸기·토마토·오이·참외·풋고추·파프리카·호박·국화·수박·멜론·상추·가지·배추·백합·카네이션·미나리·시금치·파·무·쑥갓·장미·부추·감자), 버섯작물 4개 품목(표고버섯, 느타리버섯, 새송이버섯, 양송이버섯)

나. 보장방식

1) 농업용 시설물(버섯재배사 포함) 및 부대시설

종합위험 원예시설(버섯재배사) 손해보장방식으로 자연재해, 조수해로 인한 손해 발생시 원상복구 비용을 보상한다. 화재 피해는 특약 가입시 보상한다. 부대시설과 시설작물(버섯작물 포함)은 농업용 시설물(버섯재배사 포함) 가입 후 보험가입이 가능하다.

2) 시설작물 및 버섯작물

종합위험 생산비보장방식으로 자연재해, 조수해로 입은 손해를 보상한다. 가입대상은 정식 또는 파종 후 재배 중인 23개 시설작물(육묘는 가입 불가)과 종균 접종 이후 4개 버섯작물(배양 중인 버섯은 가입 불가)이다. 품목별로 인수가능한 세부품종은 아래와 같다.

〈인수가능 품종〉

품목	품종
풋고추(시설재배)	청양고추, 오이고추, 피망, 꽈리, 하늘고추, 할라피뇨
호박(시설재배)	애호박, 주키니호박, 단호박
토마토(시설재배)	방울토마토, 대추토마토, 대저토마토, 송이토마토
배추(시설재배)	안토시아닌 배추(빨간배추)
무(시설재배)	조선무, 알타리무, 열무
파(시설재배)	실파
국화(시설재배)	거베라

다. 상품내용

1) 보상하는 재해

구분	보상하는 재해
보통약관	1. 농업용 시설물(버섯재배사 포함) 및 부대시설 　(1) 자연재해 　　태풍, 우박, 동상해, 호우, 강풍, 냉해(冷害), 한해(旱害), 조해(潮害), 설해(雪害), 폭염, 기타 (재해의 정의는 4장의2. 참조) 　(2) 조수해(鳥獸害) 　　새나 짐승으로 인하여 발생하는 피해 2. 시설작물 및 버섯 　아래의 하나에 해당하는 것이 있는 경우에만 자연재해나 조수해로 입은 손해를 보상한다. 　(1) 구조체, 피복재 등 농업용 시설물(버섯재배사)에 직접적인 피해가 발생한 경우 　(2) 농업용 시설물에 직접적인 피해가 발생하지 않은 자연재해로서 작물 피해율이 70% 이상 발생하여 농업용 시설물 내 전체 작물의 재배를 포기하는 경우(시설작물에만 해당) 　(3) 기상청에서 발령하고 있는 기상특보 발령지역의 기상특보 관련 재해로 인해 작물에 피해가 발생한 경우(시설작물에만 해당)
특별약관	1. 화재 　화재로 인하여 발생하는 피해 2. 화재대물배상책임 　보험에 가입한 목적물에 발생한 화재로 인해 타인의 재물에 손해를 끼침으로서 법률상의 배상책임을 졌을 때 입은 피해

2) 보상하지 않는 손해 : 생략(4장의1. 참조)

3) 보험의 목적

가) 종합위험 원예시설 손해보장

구분		보험의 목적
농업용 시설물		단동하우스(광폭형하우스를 포함), 연동하우스 및 유리(경질판)온실의 구조체 및 피복재
부대시설		모든 부대시설(단 동산시설은 제외)
시설작물	화훼류	국화, 장미, 백합, 카네이션(절화용만 해당, 분화용 제외)
	비화훼류	딸기, 오이, 토마토, 참외, 풋고추, 호박, 수박, 멜론, 파프리카, 상추, 부추, 시금치, 가지, 배추, 파(대파·쪽파), 무, 미나리, 쑥갓, 감자

(1) 농업용 시설물의 경우 목재·죽재로 시공된 하우스는 제외되며, 선별장·창고·농막 등도 가입 대상에서 제외된다.

(2) 농업용 시설물 및 부대시설의 아래의 물건은 보험의 목적에서 제외된다.

   (가) 시설작물을 제외한 온실 내의 동산

   (나) 시설작물 재배 이외의 다른 목적이나 용도로 병용하고 있는 경우 다른 목적이나 용도로 사용되는 부분

(3) 부대시설은 아래의 물건을 말한다.

   (가) 시설작물의 재배를 위하여 농업용 시설물 내부 구조체에 연결, 부착되어 외부에 노출되지 않는 시설물

   (나) 시설작물의 재배를 위하여 농업용 시설물 내부 지면에 고정되어 이동 불가능한 시설물

   (다) 시설작물의 재배를 위하여 지붕 및 기둥 또는 외벽을 갖춘 외부 구조체 내에 고정·부착된 시설물

   ※ 터널과 연동하우스의 수평 커튼도 부대시설(보온시설)로 가입

(4) 아래의 물건은 부대시설에서 포함되지 않는다.

   (가) 소모품 및 동산시설 : 멀칭비닐, 터널비닐, 외부 제초비닐, 매트, 바닥재, 배지, 펄라이트, 상토, 이동식 또는 휴대할 수 있는 무게나 부피를 가지는 농기계, 육묘포트, 육묘기, 모판, 화분, 혼합토, 컨베이어, 컴프레셔, 적재기기 및 이와 비슷한 것

   (나) 피보험자의 소유가 아닌 임차시설물 및 임차부대시설(단 농업용 시설물 제외)

   (다) 저온저장고, 선별기, 방범용 CCTV, 소프트웨어 및 이와 비슷한 것

   (라) 보호장치 없이 농업용 시설물 외부에 위치한 시설물. 단 농업용 시설물 외부에 직접 부착되어 있는 차양막과 보온재는 제외

   ※ 보호장치란 창고 또는 이와 유사한 것으로 시설물이 외부에 직접적으로 노출되는 것을 방지하는 장치를 말함

(5) 시설작물의 경우 품목별 표준생장일수와 현저히 차이 나는 생장일수(정식일(파종일)로부터 수확개시일까지의 일수)를 가지는 품종은 보험의 목적에서 제외된다.

〈제외 품종〉

품목	제외 품종
배추(시설재배)	얼갈이 배추, 쌈배추, 양배추
딸기(시설재배)	산딸기
수박(시설재배)	애플수박, 미니수박, 복수박
고추(시설재배)	홍고추

오이(시설재배)	노각
상추(시설재배)	양상추, 프릴라이스, 버터헤드(볼라레), 오버레드, 이자벨, 멀티레드, 카이피라, 아지르카, 이자트릭스, 크리스피아노

나) 종합위험 버섯 손해보장

구분	보험의 목적
농업용 시설물 (버섯재배사)	단동하우스(광폭형하우스를 포함), 연동하우스 및 경량철골조 등 버섯작물 재배용으로 사용하는 구조체, 피복재 또는 벽으로 구성된 시설
부대시설	버섯작물 재배를 위하여 농업용시설물(버섯재배사)에 부대하여 설치한 시설(단 동산시설은 제외)
버섯작물	농업용시설물(버섯재배사) 및 부대시설을 이용하여 재배하는 느타리버섯(균상재배,병재배), 표고버섯(원목재배[5], 톱밥배지재배), 새송이버섯(병재배), 양송이버섯(균상재배)

(1) 농업용 시설물(버섯재배사)의 경우 목재·죽재로 시공된 하우스는 제외되며, 선별장·창고·농막 등도 가입대상에서 제외된다.

(2) 농업용 시설물(버섯재배사) 및 부대시설의 경우 아래의 물건은 보험의 목적에서 제외된다.

  (가) 버섯작물을 제외한 온실 내의 동산

  (나) 버섯재배 이외의 다른 목적이나 용도로 병용하고 있는 경우, 다른 목적이나 용도로 사용되는 부분

(3) 부대시설은 아래의 물건을 말한다.

  (가) 버섯 작물의 재배를 위하여 농업용 시설물 내부 구조체에 연결, 부착되어 외부에 노출되지 않는 시설물

  (나) 버섯 작물의 재배를 위하여 농업용 시설물 내부 지면에 고정되어 이동 불가능한 시설물

  (다) 버섯 작물의 재배를 위하여 지붕 및 기둥 또는 외벽을 갖춘 외부 구조체 내에 고정·부착된 시설물

(4) 아래의 물건은 보험의 목적에 포함되지 않는다.

  (가) 소모품 및 동산시설 : 멀칭비닐, 터널비닐, 외부 제초비닐, 매트, 바닥재, 배지, 펄라이트, 상토, 이동식 또는 휴대할 수 있는 무게나 부피를 가지는 농기계, 육묘포트,

---

[5] 원목재배 표고버섯은 2019년 이후 종균접종한 표고버섯에 한함

육묘기, 모판, 화분, 혼합토, 컨베이어, 컴프레서, 적재기기 및 이와 비슷한 것
(나) 피보험자의 소유가 아닌 임차시설물 및 임차부대시설(단 농업용 시설물 제외)
(다) 저온저장고, 선별기, 방범용 CCTV, 소프트웨어 및 이와 비슷한 것
(라) 보호장치 없이 농업용 시설물 외부에 위치한 시설물. 단 농업용 시설물 외부에 직접 부착되어 있는 차양막과 보온재는 제외
※ 보호장치란 창고 또는 이와 유사한 것으로 시설물이 외부에 직접적으로 노출되는 것을 방지하는 장치를 말함

4) 보험기간

가) 종합위험 원예시설 손해보장

구분	보험의 목적		보험기간	
			보장개시	보장종료
농업용 시설물	단동하우스(광폭형하우스를 포함), 연동하우스 및 유리(경질판)온실의 구조체 및 피복재		청약을 승낙하고 제1회 보험료 납입한 때	보험증권에 기재된 보험종료일 24시
부대 시설	모든 부대시설(단 동산시설 제외)			
시설 작물	화훼류	국화, 장미, 백합, 카네이션		
	비화훼류	딸기, 오이, 토마토, 참외, 풋고추, 호박, 수박, 멜론, 파프리카, 상추, 부추, 시금치, 가지, 배추, 파(대파·쪽파), 무, 미나리, 쑥갓, 감자		

(1) 딸기, 오이, 토마토, 참외, 풋고추, 호박, 국화, 장미, 수박, 멜론, 파프리카, 상추, 부추, 가지, 배추, 파(대파), 백합, 카네이션, 미나리, 감자 품목은 '해당 농업용 시설물 내에 농작물을 정식한 시점'과 '청약을 승낙하고 제1회 보험료를 납입한 때' 중 늦은 때를 보장개시일로 한다.

(2) 시금치, 파(쪽파), 무, 쑥갓 품목은 '해당 농업용 시설물 내에 농작물을 파종한 시점'과 '청약을 승낙하고 제1회 보험료를 납입한 때' 중 늦은 때를 보장개시일로 한다.

나) 종합위험 버섯 손해보장

구분	보험의 목적	보험기간	
		보장개시	보장종료
농업용 시설물 (버섯재배사)	단동하우스(광폭형하우스를 포함), 연동 하우스 및 경량철 골조 등 버섯작물 재배용으로 사용하는 구조체, 피복재 또는 벽으로 구성된 시설	청약을 승낙하고 제1회 보험료 납입한 때	보험증권에 기재된 보험 종료일 24시
부대 시설	버섯작물 재배를 위하여 농업용시설물(버섯재배사)에 부대하여 설치한 시설(단 동산시설은 제외함)		
버섯 작물	농업용시설물(버섯재배사) 및 부대시설을 이용하여 재배하는 느타리버섯(균상재배, 병재배), 표고버섯(원목재배, 톱밥배지재배), 새송이버섯(병재배), 양송이버섯(균상재배)		

5) 보험가입금액

가) 원예시설 및 시설작물

농업용 시설물은 전산(電算)으로 산정된 기준 보험가입금액의 90~130% 범위 내에서 결정한다. 적산(積算)으로 기준금액 산정이 불가능한 유리온실(경량철골조), 내재해형 하우스, 비규격하우스는 계약자 고지사항을 기초로 보험가입금액을 결정한다. 부대시설은 계약자 고지사항을 기초로 보험가액을 추정하여 보험가입금액을 결정한다.

※ 유리온실(경량철골조)은 ㎡당 5~50만원 범위에서 가입금액 선택이 가능하다
※ 농업용 시설물 및 부대시설의 경우 재조달가격 미가입시는 고지된 구조체 내용에 따라 감가율을 고려하여 시가기준으로 결정(보험사고시 지급기준과 동일)하며, 동 특약가입시는 재조달가격을 기준으로 결정한다.

시설작물은 연간 재배예정인 시설작물 중 생산비가 가장 높은 작물가액의 50~100% 범위 내에서 계약자가 가입금액을 결정(10% 단위)한다.

나) 버섯재배사 및 버섯작물

버섯재배사는 전산(電算)으로 산정된 기준 보험가입금액의 90~130% 범위 내에서 결정한다. 적산(積算)으로 기준금액 산정이 불가능한 버섯재배사(콘크리트조, 경량철골조), 내재해형하우스, 비규격하우스는 계약자 고지사항을 기초로 보험가입금액을 결정한다. 부대시설은 계약자 고지사항을 기초로 보험가액을 추정하여 보험가입금액을 결정한다.

※ 버섯재배사(콘크리트조, 경량철골조)은 ㎡당 5~50만원 범위에서 가입금액 선택이 가능하다
※ 버섯재배사 및 부대시설의 경우 재조달가격 미가입시는 고지된 구조체 내용에 따라 감가율을 고려하여 시가기준으로 결정(보험사고시 지급기준과 동일)하며, 동 특약가입시는 재조달가격을 기준으로 결정한다.

버섯작물은 연간 재배예정인 시설작물 중 생산비가 가장 높은 작물가액의 50~100%

범위 내에서 계약자가 가입금액을 결정(10% 단위)한다.

6) 보험료

가) 농업용 시설물·부대시설

① 주계약(보통약관)

> 적용보험료 = [(농업용시설물 보험가입금액 × 지역별 농업용시설물 종별 보험요율)
> + (부대시설 보험가입금액 × 지역별 부대시설 보험요율)] × 단기요율 적용지수

※ 단 수재위험 부보장 특약에 가입한 경우에는 위 보험료의 90% 적용

② 화재위험 보장 특별약관

> 적용보험료 = 보험가입금액 × 화재위험보장특약 보험요율 × 단기요율 적용지수

나) 시설작물

① 주계약(보통약관)

> 적용보험료 = 보험가입금액 × 지역별·종별 보험요율 × 단기요율 적용지수

② 화재위험 보장 특별약관

> 적용보험료 = 보험가입금액 × 화재위험보장특약 영업요율 × 단기요율 적용지수

※ 단, 수재위험 부보장 특약에 가입한 경우에는 위 보험료의 90% 적용

다) 화재대물배상책임 보장 특별약관(농업용 시설물)

> 적용보험료 = 산출기초금액(12,025,000원) × 화재위험보장특약 영업요율(농업용 시설물, 부대시설)
> × 대물인상계수(LOL계수) × 단기요율 적용지수

라) 버섯재배사·부대시설

① 주계약(보통약관)

> 적용보험료 = [(버섯재배사 보험가입금액 × 지역별 버섯재배사 종별 보험율)
> + (부대시설 보험가입금액 × 지역별 부대시설 보험요율)] × 단기요율 적용지수

※ 단 수재위험 부보장 특약에 가입한 경우에는 위 보험료의 90% 적용

② 화재위험 보장 특별약관

> 적용보험료 = 보험가입금액 × 화재위험보장특약보험요율 × 단기요율 적용지수

마) 버섯작물
① 주계약(보통약관)

적용보험료 = 보험가입금액 × 지역별·종별 보험요율 × 단기요율 적용지수

② 화재위험 보장 특별약관

적용보험료 = 보험가입금액 × 화재위험보장특약 영업요율 × 단기요율 적용지수

※ 단 수재위험 부보장 특약에 가입한 경우에는 위 보험료의 90% 적용
③ 표고버섯 확장위험보장 특별약관

적용보험료 = 보험가입금액 × 화재위험보장특약 보험요율 × 단기요율 적용지수 × 할증적용계수

바) 화재대물배상책임 보장 특약(버섯재배사)

적용보험료 = 산출기초금액(12,025,000원) × 화재위험보장특약 영업요율
× 대물인상계수(LOL계수) × 단기요율 적용지수

〈보험요율 차등적용에 관한 사항〉

종구분	상세	요율상대도
1종	경량철골조	0.70
2종	허용 적설심 및 허용 풍속이 지역별 내재해형 설계기준의 120% 이상인 하우스	0.80
3종	허용 적설심 및 허용 풍속이 지역별 내재해형 설계기준의 100% 이상 ~ 120% 미만인 하우스	0.90
4종	허용 적설심 및 허용 풍속이 지역별 내재해형 설계기준의 100% 미만이면서, 허용 적설심 7.9cm 이상이고, 허용 풍속이 10.5m/s 이상인 하우스	1.00
5종	허용 적설심 7.9cm 미만이거나, 허용 풍속이 10.5m/s 미만인 하우스	1.10

〈단기요율 적용지수〉

· 보험기간이 1년 미만인 단기계약에 대하여는 아래의 단기요율 적용
· 보험기간을 연장하는 경우에는 원기간에 통산하지 아니하고 그 연장기간에 대한 단기요율 적용
· 보험기간 1년 미만의 단기계약을 체결하는 경우 보험기간에 6-9월, 11-3월이 포함될 때에는 단기요율에 각월마다 10%씩 가산. 다만 화재위험 보장 특약은 가산하지 않음. 그러나, 이 요율은 100%를 초과할 수 없음

⟨단기요율표⟩

보험기간	15일까지	1개월까지	2개월까지	3개월까지	4개월까지	5개월까지	6개월까지	7개월까지	8개월까지	9개월까지	10개월까지	11개월까지
단기요율	15%	20%	30%	40%	50%	60%	70%	75%	80%	85%	90%	95%

⟨대물인상계수⟩

배상한도액(백만원)	10	20	50	100	300	500	750	1,000	1,500	2,000	3,000
인상계수	1.00	1.56	2.58	3.45	4.70	5.23	5.69	6.12	6.64	7.00	7.12

보험료의 환급 방법과 절차는 전술한 내용(4장의 2. 참조)과 같다. 단 보험기간이 1년을 초과하는 계약이 무효 또는 효력상실인 경우에는 무효 또는 효력상실의 원인이 생긴 날 또는 해지일이 속하는 보험년도의 보험료는 동 규정을 적용하고 그 이후의 보험년도에 속하는 보험료는 전액 돌려준다.

7) 보험금

가) 농업용 시설물(버섯재배사 포함) 및 부대시설

보장	보험의 목적	보험금 지급사유	보험금 계산(지급금액)
농업용 시설물 손해 보장 (보통약관)	농업용 시설물 (버섯재배사) 및 부대시설	보상하는 재해로 손해액이 자기부담금을 초과하는 경우(1사고당)	가) 손해액의 계산 ㅇ 손해가 생긴 때와 곳에서의 가액에 따라 계산함 나) 보험금 산출 방법 ㅇ 1사고마다 손해액이 자기부담금을 초과하는 경우 보험가입금액을 한도로 손해액에서 자기부담금을 차감하여 계산한다. * 보험금 = 손해액 − 자기부담금

※ 재조달가액 보장 특약을 가입하지 않거나 수리 또는 복구를 하지 않은 경우 경년감가율을 적용한 시가(감가상각된 금액) 적용

나) 시설작물

보장	보험의 목적	보험금 지급사유	보험금 계산(지급금액)
생산비 보장 (보통 약관)	딸기, 토마토, 오이, 참외, 풋고추, 파프리카, 호박, 국화, 수박, 멜론, 상추, 가지, 배추, 백합, 카네이션, 미나리, 감자	보상하는 재해로 1사고마다 1동 단위로 생산비보장 보험금이 10만원을 초과할 때	재배면적 × 단위면적당 보장생산비 × 경과비율 × 피해율
	장미		○ 나무가 죽지 않은 경우 장미 재배면적 × 장미 단위면적당 나무생존시 보장생산비 × 피해율 ○ 나무가 죽은 경우 장미 재배면적 × 장미 단위면적당 나무고사 보장생산비 × 피해율
	부추		부추 재배면적 × 부추 단위면적당 보장생산비 × 피해율 × 70%
	시금치, 파, 무, 쑥갓		피해작물 재배면적 × 피해작물 단위면적당 보장생산비 × 경과비율 × 피해율

※ 단 일부보험일 경우 비례보상 적용

다) 버섯작물

보장	보험의 목적	보험금 지급사유	보험금 계산(지급금액)
생산비 보장 (보통 약관)	표고버섯 (원목재배)	보상하는 재해로 1사고마다 생산비보장 보험금이 10만원을 초과할 때	재배원목(본)수 × 원목(본)당 보장생산비 × 피해율
	표고버섯 (톱밥배지재배)		재배배지(봉)수 × 배지(봉)당 보장생산비 × 경과비율 × 피해율
	느타리버섯 (균상재배)		재배면적 × 단위면적당 보장생산비 × 경과비율 × 피해율
	느타리버섯 (병재배)		재배병수 × 병당보장생산비 × 경과비율 × 피해율
	새송이버섯 (병재배)		재배병수 × 병당보장생산비 × 경과비율 × 피해율
	양송이버섯 (균상재배)		재배면적 × 단위면적당 보장생산비 × 경과비율 × 피해율

※ 단 일부보험일 경우 비례보상 적용

8) 자기부담금

가) 농업용 시설물(버섯재배사 포함) 및 부대시설

최소자기부담금(30만원)과 최대자기부담금(100만원)을 한도로 손해액의 10%을 적용한다. 다만 피복재 단독사고는 최소자기부담금(10만원)과 최대자기부담금(30만원)으로 한다.

농업용 시설물(버섯재배사 포함)과 부대시설 모두를 보험의 목적으로 하는 경우 두 목적의 합계액을 기준으로 자기부담금을 산출한다. 자기부담금의 기준은 단지 단위, 1사고 단위이다. 화재손해는 자기부담금을 적용하지 않는다(농업용 시설물 및 버섯재배사, 부대시설에 한함).

나) 시설작물 및 버섯작물

보장하는 재해로 1사고당 생산비보험금이 10만원 이하인 경우 보험금을 지급하지 않고, 소손해면책금을 초과하는 경우 손해액 전액을 보험금으로 지급한다.

9) 특별약관

가) 재조달가액 보장 특약(농업용 시설물 및 버섯재배사, 부대시설)

보상하는 재해로 보험의 목적에 손해가 생기는 때에는 재조달가액을 기준으로 손해액을 보상한다. 재조달가액은 보험의 목적과 동형, 동질의 신품을 조달하는데 소요되는 금액을 말한다.

나) 화재위험보장 특약(농업용 시설물 및 버섯재배사, 부대시설, 시설·버섯작물)

보험의 목적에 대한 화재로 입은 손해를 보상한다.

다) 화재대물배상책임 특약(농업용 시설물 및 버섯재배사, 부대시설)

피보험자가 보험증권에 기재된 농업용 시설물 및 부대시설 내에서 발생한 화재사고로 인하여 타인의 재물을 망가트려 법률상의 배상책임이 발생한 경우 가입금액을 한도로 보상한다. 이 특별약관은 화재위험보장 특별약관에 가입한 경우에 한하여 가입할 수 있다.

라) 수재위험 부보장 특약(농업용 시설물 및 버섯재배사, 부대시설, 시설·버섯작물)

홍수, 해일, 집중호우 등 수재에 의하거나 이들 수재의 방재와 긴급피난에 필요한 조치로 보험의 목적에 생긴 손해는 보상하지 않는다. 상습침수구역, 하천부지 등에 있는 보험의 목적에 한하여 적용된다.

마) 표고버섯 확장위험 담보 특약(표고버섯)

보상하는 재해에서 정한 규정에도 불구하고 표고버섯은 다음 각호의 하나 이상에 해당하는 때에는 자연재해 및 조수해로 입은 손해를 보상한다.

① 농업용 시설물(버섯재배사)에 직접적인 피해가 발생하지 않는 자연재해로 작물피해율이 70% 이상 발생하여 농업용 시설물 내 전체 시설재배 버섯의 재배를 포기하는 경우

② 기상청에서 발령하고 있는 기상특보 발령지역의 기상특보 관련 재해로 인해 작물에 피해가 발생한 경우

10) 계약의 소멸

손해를 보상하는 경우에는 그 손해액이 한 번의 사고당 보험가입금액 미만인 때에는 보험가입금액은 감액되거나 계약이 소멸하지 않으며, 보험가입금액 이상인 때에는 그 손해배상의 원인이 생긴 때로부터 보험의 목적(농업용 시설물 및 버섯재배사, 부대시설)에 대한 계약은 소멸한다. 이 경우 손해액에는 보상하는 손해의 기타협력비용은 제외한다.

06 농업수입보장

농업수입보장방식은 수확감소보장방식에 가격이라는 변수가 추가된 것이다. 따라서 가격요인을 제외하면 해당품목의 수확감소보장방식의 상품내용과 동일하다. 가격을 결정하는 기준이 중요하며 이에 대한 농업수입보장보험 사업시행지침이 별도로 있다.

가. 대상품목 : 포도, 마늘, 양파, 감자(가을재배), 고구마, 양배추, 콩

나. 보장방식

농작물의 수확량 감소나 가격 하락으로 농가 수입이 일정 수준 이하로 감소하지 않도록 보장하는 보험이다. 기존 농작물재해보험에 농산물 가격하락을 반영한 농업수입 감소를 보장한다. 농업수입감소보험금 산출시 가격은 기준가격과 수확기가격 중 낮은 가격을 적용한다. 실제수입을 산정할 때 실제수확량이 평년수확량보다 적은 경우 수확기가격이 기준가격을 초과하더라도 수확량 감소에 의한 손해는 농업수입감소보험금으로 지급이 가능하다.

다. 상품내용

해당 품목별로 전술한 상품내용을 참조하고 본장에서는 수입감소에 해당하는 사항만 기술한다. 수입보장방식에서는 가격조항과 보험금산출방법이 중요하다.

1) 보상하는 재해

대상품목	보상하는 재해
과수(포도)	자연재해, 조수해, 화재, 가격하락
밭작물(마늘, 양파, 양배추, 감자(가을재배), 고구마, 콩)	자연재해, 조수해, 화재, 병충해, 가격하락 ※ 감자(가을재배)는 병충해 추가보장

※ 가격하락 : 기준가격보다 수확기 가격이 하락하여 발생하는 피해

2) 보상하지 않는 손해 : 생략(4장의 1. 참조)

3) 보험기간

보장	보험의 목적	대상재해	보험기간	
			보장개시	보장종료
수확감소보장	마늘 양파 고구마 콩	자연재해, 조수해, 화재	계약체결일 24시	수확기 종료 시점 다만 아래 날짜를 초과할 수 없음 콩 : 판매개시연도 11월 30일 양파, 마늘 : 이듬해 6월 30일 고구마 : 판매개시연도 10월 31일
	감자 (가을재배)	자연재해, 조수해, 화재, 병충해	파종완료일 24시 다만 보험계약시 파종완료일이 경과한 경우에는 계약체결일 24시	수확기 종료 시점 다만 판매개시연도 11월 30일을 초과할 수 없음
	양배추	자연재해, 조수해, 화재	정식완료일 24시 다만 보험계약시 정식완료일이 경과한 경우에는 계약체결일 24시이며 판매개시연도 정식 완료일은 9월 30일을 초과할 수 없음	수확기 종료 시점 다만 아래의 날짜를 초과할 수 없음 극조생, 조생 : 이듬해 2월 28일 중생 : 이듬해 3월 15일 만생 : 이듬해 3월 31일
수입감소보장	마늘 양파 고구마 콩	가격하락	계약체결일 24시	수확기가격 공시시점
	감자 (가을재배)		파종완료일 24시 다만 보험계약시 파종완료일이 경과한 경우에는 계약체결일 24시	
	양배추		정식완료일 24시 다만 보험계약시 정식완료일이 경과한 경우에는 계약체결일 24시이며 정식 완료일은 판매개시연도 9월 30일을 초과할 수 없음	
	포도	자연재해, 조수해, 화재 (수확감소보장)	계약체결일 24시	수확기 종료 시점 다만 이듬해 10월 10일을 초과할 수 없음
		가격하락	계약체결일 24시	수확기가격 공시시점
	비가림시설	자연재해, 조수해 (수확감소보장)	계약체결일 24시	이듬해 10월 10일

※ 판매개시 연도는 해당 품목의 판매개시일이 속하는 연도를 말하며, 이듬해는 판매개시 연도의 다음 연도를 말한다.

4) 보험가입금액

가입수확량에 기준(가입)가격을 곱하여 산정한 금액(천원 단위 미만 절사)으로 한다.

5) 보험료

종합위험 비가림과수 손해보장방식(포도) 및 밭작물 종합위험 수확감소보장방식(마늘, 양파, 감자(가을재배), 고구마, 양배추, 콩)의 기준을 동일하게 적용한다.

6) 보험금

가) 포도

보장	보험의 목적	보험금 지급사유	보험금 계산(지급금액)
농업수입 감소보장 (보통약관)	포도	보상하는 재해로 피해율이 자기부담비율을 초과하는 경우	보험가입금액 × (피해율 - 자기부담비율) ※ 피해율 = (기준수입 - 실제수입) ÷ 기준수입

주1) 기준수입은 평년수확량에 기준가격을 곱하여 산출한다.
주2) 실제수입은 수확기에 조사한 수확량(조사를 실시하지 않은 경우 평년수확량)과 미보상감수량의 합에 기준가격과 수확기가격 중 작은 값을 곱하여 산출한다.

나) 마늘, 양파, 감자(가을재배), 고구마, 양배추, 콩

보장	보험의 목적	보험금 지급사유	보험금 계산(지급금액)
농업수입 감소보장 (보통약관)	마늘, 양파, 감자(가을재배), 콩, 고구마, 양배추	보상하는 재해로 피해율이 자기부담비율을 초과하는 경우	보험가입금액 × (피해율 - 자기부담비율) ※ 피해율 = (기준수입 - 실제수입) ÷ 기준수입

주1) 기준수입은 평년수확량에 기준가격을 곱하여 산출한다.
주2) 실제수입은 수확기에 조사한 수확량과 미보상감수량의 합에 기준가격과 수확기가격 중 작은 값을 곱하여 산출한다.
주3) 보상하는 재해로 보험의 목적에 손해가 생긴 경우에도 불구하고 계약자 또는 피보험자의 고의로 수확기에 수확량조사를 하지 못하여 수확량을 확인할 수 없는 경우에는 농업수입감소보험금을 지급하지 않는다.

7) 자기부담비율

보험사고로 인하여 발생한 손해에 대하여 계약자 또는 피보험자가 부담하는 일정비율로 자기부담비율 이하의 손해는 보험금이 지급되지 않는다. 수입감소보장의 자기부담비율은 20%, 30%, 40%이며 보험계약시 계약자가 선택한 비율로 한다.

8) 가격조항

> 수입감소보장방식은 가격 변수가 추가된 보험상품이므로 가격조항이 중요하다. 가격은 기준가격과 수확기가격이 있으며 품목별로 산정기준이 있다. 기본적으로 가격은 가락(양곡)도매시장의 가격을 기준으로 농가수취비율을 곱하여 산출한다. 다만 지역농협 수매가를 적용하는 마늘, 나물용 콩은 농가수취비율을 곱하지 않는다.

기준가격과 수확기가격은 농림축산식품부의 「농업수입감소보장보험 사업시행지침」에 따라 산출한다.

가) 콩(가격은 품종(용도)에 따라 구분하여 산출, 수입감소보장 품목 공통사항)
  (1) 기준가격

용도	품종	기초통계	기초통계 기간
장류 및 두부용	전체	서울 양곡도매시장의 백태(국산) 가격	수확년도 11월 1일부터 익년 1월 31일까지
밥밑용	서리태	서울 양곡도매시장의 서리태 가격	
밥밑용	흑태 및 기타	서울 양곡도매시장의 흑태 가격	
나물용	전체	제주도 지역농협의 평균 수매가격	

장류 및 두부용, 밥밑용 콩은 보험가입 직전 5년 서울 양곡도매시장의 연도별 중품과 상품 평균가격의 올림픽 평균값에 농가수취비율의 올림픽 평균값을 곱하여 산출한다. 연도별 평균가격은 연도별 기초통계기간의 일별 가격을 평균하여 산출한다. (다른 작물도 동일)

나물용 콩은 제주도 지역농협의 보험가입 직전 5년 연도별 평균 수매가를 올림픽 평균하여 산출한다. 연도별 평균 수매가는 지역농협별 수매량과 수매금액을 각각 합산하고 수매금액의 합계를 수매량 합계로 나누어 산출한다

  (2) 수확기가격

장류 및 두부용, 밥밑용 콩은 수확년도의 기초통계기간 동안 서울 양곡도매시장 중품과 상품의 평균가격에 농가수취비율의 최근 5년간 올림픽 평균값을 곱하여 산출한다. 양곡도매시장 가격이 존재하지 않는 경우 전국 지역농협의 평균 수매가격을 활용하여 산출한다. 나물용 콩은 기초통계기간 동안 제주도 지역농협의 평균 수매가격으로 한다.

(3) 하나의 농지에 2개 이상 용도(또는 품종)의 콩이 식재된 경우에는 기준가격과 수확기가격을 해당용도(품종)의 면적의 비율에 따라 가중평균하여 산출한다.

나) 양파

(1) 기준가격

가격 구분	기초통계	기초통계 기간
조생종	서울시농수산식품공사 가락도매시장 가격	4월 1일부터 5월 10일까지
중만생종		6월 1일부터 7월 10일까지

보험가입 직전 5년 서울시농수산식품공사 가락도매시장 연도별 중품과 상품 평균가격의 올림픽 평균값에 농가수취비율의 올림픽 평균값을 곱하여 산출한다. 연도별 평균가격은 연도별 기초통계 기간의 일별 가격을 평균하여 산출한다.

(2) 수확기가격

가격 구분별 기초통계기간 동안 서울시농수산식품공사 가락도매시장의 중품과 상품 평균가격에 농가수취비율의 최근 5년간 올림픽 평균값을 곱하여 산출한다.

다) 고구마

품종	기초통계	기초통계 기간
밤고구마	서울시농수산식품공사 가락도매시장 가격	8월 1일부터 9월 30일까지
호박고구마		

(1) 기준가격

서울시농수산식품공사 가락도매시장 연도별 중품과 상품 평균가격의 보험 직전 5년 올림픽 평균값에 농가수취비율을 곱하여 산출한다. 연도별 평균가격은 연도별 기초통계 기간의 일별 가격을 평균하여 산출한다.

(2) 수확기가격

수확년도의 서울시농수산식품공사 가락도매시장의 중품과 상품 평균가격에 농가수취비율을 곱하여 산출한다. 하나의 농지에 2개 이상 용도(품목)의 고구마가 식재된 경우 기준가격과 수확기가격을 해당 용도(품목)의 면적비율에 따라 가중평균하여 산출한다.

라) 감자(가을재배)

구분	기초통계	기초통계 기간
대지마	서울시농수산식품공사 가락도매시장 가격	12월 1일부터 1월 31일까지

(1) 기준가격

서울시농수산식품공사 가락도매시장 연도별 중품과 상품 평균가격의 보험 직전 5년 (가입년도 포함) 올림픽 평균값에 농가수취비율을 곱하여 산출한다. 연도별 평균가격은 연도별 기초통계 기간의 일별 가격을 평균하여 산출한다.

(2) 수확기가격

수확년도의 서울시농수산식품공사 가락도매시장의 중품과 상품 평균가격에 농가수취비율을 곱하여 산출한다.

마) 마늘

구분		기초통계	기초통계 기간
난지형	대서종	경남 창녕군 농협공판장 (창녕농협, 이방농협) 가격	7월 1일부터 8월 31일까지
	남도종	전남 지역농협(신안, 남신안, 땅끝, 전남서부채소, 녹동, 팔영)과 제주 지역농협(대정, 한림, 김녕, 조천, 한경, 안덕) 수매가격	전남지역 : 6월 1일부터 7월 31일까지 제주지역 : 5월 1일부터 6월 30일까지
한지형		경북 의성군 지역농협(의성, 새의성, 금성, 의성중부) 수매가격	7월 1일부터 8월 31일까지

(1) 기준가격

기초통계의 연도별 평균값의 보험가입 직전 5년(가입연도 포함) 올림픽 평균값으로 산출한다. 연도별 평균값은 연도별 기초통계 기간의 일별 가격을 평균하여 산출한다.

(2) 수확기가격

위 가격산출을 위한 기초통계의 수확년도 평균값으로 산출한다.

바) 양배추

가격 구분	기초통계	기초통계 기간
양배추	서울시농수산식품공사 가락도매시장 가격	2월 1일부터 3월 31일까지

(1) 기준가격

서울시농수산식품공사 가락도매시장 연도별 중품과 상품 평균가격의 보험 직전 5년 (가입년도 포함) 올림픽 평균값에 농가수취비율을 곱하여 산출한다. 연도별 평균가격은 연도별 기초통계 기간의 일별 가격을 평균하여 산출한다.

(2) 수확기가격

수확년도의 서울시농수산식품공사 가락도매시장의 중품과 상품 평균가격에 농가수취비율을 곱하여 산출한다.

사) 포도

가격 구분	기초통계	기초통계 기간
캠벨얼리(시설)	서울시 농수산식품공사 가락도매시장 가격	6월 1일부터 7월 31일까지
캠벨얼리(노지)		9월 1일부터 10월 31일까지
거봉(시설)		6월 1일부터 7월 31일까지
거봉(노지)		9월 1일부터 10월 31일까지
MBA		9월 1일부터 10월 31일까지
델라웨어		5월 21일부터 7월 20일까지
샤인머스켓(시설)		8월 1일부터 8월 31일까지
샤인머스켓(노지)		9월 1일부터 10월 31일까지

(1) 기준가격

보험가입 직전 5년 서울시농수산식품공사 가락도매시장 연도별 중품과 상품 평균가격의 올림픽 평균값에 농가수취비율의 올림픽 평균값을 곱하여 산출한다. 연도별 평균가격은 연도별 기초통계 기간의 일별 경락가격을 산술평균하여 산출한다.

(2) 수확기가격

가격 구분별 기초통계기간 동안 서울시농수산식품공사 가락도매시장의 중품과 상품 평균가격에 농가수취비율의 최근 5년간 올림픽 평균값을 곱하여 산출한다.

(3) 상기 표의 가격 구분 이외 품종의 가격은 가격 구분에 따라 산출된 가격 중 가장 낮은 가격을 적용한다.

memo

기출문제

01 보상하는 재해와 보상하지 않는 손해

01 농작물재해보험 자두 품목의 아래 손해 중 보상하는 손해는 "○"로, 보상하지 않는 손해는 "×"로 괄호에 순서대로 표기하시오. (5점) ▶ 3회 손해평가사

○ 세균구멍병으로 발생한 손해 ·· (①)
○ 제초작업 등 통상적인 영농활동을 하지 않아 발생한 손해 ·············· (②)
○ 기온이 0°C 이상에서 발생한 이상저온에 의한 손해 ····················· (③)
○ 계약체결시점 현재 기상청에서 발령하고 있는 기상특보 발령
  지역의 기상특보 관련 재해로 인한 손해 ································· (④)
○ 최대순간풍속 15m/sec의 바람으로 발생한 손해 ························ (⑤)

모범답안

① × ② × ③ ○ ④ × ⑤ ○

02 농작물재해보험 손해평가에서 정하는 적과전 종합위험방식 과수 상품의 보상하지 않는 손해에 관하여 서술하시오. (단 적과종료 이후에 한함) (15점) ▶ 1회 손해평가사

모범답안

① 계약자, 피보험자 또는 이들의 법정대리인의 고의 또는 중대한 과실로 인한 손해
② 제초작업, 시비관리 등 통상적인 영농활동을 하지 않아 발생한 손해
③ 보상하지 않는 재해로 제방, 댐 등이 붕괴되어 발생한 손해
④ 보상하는 재해에 해당하지 않은 재해로 발생한 손해
⑤ 전쟁, 혁명, 내란, 사변, 폭동, 노동쟁의, 기타 이들과 유사한 사태로 생긴 손해
⑥ 수확기에 계약자 또는 피보험자의 고의 또는 중대한 과실로 수확하지 못하여 발생한 손해
⑦ 원인의 직·간접을 묻지 않고 병해충으로 발생한 손해
⑧ 보상하는 자연재해로 인하여 발생한 동녹(과실에 발생하는 검은 반점 병) 등 간접손해
⑨ 식물방역법 제36조(방제명령 등)에 의거 금지 병해충인 과수 화상병 발생에 의한 폐원으로 인한 손해 및 정부 및 공공기관의 매립으로 발생한 손해
⑩ 최대순간풍속 14m/sec 미만의 바람으로 발생한 손해
⑪ 저장한 과실에서 나타난 손해
⑫ 저장성 약화, 과실경도 약화 등 육안으로 판별되지 않는 손해
⑬ 농업인의 부적절한 잎소지(잎 제거)로 인하여 발생한 손해
⑭ 병으로 인해 낙엽이 발생하여 태양광에 과실이 노출되어 발생한 손해

기출문제

02 과수작물

가. 적과전 종합위험방식Ⅱ 상품

01 다음 조건에 따라 적과전 종합위험방식Ⅱ 보험상품에 가입할 경우 순보험료를 산출하시오.(단 주어진 조건 외에는 고려하지 않는다) (5점) ▶ 2회 손해평가사

- 품목 : 사과
- 순보험요율 : 20%
- 방재시설 할인율 : 방충망 20%, 트렐리스 지주 7%, 방조망 5%
- 보험가입금액 : 10,000,000원
- 손해율에 따른 할인·할증률 : 13%

모범답안

보험료 = 보험가입금액×지역별 보통약관 영업요율×(1-부보장 및 한정보장 특별약관 할인율)×(1±손해율에 따른 할인·할증율)×(1-방재시설 할인율)
= 10,000,000원×0.2×(1-0)×(1+0.13)×(1-0.3)=1,582,000원

02 다음은 적과전 종합위험방식의 보험가입금액의 감액에 관한 내용이다. 주어진 내용을 보고 각 물음에 답하시오.(단 주어진 조건 외에는 고려하지 않는다)

(5점) ▶ 2회 손해평가사

(1) 어떤 경우에 보험가입금액을 감액하는지 약술하시오. (3점)
(2) 보험가입금액을 감액하는 경우 아래 주어진 조건을 보고 차액보험료를 산출하시오.(6점)

> ○ 단감 부유 품종을 경작하는 A씨는 적과전 종합위험방식 보험에 가입하였다. 착과감소보험금의 보장수준은 가장 낮은 것으로 선택하였고 자기부담비율은 20%형을 선택하였으며 적과종료 이전 특정위험 5종 한정보장 특별약관에 가입하였다.
> ○ 감액분 계약자부담보험료 150,000원, 미납보험료 0원

(3) 차액보험료의 지급기한에 대하여 약술하시오. (3점)
(4) 차액보험료를 다시 정산하는 경우를 약술하시오. (3점)

모범답안

(1) 적과전 사고가 없으나 적과후착과량이 평년착과량보다 적게 되는 경우, 가입수확량이 기준수확량을 초과하는 경우(복수정답)
(2) 차액보험료=(감액분 계약자부담보험료×감액미경과비율)-미납입보험료
　　　　　　=(150,000원×0.9)-0=135,000원

단감의 경우 적과종료 이전 특정위험 5종 한정보장 특약에 가입하고 착과감소보험금 보장수준이 50%인 경우 감액미경과비율 90%를 적용한다.

(3) 차액보험료는 적과후착과수 조사일이 속한 달의 다음달 말일 이내에 지급한다.
(4) 적과후착과수조사 이후 착과수가 적과후착과수보다 큰 경우

기출문제

03 보험료의 환급에 관한 내용이다. 각 물음에 답하시오. (15점) ▶ 4회 손해평가사

(1) 정상적으로 체결된 보험계약 유지 중에 계약자 또는 피보험자의 책임있는 사유에 의하여 보험계약이 해지되는 경우 환급보험료 산출식을 쓰시오. (4점)
(2) 계약자 또는 피보험자의 책임있는 사유에 해당하는 경우 3가지를 쓰시오. (9점)
(3) 괄호 안에 알맞은 말을 순서대로 쓰시오. (2점)

> 계약의 무효, 효력상실 또는 해지로 인하여 반환해야 할 보험료가 있는 때에는 계약자는 환급금을 청구하여야 하며 청구일 다음날부터 지급일까지의 기간에 대하여 보험개발원이 공시하는 (①)을 (②)로 계산한 금액을 더하여 지급한다.

모범답안

(1) 환급보험료 = 계약자부담보험료 × 미경과비율
(2) ① 계약자 또는 피보험자가 임의해지하는 경우
② 사기에 의한 계약, 계약의 해지 또는 중대사유로 인한 해지에 따라 계약을 취소 또는 해지하는 경우
③ 보험료 미납으로 인한 계약의 효력상실
(3) 보험계약대출이율, 연단위 복리

04 다음은 사과의 적과전 종합위험방식 계약에 관한 사항이다. 다음 물음에 답하시오.(단 주어진 조건 외 다른 조건은 고려하지 않음)

(15점) ▶ 8회 손해평가사

구분	품목	보장수준(%)(2023년 기준)				
		60	70	80	85	90
국고보조율(%)	사과,배,단감,떫은감	60	60	50	38	33

(조건)
○ 품목 : 사과(적과전종합위험방식)   ○ 가입금액 : 1,000만원(주계약)
○ 순보험료율 : 15%   ○ 부가보험료율 : 2.5%
○ 착과감소보험금 보장수준 : 70%형   ○ 자기부담비율 : 20%형
○ 할인·할증률 : 없음

(1) 영업보험료의 계산과정과 값을 쓰시오. (5점)
(2) 부가보험료의 계산과정과 값을 쓰시오. (5점)
(3) 농가부담보험료의 계산과정과 값을 쓰시오. (5점)

> **모범답안**
>
> (1) 영업보험료 = 순보험료+부가보험료 = 1,500,000+250,000=1,750,000원
>
> * 순보험료 = 보험가입금액×순보험료율×할인·할증율
>
>   = 1,000만원×0.15×1=1,500,000원
>
> (2) 부가보험료 = 보험가입금액×부가보험료율×할인·할증율
>
>   =1,000만원×0.025×1=250,000원
>
> (3) 농가부담보험료=순보험료×(1-국고보조율) = 1,500,000×(1-0.5)=750,000원

기출문제

05 적과전 종합위험방식Ⅱ 상품에서 다음 조건에 따라 2018년의 평년착과량을 구하시오. (단, 제시된 외의 다른 조건은 고려하지 않음) (5점) ▶ 4회 손해평가사

구분	2013년	2014년	2015년	2016년	2017년
표준수확량	7,900	7,300	8,700	8,900	9,200
적과후착과량	미가입	6,500	5,600	미가입	7,100

※ 기준표준수확량은 2013년부터 2017년까지 8,500kg으로 매년 동일한 것으로 가정함
※ 2018년 기준표준수확량은 9,350월임

모범답안

평년착과량 $= [A+(B-A) \times (1-\frac{Y}{5})] \times \frac{C}{D}$

$= [6,400+(8,400-6,400) \times (1-\frac{3}{5})] \times \frac{9,350}{8,500} = 7,920$원

A = 과거 평균적과후착과량(5년)
B = 평균표준수확량(5년)
C = 가입연도 기준표준수확량
D = 과거 평균기준표준수확량(5년)

※ 미가입년도를 제외하고 과거 5년간 적과후착과량과 표준수확량 평균값을 구함

※ A$= \frac{6,500+5,600+7,100}{3} = 6,400$, B$= \frac{7,300+8,700+9,200}{3} = 8,400$

나. 종합위험방식 상품

01 유자, 무화과, 포도, 감귤 상품을 요약한 내용이다. 다음 ( )에 들어갈 내용을 쓰시오.

(15점) ▶ 5회 손해평가사

품목	구분	보상하는 재해	보험기간 시기	보험기간 종기
유자	수확감소보장	자연재해,조수해,화재	계약체결일 24시	(①)
	나무손해보장		Y년(②) 다만 (②) 이후 보험에 가입하는 경우에는 계약체결일 24시	(③)
무화과	과실손해보장	자연재해,조수해,화재	계약체결일 24시	(④)
		(⑤)	(⑥)	(⑦)
	나무손해보장	자연재해,조수해,화재	(⑧)	(⑨)
포도	수확감소보장	자연재해,조수해,화재	계약체결일 24시	수확기 종료시점 다만 (⑩)을 초과할 수 없음
	나무손해보장		(⑪) 12월 1일 다만 12월 1일 이후 보험에 가입하는 경우 계약체결일 24시	이듬해 11월 30일
감귤	과실손해보장	자연재해,조수해,화재	(⑫) 다만 (⑫)가 지난 경우에는 계약체결일 24시	(⑬)
	나무손해보장		(⑭) 다만 (⑭)가 지난 경우에는 계약체결일 24시	(⑮)

기출문제

> **모범답안**
>
> ① 수확개시 시점 다만 이듬해 10월 31일을 초과할 수 없음
> ② 12월 1일
> ③ 이듬해 11월 30일
> ④ 이듬해 7월 31일
> ⑤ 태풍(강풍), 우박
> ⑥ 이듬해 8월 1일
> ⑦ 이듬해 수확기 종료시점 다만 이듬해 10월 31일을 초과할 수 없음
> ⑧ 판매개시년도 12월 1일
> ⑨ 이듬해 11월 30일
> ⑩ 이듬해 10월 10일
> ⑪ 판매개시년도
> ⑫ 발아기
> ⑬ 판매개시년도 11월 30일
> ⑭ 발아기
> ⑮ 이듬해 2월말일

02 농작물재해보험 종합위험 비가림과수 손해보장방식 과수 품목의 보험기간에 대한 기준이다. ( )에 들어갈 내용을 쓰시오. (5점) ▶ 6회 손해평가사

구분		가입대상 품목	보험기간	
계약	보장		보장개시	보장종료
보통약관	종합위험 수확감소 보장	포도	계약체결일 24시	수확기 종료시점 다만 (①)을 초과할 수 없음
		이듬해 맺은 참다래 과실	(②) 다만 (②)가 지난 경우에는 계약체결일 24시	해당 꽃눈이 성장하여 맺은 과실의 수확기 종료시점 다만 (③)을 초과할 수 없음
		대추	(④) 다만 (④)가 지난 경우에는 계약체결일 24시	수확기 종료시점 다만 (⑤)를 초과할 수 없음

> **모범답안**
>
> ① 이듬해 10월 10일
> ② 꽃눈분화기
> ③ 이듬해 11월 30일
> ④ 신초발아기
> ⑤ 판매개시년도 10월 31일

03 종합위험 자두 상품에서 수확감소보장의 자기부담비율 선택기준을 각 비율별로 서술하시오.

(15점) ▶ 6회 손해평가사

모범답안

① 10%형 : 최근 3년간 연속 보험가입 과수원으로 3년간 수령한 보험금이 순보험료의 100% 이하인 경우에 한하여 선택 가능
② 15%형 : 최근 2년간 연속 보험가입 과수원으로 2년간 수령한 보험금이 순보험료의 100% 이하인 경우에 한하여 선택 가능
③ 20%, 30%, 40% : 제한없음

기출문제

04 종합위험방식 대추 품목의 비가림시설에 관한 내용이다. 다음 조건에서 계약자가 가입할 수 있는 보험가입금액의 ① 최소값(2점)과 ② 최대값(2점), ③ 계약자가 부담할 수 있는 보험료의 최소값(1점)은 얼마인지 쓰시오.(단 화재위험보장 특약은 제외하고 ㎡당 시설비는 19,000원이며 보험가입금액은 만 원 미만은 절사한다)   (5점) ▶ 4회 손해평가사

> ○ 가입면적 : 2,500㎡
> ○ 지역별 보험요율(순보험요율) : 5%
> ○ 순보험료 정부 보조금 비율 : 50%
> ○ 순보험료 지방자치단체 보조금 비율 : 30%
> ○ 손해율에 따른 할인·할증과 방재시설 할인 없음

모범답안

① 비가림시설 보험가입금액=비가림시설 ㎡당 시설비×시설면적으로 산정된 금액의 80%~130% 범위 내에서 계약자가 결정한다.
= 19,000원×2,500=47,500,000원
최소값 = 47,500,000원×80%=38,000,000원
② 최대값=47,500,000원×130%=61,750,000원 끝
③ 계약자부담 보험료(최소값)
= 보험가입금액×보험료율×(1-보조금비율)
= 38,000,000원×0.05×[1-(0.5+0.3)]=380,000원

05 종합위험 비가림과수 손해보장방식 참다래 상품에서 다음 조건에 따라 2020년의 평년수확량을 구하시오.(단 주어진 조건 외의 다른 조건은 고려하지 않음) (5점) ▶ 5회 손해평가사

	2015년	2016년	2017년	2018년	2019년	합계	평균
평년수확량	8,000	8,100	8,100	8,300	8,400	40,900	8,180
표준수확량	8,200	8,200	8,200	8,200	8,200	41,000	8,200
조사수확량	7,000	4,000	무사고	무사고	8,500		
가입여부	가입	가입	가입	가입	가입		

※ 2020년 표준수확량은 8,200kg임

> **모범답안**
>
> ① 조사수확량 보정(보험에 가입하였으나 조사수확량이 없거나 같은 해 평년수확량에 비해 조사수확량이 현저히 낮은 경우)
> 2016년 조사수확량(4,000) ≤ 평년수확량의 50% → 4,050
> 2017년 조사수확량(없음) → max(8,100×1.1, 8,200×1.1) = 9,020
> 2018년 조사수확량(없음) → max(8,200×1.1, 8,300×1.1) = 9,130
>
> ② 평년수확량
>
> $= [A+(B-A) \times \frac{Y}{5}] \times \frac{C}{B} = [7,540+(8,200-7,540) \times (1-\frac{5}{5})] \times \frac{8,200}{8,200} = 7,540kg$
>
> A(과거평균수확량) $= \frac{7,000+4,050+9,020+9,130+8,500}{5} = 7,540kg$
>
> B(평균표준수확량) $= \frac{8,200 \times 5}{5} = 8,200kg$
>
> C(당해(가입)년도 표준수확량) = 8,200kg

기출문제

06 종합위험 비가림시설 피해조사에 관한 내용이다. 각 물음에 답하시오.(단, 단위를 사용할 경우는 반드시 기입하시오.) (15점) ▶ 2회 손해평가사

(1) 비가림시설 피해조사를 하는 품목 3가지를 모두 쓰시오. (3점)
(2) 종합위험 비가림시설 피해조사기준에 대하여 약술하시오. (3점)
(3) 종합위험 비가림시설 피해조사 평가단위에 대하여 약술하시오. (3점)
(4) 종합위험 비가림시설 피해조사방법에 대하여 피복재와 구조체로 나누어 각각 약술하시오. (6점)

모범답안

(1) 포도, 대추, 참다래
(2) 해당 목적물인 비가림시설의 구조체와 피복재의 재조달가격을 기준으로 수리비를 산출한다.
(3) 물리적으로 분리 가능한 시설 1동을 기준으로 목적물별로 평가한다.
(4) 피복재 : 피해면적을 조사한다.
구조체 : 손상된 골조를 재사용할 수 없는 경우 - 교체수량 확인 후 교체비용 산정
손상된 골조를 재사용할 수 있는 경우 - 보수면적 확인 후 보수비용 산정

07 ○○도 △△시 관내에서 매실과수원을(천매 10년생 200주)을 하는 A씨는 농작물재해보험 나무손해보장특약에 200주를 가입한 상태에서 보험기간 내 침수로 50주가 고사되는 피해를 입었다. A씨의 피해에 대한 나무손해보장특약 보험금을 그 산식과 함께 구하시오.(단, 보험가입금액은 20,000,000원으로 한다.) (5점) ▶ 3회 손해평가사

모범답안

보험금 = 보험가입금액 × (피해율 - 자기부담비율)

$= 20,000,000 \times (\frac{50}{200} - 0.05)$

= 4,000,000원(나무피해의 자기부담비율은 5%)

03 논작물

01 농작물재해보험 벼에 관한 내용이다. 다음 물음에 답하시오.(단 보통약관과 특별약관 보험가입금액은 동일하며 병해충 특약에 가입되어 있음).

(15점) ▶ 8회 손해평가사

(계약사항 등)
- 보험가입일 : 2022년 5월 22일
- 재배방식 : 친환경 직파 재배
- 보통약관 기본 영업요율 : 12%
- 손해율에 따른 할인율 : -13%
- 친환경재배시 할증율 : 8%
- 품목 : 벼
- 가입수확량 : 4,500kg
- 특별약관 기본 영업요율 : 5%
- 직파재배농지 할증율 : 10%

(조사내용)
- 민간RPC(양곡처리장) 지수 : 1.2
- 농협RPC 계약재배 수매가(원/kg)

	2016년	2017년	2018년	2019년	2020년	2021년
수매가	1,300	1,400	1,600	1,800	2,000	2,200

(1) 보험가입금액의 계산과정과 값을 쓰시오. (5점)

(2) 수확감소보장 보통약관(주계약) 적용보험료의 계산과정과 값을 쓰시오.(천원 단위 미만 절사) (5점)

(3) 병해충보장 특별약관 적용보험료의 계산과정과 값을 쓰시오.(천원 단위 미만 절사) (5점)

기출문제

> **모범답안**
>
> (1) 보험가입금액 = 가입수확량 × 가입(표준)가격
>   = 4,500 × 2,160 = 9,720,000원
>
>   * 표준가격 = 1,800원(직전 5개년 농협RPC 계약재배수매가 평균값) × 1.2 = 2,160원/kg
>
>   5년 평균값 = $\dfrac{1,400 + 1,600 + 1,800 + 2,000 + 2,200}{5}$ = 1,800원/kg
>
> (2) 보통약관 보험료
>   보험료 = 9,720,000 × 0.12 × (1−0.13) × (1+0.08) × (1+0.1) = 1,205,000원(천원 단위 미만 절사)
>
> (3) 특별약관 적용보험료
>   = 9,720,000 × 0.05 × (1−0.13) × (1+0.08) × (1+0.1) = 502,000원(천원 단위 미만 절사)

04 밭작물

01 다음은 인삼 품목의 해가림시설에 관한 내용이다. 각 물음에 답하시오(문제변형).

(15점) ▶ 5회 손해평가사

(1) 해가림시설 설치시기에 따른 감가상각방법에 대해 쓰시오. (7점)
(2) 해가림시설 설치재료에 따른 감가상각방법에 대해 쓰시오. (8점)

> **모범답안**
>
> (1) 계약자에게 설치시기를 고지받아 해당일자를 기초로 감가상각하되 최초 설치시기를 특정하기 어려운 때에는 인삼의 정식시기와 동일한 시기로 할 수 있다. 해가림 구조체를 재사용하여 설치를 하는 경우 해당 구조체의 최초 설치시기를 기초로 감가상각하며 최초 설치시기를 알 수 없는 경우에는 해당 구조체의 최초 구입시기를 기준으로 감가상각한다.
>
> (2) 동일한 재료(목재 또는 철재)로 설치하였으나 설치시기 경과년수가 각기 다른 구조체가 상존하는 경우 가장 넓게 분포하는 해가림시설 구조체의 설치시기를 동일하게 적용한다. 1개의 농지 내 감가상각률이 상이한 재료(목재+철재)로 해가림시설을 설치한 경우 재료별로 설치구획이 나누어 있는 경우에만 인수가 가능하며 각각의 면적만큼 구분하여 가입한다.

기출문제

02 다음과 같은 인삼의 해가림시설이 있다. 다음 물음에 답하시오.(단 주어진 조건 외 다른 조건은 고려하지 않음)

(15점) ▶ 8회 손해평가사

○ 가입시기 : 2021년 6월
○ 농지 내 재료별(목재, 철재)로 구획되어 해가림시설이 설치되어 있음

[해가림시설(목재)]
○ 시설년도 : 2015년 9월   ○ 면적 : 4,000m^2
○ 단위면적당 시설비 : 30,000원/m^2
※ 해가림시설 정상 사용중

[해가림시설(철재)]
○ 전체면적 : 6,000m^2
- 면적① : 4,500m^2(시설년도 : 2017년 3월)
- 면적② : 1,500m^2(시설년도 : 2019년 3월)
○ 단위면적당 시설비 : 50,000원/m^2
※ 해가림시설 정상 사용중이며, 면적① ②는 동일농지에 설치

(1) 해가림시설(목재)의 보험가입금액의 계산과정과 값을 쓰시오. (5점)
(2) 해가림시설(철재)의 보험가입금액의 계산과정과 값을 쓰시오. (10점)

모범답안

(1) 보험가입금액 = 재조달가액 × (1-감가상각율)
   = 120,000,000 × (1-0.1333×5) = 40,020,000원(천원 단위 미만 절사)
   감가상각율 = 경년감가율 × 경과년수
   경과년수 = 시설년도부터 가입년도 = 5년 9개월 = 5년

(2) 보험가입금액 = 재조달가액 × (1-감가상각율)
   = 300,000,000원 × (1-0.0444×4) = 246,720,000원(천원 단위 미만 절사)
   * 동일한 재료로 설치하였으나 경과년수가 각기 다른 해가림시설 구조체가 상존하는 경우 가장 넓게 분포하는 구조체의 설치시기를 동일하게 적용한다.
   경과년수 : 4년 3개월 = 4년

03 농작물재해보험 종합위험보장 양파 상품에 가입하려는 농지의 최근 5년간 수확량 정보이다. 다음 물음에 답하시오. (15점) ▶ 7회 손해평가사

구분	2016년	2017년	2018년	2019년	2020년	2021년
평년수확량	1,000	800	900	1,000	1,100	?
표준수확량	900	950	950	900	1,000	1,045
조사수확량	–	–	300	무사고	700	–
보험가입여부	미가입	미가입	가입	가입	가입	–

(1) 2021년 평년수확량 산출을 위한 과거평균수확량의 계산과정과 값을 쓰시오. (8점)
(2) 2021년 평년수확량의 계산과정과 값을 쓰시오. (7점)

모범답안

(1) 조사수확량 보정(미가입 해는 제외)

    2018년 조사수확량 300 ≤ 평년수확량의 50% → 450으로 수정

    2019년 조사수확량(없음) → max(1,100, 990) → 1,100으로 수정

    과거평균수확량 $= \dfrac{450 + 1,100 + 700}{3} = 750\text{kg}$

(2) 평년수확량

$= [A+(B-A) \times (1-\dfrac{Y}{5})] \times \dfrac{C}{B} = [750+(950-750) \times (1-\dfrac{3}{5})] \times \dfrac{1,045}{950}$

$= 913\text{kg}$

A(과거평균수확량) = 750kg

B(평균표준수확량) $= \dfrac{950 + 900 + 1,000}{3} = 950\text{kg}$

C(가입년도 표준수확량) = 1,045kg

기출문제

05 원예시설 및 시설작물(버섯재배사 및 버섯작물 포함)

01 농업정책보험금융원 등재「농업재해보험 손해평가의 이론과 실무」에서 정하는 원예시설 및 시설작물에 관한 내용이다. 아래 물음에 답하시오. (15점) ▶ 3회 손해평가사

(1) 「농업재해보험 손해평가의 이론과 실무」에서 정하는 원예시설의 자기부담금에 대해 서술하시오. (8점)

(2) 「농업재해보험 손해평가의 이론과 실무」에서 정하는 원예시설 시설작물의 소손해면책금에 대해 약술하시오. (7점)

모범답안

(1) ① 최소자기부담금(30만원)과 최대자기부담금(100만원)을 한도로 보험사고로 인하여 발생한 손해액의 10%에 해당하는 금액을 적용한다. 다만 피복재 단독사고는 최소자기부담금(10만원)과 최대자기부담금(30만원)을 한도로 한다.
② 농업용 시설물과 부대시설 모두를 보험의 목적으로 하는 보험계약은 두 보험의 목적의 손해액의 합계액을 기준으로 자기부담금을 산출하고 두 목적물의 손해액 비율로 자기부담금을 적용한다.
③ 자기부담금은 단지 단위, 1사고 단위로 적용한다.
④ 화재로 인한 사고는 자기부담금을 적용하지 않는다.

(2) 보상하는 재해로 1사고마다 1동 단위로 생산비보장보험금이 10만원 이하인 경우 보험금이 지급되지 않고 10만원을 초과하는 경우 손해액 전액을 보험가입금액 내에서 보상한다.

02 ○○도 △△시 관내 농업용 시설물에서 딸기를 재배하는 A씨, 시금치를 재배하는 B씨, 부추를 재배하는 C씨, 장미를 재배하는 D씨는 모두 농작물재해보험 원예시설 상품에 가입한 상태에서 자연재해로 시설물이 직접적인 피해를 받았다. 이때 A, B, C, D씨의 작물에 대한 생산비보장보험금 산출식을 각각 쓰시오.(단, D씨의 장미는 보상하는 재해로 나무가 죽은 경우에 해당함) (A씨 3점, A씨 외 각 4점 15점) ▶ 5회 손해평가사

모범답안

A씨의 생산비보장보험금
  = 피해작물 재배면적 × 단위면적당 보장생산비 × 경과비율 × 피해율

B씨의 생산비보장보험금
  = 피해작물 재배면적 × 단위면적당 보장생산비 × 경과비율 × 피해율

C씨의 생산비보장보험금
  = 부추 재배면적 × 단위면적당 보장생산비 × 피해율 × 70%

D씨의 생산비보장보험금
  = 장미 재배면적 × 단위면적당 나무고사 보장생산비 × 피해율

기출문제

06 농업수입보장

01 농업수입보장방식 콩에 관한 내용이다. 계약내용과 조사내용을 참조하여 다음 물음에 답하시오.(피해율은 %로 소수점 둘째자리 미만 절사. 예시 : 12.678%→12.67%).

(15점) ▶ 8회 손해평가사

(계약내용)
- 보험가입일 : 2021년 6월 20일
- 가입수확량 : 1,500kg
- 농가수취비율 : 80%
- 전체 재배면적 : 2,500㎡(백태 1,500㎡, 서리태 1,000㎡)
- 평년수확량 : 1,500kg
- 자기부담비율 : 20%

(조사내용)
- 조사일 : 2021년 10월 20일
- 전체 재배면적 : 2,500㎡(백태 1,500㎡, 서리태 1,000㎡)
- 수확량 : 1,000kg

(서울양곡도매시장 연도별 백태 평균가격(원/kg)

	2016년	2017년	2018년	2019년	2020년	2021년
상품	6,300	6,300	7,200	7,400	7,600	6,400
중품	6,100	6,000	6,800	7,000	7,100	6,200

(서울양곡도매시장 연도별 서리태 평균가격(원/kg)

	2016년	2017년	2018년	2019년	2020년	2021년
상품	7,800	8,400	7,800	7,500	8,600	8,400
중품	7,400	8,200	7,200	6,900	8,200	8,200

(1) 기준가격의 계산과정과 값을 쓰시오. (5점)
(2) 수확기가격의 계산과정과 값을 쓰시오. (5점)
(3) 농업수입감소보험금의 계산과정과 값을 쓰시오. (5점)

모범답안

(1) 기준가격

① 백태(2016~2020) = $\dfrac{\text{상품과 중품 평균가격}(3\text{년, 최고값과 최저값 제외})}{3} \times \text{농가수취비율}$

수취비율 = $\dfrac{6{,}200 + 7{,}000 + 7{,}200}{3} \times 80\% = 5{,}440$원/kg

서리태(2016~2020) = $\dfrac{7{,}600 + 8{,}300 + 7{,}500}{3} = 7{,}800 \times 80\% = 6{,}240$원/kg

② 하나의 농지에 2개 이상의 용도(품종)의 콩이 식재된 경우 기준가격과 수확기가격을 해당용도(품종)의 면적의 비율에 따라 가중평균하여 산출한다.

기준가격 = $5{,}440 \times \dfrac{1{,}500}{2{,}500} + 6{,}240 \times \dfrac{1{,}000}{2{,}500} = 5{,}760$원/kg

(2) 수확기가격 : 수확년도의 중품과 상품 평균가격에 농가수취비율을 곱하여 산출한다.

백태 = $6{,}300 \times 80\% = 5{,}040$원/kg

서리태 = $8{,}300 \times 8\% = 6{,}640$원/kg

수확기가격 = $5{,}040 \times \dfrac{1{,}500}{2{,}500} + 6{,}640 \times \dfrac{1{,}000}{2{,}500} = 5{,}680$원/kg

(3) 수입감소보험금 = 보험가입금액 × (피해율 − 자기부담비율)
  = $8{,}640{,}000 \times (0.3425 - 0.2) = 1{,}231{,}200$원

피해율 = $\dfrac{\text{기준수입} - \text{실제수입}}{\text{기준수입}} = \dfrac{8{,}640{,}000 - 5{,}680{,}000}{8{,}640{,}000} = 34.25\%$

기준수입 = 평년수확량 × 기준가격 = $1{,}500 \times 5{,}760 = 8{,}640{,}000$원

실제수입 = (수확량 + 미보상수확량) × min(기준가격, 수확기가격)
  = $(1{,}000 + 0) \times 5{,}680 = 5{,}680{,}000$원

기출문제

02 농업수입감소보장방식 포도 품목 캠벨얼리(노지)의 기준가격(원/kg)과 수확기가격(원/kg)을 그 산식과 함께 구하시오.(단 2017년에 수확하는 포도를 2016년 11월에 보험가입하였고 농가수취비율은 80.0%로 정함) (15점) ▶ 3회 손해평가사

년도	서울 가락도매시장 캠벨얼리(노지) 연도별 평균가격(원/kg)	
	중품	상품
2011	3,500	3,700
2012	3,000	3,600
2013	3,200	5,400
2014	2,500	3,200
2015	3,000	3,600
2016	2,900	3,700
2017	3,000	3,900

(1) 기준가격은?(부분점수 없음) (8점)
(2) 수확기가격은?(부분점수 없음) (7점)

모범답안

(1) 기준가격 = 연도별 중품과 상품 평균가격의 보험가입 직전 5년(가입년도 포함) 올림픽 평균값×농가수취비율 = $\frac{3,300+3,300+3,300}{3}$ ×80.0% = 2,640원/kg

  * 3300+4300+2850+3300+3300 중 최대값과 최소값을 제외하고 평균값 산출

(2) 수확기가격 = 수확년도 중품과 상품 평균가격×농가수취비율
  = 3,450원×80.0%
  = 2,760원/kg

03
농업수입감소보장 양파 상품의 내용 중 보험금 계산식에 관한 것이다. 다음 내용에서 괄호 안에 알맞은 ① 용어와 그 ② 정의(4점)를 쓰시오. (5점) ▶ 5회 손해평가사

○ 실제수입=[수확량+(①)]×min(농지별 기준가격, 농지별 수확기가격)

모범답안

① 미보상감수량
② 평년수확량에서 수확량을 뺀 값에 미보상비율을 곱하여 산출하며, 평년수확량보다 수확량이 감소하였으나 보상하는 재해로 인한 감소가 확인되지 않는 경우 감소한 수량을 모두 미보상감수량으로 한다.

제5장 농작물재해보험의 계약관리

보험자는 보험청약에 대하여 보험가입기준 등을 심사하여 보험인수 여부를 결정한다. 작물별 인수제한 사유는 출제 빈도가 높으므로 주요 작물을 중심으로 정리해 두어야 한다.

01 계약인수

가. 보험가입지역 : 생략(3장의 2. 참조)

나. 보험가입기준

1) 과수작물

    (가) 계약인수는 과수원 단위로 가입하고 개별 과수원당 최저보험가입금액은 200만원이다. 다만 하나의 리, 동에 있는 각각 보험가입금액 200만원 미만의 두 개의 과수원은 하나의 과수원으로 취급하여 계약이 가능하다.

    (나) 과수원이라 함은 한 덩어리의 토지 개념으로 필지(지번)와는 관계없이 실제 경작하는 단위이므로 한 덩어리의 과수원이 여러 필지로 나누어져 있더라도 하나의 농지로 취급한다.

    (다) 계약자 1인이 서로 다른 2개의 품목을 가입하고자 하는 경우에는 별개의 계약으로 가입 처리한다(대추 제외).

    (라) 사과 품목의 경우 알프스오토메, 루비에스 등 미니사과 품종을 심은 경우에는 별도의 과수원으로 가입 처리한다.

    (마) 대추 품목의 경우 사과대추 가입가능지역에서 재래종과 사과대추를 가입하고자 하는 경우에는 각각의 과수원으로 가입한다.

    (바) 과수원 전체를 벌목하여 새로운 유목을 심은 경우에는 신규 과수원으로 가입 처리한다.

    (사) 농협은 관할구역에 속하는 과수원에 한하여 인수할 수 있으며 계약자가 동일한 관할구역 내에 여러 개의 과수원을 경작하고 있는 경우에는 하나의 농협에 가입하는 것이 원칙이다

    (아) 비가림시설은 단지 단위로 가입(구조체+피복재)하고 최소가입면적은 $200m^2$이다.

2) 논작물

(가) 벼, 밀, 보리, 귀리의 경우, 계약인수는 농지 단위로 가입하고 개별 농지당 최저보험가입금액은 50만원이다. 다만 가입금액 50만원 미만의 농지라도 인접 농지의 면적과 합하여 50만원 이상이 되면 통합하여 하나의 농지로 가입할 수 있다.

(나) 벼의 경우 통합하는 농지는 2개까지만 가능하며 가입 후 농지를 분리할 수 없다.

(다) 밀, 보리, 귀리의 경우 같은 동(洞) 또는 리(理)안에 위치한 가입조건 미만의 두 농지는 하나의 농지로 취급하여 위의 요건을 충족할 경우 가입 가능하며 이 경우 두 농지를 하나의 농지로 본다.

(라) 조사료용 벼의 경우 농지 단위로 가입하고 개별 농지당 최소가입면적은 $1,000m^2$이다.

(마) 1인이 경작하는 다수의 농지가 있는 경우 그 농지의 전체를 하나의 증권으로 보험계약을 체결한다. 다만 읍·면·동을 달리하는 농지를 가입하는 경우와 기타 보험사업 관리기관이 필요하다고 인정하는 경우는 예외로 한다.

(바) 농지는 리(동) 단위로 가입한다. 동일 "리(동)"내에 있는 여러 농지를 묶어 하나의 경지번호를 부여한다. 가입하는 농지가 여러 "리(동)"에 있는 경우 각 리(동)마다 경지를 구성하고 보험계약은 여러 경지를 묶어 하나의 계약으로 가입한다.

3) 밭작물

(가) 계약인수는 농지 단위로 가입하고 개별 농지당 최저보험가입금액은 200만원이다. 다만 하나의 리, 동에 있는 각각 200만원 미만의 두 개의 농지는 하나의 농지로 취급하여 계약 가능하다.

(나) 콩(수입보장 포함), 팥, 옥수수, 대파, 쪽파·실파, 당근, 단호박, 시금치(노지), 고랭지 무, 고랭지 배추, 월동 무, 월동 배추, 가을배추, 양상추 등의 품목은 개별 농지당 최저보험가입금액이 100만원이다.

(다) 메밀의 경우 개별 농지당 최저보험가입금액이 50만원이다

(라) 고추의 경우 (가)의 조건에 더하여 10a당 재식주수가 1,500주 이상이고 4,000주 이하인 농지만 가입 가능하다.

(마) 사료용 옥수수의 경우, 농지 단위로 가입하고 개별 농지당 최저 가입면적은 $1,000m^2$이다.

(바) 농지라 함은 한 덩어리의 토지의 개념으로 필지(지번)와는 관계없이 실제 경작하는 단위이므로 한 덩어리 농지가 여러 필지로 나누어져 있더라도 하나의 농지로 취급한다. 계약자 1인이 서로 다른 2개 이상 품목을 가입하고자 할 경우에는 별개의 계약으로 각각 가입·처리한다. 농협은 관할구역에 속한 농지에 한하여 인수할 수 있다.

4) 차(茶) 품목

계약인수는 농지 단위로 가입하고 개별 농지당 최저보험가입면적은 $1,000m^2$이다. 단 하나의 리, 동에 있는 각각 $1,000m^2$ 미만의 두 개의 농지는 하나의 농지로 취급하여 계약 가능하다. 보험가입대상은 7년생 이상의 차나무에서 익년에 수확하는 햇차이다. 농지의 구성방법은 타작물과 동일하다.

5) 인삼 품목

계약인수는 농지 단위로 가입하고 개별 농지당 최저보험가입금액은 200만원이다. 단 하나의 리, 동에 있는 각각 보험가입금액 200만원 미만의 두 개의 과수원은 하나의 과수원으로 취급하여 계약 가능하다. 농지의 구성방법은 타작물과 동일하다.

6) 원예시설 및 시설작물

(가) 시설 1단지 단위로 가입(단지 내 인수 제한 목적물은 제외)한다. 단지 내 해당되는 시설작물은 전체를 가입해야 하며 일부 하우스만을 선택적으로 가입할 수 없다.

(나) 연동하우스 및 유리온실 1동이란 기둥, 중방, 방풍벽, 서까래 등 구조적으로 연속된 일체의 시설을 말한다. 한 단지 내에 단동·연동·유리온실 등이 혼재되어있는 경우 각각 개별단지로 판단한다.

(다) 최소가입면적

구분	단동하우스	연동하우스	유리(경질판)온실
최소가입면적	$300m^2$	$300m^2$	제한없음

※ 단지 면적이 가입기준 미만인 경우 인접한 경지의 단지 면적과 합하여 가입기준 이상이 되는 경우 1단지로 판단할 수 있음

(라) 농업용 시설물을 가입해야 부대시설 및 시설작물 가입이 가능하다. 다만 유리온실(경량철골조)의 경우 부대시설 및 시설작물만 가입이 가능하다.

7) 버섯재배사 및 버섯작물

(가) 시설 1단지 단위로 가입(단지 내 인수 제한 목적물은 제외)한다. 단지 내 해당되는 버섯은 전체를 가입해야 하며 일부 하우스만을 선택적으로 가입할 수 없다.

(나) 연동하우스 및 유리온실 1동이란 기둥, 중방, 방풍벽, 서까래 등 구조적으로 연속된 일체의 시설을 말한다. 한 단지 내에 단동·연동·경량철골조(버섯재배사) 등이 혼재되어있는 경우 각각 개별단지로 판단한다.

(다) 최소가입면적

구분	버섯단동하우스	버섯연동하우스	경량철골조 (버섯재배사)
최소가입면적	300㎡	300㎡	제한없음

※ 단지 면적이 가입기준 미만인 경우 인접한 경지의 단지 면적과 합하여 가입기준 이상이 되는 경우 1단지로 판단할 수 있음

(라) 버섯재배사를 가입해야 부대시설 및 버섯작물 가입이 가능하다.

02 인수심사

가. 과수작물 인수제한 목적물

1) 공통사항

① 보험**가**입금액이 200만원 미만인 과수원
② 품목이 **혼**식된 과수원. 다만 주력품목의 결과주수가 90% 이상인 과수원은 주품목에 한하여 가입이 가능
③ 통상적인 **영**농활동(병충해 방제, 시비관리 등)을 하지 않은 과수원
④ **전**정, 비배관리, 품종갱신 등의 잘못으로 수확량이 현저히 감소할 것이 예상되는 과수원
⑤ **시**험연구를 위해 재배되는 과수원
⑥ **판**매를 목적으로 경작하지 않는 과수원
⑦ 하나의 과수원에 식재된 나무 중 **일**부만 가입하는 과수원
⑧ **하**천부지 및 상습침수지역에 소재한 과수원
⑨ **가**식(假植)되어 있는 과수원
⑩ **기**타 인수가 부적절한 과수원

※ 암기팁 : 혼가시판영농+하일기전도+200으로 암기한다(후렴구 활용)

2) 과수 4종

수령(樹齡)과 관련한 인수제한은 8년(호두), 7년(茶), 6년(자두), 5년(밤·감·매실·살구), 4년(대추·감귤·무화과), 3년(사과(밀식)·배·포도·복숭아·오디·참다래) 미만이다. 인수제한사유는 주요 작물을 중심으로 기술한다.

(가) 가입하는 해의 나무 수령이 다음 기준 미만인 경우
사과 3년(밀식)·4년(반밀식)·5년(일반), 배 3년, 단감·떫은감 5년

※ 수령은 나무의 나이로 묘목이 가입과수원에 식재된 해를 1년으로 한다.

(나) 노지재배가 아닌 시설에서 재배하는 과수원
(다) 가로수 형태의 과수원
(라) 보험가입 이전에 자연재해 피해 및 접붙임 등으로 당해연도의 정상적인 결실에 영향이 있는 과수원
(마) 가입사무소 또는 계약자를 달리하여 중복가입하는 과수원
(바) 도서지역은 연륙교가 설치되어 있지 않고 정기선이 운항하지 않는 등 신속한 손해평가가 불가능한 지역에 소재한 과수원
(사) 도시계획 등에 편입되어 수확 종료전에 소유권 변동 또는 형질변경 등이 예정되어 있는 과수원
(아) 군사시설보호구역 중 통제보호구역 내의 농지. 단 통상적인 영농활동 및 손해평가가 가능하다고 판단된 경우 인수 가능

※ 도서지역과 통제보호구역은 영농활동 또는 손해평가의 어려움 때문에 인수가 제한되므로 동 사유가 해결 가능한 경우 인수 가능

3) 포도(비가림시설 포함)

(가) 가입하는 해의 나무 수령이 3년 미만인 과수원
(나) 보험가입 직전년도에 역병, 궤양병 등의 병해가 발생하여 보험가입시 전체 나무의 20% 이상이 고사하였거나 정상적인 결실을 하지 못할 것으로 판단되는 과수원. 다만 고사나무가 전체의 20% 미만이더라도 고사된 나무를 제거하지 않거나 방재조치를 하지 않은 경우에는 인수제한.
(다) 친환경재배 과수원으로 일반재배와 결실 차이가 현저히 있다고 판단되는 과수원

※ 친환경재배 과수원 인수제한 : 포도, 복숭아, 살구 등

(라) 비가림 폭 2.4m±15%, 동고 3m±5% 범위를 벗어나는 비가림시설(과수원의 형태 및 품종에 따라 조정)

4) 감귤

(가) 가입연도 나무 수령이 4년(만감류 고접은 2년) 미만인 과수원
(나) 노지 만감류를 재배하는 과수원
(다) 온주밀감과 만감류가 혼식된 과수원

(라) 주요 품종을 제외한 실험용 기타품종을 경작하는 과수원

(마) 보험가입 이전에 자연재해 피해 및 접붙임 등으로 당해년도 정상적인 결실에 영향이 있는 과수원

5) 오미자

(가) 삭벌(削伐) 3년차 이상 과수원 또는 삭벌하지 않은 과수원 중 식묘 4년차 이상인 과수원

(나) 가지가 과도하게 번무하여 수관 폭이 두꺼워져 광부족 현상이 일어날 것으로 예상되는 과수원

(다) 유인틀의 상태가 적절치 못하여 수확량이 현저하게 낮을 것으로 예상되는 과수원(유인틀의 붕괴, 매우 낮은 높이의 유인틀)

(라) 주간거리가 50cm 이상으로 과도하게 넓은 과수원

6) 복분자

(가) 수령이 1년 이하 또는 11년 이상인 포기로만 구성된 과수원

(나) 계약인수시까지 구결과모지의 전정활동을 하지 않은 과수원

(다) 적정한 비배관리를 하지 않은 조방재배 과수원

※ 조방재배 인수제한 : 오디, 복분자

(라) 노지재배가 아닌 시설에서 복분자를 재배하는 과수원

7) 무화과

(가) 가입하는 해의 나무 수령이 4년 미만인 과수원. 다만 나무보장특약은 4-9년 이내의 무화과 나무만가입 가능

(나) 관수시설이 미설치된 과수원

※ 관수시설 미설치 인수제한 : 무화과, 양배추 등

8) 참다래(비가림시설 포함)

(가) 가입하는 해의 나무 수령이 3년 미만인 경우

(나) 수령이 혼식된 과수원. 다만 수령의 구분이 가능하며 동일 수령군이 90% 이상인 경우에 한하여 가입 가능

(다) 가입면적이 $200m^3$ 미만인 비가림시설

(라) 참다래 재배를 목적으로 사용되지 않는 비가림시설

(마) 목재 또는 죽재로 시공된 비가림시설
(바) 목적물의 소유권에 대한 확인이 불가능한 비가림시설
(사) 건축 또는 공사 중인 비가림시설
(아) 구조체, 피복재 등 목적물이 변형되거나 훼손된 비가림시설
(자) 1년 이내에 철거 예정인 고정식 비가림시설
(차) 정부에서 보험료 일부를 지원하는 다른 계약에 이미 가입되어 있는 비가림시설

9) 대추(비가림시설 포함)
(가) 가입하는 해의 나무 수령이 4년 미만인 경우
(나) 사과대추(왕대추)류를 재배하는 과수원. 다만 부여(황실), 청양(천황), 영광(대농) 등의 지역은 가능
(다) 재래종 대추와 사과대추류가 혼식된 과수원
(라) 건축 또는 공사 중인 비가림시설
(마) 목재 또는 죽재로 시공된 비가림시설
(바) 피복재가 없거나 대추를 재배하고 있지 않은 시설
(사) 작업동, 창고동 등 대추 재배용으로 사용되지 않는 시설
(아) 목적물에 대한 소유권 확인이 불가능한 시설
(자) 비가림시설 전체가 피복재로 덮힌 시설(일반적인 비닐하우스와 차이가 없는 경우 원예시설로 가입)

나. 논작물 인수제한 목적물

1) 공통사항

① 보험가입금액이 50만원 미만인 농지(조사료용 벼는 제외)
② 하천부지에 소재한 농지
③ 최근 3년 연속 침수피해를 입은 농지. 다만 기상특보에 해당하는 재해로 인한 피해는 제외
④ 오염 및 훼손 등의 피해를 입어 복구가 완전히 이루어지지 않은 농지
⑤ 보험가입 전 농작물의 피해가 확인된 농지
⑥ 통상적인 재배 및 영농활동을 하지 않는다고 판단되는 농지
⑦ 보험목적물을 판매를 목적으로 경작하지 않는 농지(채종농지 등)
⑧ 농업용지가 다른 용도로 전용되어 수용예정농지로 결정된 농지
⑨ 전환지(개간·복토 등을 통해 논으로 변경한 농지), 휴경지 등 농지로 변경하여 경작한 지 3년 이내인 농지
⑩ 최근 5년 이내에 간척된 농지
⑪ 기타 인수가 부적절한 농지

※ 암기팁 : 특수한 농지(수용예정농지, 전환지, 간척지)를 중심으로 암기한다.

2) 벼

(가) 밭벼를 재배하는 농지
(나) 군사시설보호구역 중 통제보호구역 내의 농지. 다만 통상적인 영농활동 및 손해평가가 가능한 경우는 인수 가능

3) 밀

(가) 파종을 11월 20일 이후에 실시하는 농지
(나) 춘파재배방식에 의한 봄파종을 실시한 농지
(다) 출현율 80% 미만인 농지

※ 출현율 인수제한 : 밀·보리 80%, 팥 85%, 감자·콩 90% 미만

4) 보리

(가) 파종을 10월 1일 이전과 11월 20일 이후에 실시한 농지
(나) 춘파재배방식에 의한 봄파종을 실시한 농지
(다) 출현율 80% 미만인 농지

다. 밭작물 인수제한 목적물(수확감소보장, 수입감소보장)

1) 공통사항

> ① 보험가입금액이 200만원 미만인 농지(사료용 옥수수는 제외)
>   ※ 옥수수, 콩, 팥은 100만원 미만인 농지
> ② 통상적인 재배 및 영농활동을 하지 않은 농지
> ③ 다른 작물과 혼식되어 있는 농지
> ④ 시설재배 농지
> ⑤ 하천부지 및 상습침수지역에 소재한 농지
> ⑥ 판매를 목적으로 경작하지 않는 농지
> ⑦ 도서지역의 경우 연륙교가 설치되어있지 않고 정기선이 운항하지 않는 등 신속한 손해평가가 불가능한 지역에 소재한 농지
> ⑧ 군사시설보호구역 중 통제보호구역 내의 농지 다만 통상적인 영농활동 및 손해평가가 가능하다고 판단되는 농지는 인수가능
> ⑨ 기타 인수가 부적절한 농지

2) 마늘

> 재식밀도 제한(10a 기준) : 마늘(30,000주 미만), 양파(23,000주 미만 + 40,000주 초과), 대파(15,000주 미만), 감자, 고구마(4,000주 미만. 단 감자(고랭지)는 3,500주 미만), 고추(1,500주 미만 + 4,000주 초과), 양배추(평당 8구 미만), 콩(㎥당 10개체 미만) 등은 인수제한

(가) 난지형은 남도·대서종, 한지형은 의성, 홍산 품종이 아닌 경우

(나) 난지형은 8월 31일, 한지형은 10월 10일 이전에 파종한 농지

(다) 마늘 파종 후 익년 4월 15일 이전에 수확하는 농지

(라) 재식밀도가 30,000주/10a 미만인 농지

(마) 무멀칭농지

  ※ 무멀칭농지 인수제한 : 마늘, 양파, 고구마, 고추 등

3) 양파

(가) 극조생종, 조생종, 중만생종을 혼식한 농지

(나) 재식밀도가 10a당 23,000주 미만이거나 40,000주 초과인 농지

(다) 9월 30일 이전에 정식한 농지

(라) 양파 식물체가 똑바로 정식되지 않은 농지(70° 이하)

(마) 무멀칭농지

4) 감자(봄재배 · 가을재배 · 고랭지재배)

(가) 씨감자 수확을 목적으로 재배하는 농지(봄, 가을재배)

(나) 파종을 3월 1일 이전에 실시한 농지(봄재배)

(다) 파종을 4월 10일 이전에 실시한 농지(고랭지재배)

(라) 재식밀도가 10a당 4,000주 미만인 농지(봄·가을재배)

(마) 재식밀도가 10a당 3,500주 미만인 농지(고랭지재배)

(바) 출현율이 90% 미만인 농지

(사) 전작으로 유채를 재배한 농지(봄·가을재배)

5) 고구마

(가) 수 품종을 재배하는 농지

(나) 채소, 나물용 목적으로 재배하는 농지

(다) 재식밀도가 10a당 4,000주 미만인 농지

(라) 무멀칭농지

6) 양배추

(가) 관수시설 미설치 농지

(나) 9월 30일 이후에 정식한 농지

(다) 재식밀도가 평당 8구 미만인 농지

(라) 소구형 양배추를 재배하는 농지

(마) 목초지, 목야지 등 지목이 목인 농지

※ 지목이 목인 농지 인수제한 : 양배추, 브로콜리, 당근, 메밀 등

7) 옥수수

(가) 보험가입금액이 100만원 미만인 농지

(나) 미백2호, 미흑찰 등 지정된 품종이 아닌 품종을 파종(정식)한 농지

(다) 1주 1개로 수확하지 않는 농지

(라) 통상적인 재식간격을 벗어나는 농지

※ 1주 재배 : 10a당 3,500주 미만 5,000주 초과인 농지(단 전남, 전북, 광주, 제주는 3,000주 미만 5,000주 초과인 농지)
  2주 재배 : 10a당 4,000주 미만 6,000주 초과인 농지

(마) 3월 1일부터 6월 12일까지의 기간 내 파종되지 않은 농지

(바) 출현율이 90% 미만인 농지

8) 콩

(가) 보험가입금액이 100만원 미만인 농지

(나) 장류 및 두부용, 나물용, 밥밑용 콩 이외의 콩이 식재된 농지

(다) 출현율 90% 미만인 농지

(라) 적정 출현개체수 미만인 농지(10개체/m^2)(제주지역 재배방식이 산파인 경우 15개체/m^2)

(마) 논두렁에 재배하는 경우

9) 차(茶)

(가) 보험가입면적이 1,000m^2 미만인 농지

(나) 가입하는 해의 나무 수령이 7년 미만인 농지

(다) 깊은 전지로 차나무의 높이가 30cm 미만인 경우 가입면적에서 제외

(라) 말차(가루차) 재배를 목적으로 하는 농지

(마) 시설에서 촉성재배하는 농지

(바) 보험계약시 피해가 확인된 농지

(사) 하천부지, 상습침수지역에 소재한 농지

라. 밭작물 인수제한 목적물(인삼, 해가림시설)

1) 인삼

(가) 보험가입금액 200만원 미만인 농지

(나) 2년근 미만 또는 6년근 이상 인삼. 다만 직전년도 인삼1형 상품에 5년근으로 가입한 농지에 한하여 6년근 가입 가능

(다) 산양삼, 묘삼, 수경재배 인삼

(라) 식재년도 기준 과거 10년(논은 6년) 이내 인삼을 재배한 농지

(마) 두둑 높이가 15cm 미만인 농지

2) 해가림시설

(가) 농림축산식품부가 고시하는 내재해형 인삼재배시설 규격에 맞지 않는 시설

(나) 목적물의 소유권에 대한 확인이 불가능한 시설

(다) 보험가입 당시 공사 중인 시설

(라) 정부에서 보험료의 일부를 지원하는 다른 보험계약에 이미 가입되어 있는 시설

마. 밭작물 인수제한 목적물(생산비보장방식)

1) 공통사항

① 보험계약시 피해가 확인된 농지
② 여러 품목이 혼식된 농지
③ 하천부지 및 상습침수지역에 소재한 농지
④ 통상적인 재배 및 영농활동을 하지 않은 농지
⑤ 시설재배 농지
⑥ 판매를 목적으로 경작하지 않는 농지
⑦ 도서지역의 경우 연륙교가 설치되어있지 않고 정기선이 운항하지 않는 등 신속한 손해평가가 불가능한 지역에 소재한 농지
⑧ 군사시설보호구역 중 통제보호구역 내의 농지. 다만 통상적인 영농활동 및 손해평가가 가능하다고 판단되는 농지는 인수 가능
⑨ 기타 인수가 부적절한 농지

2) 고추

(가) 보험가입금액이 200만원 미만인 농지

(나) 재식밀도가 10a당 1,500주 미만이거나 4,000주 초과 농지

(다) 노지재배, 터널재배 이외의 재배작형으로 재배하는 농지

(라) 직파한 농지

(마) 4월 1일 이전과 5월 31일 이후에 식재한 농지

(바) 동일 농지 내 재배방법 또는 재식일자가 동일하지 않은 농지. 다만 보장생산비가 낮은 재배방법으로 가입하거나 농지 전체의 정식이 완료된 날짜로 가입하는 경우 인수 가능

(사) 고추 정식 6개월 이내에 인삼을 재배한 농지

(아) 풋고추 형태로 판매하기 위해 재배하는 농지

3) 브로콜리
   (가) 보험가입금액이 200만원 미만인 농지
   (나) 정식을 하지 않았거나 정식을 10월 1일 이후에 실시한 농지
   (다) 목초지, 목야지 등 지목이 목인 농지

4) 대파, 쪽파, 실파
   (가) 보험가입금액이 100만원 미만인 농지
   (나) 5월 20일을 초과하여 정식한 농지(대파)
   (다) 재식밀도가 10a당 15,000주 미만인 농지(대파)
   (라) 종구용으로 재배하는 농지(쪽파, 실파)

바. 원예시설(작물) 인수제한 목적물

1) 농업용 시설물·버섯재배사 및 부대시설
   (가) 판매를 목적으로 하는 작물을 경작하지 않는 시설
   (나) 작업동, 창고동 등 작물 경작용으로 사용되지 않는 시설
      ※ 농업용 시설물 한 동 면적의 80% 이상을 작물 재배용으로 사용하는 경우 가입 가능
   (다) 피복재가 없거나 작물을 재배하고 있지 않은 시설. 다만 지역적 기후 특성에 따른 한시적 휴경은 제외
   (라) 목재, 죽재로 시공된 시설
   (마) 비가림시설
   (바) 구조체, 피복재 등 목적물이 변형되거나 훼손된 시설
   (사) 1년 이내에 철거 예정인 고정식 시설
   (아) 건축 또는 공사 중인 시설
   (자) 하천부지 및 상습침수지역에 소재한 시설
   (차) 연륙교가 설치되어 있지 않고 정기선이 운항하지 않는 등 신속한 손해평가가 불가능한 도서지역 시설
   (카) 정부에서 보험료의 일부를 지원하는 다른 계약에 이미 가입되어 있는 시설

2) 시설작물
   (가) 작물의 재배면적이 시설면적의 50% 미만인 경우. 다만 백합, 카네이션은 50% 미만이라도 동일 작기별 $200m^2$ 이상 재배시 가능

(나) 분화류(화훼)를 재배하는 경우

(다) 한 시설에서 화훼류와 비화훼류를 혼식하는 경우

(라) 통상적인 재배시기, 재배품목, 재배방식이 아닌 경우

(마) 시설작물별 10a당 인수제한 재식밀도 미만인 경우

〈품목별 인수제한 재식밀도〉

품목		인수제한 재식밀도
딸기		5,000주/10a 미만
오이		1,500주/10a 미만
토마토		1,500주/10a 미만
참외		600주/10a 미만
호박		600주/10a 미만
풋고추		1,000주/10a 미만
국화		30,000주/10a 미만
장미		1,500주/10a 미만
수박		400주/10a 미만
멜론		400주/10a 미만
파프리카		1,500주/10a 미만
상추		40,000주/10a 미만
시금치		100,000주/10a 미만
부추		62,500주/10a 미만
배추		3,000주/10a 미만
가지		1,500주/10a 미만
파	대파	15,000주/10a 미만
	쪽파	18,000주/10a 미만
무		3,000주/10a 미만
백합		15,000주/10a 미만
카네이션		15,000주/10a 미만

(바) 품목별 표준생장일수와 현저히 차이나는 생장일수를 가지는 품종

〈품목별 인수제한 품종〉

품목	인수제한 품종
배추(시설재배)	얼갈이 배추, 쌈배추, 양배추
딸기(시설재배)	산딸기
수박(시설재배)	애플수박, 미니수박, 복수박
고추(시설재배)	홍고추
오이(시설재배)	노각
상추(시설재배)	양상추, 프릴라이스, 버터헤드(볼라레), 오버레드, 이자벨, 멀티레드, 카이피라, 아지르카, 이자트릭스, 크리스피아노

3) 버섯작물

(가) 원목 5년차 이상의 표고버섯

(나) 원목재배, 톱밥배지재배 이외의 방법으로 재배하는 표고버섯

(다) 균상재배, 병재배 이외의 방법으로 재배하는 느타리버섯

(라) 병재배 이외의 방법으로 재배하는 새송이버섯

(마) 균상재배 이외의 방법으로 재배하는 양송이버섯

(바) 통상적인 재배 및 영농활동을 하지 않는다고 판단되는 하우스

(사) 판매를 목적으로 재배하지 않는 버섯

(아) 기타 인수가 부적절한 버섯

memo

기출문제

01 다음은 보험가입 거절사례이다. 농업재해보험 가입이 거절된 사유를 인수심사 인수제한 목적물을 기준으로 모두 서술하시오. (15점) ▶ 1회 손해평가사

> 2015년 A씨는 경북 ○○시로 귀농하였다. A씨의 농지는 하천에 소재하는 면적 990m^2의 과수원으로 2021년 3월 현재 보험가입금액은 2,000만원으로 파악되었다. 2019년 반밀식 재배방식으로 사과 1년생 묘목 300주를 가식한 후 2021년 3월 농작물재해보험 적과전 종합위험방식에 가입하려 한다.

모범답안

① 하천소재
② 반밀식 재배 4년 미만
③ 가식된 과수원

02 다음의 조건으로 농업용 시설물 및 시설작물(오이)을 종합위험방식 원예시설 보험에 가입하려고 한다. 보험가입 가능 여부를 판단하고 그 이유를 쓰시오. (5점) ▶ 2회 손해평가사

> ○ 단지면적 : 900m^2
> ○ 시설작물 오이의 재배면적은 시설면적의 50%
> ○ 시설작물 오이의 재식밀도 : 1,500주/10a

모범답안

보험가입 가능
① 농업용 시설물 및 시설작물은 단지 면적이 300m^2 이상 가입 가능.
② 시설작물(오이)의 재배면적이 시설면적의 50% 미만이거나, 재식밀도가 1,500주/10a 미만인 경우 인수가 제한되나 해당하지 않음.

03 다음은 종합위험 수확감소보장방식 양파 품목에 관한 내용이다. 각 물음에 답하시오.

(15점) ▶ 2회 손해평가사

(1) 종합위험 수확감소보장방식 양파 품목의 경작불능보험금 지급사유를 약술하시오. (2점)
(2) 종합위험 수확감소보장방식 양파 품목의 경작불능보험금 지급효과를 약술하시오. (3점)
(3) 종합위험 수확감소보장방식 양파 품목의 인수제한 농지(10개)를 쓰시오.(단 10개를 초과하여 답안 기재시 문제 배점을 한도로 틀린 개수마다 1점씩 차감함) (10점)

모범답안

(1) 보상하는 재해로 식물체 피해율이 65% 이상이고 계약자가 경작불능보험금을 신청한 경우

(2) 경작불능보험금을 지급한 때에는 그 손해보상의 원인이 생긴 때로부터 해당 농지에 대한 보험계약은 소멸한다.

(3)
① 보험가입금액이 200만원 미만인 농지
② 통상적인 재배 및 영농활동을 하지 않은 농지
③ 다른 작물과 혼식되어 있는 농지
④ 시설재배 농지
⑤ 하천부지 및 상습침수지역에 소재한 농지
⑥ 판매를 목적으로 경작하지 않는 농지
⑦ 도서지역의 경우 연륙교가 설치되어 있지 않고 정기선이 운항하지 않는 등 신속한 손해평가가 불가능한 지역에 소재한 농지
⑧ 군사시설보호구역 중 통제보호구역 내의 농지(단 통상적인 영농활동 및 손해평가가 가능하다고 판단되는 농지는 인수 가능)
⑨ 기타 인수가 부적절한 농지
⑩ 극조생종, 조생종, 중만생종을 혼식한 농지
⑪ 재식밀도가 10a당 23,000주 미만, 40,000주 초과인 농지
⑫ 9월 30일 이전에 정식한 농지
⑬ 식물체가 똑바로 정식되지 않은 농지(70° 이하)
⑭ 부적절한 품종을 재배하는 농지
⑮ 무멀칭 농지

기출문제

04 종합위험보장 원예시설 보험의 계약인수와 관련하여 맞는 내용은 "○"로, 틀린 내용은 "×"로 표기하여 순서대로 나열하시오. (5점) ▶ 4회 손해평가사

> ① 단동하우스와 연동하우스는 최소가입면적이 200m^2로 같고 유리온실은 제한이 없다.
> ② 6개월 후 철거 예정인 고정식 시설은 인수제한 목적물에 해당하지 않는다.
> ③ 작물의 재배면적이 시설면적의 50% 미만인 경우 인수제한된다.
> ④ 고정식 하우스는 존치기간이 1년 미만인 하우스로 시설작물 경작 후 하우스를 철거하여 노지작물을 재배하는 농지의 하우스를 말한다.
> ⑤ 목재, 죽재로 시공된 시설은 인수제한 목적물에 해당하지 아니한다.

모범답안

① × ② × ③ ○ ④ × ⑤ ×
① 300m^2
② 1년 이내 철거 예정인 고정식 시설은 인수제한 목적물에 해당한다.
④ 이동식 하우스
⑤ 목재, 죽재로 시공된 하우스는 인수제한 목적물에 해당한다.

05 종합위험방식 고추 품목의 각 물음에 답하시오.

(15점) ▶ 4회 손해평가사

(1) 다음 독립된 A, B, C 농지 각각의 보험가입 가능 여부와 그 이유를 쓰시오(단 각각 제시된 조건 외에는 고려하지 않음) (9점)

> ○ A농지 : 가입금액이 100만원으로 농지 10a당 재식주수가 4,000주로 고추 정식 1년전 인삼을 재배
> ○ B농지 : 가입금액이 200만원, 농지 10a당 재식주수가 2,000주로 4월 2일 고추를 터널재배 형식만으로 식재
> ○ C농지 : 연륙교가 설치된 도서지역에 위치하여 10a당 재식주수가 5,000주로 전 농지가 비닐멀칭이 된 노지재배

(2) 병충해가 있는 경우 생산비보장보험금 계산식을 쓰시오. (3점)

(3) 수확기 이전에 보험사고가 발생한 경우 경과비율 계산식을 쓰시오. (3점)

모범답안

(1) A농지 가입 불가(200만원 미만), B농지 가입 가능, C농지 : 가입 불가(4,000주/10a 초과)

(2) 보험금 = 잔존보험가입금액 × 경과비율 × 피해율 × 병충해 등급별 인정비율 - 자기부담금

(3) 경과비율 = 준비기생산비계수(a) + (1 - 준비기생산비계수(a)) × $\dfrac{생장일수}{표준생장일수}$

기출문제

06 종합위험 밭작물(생산비보장) 고추 품목의 인수제한 목적물에 대한 내용이다. 다음 각 농지별 보험가입 가능 여부를 "가능" 또는 "불가능"으로 쓰고 그 사유를 쓰시오.

(15점) ▶ 9회 손해평가사

○ A농지 : 고추 정식 5개월전 인삼을 재배한 농지로 가입금액 300만원으로 가입신청 (①)
○ B농지 : 직파하고 재식밀도가 1,000㎡당 1,500주로 가입 신청 (②)
○ C농지 : 해당년도 5월 1일 터널재배로 정식하여 풋고추형태로 판매하기 위해 재배하는 농지로 가입 신청 (③)
○ D농지 : 군사시설보호구역 중 군사시설의 최외곽 경계선으로부터 200m내의 농지이나 통상적인 영농활동이나 손해평가가 가능한 보험가입금액이 200만원인 시설재배 농지로 가입 신청 (④)
○ E농지 : ㎡당 2주의 재식밀도로 4월 30일 노지재배로 식재하고 가입 신청 (⑤)

모범답안

① 불가능, 고추 정식 6개월 이내에 인삼을 재배한 농지는 인수제한
② 불가능, 직파한 농지는 인수제한
③ 불가능, 풋고추 형태로 판매하기 위해 재배하는 농지는 인수제한
④ 불가능, 노지재배, 터널재배 이외의 재배작형으로 재배하는 농지는 인수제한
⑤ 가능

제6장 가축재해보험제도

01 사업시행 내용

가축재해보험은 보상하는 재해로 인한 가축 및 축산시설물(축사)의 피해를 보상한다. 축종별로 보상하는 재해의 범위와 보장수준을 정하고 있다. 보험상품내용 및 손해평가는 비교적 단순하며 최근 몇년간 빠짐없이 출제되고 있다.

가. 사업목적

가축재해보험은 자연재해와 화재, 질병 등 재해로 인한 가축 및 가축사육시설의 피해에 따른 손해를 보상하여 농가의 경영 안정, 생산성 향상을 도모하고 안정적인 재생산 활동을 지원함에 있다.

나. 사업운영

구 분	대상
사업총괄	농림축산식품부(재해보험정책과)
사업관리	농업정책보험금융원
사업운영	농업정책보험금융원과 사업운영 약정을 체결한 자 (NH손보, KB손보, DB손보, 한화손보, 현대해상)
보험업 감독기관	금융위원회
분쟁해결	금융감독원
심의기구	농업재해보험심의회

다. 사업대상자

가축재해보험의 사업대상자는 농어업재해보험법 제5조에 따라 농림축산식품부장관이 고시하는 가축을 사육하는 개인 또는 법인이다. 2022년 현재 가축재해보험의 목적물로 고시된 가축은 16개 축종(畜種)이다.

라. 보험의 목적물

1) 가축(16종) : 소, 돼지, 말, 가금(닭·오리·꿩·메추리·타조·거위·관상조·칠면조), 기타가축(사슴·양·꿀벌·토끼·오소리)
2) 축산시설물 : 축사, 부속물, 부착물, 부속설비. 다만 태양광 및 태양열 발전시설은 제외한다.

마. 보험가입단위

가축재해보험은 사육하는 가축 및 축사 전부를 보험에 가입하는 것을 원칙으로 한다. 다만 종모우와 말은 개별가입이 가능하며 소의 경우 1년이내 출하 예정인 경우 ① 축종·성별을 구분하지 않고 보험가입시에는 소 이력제 현황의 70% 이상, ② 축종·성별을 구분하여 보험가입시에는 소 이력제 현황의 80% 이상 일부 가입이 가능하다.

⟨축종별 가입대상·형태 및 지원비율⟩

구 분	소		돼지	말	가 금	기타가축	축 사
	한우·육우·젖소	종모우					
가입대상	• 한우·육우·젖소 - 생후 15일령이상 3세미만	• 한우 • 젖소 • 육우	제한 없음	• 종빈마 • 종모마 • 경주마 • 육성마 • 일반마 • 제주마	• 닭 • 오리 • 꿩 • 메추리 • 타조 • 거위 • 관상조 • 칠면조	• 사슴 -만 2개월 이상 • 양 -만 3개월 이상 • 꿀벌 • 토끼 • 오소리	•가축사육 건물 및 부속설비
가입형태	포괄가입	개별가입	포괄가입	개별가입	포괄가입	포괄가입	포괄가입
지원비율	총 보험료의 50% 국고 지원 총 보험료의 0~50% 지자체 지원						

바. 보험판매기간

가축재해보험의 판매기간은 연중으로 상시 가입이 가능하다. 다만 재해보험사업자는 폭염, 태풍 등 기상상황에 따라 신규 가입에 한해 보험판매기간을 제한할 수 있고 이 경우 농업정책보험금융원에 보험가입 제한 기간을 통보(폭염 6~8월, 태풍은 한반도에 영향을 주는 것이 확인된 날부터 태풍특보 해제시까지로 함)

사. 보상하는 재해 및 축종별 보장수준

가축재해보험에서 보상하는 재해는 자연재해(풍해·수해·설해·지진 등), 질병(축종별로 다름), 화재 등이다. 가축재해보험의 경우도 농작물재해보험과 같이 보험가입금액의 일정 부분을 보장하며 축종별 보장수준(100%-자기부담비율) 내에서 보상한다.

⟨보상하는 재해의 범위 및 축종별 보장수준(2022년 기준)⟩

축종		보상하는 재해	보장수준(%)					
			60	70	80	90	95	100
소	주계약	① 질병 또는 사고로 인한 폐사 　→ 가축전염병예방법 제2조 제2항에서 정한 가축전염병 제외 ② 긴급도축 　→ 부상(경추골절·사지골절·탈구), 난산, 산욕마비, 급성고창증, 젖소의 유량감소 등으로 즉시 도살해야 하는 경우 ③ 도난·행방불명(종모우 제외) ④ 경제적도살(종모우 한정)	O	O	O	-	-	-
	특약	도체결함	-	-	O	-	-	-
돼지	주계약	자연재해(풍재·수재·설해·지진), 화재로 인한 폐사	-	-	O	O	O	-
	특약	질병위험, 전기적장치위험, 폭염	보험금의 10%, 20%, 30%, 40% 또는 200만원 중 큰 금액					
가금 (8개 축종)	주계약	자연재해(풍재·수재·설해·지진), 화재로 인한 폐사	O	O	O	O	-	-
	특약	전기적장치위험, 폭염	보험금의 10%, 20%, 30%, 40% 또는 200만원 중 큰 금액					
말	주계약	① 질병 또는 고로 인한 폐사 　→ 가축전염병예방법 제2조 제2항에서 정한 가축전염병 제외 ② 긴급도축 　→ 부상(경추골절·사지골절·탈구), 난산, 산욕마비, 산통, 경주마 중 실명으로 즉시 도살해야 하는 경우 ③ 불임(암컷)	-	-	O	O	O	-
	특약	씨수말 번식첫해 불임, 운송위험, 경주마 부적격	-	-	O	O	O	-
기타 가축 (5개 축종)	주계약	자연재해(풍재·수재·설해·지진), 화재로 인한 폐사	O	O	O	O	-	-
	특약	(사슴, 양) 폐사·긴급도축 확장보장	O	O	O	O	-	-
		(꿀벌) 부저병·낭충봉아부패병으로 인한 폐사	O	O	O	O	-	-
축사	주계약	자연재해(풍재·수재·설해·지진), 화재로 인한 손해	-	-	-	O	O	O
	특약	설해손해 부보장(돈사·가금사에 한함)	-	-	-	-	-	-
공통특약		구내폭발위험, 화재대물배상책임	-	-	-	-	-	-

아. 보험가입절차

보험 홍보 및 가입안내(대리점 등) → 가입신청(가입자) → 현지확인(대리점 등) → 청약서 작성 및 보험료 수납 → 보험증권 발급(대리점 등) 순으로 진행된다. 가축재해보험은 재해보험 사업자와 판매위탁계약을 체결한 지역 대리점(지역농협 및 품목농협, 민영보험사 취급점) 등에서 보험 모집 및 판매를 담당한다.

자. 보험요율 적용기준 및 할인·할증

보험료율은 축종별, 주계약별, 특약별로 적용한다. 전문기관(보험업법 제176조에 따른 보험료율 산출기관, 보험개발원)이 산출한 요율이 없는 경우 재보험사와 협의요율 적용이 가능하다. 보험료의 할인·할증은 축종별로 다르며 재해보험요율서에 따라 적용한다. 할인·할증은 과거 손해율에 따른 할인·할증, 축사전기안전점검, 동물복지축산농장 할인 등이 있다.

차. 보험금 지급

재해보험사업자는 계약자가 재해발생 통지시 지체없이 사고조사와 지급보험금을 결정하고 동 보험금이 결정되면 7일 이내에 지급한다. 지급할 보험금이 결정되기 전이라도 피보험자의 청구가 있는 때에는 보험사업자가 추정한 보험금의 50% 상당액을 가지급금으로 지급한다.

카. 정부 지원

가축재해보험에 가입하여 정부지원을 받는 요건은 농업경영체에 등록하고 축산업 허가(등록)를 받은 자로 한다. 정부 지원은 개인 또는 법인당 5,000만원 한도 내에서 납입보험료의 50%까지 받을 수 있다.

1) 정부지원 대상

가축재해보험 목적물을 사육하는 개인 또는 법인(임의보험방식)

2) 정부지원 요건

가) 농업인·농업법인

(1) 축산법 제22조 제1항 및 제3항에 따른 축산업 허가(등록)를 받은 자로, 농어업경영체법 제4조에 따라 해당 축종으로 농업경영정보를 등록한 자이다. 다만 축산법 제22조 제5항에 따른 축산업등록 제외 대상은 해당 축종으로 농업경영정보를 등록한 자이다.

(2) 축사는 가축사육과 관련된 적법한 건물(시설물 포함)로 건축물관리대장 또는 가설건축물관리대장이 있어야 한다. 건축물관리대장을 제출하지 않거나, 건축물관리대장에 위반건축물이 있는 경우에는 지원에서 제외된다. 주택용도인 경우도 마

찬가지이다. 가축전염병예방법 제19조에 따른 경우 사육하는 가축이 없어도 축사 가입이 가능하다.

나) 농·축협

(1) 농업식품기본법 시행령 제4조 제1호의 농축협으로 축산업 허가(등록)를 받은 자이다. 축산법 제22조 제5항에 의한 축산업등록 제외 대상도 지원한다.

(2) 축사는 농업인·법인과 동일한 기준을 적용한다.

〈가축사육업 허가 및 등록 기준〉

> 1. 허가대상 : 4개 축종(소·돼지·닭·오리, 사육시설면적 50㎡ 초과 시)
> 2. 등록대상 : 11개 축종
>   - 소·돼지·닭·오리(4개 축종) : 허가대상 사육시설면적 이하인 경우
>   - 양·사슴·거위·칠면조·메추리·타조·꿩(7개 축종)
> 3. 등록제외 대상 : 12개 축종
>   - 등록대상 중 사육시설면적이 10㎡ 미만은 등록 제외
>   (닭, 오리, 거위, 칠면조, 메추리, 타조, 꿩)
>   - 말, 토끼, 꿀벌, 오소리, 관상조(5개 축종)

다) 정부지원의 범위

(1) 보험계약자가 납입한 보험료의 50%를 지원한다. 지원한도는 농업인 또는 법인별로 5천만원이다.

(2) 말은 마리당 보험가입금액 4천만원 한도 내에서 보험료의 50%를 지원하고, 4천만원을 초과하는 경우 초과금액의 70%까지 가입금액을 산정하여 보험료의 50%를 지원한다(외국산 경주마는 지원 제외).

(3) 닭, 돼지, 오리 축종은 가입두수가 축산업허가(등록)증의 가축사육면적을 기준으로 아래의 범위를 초과하는 경우 지원에서 제외한다.

〈가축사육면적당 보험가입 적용 기준〉

닭 (육계·토종닭)	돼지(㎡/두)						오리(㎡/두)	
	개별가입					일괄가입		
	웅돈	모돈	자돈(초기)	자돈(후기)	육성돈 비육돈		산란용	육용
22.5두/㎡	6	2.42	0.2	0.3	0.62	0.79	0.333	0.246

타. 손해평가

1) 가축재해보험에 가입한 계약자에게 보상하는 재해가 발생한 경우 피해사실을 확인하고 손해액을 평가하여 약정한 보험금을 지급하기 위해 손해평가를 실시한다.
2) 재해보험사업자는 보험목적물에 관한 지식과 경험을 갖춘 자 또는 그밖에 전문가를 조사자로 위촉하여 손해평가를 담당하게 하거나 손해평가사 또는 손해사정사에게 손해평가를 담당하게 할 수 있다. 손해평가에 참여하고자 하는 자에 대한 교육은 전술한 내용과 같다.
3) 재해보험사업자는 가축재해보험에 대한 손해평가시
   ① 보험목적물에 대한 수의사 진단 및 검안시 시·군 공수의사, 수의사로 하여금 진단 및 검안을 실시하며,
   ② 소 사고사진은 귀표가 정확하게 나오도록 하고 매장시 매장장소가 확인되도록 전체 배경화면이 나오는 사진과 검안시 해부사진을 첨부한다.
   ③ 진단서, 폐사진단서 등은 상단에 연도별 일련번호 표기 및 법정서식을 사용한다.

02 가축재해보험 보통약관

가축재해보험 보통약관은 보험의 목적과 보상하는 손해, 보상하지 않는 손해로 구성되어 있다. 특별약관은 일반조항에 대한 특별약관(7개)과 부문별 특별약관(13개)로 구성되어 있다.

가. 보험의 목적

가축재해보험의 가축과 축사이다. 가축재해보험 보통약관에서는 보험의 목적을 아래와 같이 분류하고 있다.

부문	보험의 목적
소	한우, 육우, 젖소, 종모우
돼지	종모돈, 종빈돈, 비육돈, 육성돈(후보돈 포함), 자돈, 기타 돼지
가금	닭, 오리, 꿩, 메추리, 타조, 거위, 칠면조, 관상조
말	경주마, 육성마, 일반마, 종빈마, 종모마, 제주마
기타 가축	사슴, 양(염소 포함), 꿀벌, 토끼, 오소리
축사	가축사육건물(건물의 부속물, 부착물, 부속설비, 기계장치 포함)

1) 소(牛)

보험기간 중에 계약에서 정한 수용장소에서 사육하는 소를 한우, 육우, 젖소로 분류하여

보험의 목적으로 하고 있다. 소는 생후 15일령부터 13세 미만까지 보험 가입이 가능하고 보험에 가입하는 소는 모두 귀표가 부착되어야 한다.

보험의 목적인 소는 계약에서 정한 수용장소에서 사육하는 소는 모두 보험에 가입하여야 하며 이를 위반시 보험자는 그 사실은 안날로부터 1개월 이내에 계약을 해지할 수 있다. 다만 소가 1년 이내 출하예정인 경우

① 축종·성별을 구분하지 않은 경우 소 이력제 현황의 70% 이상
② 축종·성별을 구분한 경우 소 이력제 현황의 80% 이상 가입시에는 포괄가입으로 간주한다.

2) 돼지(豚)

보험기간 중에 계약에서 정한 수용장소에서 사육하는 돼지를 종돈(종모돈·종빈돈), 자돈(포유자돈·이유자돈, 출산-8주차)), 육성돈(후보돈 포함, 약8주차-22주차), 비육돈(약22주차-26주차), 기타돼지로 분류하여 보험의 목적으로 하고 있다. 종돈의 경우 보통 육성돈 단계에서 선발과정을 거쳐 후보돈으로 선발되어 종돈으로 쓰이게 된다.

3) 가금(家禽)

보험기간 중 계약에서 정한 수용장소에서 사육하는 가금을 닭, 오리, 꿩, 메추리, 칠면조, 거위, 타조, 관상조 등으로 분류하여 보험의 목적으로 한다. 닭은 아래와 같이 분류한다.

〈닭의 분류〉

종계(種鷄)	능력이 우수하여 병아리 생산을 위한 종란을 생산하는 닭
육계(肉鷄)	주로 고기를 얻으려고 기르는 식육용의 닭. 육용의 영계와 채란계(採卵鷄)의 폐계(廢鷄)인 어미닭의 총칭
산란계(産卵鷄)	계란 생산을 목적으로 사육되는 닭
토종닭	우리나라에 살고 있는 재래닭

4) 말(馬)

보험기간 중에 계약에서 정한 수용장소에서 사육하는 말을 종마(종모마·종빈마), 경주마(육성마 포함), 일반마로 분류하여 보험의 목적으로 한다.

종마	우수한 형질의 유전인자를 갖는 말을 생산할 목적으로 외모, 체형, 능력 등이 뛰어난 마필을 번식용으로 쓰기 위해 사육하는 씨말로 씨수말을 종모마, 씨암말을 종빈마라고 한다.
경주마	경주용으로 개량된 말과 경마에 출주하는 말을 총칭하여 경주마라고 하며 대한민국 내에서 말을 경마에 출주시키기 위해서는 말을 한국마사회에 등록해야 하고 보통 경주마는 태어난 지 대략 2년 정도 뒤 경주마 등록을 하고 경주마로 인정받게 된다.

5) 종모우(種牡牛)

보험기간 중 계약에서 정한 수용장소에서 사육하는 종모우(씨수소)를 한우, 육우, 젖소로 분류하여 보험의 목적으로 한다. 종모우는 능력이 우수하여 자손생산을 위해 정액을 이용하여 인공수정에 사용되는 수소를 말한다.

6) 기타가축

보험기간 중 계약에서 정한 가축의 수용장소에서 사육하는 사슴, 양, 꿀벌, 토끼, 오소리를 보험의 목적으로 한다. 꿀벌의 경우 보험의 목적이 ① 서양종(양봉)은 꿀벌이 있는 상태의 소비(巢脾)가 3매 이상 있는 벌통, ② 동양종(한봉)은 봉군(蜂群)이 있는 상태의 벌통인 경우 보험 가입이 가능하다.

7) 축사(畜舍)

보험기간 중에 계약에서 정한 가축을 수용하는 건물 및 가축사육과 관련된 건물을 보험의 목적으로 한다.

건물의 부속물	피보험자 소유인 칸막이, 대문, 담, 곳간 및 이와 비슷한 것
건물의 부착물	피보험자 소유인 게시판, 네온싸인, 간판, 안테나, 선전탑 및 이와 비슷한 것
건물의 부속설비	피보험자 소유인 전기가스설비, 급배수설비, 냉난방설비, 급이기, 통풍설비 등 건물의 주 용도에 적합한 부대시설 및 이와 비슷한 것
건물의 기계장치	착유기, 원유냉각기, 가금사의 기계류(케이지, 부화기, 분류기 등) 및 이와 비슷한 것

나. 보상하는 손해

1) 소(종모우 포함)

구 분		보상하는 손해	자기부담금
주계약 (보통 약관)	한우 육우 젖소	• 법정전염병을 제외한 질병 또는 각종 사고(풍해·수해·설해 등 자연재해, 화재)로 인한 폐사 • 부상(경추골절, 사지골절, 탈구·탈골), 난산, 산욕마비, 급성고창증 및 젖소의 유량 감소로 긴급도축을 해야 하는 경우 ※ 젖소유량감소는 유방염, 불임 및 각종 대사성 질병으로 인하여 젖소로서의 경제적 가치가 없는 경우에 한함 ※ 신규가입일 경우 가입일로부터 1개월 이내 질병 관련 사고(긴급도축 제외)는 보상하지 아니함 • 소 도난 및 행방불명에 의한 손해 ※ 도난손해는 보험증권에 기재된 보관장소 내에 보관되어 있는 동안에 불법침입자, 절도 또는 강도의 도난행위로 입은 직접손해(가축의 상해, 폐사 포함)에 한함 • 가축사체 잔존물 처리비용	보험금의 20%, 30%, 40%

구 분		보상하는 손해	자기부담금
	종모우	• 연속 6주 동안 정상적으로 정액을 생산하지 못하고, 종모우로서의 경제적 가치가 없다고 판정 시 ※ 정액생산은 6주 동안 일주일에 2번에 걸쳐 정액을 채취한 후 이를 근거로 경제적 도살여부 판단 • 그 외 보상하는 사고는 한우·육우·젖소와 동일	보험금의 20%
	축사	• 화재(벼락 포함)에 의한 손해 • 화재(벼락 포함)에 따른 소방손해 • 풍재, 수재, 설해, 지진에 의한 손해 • 화재(벼락 포함) 및 풍재, 수재, 설해, 지진에 의한 피난 손해 • 잔존물 제거비용	**풍재·수재·설해·지진**: 지급보험금 계산 방식에 따라 계산한 금액에 0%, 5%, 10%을 곱한 금액 또는 50만원 중 큰 금액 **화재**: 지급보험금 계산 방식에 따라 계산한 금액에 자기부담비율 0%, 5%, 10%를 곱한 금액
특별 약관	소도체결함보장	• 도축장에서 도축되어 경매시까지 발견된 도체의 결함(근출혈, 수종, 근염, 외상, 근육제거, 기타 등)으로 손해액이 발생한 경우	보험금의 20%
	협정보험가액	• 협의 평가로 보험 가입한 금액 ※ 시가와 관계없이 가입금액을 보험가액으로 평가	주계약, 특약조건 준용
	화재대물배상책임	• 축사 화재로 인해 인접 농가에 피해가 발생한 경우	-

가) 폐사는 질병 또는 불의의 사고에 의하여 수의학적으로 구할 수 없는 상태가 되고 맥박, 호흡, 그외 일반증상으로 폐사한 것이 확실한 때로 하며 통상적으로는 수의사의 검안서 등의 소견을 기준으로 판단한다.

나) 긴급도축은 사육하는 장소에서 부상, 난산, 산욕마비, 급성고창증 및 젖소의 유량 감소 등이 발생한 소(牛)를 즉시 도축장에서 도살하여야 할 불가피한 사유가 있는 경우에 한한다.

다) 긴급도축에서 부상 범위는 경추골절, 사지골절 및 탈구(탈골)에 한하며, 젖소의 유량 감소는 유방염, 불임 및 각종 대사성질병으로 인하여 수의학적으로 유량 감소가 예견되어 젖소로서의 경제적 가치가 없다고 판단이 확실시되는 경우에 한정하고 있다. 다만 약관에서 열거하는 질병 및 상해 이외의 경우에도 수의사의 진료 소견에 따라서 치료 불가능 사유 등으로 불가피하게 긴급도축을 시켜야 하는 경우도 포함한다.

- 산욕마비 : 일반적으로 분만 후 체내의 칼슘이 급격히 저하되어 근육의 마비를 일으켜 기립불능이 되는 질병이다.
- 급성고창증 : 이상발효에 의한 개스의 충만으로 조치를 취하지 못하면 폐사로 이어질수 있는 중요한 소화기 질병. 변질 또는 부패 발효된 사료, 비맞은 풀, 두과풀(알파파류) 다량 섭취, 갑작스런 사료변경 등으로 인한 반추위내의 이상 발효로 여름철에 많이 발생함.
- 대사성질병 : 비정상적인 대사 과정에서 유발되는 질병(대사 : 생명 유지를 위해 생물체가 필요한 것을 섭취하고 불필요한 것을 배출하는 일)

라) 도난 손해는 보험증권에 기재된 보관장소 내에 보관되어 있는 동안에 불법침입자, 절도 또는 강도의 도난 행위로 입은 직접손해(가축의 상해, 폐사를 포함)로 한정하고 있으며 보험증권에 기재된 보관장소에서 이탈하여 운송 도중 등에 발생한 도난손해 및 도난 행위로 입은 간접손해(경제능력 저하, 전신 쇠약 등)는 도난 손해에서 제외된다.

마) 도난, 행방불명의 사고 발생 시 계약자, 피보험자, 피보험자의 가족, 감수인(監守人) 또는 당직자는 지체없이 이를 관할 경찰서와 재해보험사업자에 알려야 하며, 보험금 청구 시 관할 경찰서의 도난신고(접수) 확인서를 재해보험사업자에 제출하여야 한다. 즉 도난, 행방불명의 경우는 경찰서 신고를 의무화하고 있다.

바) 단 종모우(種牡牛)는 아래와 같다.

(1) 보험의 목적이 폐사, 긴급도축, 경제적 도살의 사유로 입은 손해를 보상한다.

(2) 폐사는 질병 또는 불의의 사고에 의하여 수의학적으로 구할 수 없는 상태가 되고 맥박, 호흡, 그 외 일반증상으로 폐사한 것이 확실한 때로 한다.

(3) 긴급도축의 범위는 "사육하는 장소에서 부상, 급성고창증이 발생한 소(牛)를 즉시 도축장에서 도살하여야 할 불가피한 사유가 있는 경우"에 한하여 인정한다. 종모우는 긴급도축의 범위를 약관에서 열거하고 있는 2가지 경우에 한정하여 인정하고 있으며, 부상의 경우도 범위를 아래와 같이 3가지 경우에 한하여 인정하고 있다.

(4) 부상 범위는 경추골절, 사지골절 및 탈구(탈골)에 한한다.

(5) 경제적 도살은 종모우가 연속 6주 동안 정상적으로 정액을 생산하지 못하고, 자격 있는 수의사에 의하여 종모우로서 경제적 가치가 없다고 판정되었을 때로 한다. 이 경우 정액 생산은 6주 동안 일주일에 2번에 걸쳐 정액을 채취한 후 이를 근거로 경제적 도살 여부를 판단한다.

2) 돼지

구 분		보상하는 손해	자기부담금
주계약 (보통 약관)	돼지	• 화재 및 풍재, 수재, 설해, 지진에 의한 손해 • 화재 및 풍재, 수재, 설해, 지진 발생시 방재 또는 긴급피난에 필요한 조치로 목적물에 발생한 손해 • 가축사체 잔존물 처리 비용	보험금의 5%, 10%, 20%
	축사	• 화재(벼락 포함)에 의한 손해 • 화재(벼락 포함)에 따른 소방손해 • 풍재, 수재, 설해, 지진에 의한 손해 • 화재(벼락 포함) 및 풍재, 수재, 설해, 지진에 의한 피난손해 • 잔존물 제거비용	**풍재·수재·설해·지진** : 지급보험금 계산 방식에 따라 계산한 금액에 0%, 5%, 10%을 곱한 금액 또는 50만원 중 큰 금액 **화재** : 지급보험금 계산 방식에 따라 계산한 금액에 자기부담비율 0%, 5%, 10%를 곱한 금액
특별 약관	질병위험 보장	• TGE, PED, Rota virus에 의한 손해 ※ 신규가입일 경우 가입일로부터 1개월 이내 질병 관련 사고는 보상하지 아니함	보험금의 20%, 30%, 40% 또는 200만원 중 큰 금액
	축산휴지 위험보장	• 주계약 및 특별약관에서 보상하는 사고의 원인으로 축산업이 휴지되었을 경우에 생긴 손해액	
	전기적장치 위험보장	• 전기장치가 파손되어 온도의 변화로 가축 폐사 시	보험금의 10%, 20%, 30%, 40% 또는 200만원 중 큰 금액
	폭염재해보장	• 폭염에 의한 가축 피해 보상	
	협정보험가액	• 협의 평가로 보험 가입한 금액 ※ 시가와 관계없이 가입금액을 보험가액으로 평가	주계약, 특약 조건 준용
	설해손해 부보장	• 설해에 의한 손해는 보장하지 않음 ※ 축사보험료의 4.9% 할인	-
	화재대물 배상책임	• 축사 화재로 인해 인접 농가에 피해가 발생한 경우	-

※ 폭염재해보장 특약은 전기적장치위험보장특약 가입자에 한하여 가입 가능

가) 화재 및 풍재·수재·설해·지진의 직접적인 원인으로 보험목적이 폐사 또는 맥박, 호흡 그 외 일반증상이 수의학적으로 폐사가 확실시되는 경우 그 손해를 보상한다.

나) 화재 및 풍재·수재·설해·지진의 발생에 따라서 보험의 목적의 피해를 방재 또는 긴급피난에 필요한 조치로 보험목적에 생긴 손해도 보상한다.

다) 상기 손해는 사고 발생 때부터 120시간(5일) 이내에 폐사되는 보험목적에 한하여 보상하며 다만 재해보험사업자가 인정하는 경우에 한하여 사고 발생 때부터 120시간(5일) 이후에 폐사되어도 보상한다.

3) 가금(家禽)

구 분		보상하는 손해	자기부담금
주계약 (보통 약관)	가금	• 화재 및 풍재, 수재, 설해, 지진에 의한 손해 • 화재 및 풍재, 수재, 설해, 지진 발생시 방재 또는 긴급피난에 필요한 조치로 목적물에 발생한 손해 • 가축 사체 잔존물 처리 비용	보험금의 10%, 20%, 30%, 40%
	축사	• 화재(벼락 포함)에 의한 손해 • 화재(벼락 포함)에 따른 소방손해 • 풍재, 수재, 설해, 지진에 의한 손해 • 화재(벼락 포함) 및 풍재, 수재, 설해, 지진에 의한 피난손해 • 잔존물 제거 비용	**풍재·수재·설해·지진** : 지급보험금 계산 방식에 따라 계산한 금액에 0%, 5%, 10%을 곱한 금액 또는 50만원 중 큰 금액 **화재** : 지급보험금 계산 방식에 따라 계산한 금액에 자기부담비율 0%, 5%, 10%를 곱한 금액
특별 약관	전기적장치 위험보장	• 전기장치가 파손되어 온도의 변화로 가축 폐사 시	보험금의 10%, 20%, 30%, 40% 또는 200만원 중 큰 금액
	폭염재해보장	• 폭염에 의한 가축 피해 보상	
	협정보험가액	• 협의평가로 보험 가입한 금액 ※ 시가와 관계없이 가입금액을 보험가액으로 평가	주계약, 특약 조건 준용
	설해손해 부보장	• 설해에 의한 손해는 보장하지 않음 ※ 축사보험료의 9.4% 할인	-
	화재대물 배상책임	• 축사 화재로 인해 인접 농가에 피해가 발생한 경우	-

※ 폭염재해보장 특약은 전기적장치위험보장특약 가입자에 한하여 가입 가능

가) 화재, 풍재·수재·설해·지진의 직접적인 원인으로 보험목적이 폐사 또는 맥박, 호흡 그 외 일반증상이 수의학적으로 폐사가 확실시되는 경우 그 손해를 보상한다.

나) 화재, 풍재·수재·설해·지진의 발생에 따라서 보험의 목적의 피해를 방재 또는 긴급피난에 필요한 조치로 보험 목적에 생긴 손해도 보상한다.

다) 상기 손해(폭염 제외)는 사고 발생 때부터 120시간(5일) 이내에 폐사되는 보험 목적에 한하여 보상하며 다만 재해보험사업자가 인정하는 경우에 한하여 사고 발생 때부터 120시간(5일) 이후에 폐사되어도 보상한다.

라) 폭염 손해는 폭염특보 발령 전 24시간(1일) 전부터 해제 후 24시간(1일) 이내에 폐사되는 보험 목적에 한하여 보상하고 폭염특보는 보험목적의 수용 장소(소재지)에 발표된 해당 지역별 폭염특보를 적용하며 보험기간 종료일까지 폭염특보가 해제되지 않을 경우 보험기간 종료일을 폭염특보 해제일로 본다. 폭염특보는 일 최고 체감온도를 기준으로 발령되는 기상경보로 주의보와 경보로 구분되며 주의보와 경보 모두 폭염특보로 본다.

4) 말(馬)

구 분		보상하는 손해	자기부담금
주계약 (보통 약관)	경주마 육성마 종빈마 종모마 일반마 제주마	• 법정전염병을 제외한 질병 또는 각종 사고(풍해·수해·설해 등 자연재해, 화재)로 인한 폐사 • 부상(경추골절, 사지골절, 탈골·탈구), 난산, 산욕마비, 산통, 경주마의 실명으로 긴급도축 하여야 하는 경우 • 불임 ※ 불임은 임신 가능한 암컷말(종빈마)의 생식기관의 이상과 질환으로 인하여 발생하는 영구적인 번식 장애를 의미 • 가축 사체 잔존물 처리 비용	보험금의 20% 단, 경주마 (육성마)는 경마장외 30%, 경마장내 5%, 10%, 20% 중 선택
	축사	• 화재(벼락 포함)에 의한 손해 • 화재(벼락 포함)에 따른 소방손해 • 풍재, 수재, 설해, 지진에 의한 손해 • 화재(벼락 포함) 및 풍재, 수재, 설해, 지진에 의한 피난손해 • 잔존물 제거비용	**풍재·수재·설해·지진** : 지급보험금 계산 방식에 따라 계산한 금액에 0%, 5%, 10%을 곱한 금액 또는 50만원 중 큰 금액 **화재** : 지급보험금 계산 방식에 따라 계산한 금액에 자기부담비율 0%, 5%, 10%를 곱한 금액
특별 약관	말운송위험 확장보장	• 말 운송 중 발생되는 주계약 보상사고	-

경주마 부적격	• 경주마 부적격 판정을 받은 경우 보상	-
화재대물 배상책임	• 축사 화재로 인해 인접 농가에 피해가 발생한 경우	-

가) 보험의 목적이 폐사, 긴급도축, 불임의 사유로 입은 손해를 보상한다.

나) 폐사는 질병 또는 불의의 사고에 의하여 수의학적으로 구할 수 없는 상태가 되고 맥박, 호흡, 그외 일반증상으로 폐사한 것이 확실한 때로 한다.

다) 긴급도축의 범위는 "사육하는 장소에서 부상, 난산, 산욕마비, 산통, 경주마 중 실명이 발생한 말(馬)을 즉시 도축장에서 도살하여야 할 불가피한 사유가 있는 경우-"로 한다. 말은 소와 다르게 긴급도축의 범위를 약관에서 열거하고 있는 상기 5가지 경우에 한하여 인정하고 있으며, 부상의 경우도 범위를 아래와 같이 3가지 경우에 한하여 인정하고 있다.

라) 부상범위는 경추골절, 사지골절, 탈구(탈골)에 한하여 인정한다.

마) 불임은 임신 가능한 암컷말(종빈마)의 생식기관의 이상과 질환으로 인하여 발생하는 영구적인 번식 장애를 말한다.

5) 기타가축

구 분		보상하는 사고	자기부담금
주계약 (보통 약관)	사슴, 양, 오소리, 꿀벌, 토끼	• 화재 및 풍재, 수재, 설해, 지진에 의한 손해 • 화재 및 풍재, 수재, 설해, 지진 발생시 방재 또는 긴급피난에 필요한 조치로 목적물에 발생한 손해 • 가축 사체 잔존물 처리 비용	보험금의 5%, 10%, 20%, 30%, 40%
	축사	• 화재(벼락 포함)에 의한 손해 • 화재(벼락 포함)에 따른 소방손해 • 풍재, 수재, 설해, 지진에 의한 손해 • 화재(벼락 포함) 및 풍재, 수재, 설해, 지진에 의한 피난손해 • 잔존물 제거 비용	**풍재·수재·설해·지진** : 지급보험금 계산 방식에 따라 계산한 금액에 0%, 5%, 10%을 곱한 금액 또는 50만원 중 큰 금액 **화재** : 지급보험금 계산 방식에 따라 계산한 금액에 자기부담비율 0%, 5%, 10%를 곱한 금액
특별 약관	폐사·긴급도축 확장보장 특약	• 법정전염병을 제외한 질병 또는 각종 사고(풍해·수해·설해 등 자연재해, 화재)로 인한 폐사 • 부상(사지골절, 경추골절, 탈골), 산욕마비, 난산으로 긴급도축을 하여야 하는 경우 ※ 신규가입일 경우 가입일로부터 1개월 이내 질병	보험금의 5%, 10%, 20%, 30%, 40%

(사슴, 양 자동부가)	관련 사고(긴급도축 제외)는 보상하지 아니함.		
꿀벌 낭충봉아 부패병보장	• 벌통의 꿀벌이 낭충봉아부패병으로 폐사(감염 벌통 소각 포함)한 경우	보험금의 5%, 10%, 20%, 30% 40%	
꿀벌 부저병보장	• 벌통의 꿀벌이 부저병으로 폐사(감염 벌통 소각 포함)한 경우		
화재대물 배상책임	• 축사 화재로 인해 인접 농가에 피해가 발생한 경우	-	

가) 보험의 목적이 화재 및 풍재·수재·설해·지진의 직접적인 원인으로 보험목적이 폐사 또는 맥박, 호흡 그 외 일반증상으로 수의학적으로 구할 수 없는 상태가 확실시되는 경우 그 손해를 보상한다.

나) 화재 및 풍재·수재·설해·지진의 발생에 따라서 보험의 목적의 피해를 방재 또는 긴급피난에 필요한 조치로 보험목적에 생긴 손해는 보상한다.

다) 상기 손해는 사고 발생 때부터 120시간(5일) 이내에 폐사되는 보험목적에 한하여 보상하며 다만 재해보험사업자가 인정하는 경우에는 사고 발생때 부터 120시간(5일) 이후에 폐사되어도 보상한다.

라) 꿀벌의 경우는 다음과 같은 벌통에 한하여 보상한다. 즉 서양종(양봉)은 꿀벌이 있는 상태의 소비(巢脾)[6]가 3매 이상 있는 벌통, 동양종(토종벌, 한봉)은 봉군(蜂群)[7]이 있는 상태의 벌통.

6) 축사(畜舍)

가) 축사는 자연재해(풍재·수해·설해·지진) 및 화재로 입은 직접 손해, 피난과정에서 발생하는 피난손해, 화재에 따른 소방손해, 약관에서 규정하고 있는 비용손해 등을 보상한다. 자연재해 또는 화재에 따른 피난손해는 피난지에서 보험기간 내 5일 동안 생긴 손해를 포함한다.

나) 지진 피해의 경우 아래의 최저기준을 초과하는 손해를 담보한다.

(1) 기둥 또는 보 1개 이하를 해체하여 수선 또는 보강하는 것

(2) 지붕틀의 1개 이하를 해체하여 수선 또는 보강하는 것

---

[6] 소광(巢光, comb frame; 벌집의 나무틀)에 철선을 건너매고 벌집의 기초가 되는 소초(巢礎)를 매선기를 붙여 지은 집으로 여왕벌이 알을 낳고 일벌이 새끼들을 기르며 꿀과 화분을 저장하는 6,600개의 소방을 가지고 있는 장소를 말한다.

[7] 봉군(蜂群)은 여왕벌, 일벌, 수벌을 갖춘 꿀벌의 무리를 말한다. 우리말로 "벌무리"라고도 한다.

(3) 지붕, 보, 지붕틀, 벽 등에 2m 이하의 균열이 발생한 것

(4) 지붕재의 $2m^3$ 이하를 수선하는 것 등이다.

다) 사고 현장에서의 잔존물의 해체 비용, 청소비용 및 차에 싣는 비용인 잔존물제거비용은 손해액의 10%를 한도로 지급보험금 계산방식에 따라서 보상하며 사고현장 및 인근 지역의 토양, 대기 및 수질 오염물질 제거비용과 차에 실은 후 폐기물 처리비용은 포함되지 않으며, 보상하지 않는 위험으로 보험의 목적이 손해를 입거나 관계 법령에 의하여 제거됨으로써 생긴 손해에 대하여는 보상하지 않는다.

7) 비용손해

> 비용손해는 각각 보상하지 않는 경우가 있다. 예를 들어 손해방지비용 중 필요한 관리의무에 해당하는 비용은 보상하지 않으며 잔존물보전비용은 재해보험사업자가 잔존물의 취득의사를 표시한 경우에만 인정된다.

보장하는 위험으로 인하여 발생한 보험사고와 관련하여 보험계약자 또는 피보험자가 지출한 비용 중 잔존물처리비용, 손해방지비용, 대위권보전비용, 잔존물보전비용, 기타협력비용 등 5가지 비용은 손해의 일부로 간주하여 보상한다. 인정되는 비용은 휴업손실 등 소극적 손해가 아닌 적극적 손해만 보상한다.

가) 잔존물처리비용

보험목적물이 폐사한 경우에만 인정하고 있으며, 인정하는 범위는 폐사한 가축에 대한 매몰비용이 아니라 견인비용 및 차에 싣는 비용에 한정하고 사고현장 및 인근지역의 토양, 대기 및 수질 오염물질 제거비용과 차에 실은 후 폐기물 처리비용은 포함하지 않는다. 다만 적법한 시설에서의 랜더링 비용은 보상한다.

나) 손해방지비용

보험사고가 발생시 손해의 방지 또는 경감을 위하여 지출한 필요 또는 유익한 비용은 보상한다. 다만 약관에서 규정하고 있는 보험 목적의 관리의무를 위하여 지출한 비용은 제외한다. 보험 목적의 관리의무에 따른 비용이란 일상적인 관리에 소요되는 비용과 예방접종, 정기검진 등에 소요되는 비용, 보험목적이 질병에 걸리거나 부상을 당한 경우 치료비용 등을 의미한다.

다) 대위권보전비용

재해보험사업자가 보험사고로 인한 피보험자의 손실을 보상해주고, 피보험자가 보험사고와 관련하여 제3자에 대하여 가지는 권리가 있는 경우 보험금을 지급한 재해보험사업자는 그 지급한 금액의 한도에서 그 권리를 법률상 당연히 취득하게 되며 이와 같이 보험사고와 관련하여 제3자로부터 손해의 배상을 받을 수 있는 경우에는 그 권리를 지키거나 행사하기 위하여 지출한 필요 또는 유익한 비용을 보상한다.

라) 잔존물보전비용

보험사고로 인하여 멸실된 보험목적물의 잔존물을 보전하기 위해 지출한 필요 또는 유익한 비용은 보상한다. 다만 재해보험사업자가 보험금을 지급하고 잔존물을 취득할 의사표시를 하는 경우에 한하여 인정된다.

마) 기타 협력비용

재해보험사업자의 요구에 따라 지출한 필요 또는 유익한 비용은 보상한다.

다. 보상하지 않는 손해

1) 공통사항

① 계약자, 피보험자 또는 이들의 법정대리인의 고의 또는 중대한 과실
② 계약자 또는 피보험자의 도살 및 위탁도살에 의한 가축 폐사로 인한 손해
③ 가축전염병예방법 제2조에서 정하는 가축전염병에 의한 폐사로 인한 손해 및 정부, 공공기관의 살처분 또는 도태 권고로 발생한 손해
④ 보험목적이 유실 또는 매몰되어 객관적으로 확인할 수 없는 손해. 다만 풍수해 사고로 인한 직접손해 등 재해보험사업자가 인정하는 경우에는 보상
⑤ 원인의 직접, 간접을 묻지 않고 전쟁, 혁명, 내란, 사변, 폭동, 소요, 노동쟁의, 기타 이들과 유사한 사태로 인한 손해
⑥ 지진의 경우 보험계약일 현재 이미 진행 중인 지진으로 인한 손해
⑦ 핵연료물질 또는 동 물질에 의하여 오염된 물질의 방사성, 폭발성, 그밖의 유해한 특성 또는 이들의 특성에 의한 사고로 인한 손해
⑧ 이외의 방사선을 쐬는 것 또는 방사능 오염으로 인한 손해
⑨ 계약체결시점 현재 기상청에서 발령하고 있는 기상특보 발령지역의 기상특보 관련 재해로 인한 손해

2) 소(牛)

가) 사료의 공급, 검진, 소독 등 사고의 예방 및 손해의 경감을 위하여 당연하고 필요한 안전대책을 강구하지 않아 발생한 손해

나) 계약자 또는 피보험자가 보험가입 가축의 번식장애, 경제능력 저하 또는 전신쇠약, 성장지체에 의해 도태시키는 경우

다) 개체표시인 귀표가 오손, 훼손, 멸실되는 등 목적물을 객관적으로 확인할 수 없는 상태에서 발생한 손해

라) 외과적 치료행위로 인한 폐사. 다만 보험목적의 생명 유지를 위하여 질병, 상해 등의 치료가 필요하다고 자격있는 수의사가 확인하고 치료한 경우는 제외

마) 독극물의 투약에 의한 폐사

바) 정부, 공공기관, 학교 등에서 학술 또는 연구용으로 공여하여 발생한 손해. 다만 재해보험사업자의 승낙을 얻은 경우는 제외

사) 보상하는 손해 이외의 사고로 재해보험사업자 등으로부터 긴급출하 지시를 통보받았음에도 불구하고 계속하여 사육 또는 치료하다 발생된 손해 및 수의사가 도살하여야 할 것으로 확인하였으나 이를 방치하여 발생한 손해

아) 제1회 보험료 등을 납입한 날의 다음월 응당일 이내에서 발생한 긴급도축과 화재·풍수해에 의한 직접손해 이외의 질병 등에 의한 폐사로 인한 손해

자) 도난 손해의 경우 아래의 사유로 인한 손해

> ① 계약자, 피보험자 또는 이들의 법정대리인의 고의 또는 중대한 과실로 생긴 도난 손해
> ② 피보험자의 가족, 친족, 피고용인, 동거인, 숙박인 또는 당직자가 일으킨 행위 또는 이들이 가담하거나 이들의 묵인하에 생긴 도난 손해
> ③ 지진, 분화, 풍수해, 전쟁, 혁명, 내란, 사변, 폭동, 소요, 노동재의 기타 이들과 유사한 사태가 발생했을 때 생긴 도난 손해
> ④ 화재, 폭발이 발생했을 때 생긴 도난 손해
> ⑤ 절도, 강도 행위로 발생한 화재 및 폭발 손해
> ⑥ 보관장소 또는 작업장 내에서 일어난 좀도둑으로 인한 손해
> ⑦ 재고조사시 발견된 손해
> ⑧ 망실 또는 분실 손해
> ⑨ 사기 또는 횡령으로 인한 손해
> ⑩ 도난 손해가 생긴 후 30일 이내에 발견하지 못한 손해
> ⑪ 보관장소를 72시간 이상 비워둔 동안 생긴 도난 손해
> ⑫ 보험의 목적이 보관장소를 벗어나 보관되는 동안 생긴 도난 손해

※ 말(馬), 종모우는 소의 (가)~(아)+보험목적이 도난 또는 행방불명된 경우를 적용함.

3) **돼지(豚)**

가) 댐 또는 제방 등의 붕괴로 생긴 손해. 다만 붕괴가 보상하는 손해에서 정한 위험으로 발생된 손해는 보상

나) 바람, 비, 우박 또는 모래먼지가 들어옴으로써 생긴 손해. 다만 보험의 목적이 들어있는 건물이 풍해·수해·설해·지진으로 직접 파손되어 보험의 목적에 생긴 손해는 보상

다) 추위, 서리, 얼음으로 생긴 손해

라) 발전기, 여자기, 변류기, 변압기, 전압조정기, 축전기, 개폐기, 차단기, 피뢰기, 배전반 및 그 밖의 전기장치 또는 설비의 전기적 사고로 생긴 손해. 그러나 그 결과로 생긴 화재손해는 보상

마) 화재 및 풍해·수해·설해·지진 발생으로 방재 또는 긴급피난시 피난처에서 사료공급, 보호, 검진, 소독 등 사고의 예방 및 손해의 경감을 위하여 당연하고 필요한 안전대책을 강구하지 않아 발생한 손해

바) 모돈의 유산으로 인한 태아 폐사 또는 성장 저하로 인한 직·간접 손해

사) 보험목적이 도난 또는 행방불명된 경우

※ 가금(家禽)은 돼지 부문의 보상하지 않는 손해를 동일하게 적용함. 다만 바)항은 성장 저하, 산란율 저하로 인한 직.간접 손해로 대체

4) **기타가축**

가) 댐 또는 제방 등의 붕괴로 생긴 손해. 다만 붕괴가 보상하는 손해에서 정한 위험으로 발생된 손해는 보상

나) 바람, 비, 우박 또는 모래먼지가 들어옴으로써 생긴 손해. 다만 보험의 목적이 들어있는 건물이 풍해·수해·설해·지진으로 직접 파손되어 보험의 목적에 생긴 손해는 보상

다) 추위, 서리, 얼음으로 생긴 손해

라) 발전기, 여자기, 변류기, 변압기, 전압조정기, 축전기, 개폐기, 차단기, 피뢰기, 배전반 및 그 밖의 전기장치 또는 설비의 전기적 사고로 생긴 손해. 그러나 그 결과로 생긴 화재손해는 보상

마) 화재 및 풍해·수해·설해·지진 발생으로 방재 또는 긴급피난시 피난처에서 사료공급, 보호, 검진, 소독 등 사고의 예방 및 손해의 경감을 위하여 당연하고 필요한 안전대책을 강구하지 않아 발생한 손해

바) 10kg 미만(1마리 기준)의 양(羊)이 폐사하여 발생한 손해

사) 벌의 경우 CCD(Colony Collapse Disorder, 벌떼폐사장애), 농약, 밀원수(蜜原樹)의 황화현상, 공사장의 소음, 전자파로 인하여 발생한 손해 및 꿀벌의 손해가 없는 벌통만의 손해

아) 보험목적이 도난 또는 행방불명된 경우

5) 축사(畜舍)

가) 화재 또는 풍해·수해·설해·지진 발생시 도난 또는 분실로 생긴 손해

나) 풍해·수해·설해·지진과 관계없이 댐 또는 제방이 터지거나 무너져 생긴 손해

다) 보험의 목적이 발효, 자연발열 또는 자연발화로 생긴 손해. 그러나 자연발열 또는 자연발화로 연소된 다른 보험의 목적에 생긴 손해는 보상

라) 바람, 비, 우박 또는 모래먼지가 들어옴으로써 생긴 손해. 다만 보험의 목적이 들어있는 건물이 풍해·수해·설해·지진으로 직접 파손되어 보험의 목적에 생긴 손해는 보상

마) 추위, 서리, 얼음으로 생긴 손해

바) 발전기, 여자기, 변류기, 변압기, 전압조정기, 축전기, 개폐기, 차단기, 피뢰기, 배전반 및 그 밖의 전기장치 또는 설비의 전기적 사고로 생긴 손해. 그러나 그 결과로 생긴 화재손해는 보상

사) 풍재의 직접, 간접에 관계없이 보험의 목적인 네온사인 장치에 전기적 사고로 생긴 손해 및 건식 전구의 필라멘트 안에 생긴 손해

아) 국가 및 지방자치단체의 명령에 의한 재산의 소각 및 이와 유사한 손해

03 가축재해보험 특별약관

가. 의의

특별약관은 보통약관의 규정을 바꾸거나 보충하거나 배제하기 위하여 쓰이는 약관으로 현행 가축재해보험에는 일반조항에 대한 7개의 특별약관과 부문별 13개의 특별약관이 있다. 특징적인 약관만 기술한다.

나. 일반조항에 대한 특별약관

부문	일반조항 특별약관
공통	공동인수 특별약관
	지정대리청구서비스 특별약관
	보험료분납 특별약관
	화재대물배상책임 특별약관
	동물복지인증계약 특별약관 ※ 동물복지축산농장인증(농림축산검역본부)시 보험요율 5% 할인

	구내폭발위험보장 특별약관
소	협정보험가액 특별약관 (유량검정젖소 가입시)
돼지	협정보험가액 특별약관 (종돈 가입시)
가금	협정보험가액 특별약관

1) 협정보험가액 특별약관

특별약관에서 정하는 가축에 대하여 계약체결시 재해보험사업자와 계약자가 협의하여 평가한 보험가액을 보험기간 중에 보험가액 및 보험가입금액으로 하는 기평가보험 특약이다. 해당되는 가축은 종빈우, 유량검정젖소, 종모돈, 종빈돈, 자돈, 종가금 등이다.

> 유량검정젖소란 젖소개량사업소의 검정사업에 참여하는 농가 중에서 일정한 요건을 충족하는 농가(직전 월의 305일 평균유량이 10,000kg 이상이고 평균 체세포수가 30만 마리 이하를 충족하는 농가)의 소(최근 산차 305일 유량이 11,000kg 이상이고, 체세포수가 20만 마리 이하인 젖소)를 의미하며 요건을 충족하는 유량검정젖소는 시가에 관계없이 협정보험가액 특약으로 보험 가입이 가능하다.

2) 공동인수 특별약관

재해보험사업자가 상호협정을 체결하여 보험계약을 공동으로 인수하고 사고발생시 보험금을 인수비율에 따라서 부담하는 특별약관이다.

3) 화재대물배상책임 특별약관

피보험자가 축사 구내에서 발생한 화재 사고로 인하여 타인의 재물에 손해를 입혀서 법률상의 손해배상책임을 부담함으로써 입은 손해를 보상하여 주는 특약이다.

4) 동물복지인증계약 특별약관

농림축산검역본부로부터 동물복지축산농장 인증을 받은 축산농장이 가축재해보험에 가입하는 경우 보험료 할인혜택을 부여하는 특약이다.

5) 구내폭발위험보장 특별약관

보험의 목적이 있는 구내에서 생긴 폭발, 파열(폭발, 파열이라 함은 급격한 산화반응을 포함하는 파괴 또는 그 현상을 말한다)로 보험의 목적에 생긴 손해를 보상하는 특약이다. 그러나 기관, 기기, 증기기관, 내연기관, 수도관, 수관, 유압기, 수압기 등의 물리적인 폭발, 파열이나 기계의 운동부분 또는 회전부분이 분해되어 날아 흩어짐으로 인해 생긴 손해는 보상하지 않는다.

다. 부문별 특별약관

부문	특별약관
소	소도체결함보장 특별약관
돼지	질병위험보장 특별약관
	축산휴지위험보장 특별약관
	전기적장치 위험보장 특별약관
	폭염재해보장 추가특별약관 ※ 전기적장치 특별약관 가입자만 가입가능
가금	전기적장치 위험보장 특별약관
	폭염재해보장 추가특별약관 ※ 전기적장치 특별약관 가입자만 가입가능
말	씨수말 번식첫해 선천성 불임 확장보장 특별약관
	말(馬)운송위험 확장보장 특별약관
	경주마 부적격 특별약관 (경주마, 제주마, 육성마 가입시 자동 담보)
	경주마 보험기간 설정에 관한 특별약관
기타가축	폐사·긴급도축 확장보장 특별약관(사슴, 양 가입시 자동 담보)
	꿀벌 낭충봉아부패병보장 특별약관
	꿀벌 부저병보장 특별약관
축사	설해손해 부보장 추가특별약관 ※ 돈사, 가금사에 한하여 가입 가능

1) 소(牛) 도체결함보장 특별약관

소를 도축 후 경매시까지 발견된 예상하지 못한 소 도체 결함으로 인하여 경락가격이 하락하여 발생되는 손해를 보상해 주는 특약이다. 소는 도축하면 축산물품질평가사가 도체(屠體)에 등급을 판정하고 그 판정내용을 표시하는 '등급판정인'을 찍고 동 과정에서 도체에 결함이 발견되면 '결함인'을 찍게 된다. 결함은 유형에 따라 근출혈, 수종, 근염, 외상, 근육제거, 기타의 결함으로 분류된다.

2) 돼지 질병위험보장 특별약관

돼지의 경우 보통약관은 질병위험을 보장하지 않으나 질병을 직접적인 원인으로 한 폐사로 입은 손해를 보상하는 특별약관이다. 그러나 모든 질병을 담보하는 것이 아니라 주로 포유자돈과 이유자돈에 큰 피해를 입히는 3가지 질병으로 인한 폐사에 한하여 보상한다. 돼지전염성위장염(TGE 바이러스 감염증), 돼지유행성설사병(PED 바이러스 감염증), 로타바이러스감염증(ROTA 바이러스 감염증) 등이다. 이 3가지 질병을 직접적인 원인으로 보험기간 중 폐사하거나 보험종료일 이전에 질병의 발생을 서면통지 후 30일 이내에 폐사한 경우 그 손해를 보상한다.

3) 돼지 축산휴지위험보장 특별약관

보험기간 동안에 보험증권에 명기된 구내에서 보통약관 및 특별약관에서 보상하는 사고의 원인으로 피보험자가 영위하는 축산업이 중단 또는 휴지(休止) 되었을 때 생긴 손해를 보상한다.

4) 돼지 · 가금 특별약관

전기적장치 위험보장과 폭염재해보장 특별약관은 돼지(豚)와 가금(家禽)에 공통 적용되는 특별약관이다. 돼지와 가금의 보통약관에서 전기장치 또는 설비의 전기적 사고로 생긴 손해 및 폭염의 직접적인 원인으로 인하여 보험의 목적에 발생한 손해를 보상하지 않는 손해로 각각 규정하고 있는데 이를 보장하는 특약이다.

5) 말(馬) 운송위험 확장보장 특별약관

보험의 목적인 말을 운송 중에 보통약관 말 부문의 보상하는 손해에서 정한 손해가 발생한 경우에 보상하는 특약으로 아래 사유로 발생한 손해는 보상하지 않는다.

가) 운송 차량의 덮개 또는 화물의 포장 불완전으로 생긴 손해

나) 도로교통법시행령 제22조(운행상의 안전기준)의 적재중량과 적재용량 기준을 초과하여 적재함으로써 생긴 손해

다) 수탁물이 수하인에게 인도된 후 14일을 초과하여 발견된 손해

6) 경주마 부적격 특별약관

보험의 목적인 경주마 혹은 경주용으로 육성하는 육성마가 건염, 인대염, 골절 혹은 경주 중 실명으로 인한 경주마 부적격 판정[8]을 받은 경우 보상하는 특약이다. 단, 보험의 목적인 경주마가 경주마 부적격 판정 이후 종모마 혹은 종빈마로 용도가 변경된 경우에는 보상하지 않는다.

---

[8] 건염, 인대염, 골절 혹은 경주중 실명으로 인한 경주마 부적격 여부의 판단은 한국마사회 마필보건소의 판정 결과에 따른다.

7) 경주마 보험기간 설정에 관한 특별약관

보통약관에서는 질병 등에 의한 폐사는 보험자의 책임이 발생하는 제1회 보험료 등을 받은 날로부터 1개월 이후에 폐사한 경우만 보상하고 있으나, 보험의 목적이 경주마인 경우에는 1개월 이내의 질병 등에 의한 폐사도 보상한다는 특약이다.

8) 기타가축 폐사 · 긴급도축 확장보장 특별약관

기타가축 중 사슴과 양의 경우 보통약관에서 화재 및 풍해·수해·설해·지진의 직접적인 원인으로 폐사한 경우에만 보상하고 있으나 질병 또는 불의의 사고로 인한 폐사 및 긴급도축의 경우에도 보상한다.

9~10) 꿀벌 낭충봉아부패병보장 특약과 부저병보장 특약

보통약관에서는 가축전염병예방법 제2조에서 정하는 가축전염병에 의한 폐사로 인한 손해는 보상하지 않는 손해로 규정하고 있으나 낭충봉아부패병보장 특약과 부저병보장 특약에 가입하는 경우에는 제2종 전염병인 낭충봉아부패병과, 제3종 전염병인 부저병으로 인한 꿀벌의 폐사로 발생하는 벌통의 손해를 보상한다.

11) 축사 설해(雪害)부보장 특별약관

가축재해보험 보통약관 축사 부문에서는 설해로 인한 손해를 보상하는 손해로 규정하고 있으나 이 특약으로 돈사(豚舍)와 가금사에 발생한 설해로 인한 손해를 보상하지 않는다. 부보장으로 돈사는 4.9%, 가금사는 9.4%의 보험료 할인이 적용된다.

기출문제

01 가축재해보험 정부 지원 관련 내용 중 괄호에 들어갈 내용을 순서대로 쓰시오.

(15점) ▶ 3회 손해평가사

> ○ 농어업경영체법 제4조에 따라 해당 축종으로 (①)를 등록 한 자
> ○ 축산법 제22조 제1항 및 제3항에 따른 (②)를 받은 자
> ○ 축사는 가축전염병예방법 제9조에 따른 경우에는 (③)이 없어도 축사 가입이 가능하다. 건축물관리대장 상 (④) 용도인 경우와 건축물관리대장 상 (⑤)이 있는 경우 정부지원에서 제외된다.

모범답안

① 농업경영정보
② 축산업 허가(등록)
③ 사육가축
④ 주택
⑤ 위반건축물

02 돼지를 기르는 축산농가 A씨는 ① 폭염으로 폐사된 돼지와 ② 축사 화재로 타인에게 배상할 손해에 대비하기 위해 가축재해보험에 가입하고자 한다. 이때 반드시 가입해야 하는 특약을 ①의 경우와 ②의 경우로 나누어 쓰시오.

(5점) ▶ 5회 손해평가사

모범답안

① 폭염재해보장 특약, 전기적장치 위험보장 특약
② 화재대물배상책임 특약

참조 폭염재해보장 특약은 전기적장치위험보장 특별약관 가입자에 한해 가입이 가능하다. 화재대물배상책임 특약은 축사 보험가입자에 한해 가입이 가능하다. 화재대물배상책임은 축사 구내에서 발생한 화재사고로 타인의 재물에 손해를 입혀서 법률상의 손해배상책임을 부담함으로써 입은 손해를 보상하는 특약이다.

과목 02

농작물재해보험 및 가축재해보험 손해평가의 이론과 실무

- **01** 농업재해보험 손해평가 개요
- **02** 농작물재해보험 손해평가
- **03** 가축재해보험 손해평가

제1장 농업재해보험 손해평가 개요

농업재해보험 손해평가는 보험사고가 발생한 경우 피해를 조사하는 과정과 조사된 자료를 기초로 보험금을 산정하는 과정으로 구분되며 조사와 평가를 균형있게 학습해야 한다.

01 손해평가의 개요

가. 손해평가의 의의와 중요성

손해평가는 보험대상 목적물에 피해가 발생한 경우 그 피해사실을 확인하고 평가하는 일련의 과정이다. 손해평가는 재해로 인한 수확량 감소를 파악하여 피해율을 계산함으로써 지급될 보험금을 산정하게 된다. 손해평가 결과는 지급보험금을 확정하는데 결정적인 근거가 되기 때문에 손해평가는 농업재해보험에서 가장 중요한 부분 중 하나이다.

손해평가의 결과에 대하여 보험가입자는 물론 제3자도 납득할 수 있어야 한다. 그 결과가 지역마다 개개인마다 달라 보험가입자들이 인정하기 어렵다면 손해평가 자체의 문제는 물론이고 농업재해보험제도에 대한 신뢰를 상실하게 된다. 피해상황이 과대평가되면 보험가입자는 당장은 이익이 되겠지만 이러한 상황이 확대되면 보험수지에 영향을 미치고 보험료율도 지나치게 높아져 보험사업의 운영이 곤란하게 될 수 있다. 따라서 손해평가의 객관성과 정확성을 유지하는 것은 매우 중요하다.

손해평가는 공정하고 정확하게 이루어져야 한다(최경환 외 2013: 40). 공정한 손해평가를 통해 보험가입자의 피해 상황에 따른 정확한 보상을 할 수 있고, 선의의 계약자를 보호하며 장기적으로는 보험사업의 건전화에도 기여하게 된다. 어느 특정인이 부당하게 보험금을 수취하였을 경우 그로 인해 다수의 선의의 보험가입자가 그 부담을 안아야 하므로 선의의 피해자를 보호하는 관점에서도 정확한 손해평가는 중요하다.

02 손해평가의 체계

가. 관련법령

손해평가는 농어업재해보험법, 동 시행령 및 농업재해보험 손해평가요령 등 관련 법령에 근거하여 실시된다. 농어업재해보험법 제11조(손해평가 등)에서는 손해평가 전반에 대해 규정하고 있다.

농어업재해보험법

제11조(손해평가 등) ① 재해보험사업자는 보험목적물에 관한 지식과 경험을 갖춘 사람 또는 그 밖의 관계 전문가를 손해평가인으로 위촉하여 손해평가를 담당하게 하거나 제11조의2에 따른 손해평가사(이하 "손해평가사"라 한다) 또는 「보험업법」 제186조에 따른 손해사정사에게 손해평가를 담당하게 할 수 있다.
② 제1항에 따른 손해평가인과 손해평가사 및 「보험업법」 제186조에 따른 손해사정사는 농림축산식품부장관 또는 해양수산부장관이 정하여 고시하는 손해평가 요령에 따라 손해평가를 하여야 한다. 이 경우 공정하고 객관적으로 손해평가를 하여야 하며, 고의로 진실을 숨기거나 거짓으로 손해평가를 해서는 아니된다.
③ 재해보험사업자는 공정하고 객관적인 손해평가를 위하여 동일 시군구(자치구를 말한다) 내에서 교차손해평가(손해평가인 상호간에 담당지역을 교차하여 평가하는 것을 말한다. 이하 같다)를 수행할 수 있다. 이 경우 교차손해평가의 절차방법 등에 필요한 사항은 농림축산식품부장관 또는 해양수산부장관이 정한다.
④ 농림축산식품부장관 또는 해양수산부장관은 제2항에 따른 손해평가 요령을 고시하려면 미리 금융위원회와 협의하여야 한다.
⑤ 농림축산식품부장관 또는 해양수산부장관은 제1항에 따른 손해평가인이 공정하고 객관적인 손해평가를 수행할 수 있도록 연 1회 이상 정기교육을 실시하여야 한다.
⑥ 농림축산식품부장관 또는 해양수산부장관은 손해평가인 간의 손해평가에 관한 기술정보의 교환을 지원할 수 있다.
⑦ 제1항에 따라 손해평가인으로 위촉될 수 있는 사람의 자격 요건, 제5항에 따른 정기교육, 제6항에 따른 기술정보의 교환 지원 및 손해평가 실무교육 등에 필요한 사항은 대통령령으로 정한다.
[제목개정 2016. 12. 2.]

나. 손해평가의 주체

손해평가의 주체는 농림축산식품부장관과 사업약정을 체결한 재해보험사업자이다(농어업재해보험법 제8조). 재해보험사업자는 보험목적물에 관한 지식과 경험을 갖춘 자 또는 그밖의 관계 전문가를 손해평가인으로 위촉하여 손해평가를 담당하게 하거나 손해평가사 또는 손해사정사에게 손해평가를 담당하게 할 수 있다(동 법 제11조). 재해보험사업자는 재해보험사업의 원활한 수행을 위하여 보험모집 및 손해평가 등 재해보험 업무의 일부를 대통령령으로 정하는 자(지역농협 등)에게 위탁할 수 있다(동 법 제14조).

다. 조사자의 유형

농업재해보험의 조사자는 손해평가인, 손해평가사 및 손해사정사이다. 손해평가인은 농어업재해보험법 시행령 제12조에 따른 자격요건을 충족하는 자로 재해보험사업자가 위촉한 자이다. 손해평가사는 농림축산식품부장관이 한국산업인력공단에 위탁하여 시행하는 손해평가사 자격시험에 합격한 자이다.

손해사정사는 보험개발원에서 실시하는 손해사정사 자격시험에 합격하고 일정기간의 실무수습을 마쳐 금융감독원에 등록한 자이다. 이밖에 재해보험사업자 및 재해보험사업자로부터 손해평가 업무를 위탁받은 자는 원활한 손해평가 업무를 수행하기 위하여 손해평가보조인을 운용할 수 있다.

라. 손해평가 절차

손해평가는 사고발생 통지(보험가입자) → 사고발생보고 전산입력(보험대리점 등) → 손해평가반 구성(재해보험사업자 등) → 현지조사 실시(손해평가반) → 현지조사결과 전산입력(대리점 또는 손해평가반) → 현지조사 및 검증조사(재해보험사업자, 재보험사 및 정부) 등의 순으로 진행된다.

재해보험사업자 등은 보험가입자로부터 보험사고가 접수되면 생육시기, 품목, 재해의 종류 등에 따라 조사내용을 결정하고 지체없이 손해평가반을 구성한다. 손해평가반은 조사자 1인(손해평가사·손해평가인·손해사정사)을 포함하여 5인 이내로 구성하되 조사자 1인 이상을 반드시 포함해야 한다. 다만 자기 또는 자기와 생계를 같이 하는 친족이 가입하거나 모집한 보험계약에 관한 손해평가, 직전 손해평가일로부터 30일 이내의 보험가입자간 상호 손해평가, 자기가 실시한 손해평가에 대한 검증조사 및 재조사 등에 대해서는 해당자를 손해평가반 구성에서 배제해야 한다.

손해평가반은 배정된 농지(과수원)에 대해 손해평가요령 제12조의 손해평가 단위별로 현지조사를 실시한다. 보험목적물별 손해평가의 단위는 농작물은 농지, 가축은 개별가축(단 벌은 벌통단위), 농업시설물은 보험가입 목적물이다. 현지조사의 내용은 품목과 보장방식, 재해의 종류에 따라 다르며 아래 표와 같다. 재해보험사업자 등은 현지조사를 직접 실시하거나 손해평가반의 현지조사 내용을 검증조사할 수 있다.

손해평가를 위한 현지조사는 조사단계에 따라 본조사와 재조사 및 검증조사, 조사범위에 따라 전수조사와 표본조사로 구분할 수 있다. 본조사는 보험사고가 접수된 보험목적물에 대해 실시하는 조사이며, 재조사는 기 실시된 조사에 대하여 이의가 있는 경우 다른 손해평가반으로 하여금 실시하는 조사이다. 계약자는 손해평가 결과에 대해 설명 또는 통지받은 날로부터 7일 이내에 손해평가가 잘못되었음을 증빙하는 서류 또는 사진을 제출하여 이의를 제기할 수 있다.

검증조사는 재해보험사업자 및 재보험사업자가 손해평가반이 실시한 손해평가 결과를 확인하기 위하여 보험목적물 중 일정수를 임의추출하여 확인하는 조사이다.

〈품목별 현지조사 종류〉

구분	상품군	해당 품목	조사 종류
		공통조사	피해사실확인조사
과수	적과전 종합Ⅱ	사과, 배, 단감, 떫은감	〈적과전 손해조사〉 피해사실확인조사 (확인사항 : 유과타박률, 낙엽률, 나무피해, 미보상비율) ※ 재해에 따라 확인사항은 다름 　고사나무조사(나무손해특약 가입건)
			적과후착과수 조사 고사나무조사(나무손해특약 가입건)
			〈적과후 손해조사〉 낙과피해조사(단감, 떫은감은 낙엽률 포함), 착과피해조사 ※재해에 따라 조사종류는 다름 　고사나무조사(나무손해특약 가입건)
	종합위험	포도(수입보장 포함), 복숭아, 자두, 유자, 감귤(만감류)	착과수조사, 과중조사, 착과피해조사, 낙과피해조사
		밤, 참다래, 대추, 매실, 오미자, 유자, 살구, 호두	수확 개시 전·후 수확량조사
		복분자, 무화과	종합위험 과실손해조사, 특정위험 과실손해조사
		복분자	경작불능조사
		오디, 감귤(온주밀감)	과실손해조사
		포도(수입보장포함), 복숭아, 자두, 참다래, 매실, 무화과, 유자, 감귤, 살구	고사나무조사(나무손해보장 가입건)
논/밭 작물	특정위험	인삼(작물)	수확량조사
	종합위험	벼	이앙·직파 불능조사, 재이앙·재직파조사, 경작불능조사, 수확량(수량요소)조사, 수확량(표본)조사, 수확량(전수)조사, 수확불능확인조사
		마늘(수입보장 포함)	재파종조사, 경작불능조사, 수확량(표본)조사
		양파, 감자, 고구마, 양배추(수입보장 포	경작불능조사, 수확량(표본)조사

		함), 옥수수	
		차(茶)	수확량(표본)조사
		밀, 콩(수입보장 포함)	경작불능조사, 수확량(표본·전수)조사
		고추, 브로콜리, 메밀, 배추, 무, 단호박, 파, 당근, 시금치, 양상추	생산비보장 손해조사
		인삼(해가림시설)	해가림시설 손해조사
원예 시설	종합 위험	〈시설하우스〉 단동하우스, 연동하우스, 유리온실, 버섯재배사	시설하우스 손해조사
		〈시설작물〉 수박, 딸기, 오이, 토마토, 참외, 풋고추, 호박, 국화, 장미, 멜론, 파프리카, 상추, 부추, 시금치, 배추, 가지, 파, 무, 백합, 카네이션, 미나리, 쑥갓, 감자, 느타리, 표고버섯, 양송이, 새송이	시설작물 손해조사

자료: NH농협손해보험· 농림축산식품부. 2023.

〈손해평가 업무흐름〉

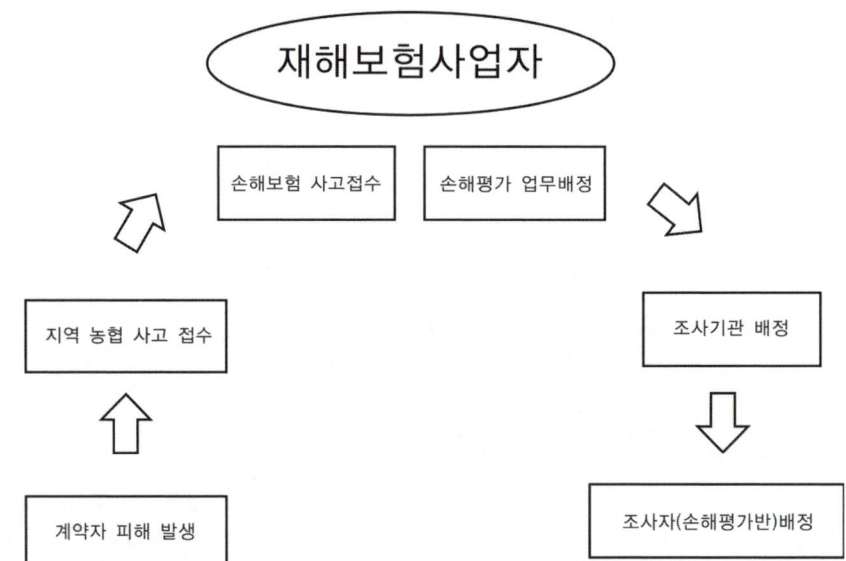

〈현지조사절차〉

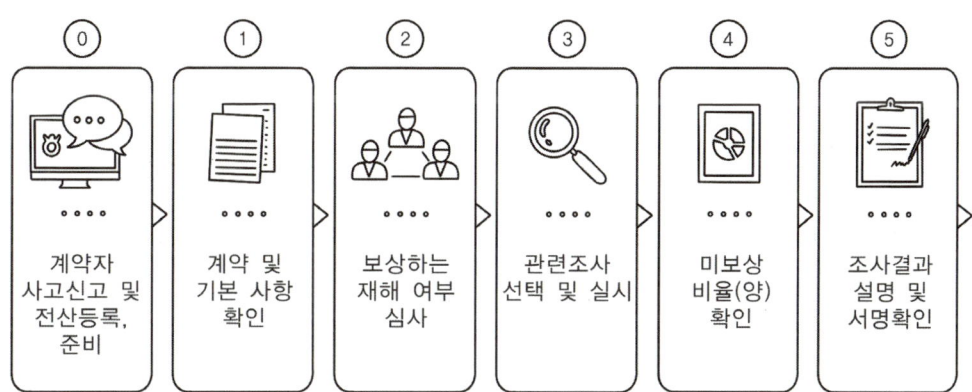

제2장 농작물재해보험 손해평가

손해평가 현지조사의 방법은 전수조사와 표본조사가 있다. 전수조사는 조사대상(모집단)을 모두 조사하는 것이고, 표본조사는 모집단의 일부(표본)를 추출하여 조사하는 방식이다. 표본조사는 표본의 통계(통계량)를 이용해 모집단(모수)을 추정하는 과정이 추가된다. 농업재해보험에서는 일부 조사를 제외하고는 대부분 표본조사로 이루어진다. 현지조사의 내용에는 피해사실확인조사, 낙과수(낙과피해)조사, 착과수(착과피해)조사, 수확량조사 등이 있다. 작물별 조사방법과 절차는 큰 차이가 없으므로 처음에는 상술하고 이후 반복되는 사항은 특징적인 내용만 기술한다.

01 과수작물 손해평가

과수작물은 20개 품목이며 과수 4종과 기타과수(과수 4종 외 과수)로 구분할 수 있다. 과수 4종은 감수량(피해량)에 직접 보상하는 반면, 기타과수는 조사한 수확량에 따라 피해율을 구하여 보상하는 수확감소보장방식으로 보상한다. 다만 오디, 감귤(온주감귤), 복분자, 무화과는 피해율을 수확량이 아닌 다른 기준으로 구하는 점이 다르다.

가. 적과전 종합위험방식(사과, 배, 단감, 떫은감)

적과전 종합위험방식은 적과(摘果)를 기준으로 2종류의 보험금이 지급되며 피해량(감수량)에 직접 보상한다. 감수량을 계산하는 방법은 착과감소보험금은 평년수확량과 적과후착과량을 비교하여 산출하며, 과실손해보험금은 매 사고마다 감수량을 계산하여 누적한다.

1) 조사의 종류

생육 시기	재해	조사내용	조사시기	조사방법	비고
보험계약 체결일 ~ 적과 전	보상하는 재해 전부	피해사실 확인 조사	사고접수 후 지체 없이	보상하는 재해로 인한 피해발생여부 조사	피해사실이 명백한 경우 생략 가능
	우박		사고접수 후 지체 없이	우박으로 인한 유과(어린과실) 및 꽃(눈)등의 타박비율 조사 ·조사방법: 표본조사	적과종료 이전 특정위험 5종 한정 보장 특약 가입건에 한함
6월1일 ~ 적과전	태풍(강풍), 집중호우, 화재, 지진		사고접수 후 지체 없이	보상하는 재해로 발생한 낙엽피해 정도 조사 – 단감·떫은감에 대해서만 실시 ·조사방법: 표본조사	

적과 후	-	적과후 착과수 조사	적과 종료 후	보험가입금액의 결정 등을 위하여 해당 농지의 적과종료 후 총 착과수를 조사 · 조사방법: 표본조사	피해와 관계 없이 전 과수원 조사
적과후 ~ 수확기 종료	보상하는 재해	낙과피해 조사	사고접수 후 지체 없이	재해로 인하여 떨어진 피해과실수 조사 - 낙과피해조사는 보험약관에서 정한 과실피해분류기준에 따라 구분하여 조사 · 조사방법: 전수조사 또는 표본조사	
				낙엽률 조사(우박 및 일소 제외) - 낙엽피해정도 조사 · 조사방법: 표본조사	단감· 떫은감
	우박, 일소, 가을동 상해	착과피해 조사	착과피해 확인이 가능 한 시기	재해로 인하여 달려있는 과실의 피해과 실수 조사 - 착과피해조사는 보험약관에서 정한 과실피해분류기준에 따라 구분하여 조사 · 조사방법: 표본조사	
수확 완료 후 ~ 보험종기	보상하는 재해 전부	고사나무 조사	수확완료 후 보험 종기 전	보상하는 재해로 고사되거나 또는 회생이 불가능한 나무수를 조사 - 특약 가입 농지만 해당 · 조사방법: 전수조사	수확완료 후 추가 고사나 무가 없는 경우 생략 가능

2) 손해평가 현지조사 방법

가) 피해사실확인조사

> 피해사실 확인조사는 보상하는 재해로 인한 피해 여부만 확인하는 조사이며 피해가 확인될 경우 추가조사 일정을 수립한다. 적과전 종합위험방식에서는 인정피해율 확인이 추가된다.

(1) 조사대상 : 적과종료 이전 대상재해로 사고접수 과수원 및 조사 필요 과수원

(2) 대상재해 : 자연재해, 조수해(鳥獸害), 화재

(3) 조사시기 : 사고접수 직후 실시

(4) 조사방법

  (가) 보상하는 재해로 인한 피해 여부 확인

   기상청 자료 확인, 현지방문 등을 통하여 보상하는 재해로 인한 피해가 맞는지 확인하며 이에 대한 근거자료를 확보한다. 근거자료는

   ① 재해입증자료(기상청 자료, 농업기술센터의견서 등)

   ② 피해과수원 사진(전반적인 피해상황과 세부피해내용이 확인 가능하도록 촬영)

다만 태풍과 같이 재해내용이 명확하거나 사고접수 후 바로 추가조사가 필요한 경우 등에는 조사를 생략할 수 있다.

(나) 나무피해 확인

> 적과전 종합위험방식은 다음의 경우 인정피해율을 조사한다. 즉 ① 종합위험은 모든 사고가 일부 피해인 경우(조수해 및 화재만 해당, 나무피해율 조사), ② 적과종료 이전 특정위험 5종 한정보장 특약을 가입한 경우(유과타박률·낙엽률·나무피해율 조사)를 실시한다.

(나무피해율)

※ 종합위험의 나무피해율 = $\dfrac{\text{고사주수} + \text{수확불능주수} + \text{일부피해주수}}{\text{실제결과주수}}$

※ 5종 특약의 나무피해율 = $\dfrac{\text{유실} + \text{매몰} + \text{도복} + \text{절단}(1/2) + \text{소실}(1/2) + \text{침수주수}}{\text{실제결과주수}}$

① 고사나무 확인

품종·재배방식·수령별 고사주수를 조사한다. 고사나무 중 과실손해를 보상하지 않는 경우가 있음을 유의한다. 보상하지 않는 손해로 고사한 나무가 있는 경우 미보상주수로 조사한다.

② 수확불능나무 확인

품종·재배방식·수령별 수확불능주수를 조사한다. 보상하지 않는 재해로 수확불능 상태인 나무가 있는 경우 미보상주수로 조사한다.

③ 일부피해주수

대상재해로 피해를 입은 나무 중 고사주수 및 수확불능주수를 제외한 나무수를 의미한다.

④ 유실·매몰·도복·절단(1/2)·소실(1/2)·침수 피해나무 확인

5종 한정보장 특약에 가입한 경우에만 해당한다. 고사주수 및 수확불능주수에 포함 여부에 상관없이 나무의 상태를 기준으로 별도 조사한다. 침수주수의 경우 과실침수율을 곱하여 계산한다.

〈침수주수 산정방법〉

㉮ 표본주는 품종·재배방식·수령별 침수피해를 입은 나무 중 가장 평균적인 나무로 1주 이상 선정한다.
㉯ 표본주의 침수된 착과(화)수와 전체 착과(화)수를 조사한다.
㉰ 과실침수율 = $\dfrac{\text{침수된 착과(화)수}}{\text{전체 착과(화)수}}$
㉱ 전체 착과수 = 침수된 착과(화)수 + 침수되지 않은 착과(화)수
㉲ 침수주수 = 침수피해를 입은 나무수 × 과실침수율

(다) 유과타박률 확인

5종 한정보장 특약에 가입한 경우에만 해당한다. 적과종료 이전의 착과된 유과(꽃눈)에서 우박으로 피해를 입은 유과(꽃눈)의 비율을 표본조사한다.

① 조사대상주수를 기준으로 품목별 표본주수표(별표1)에 따라 표본주를 선정(표본주수 산정→표본주 선정)한 후 조사용 리본을 부착한다. 표본주는 수령이나 크기, 착과과실수를 감안하여 대표성이 있는 표본주를 선택하고 과수원 내 골고루 분포되도록 한다. 선택된 표본주가 대표성이 없는 경우 그 주변의 나무를 표본주로 대체할 수 있다.

② 선정된 표본주마다 동서남북 4곳의 가지에 가지별로 5개 이상의 유과(꽃눈)을 표본으로 추출하여 피해유과(꽃눈)와 정상유과(꽃눈)의 개수를 조사한다. 다만 사과, 배는 선택된 과(화)총당 동일한 위치(번호)의 유과(꽃눈)에 대하여 우박 피해 여부를 조사한다.

$$유과타박률 = \frac{표본주의\ 피해유과수\ 합계}{표본주의\ 피해유과수\ 합계 + 표본주의\ 정상유과수\ 합계}$$

[별표 1] 품목별 표본주(구간)수 표(사과, 배, 단감, 떫은감, 포도, 복숭아, 자두, 밤, 호두, 무화과)

조사대상주수	표본주수
50주 미만	5
50주 이상 100주 미만	6
100주 이상 150주 미만	7
150주 이상 200주 미만	8
200주 이상 300주 미만	9
300주 이상 400주 미만	10
400주 이상 500주 미만	11
500주 이상 600주 미만	12
600주 이상 700주 미만	13
700주 이상 800주 미만	14
800주 이상 900주 미만	15
900주 이상 1,000주 미만	16
1,000주 이상	17

〈표본주 선정방법〉

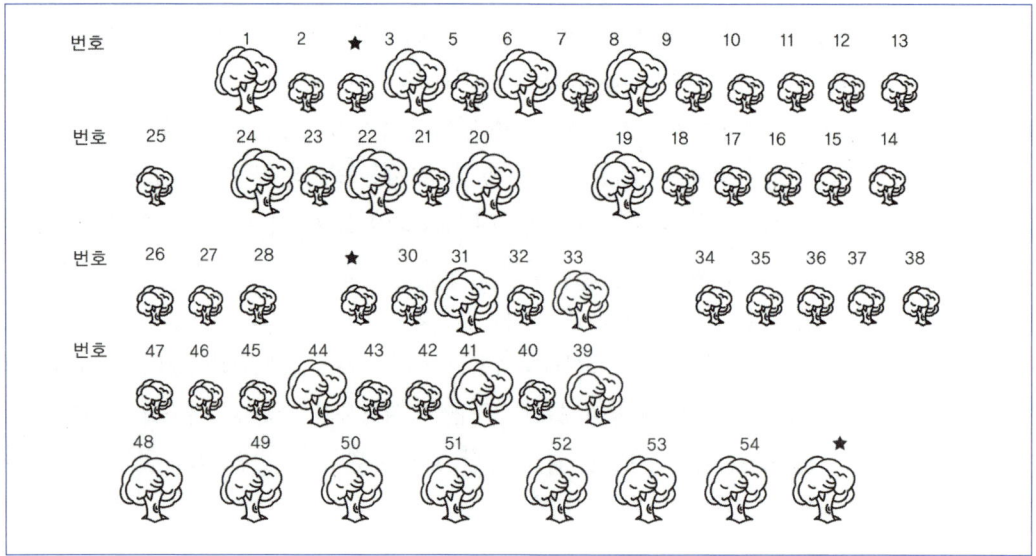

〈유과타박률 조사요령〉

- 품목별 유과타박률 조사요령

  사과, 배
  선택된 과(화)총당 동일한 위치
  (번호)의 유과(꽃)에 대하여
  우박피해 여부를 조사

  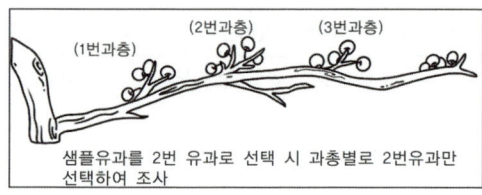

  단감, 떫은감
  선택된 유과(꽃)에 대하여
  우박피해 여부를 조사

  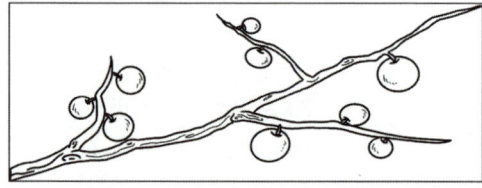

(라) 낙엽률 확인

단감과 떫은감의 잎은 생장에 중요한 역할을 하며 낙엽으로 인해 과실의 피해가 발생한다고 보기 때문에 낙엽률에 따른 인정피해율을 구하여 감수량을 계산한다.

※ 낙엽률에 따른 인정피해율 계산식

품목	낙엽률에 따른 인정피해율 계산식
단감	(1.0115 × 낙엽률) - (0.0014 × 경과일수)
떫은감	0.9662 × 낙엽률 - 0.0703

※ 경과일수 : 6월 1일부터 낙엽피해 발생일까지 경과된 일수

5종 한정보장 특약에 가입한 경우에만 해당하며 수확년도 6월 1일 이후 낙엽피해가 발생한 경우에 조사한다.

① 조사대상주수를 기준으로 품목별 표본주수표(별표1)에 따라 표본주수를 산정하고 표본주의 간격에 따라 표본주를 선정하고 조사용 리본을 묶는다.

② 선정된 표본주마다 동서남북 4곳의 결과지(신초, 1년생 가지)를 무작위로 정하여 가지별로 낙엽수와 착엽수를 조사하여 리본에 기재한 후 낙엽률을 산정한다(낙엽수는 낙엽이 떨어진 자리를 셈). 선정된 표본주의 낙엽수가 보상하지 않는 재해(병충해 등)에 해당하는 경우 착엽수로 분류한다.

$$낙엽률 = \frac{표본주의\ 낙엽수\ 합계}{표본주의\ 낙엽수\ 합계 + 표본주의\ 착엽수\ 합계}$$

(마) 추가조사 필요여부 판단

재해의 종류 및 특별약관 가입 여부에 따라 추가확인사항을 조사한다.

(바) 미보상비율 확인

보상하는 손해 이외의 원인으로 착과가 감소한 과실의 비율을 조사한다. 미보상비율은 모든 조사에서 공통적으로 실시한다.

나) 적과후착과수 조사

(1) 조사대상

사고 여부와 관계없이 농작물재해보험에 가입한 과수 4종(사과, 배, 단감, 떫은감)을 재배하는 과수원 전체에 대해 실시한다.

(2) 조사시기

통상적인 적과 및 낙과(떫은감은 1차 생리적 낙과) 종료시점(통상적인 적과 및 낙과종료라 함은 과수원이 위치한 지역의 기상여건 등을 감안하여 통상적으로 해당 지역에서 해당 과실의 적과가 종료되거나 자연낙과가 종료되는 시점을 의미)

(3) 조사방법

> 표본조사의 기본적인 절차는 동일하다. 조사대상범위(모집단) 정의→표본수 산정→표본 선정→표본조사→모집단 추정의 순이다. 농작물재해보험에서 조사대상범위(모집단)는 조사대상주수(면적)이다.

(가) 나무수조사

① 품종·재배방식·수령별 실제결과주수를 확인한다.
② 품종·재배방식·수령별 고사주수, 미보상주수, 수확불능주수를 확인한다.
③ 품종·재배방식·수령별 실제결과주수에서 미보상주수, 고사주수, 수확불능주수를 빼고 조사대상주수를 계산한다.

(나) 표본주 선정

① 조사대상주수를 기준으로 품목별 표본주수표(별표1)에 따라 과수원별 표본주수를 산정한다. 적정표본주수는 품종·재배방식·수령별 조사대상주수에 비례하여 배정하며 품종·재배방식·수령별 표본주수의 합은 전체 표본주수보다 크거나 같아야 한다.

$$적정표본주수 = 전체표본주수 \times \frac{품종별 조사 대상주수}{조사 대상주수 합}$$

(소수점 첫째 자리에서 올림)

② 품종·재배방식·수령별 조사대상주수의 특성이 골고루 반영될 수 있도록 표본주를 선정한 후 조사용 리본을 부착하고 조사내용 및 조사자를 기재한다.

(다) 표본조사

① 선정된 표본주의 품종, 재배방식, 수령 및 착과수를 조사하고 현지조사서 및 조사용 리본에 기재한다.
② 품종·재배방식·수령별 착과수은 아래와 같이 산출한다.

$$품종·재배방식·수령별 착과수 = \left[\frac{품종·재배방식·수령별 표본주의 착과수 합계}{품종·재배방식·수령별 표본주 합계}\right] \times 품종·재배방식·수령별 조사대상주수$$

※ 품종·재배방식·수령별 착과수의 합계를 과수원별 『적과후착과수』로 함

(라) 미보상비율 확인

보상하는 재해 이외의 원인으로 감소한 과실의 비율을 조사한다. 미보상비율 확인은 모든 조사에서 공통적으로 실시하며 아래표에 따라 항목(제초상태·병해충상태·기타)별 비율을 합산한다. 동일 항목에 복수의 비율이 존재하는 경우 최대값을 적용한다.

[별표 2] 농작물재해보험 미보상비율 적용표

〈감자, 고추 제외 전 품목〉

구분	제초 상태	병해충 상태	기타
해당 없음	0%	0%	0%
미흡	10% 미만	10% 미만	10% 미만
불량	20% 미만	20% 미만	20% 미만
매우 불량	20% 이상	20% 이상	20% 이상

미보상 비율은 보상하는 재해 이외의 원인이 조사 농지의 수확량 감소에 영향을 준 비율을 의미하여 제초상태, 병해충상태 및 기타 항목에 따라 개별 적용한 후 해당 비율을 합산하여 산정한다.

1. 제초 상태(과수품목은 피해율에 영향을 줄 수 있는 잡초만 해당)
   가) 해당 없음 : 잡초가 농지 면적의 20% 미만으로 분포한 경우
   나) 미흡 : 잡초가 농지 면적의 20% 이상 40% 미만으로 분포한 경우
   다) 불량 : 잡초가 농지 면적의 40% 이상 60% 미만으로 분포한 경우 또는 경작 불능조사 진행건이나 정상적인 영농활동 시행을 증빙하는 자료(영수증 등)가 부족한 경우
   라) 매우 불량 : 잡초가 농지 면적의 60% 이상으로 분포한 경우 또는 경작불능 조사 진행건이나 정상적인 영농활동 시행을 증빙하는 자료가 없는 경우

2. 병해충 상태(각 품목에서 별도로 보상하는 병해충은 제외)
   가) 해당 없음 : 병해충이 농지 면적의 20% 미만으로 분포한 경우
   나) 미흡 : 병해충이 농지 면적의 20% 이상 40% 미만으로 분포한 경우
   다) 불량 : 병해충이 농지 면적의 40% 이상 60% 미만으로 분포한 경우 또는 경작 불능조사 진행건이나 정상적인 영농활동 시행을 증빙하는 자료가 부족한 경우
   라) 매우 불량 : 병해충이 농지 면적의 60% 이상으로 분포한 경우 또는 경작불능 조사 진행건이나 정상적인 영농활동 시행을 증빙하는 자료가 없는 경우

3. 기타 : 영농기술 부족, 영농 상 실수 및 단순 생리장애 등 보상하는 손해 이외의 사유로 피해가 발생한 것으로 추정되는 경우 [해거리, 생리장애(원소결핍 등), 시비관리, 토양관리(연작 및 pH과다·과소), 전정(강전정 등), 조방재배, 재식밀도(인수기준 이하), 농지상태(혼식, 멀칭, 급배수 등), 가입이전 사고 및 계약자 중과실손해, 자연감모, 보상재해이외(종자불량, 일부가입 등)]에 적용
   가) 해당 없음 : 위 사유로 인한 피해가 없는 것으로 판단되는 경우
   나) 미흡 : 위 사유로 인한 피해가 10% 미만으로 판단되는 경우
   다) 불량 : 위 사유로 인한 피해가 20% 미만으로 판단되는 경우
   라) 매우 불량 : 위 사유로 인한 피해가 20% 이상으로 판단되는 경우

〈감자, 고추 품목〉

구분	제초 상태	기타
해당 없음	0%	0%
미흡	10% 미만	10% 미만
불량	20% 미만	20% 미만
매우 불량	20% 이상	20% 이상

제2장 농작물재해보험 손해평가

다) 낙과피해조사

> 피해구성조사는 기본적으로 감수량을 산출하기 위한 조사이다. 사고당시 낙과수(착과수)에 낙과(착과)피해율을 곱하여 낙과(착과) 감소과실수를 계산한다.

(1) 조사대상 : 적과종료 이후 낙과 사고가 접수된 과수원
(2) 대상재해 : 태풍(강풍), 집중호우, 화재, 지진, 우박, 일소

> 낙과피해를 유발하는 재해는 6개이며 착과피해를 유발하는 재해는 우박, 일소, 가을동상해이다. 우박과 일소(日燒)는 낙과피해와 착과피해를 모두 유발하는 재해이다.

(3) 조사시기 : 사고접수 직후
(4) 조사방법
  (가) 보상하는 재해 여부 심사(피해사실확인조사)
    과수원 및 작물 상태 등을 감안하여 보상하는 재해로 인한 피해가 맞는지 확인하며 필요시에는 이에 대한 근거자료를 확보한다.
  (나) 나무수조사
    ① 과수원 내 품종·재배방식·수령별 실제결과주수에서 고사주수, 수확불능주주, 미보상주수, 수확완료주수 및 일부침수주수를 파악한다.
    ② 품종·재배방식·수령별 실제결과주수에서 고사주수, 수확불능주수, 미보상주수, 수확완료주수를 빼고 조사대상주수(일부침수주수 포함)를 계산한다.
    ③ 금번재해로 인한 고사주수, 수확불능주수가 있는 경우 무피해나무 착과수조사를 실시한다. 무피해나무는 고사나무, 수확불능나무, 미보상나무, 수확완료나무 및 일부침수나무를 제외한 나무를 말한다. 품종·재배방식·수령별 무피해나무 중 가장 평균적인 나무를 1주 이상 선정하여 품종·재배방식·수령별 무피해나무 1주당 착과수를 계산한다.
    ④ 금번 재해로 인한 일부침수주수가 있는 경우에는 일부침수나무 침수착과수조사를 실시한다. 품종·재배방식·수령별 일부침수나무 중 가장 평균적인 나무를 1주 이상 선정하여 품종·재배방식·수령별 일부침수나무 1주당 착과수를 계산한다.
    ※ ③과 ④는 적과종료 이후 나무손해로 인한 감수량을 산정하기 위한 조사이다.

(다) 낙과수조사

농작물재해보험에서는 ① 과수 4종 낙과수조사, ② 논작물 수확량조사, ③ 밭작물(콩, 팥)의 수확량조사만 전수조사를 실시한다. 기타과수의 낙과수조사는 표본조사이다.

낙과수조사는 전수조사를 원칙으로 하며 전수조사가 어려운 경우 표본조사를 실시한다.

① 전수조사(조사대상주수의 낙과만 대상)

낙과수 전수조사시에는 과수원 내 전체 낙과를 조사한다. 낙과수 확인이 끝나면 낙과 중 100개 이상을 무작위로 추출하여 「과실분류에 따른 피해인정계수(별표3)」에 따라 구분하여 해당 과실의 개수를 조사한다(전체 낙과수가 100개 미만일 경우에는 해당기준 미만으로 가능).

② 표본조사

조사대상주수를 기준으로 과수원별 전체 표본주수(별표1)를 산정하되(거대재해 발생시 표본주수는 정해진 값의 1/2 가능), 품종·재배방식·수령별 표본주수는 품종·재배방식·수령별 조사대상주수에 비례하여 산정한다.

조사대상주수의 특성이 골고루 반영될 수 있도록 표본주를 선정하고 표본주별 수관면적 내 낙과수를 조사한다. 낙과수 확인이 끝나면 낙과 중 100개 이상을 무작위로 추출하여 「과실분류에 따른 피해인정계수(별표3)」에 따라 구분하여 해당 과실의 개수를 조사한다(전체 낙과수가 100개 미만일 경우에는 해당기준 미만으로도 가능).

$$낙과피해구성률 = \frac{(100\%형피해과실수 \times 1) + (80\%형피해과실수 \times 0.8) + (50\%형피해과실수 \times 0.5)}{100\%형피해과실수 + 80\%형피해과실수 + 50\%형피해과실수 + 정상과실수}$$

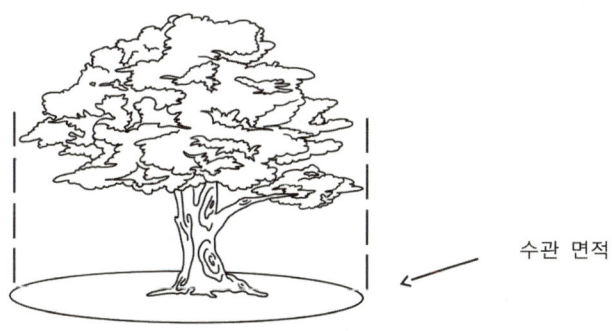

수관 면적

[별표 3] 과실 분류에 따른 피해인정계수(복숭아, 감귤 외 과실)

과실분류	피해인정계수	비고
정상과	0	피해가 없거나 경미한 과실
50%형 피해과실	0.5	일반시장에 출하할 때 정상과실에 비해 50%정도의 가격하락이 예상되는 품질의 과실 (단 가공공장공급 및 판매 여부와 무관)
80%형 피해과실	0.8	일반시장 출하가 불가능하나 가공용으로 공급될 수 있는 품질의 과실 (단 가공공장공급 및 판매 여부와 무관)
100%형 피해과실	1	일반시장 출하가 불가능하고 가공용으로도 공급될 수 없는 품질의 과실

(라) 낙엽률조사(우박·일소피해는 제외)

단감과 떫은감은 낙엽피해시 낙엽률을 조사한다. 적과종료 이전의 낙엽률조사와 같은 방법으로 실시하며 사고당시 낙엽률에 따른 인정피해율을 곱하여 해당 감수 과실수로 산정한다.

품목	낙엽률에 따른 인정피해율 계산식
단감	(1.0115 × 낙엽률) - (0.0014 × 경과일수)
떫은감	0.9662 × 낙엽률 - 0.0703

※ 경과일수 : 6월 1일부터 낙엽피해 발생일까지 경과된 일수

〈가지별 낙엽 판단 (예시)〉

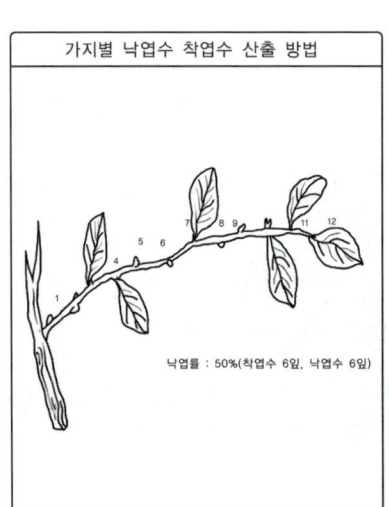

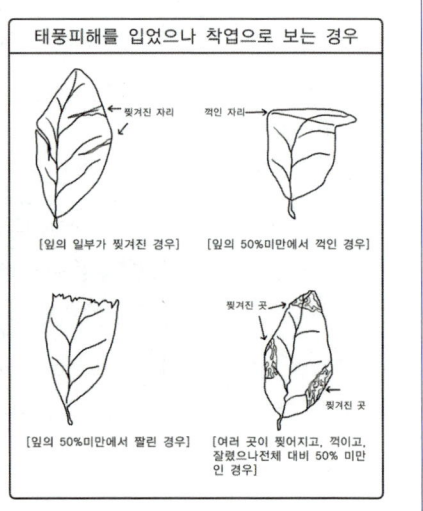

라) 착과피해조사
  (1) 조사대상 : 적과종료 이후 대상재해로 사고가 접수된 과수원 또는 적과종료 이전 우박피해 과수원
  (2) 대상재해 : 우박, 가을동상해, 일소피해
  (3) 조사시기 : 착과피해 확인이 가능한 시점
  (4) 조사방법
    (가) 착과피해조사는 착과된 과실의 피해정도를 조사하는 것으로 대표품종(적과후착과수 기준 60% 이상 품종)으로 하거나 품종별로 실시할 수 있다.
    (나) 착과피해조사는 먼저 착과수 확인을 해야 한다. 이때 확인할 착과수는 적과후착과수조사와는 별개의 조사(착과피해시점의 착과수조사)이다. 다만 이전에 실시한 적과후착과수의 착과수와 착과피해조사 시점의 착과수가 큰 차이가 없는 경우에는 별도의 착과수 확인없이 이전의 조사값으로 대체할 수 있다.
    착과수 확인은 실제결과주수에서 고사주수, 수확불능주수, 미보상주수 및 수확완료주수를 뺀 조사대상주수를 기준으로 적정표본주수를 산정하며 이후 조사방법은 적과후착과수조사와 같다.
    (다) 착과수 확인이 끝나면 수확이 완료되지 않은 품종별로 표본과실을 추출한다. 추출하는 표본과실수는 품종별 1주(과수원당 3주) 이상으로 하며 추출한 과실을 「과실분류에 따른 피해인정계수(별표3)」에 따라 품종별로 정상과, 50%형 피해과, 80%형 피해과, 100%형 피해과로 구분하여 해당 과실의 개수를 조사한다(거대재해 등 필요시 1/2만 조사 가능).
    (라) 조사당시 수확이 완료된 품종이 있거나 피해가 경미한 경우 품종별로 피해구성조사를 생략할 수 있다. 대표품종만 조사한 경우에는 품종별 피해상태에 따라 동 조사결과를 동일하게 적용할 수 있다.
마) 고사나무조사
  (1) 조사대상 : 나무손해보장 특약에 가입한 농지 중 사고가 접수된 농지
  (2) 대상재해 : 자연재해, 조수해, 화재
  (3) 조사시기 : 수확완료 후 나무손해보장 종료 직전
  (4) 조사방법
    (가) 고사나무조사 필요 여부 확인
    고사나무조사는 수확완료 후 고사나무가 있는 경우에만 실시한다. 착과수조사, 수확량조사 등 기조사시 확인된 고사나무 이외에 추가로 고사된 나무가 없는 경우

조사를 생략한다.
(나) 보상하는 재해로 인한 피해 여부 확인
(다) 고사주수조사

품종·재배방식·수령별로 실제결과주수, 수확완료 전 고사주수, 수확완료 후 고사주수 및 미보상주수를 조사한다.

※ 수확완료 전 고사주수 : 고사나무조사 이전 조사에서 보상하는 재해로 고사한 것으로 확인된 주수

※ 수확완료 후 고사주수 : 보상하는 재해로 고사한 나무 중 고사나무조사 이전조사에서 확인되지 않은 나무주수

※ 미보상 고사주수 : 보상하는 재해 이외의 원인으로 고사한 나무주수

3) 보험금 산정방법 및 지급기준

> 적과전 종합위험방식은 감수량(피해량)을 계산하여 직접 보상하는 방식이다. 과수 4종과 밭작물(옥수수)만이 이 방식으로 보험금을 산출한다. 착과감소보험금은 평년수확량과 적과후착과량을 비교하여 감수량을 계산하는 반면, 과실손해보험금은 사고별로 감수량을 계산하여 누적한 값으로 한다.

가) 착과감소보험금 계산

적과종료 이전 보상하는 재해로 인한 착과감소량(=착과감소과실수×가입과중)이 자기부담감수량을 초과하는 경우 아래와 같이 계산한 착과감소보험금을 지급한다.

> 착과감소보험금=(착과감소량 − 미보상감수량 − 자기부담감수량) × 가입가격 × 보장수준(50%, 70%)

(1) 착과감소량(=착과감소과실수×가입과중)

> 착과감소과실수 = min(평년착과수 − 적과후착과수, 최대인정감소과실수)

(가) 착과감소과실수는 평년착과수에서 적과수착과수를 뺀 값이다. 다만, 피해사실 확인조사에서 ① 종합위험은 모든 사고가 일부 피해인 경우, ② 5종 한정보장 특약에 가입한 경우에는 최대인정감소과실수를 계산하여 평년착과수−적과수 착과수와 비교해 작은 값을 적용한다.

① 종합위험의 최대인정감소과실수=평년착과수×최대인정피해율

※ 최대인정피해율= $\frac{\text{피해대상주수(고사주수+수확불능주수+일부피해주수)}}{\text{실제결과주수}}$

② 5종 한정특약 최대인정감소과실수=평년착과수×최대인정피해율

※ 최대인정피해율=max(나무피해율, 유과타박율, 낙엽률에 따른 인정피해율)

※ 나무피해율(5종한정특약), 유과타박율, 낙엽률은 적과전 종합위험방식 피해사실확인조사 참조

　(나) 가입과중은 보험에 가입할 때 결정한 과실의 1개당 평균무게를 말한다. 한 과수원에 다수의 품종이 혼식된 경우에도 품종에 관계없이 동일하게 적용한다.

　(다) 적과전 우박으로 인한 착과피해는 수확전에 착과를 분류하고 과실분류에 따른 피해인정계수를 적용하여 감수과실수를 별도로 산출하여 적과후 감수과실수에 합산한다.

(2) 미보상감수량(미보상감수과실수×가입과중)

　　보상하는 재해 이외의 원인으로 감소되었다고 평가되는 부분이며 계약당시 이미 발생한 피해, 병해충으로 인한 피해 및 제초상태 불량 등으로 인한 수확감소량으로 감수량에서 제외된다. 미보상감수과실수는 아래와 같이 산출한다.

> 미보상감수과실수 = 평년착과수×미보상비율(최대값)+미보상주수×1주당 평년착과수

(3) 자기부담감수량(=자기부담감수과실수×가입과중)

　　자기부담감수과실수는 기준착과수에 자기부담비율을 곱하여 계산한다. 기준착과수란 보험금 지급의 기준이 되는 과실수로 ① 적과전에 인정된 착과감소과실수가 없는 경우에는 적과수착과수=기준착과수이며, ② 적과전에 인정된 착과감소과실수가 있는 경우에는 적과후착과수+감수과실수이다. 기준수확량은 기준착과수에 가입과중을 곱한 값이다. 자기부담비율은 계약할 때 계약자가 선택한 비율로 한다.

(4) 가입가격

　　가입가격은 보험에 가입할 때 결정한 과실의 kg당 평균가격을 말한다. 한 과수원에 다수의 품종이 혼식된 경우에도 품종에 관계없이 동일하게 적용한다.

(5) 보장수준

　　보장수준(50%, 70%)은 계약할 때 계약자가 선택하는 수준으로 한다. 50%는 임의선택이 가능하며, 70%는 최근 3년 연속 보험가입 과수원으로 누적 적과전 손해율이 100% 이하인 경우에만 가능하다.

나) 과실손해보험금 계산

> 적과종료 이후에는 보험사고가 발생할 때마다 감수과실수를 계산하여 더한 값을 누적감수과실수로 한다. 다중사고의 경우 피해율 중복계산을 막기 위해 maxA를 사용한다. maxA는 기사고의 피해율(낙엽률에 따른 인정피해율, 착과피해율 중 최고값)을 말하며 금차사고의 피해율에서 차감하여 계산한다.

　　적과종료 이후 누적감수량(=누적감수과실수×가입과중)이 자기부담감수량을 초과하

는 경우 재해보험사업자는 아래와 같이 계산한 과실손해보험금을 지급한다.

> 과실손해보험금=(적과종료 이후 누적감수량-자기부담감수량)×가입가격

(1) 적과종료 이후 누적감수량(누적감수량=누적감수과실수×가입과중)

적과종료 이후 누적감수량은 보험종료시점까지 산출된 감수량을 누적한 값이며 다음과 같다.

(가) 착과손해 감수량

적과종료 이전 보상하는 재해(자연재해)로 인한 피해가 발생하여 착과감소과실수가 있는 경우에는 적과종료 이후 착과손해 감수과실수를 산출한다. 적과종료 이전 5종 한정보장특약에 가입하는 경우에는 적용하지 않는다.

① 적과수착과수가 평년착과수의 60% 미만인 경우

$$감수과실수 = 적과후착과수 \times 5\%$$

② 적과후착과수가 평년착과수의 60% 이상 100% 미만인 경우

$$감수과실수 = 적과후착과수 \times 5\% \times \frac{100\% - 착과율}{40\%}$$

$$※ \ 착과율 = \frac{적과후착과수}{평년착과수}$$

※ 위의 착과손해율(0-5%)은 이후 maxA 값으로 적용된다.

(나) 적과종료 이후 감수량(태풍(강풍), 집중호우, 화재, 지진)

낙과손해와 착과손해, 나무손해, 낙엽손해 등에 따른 감수량을 산출한다.

① 낙과손해는 낙과를 분류하고 과실분류에 따른 피해인정계수(별표3)를 적용하여 낙과피해구성율을 산출하여 곱한다. 사과와 배는 일부 착과손해(7%)를 추가 계산한다.

> 낙과 감수과실수=총낙과과실수×(낙과피해구성율-maxA)×1.07
> ※ 사과, 배의 경우 1.07을 곱해주며 착과손해율에 해당한다.

② 나무손해는 고사나무와 수확불능나무가 있는 경우 무피해나무 1주당 평균 착과수, 일부침수손해는 일부침수나무 1주당 착과수를 곱하여 감수과실수를 계산한다.

> 고사 및 수확불능주 감수과실수 = (고사주수 + 수확불능주수) × 무피해나무 1주당 평균 착과수 × (1-maxA)
> 일부침수피해주 감수과실수 = 일부침수주수 × 일부침수나무 1주당 평균 착과수 × (1-maxA)

③ 낙엽손해는 단감과 떫은감에 한하여 적용되며 적과종료일부터 당해연도 10월 말까지 태풍(강풍)·집중호우·화재·지진으로 인한 낙엽피해가 발생한 경우 착과수와 낙엽률을 산출하며 낙엽률에 따른 인정피해율을 착과수에 곱하여 감수과실수를 계산한다.

낙엽손해 감수과실수 = 사고당시 착과과실수 × (인정피해율 − maxA)

품목	낙엽률에 따른 인정피해율 계산식
단감	(1.0115 × 낙엽률) − (0.0014 × 경과일수)
떫은감	0.9662 × 낙엽률 − 0.0703

※ 경과일수 : 6월 1일부터 낙엽피해 발생일까지 경과된 일수

(다) 적과종료 이후 감수량(우박)

우박으로 인한 피해(적과종료 이전 우박피해 포함)는 착과 및 낙과 감수과실수를 계산한다. 착과손해는 피해과실을 분류하고 과실분류에 따른 피해인정계수(별표 3)를 적용하여 착과피해구성율(maxA 차감)을 곱하여 계산한다.

착과손해 감수과실수 = 사고당시 착과과실수 × (착과피해구성율 − maxA)

(라) 적과종료 이후 감수량(가을동상해)

착과손해에 따른 감수량을 산출한다. 이때 단감과 떫은감은 잎피해(잎의 50% 이상 고사)가 인정된 경우 정상과실의 피해인정계수를 아래와 같이 변경하여 감수과실수를 산출한다.

가을동상해 착과 감수과실수 = 사고당시 착과과실수 × (착과피해구성율 − maxA)
※ 잎 피해 인정시 정상과실에도 피해인정계수(정상과실수 × 0.0031 × 잔여일수)를 적용한다.

(마) 적과종료 이후 감수량(일소)

착과손해와 낙과손해에 따른 감수량을 산출한다. 다만 일소피해로 피해로 인한 감수과실수는 보험사고 한 건(착과손해 + 낙과손해)당 적과후착과수의 6%를 초과하는 경우에만 감수과실수로 인정한다.

(2) 재해보험사업자는 감수과실수의 합계로 적과종료 이후 감수과실수를 산출한다. 다만 일소와 가을동상해로 인한 감소과실수는 부보장 특별약관에 가입한 경우 감수과실수에서 제외한다.

(3) 가입과중은 보험에 가입할 때 결정한 과실의 1개당 평균무게를 말한다. 한 과수원에 다수의 품종이 혼식된 경우에도 품종과 관계없이 동일하다.

(4) 하나의 보험사고로 인해 산정된 감수량은 동시 또는 선·후차적으로 발생한 다른 보험사고의 감수량으로 인정하지 않는다.

(5) 자기부담감수량은 기준수확량에 자기부담비율을 곱한 값으로 한다. 다만 착과감소량이 존재하는 경우 착과감소량에서 적과종료 이전에 산정된 미보상감수량을 뺀 값을 자기부담감수량에서 제외한다. 자기부담비율은 계약할 때 계약자가 선택한 비율로 한다.

(6) 가입가격은 보험에 가입할 때 결정한 과실의 kg당 평균가격을 말한다. 한 과수원에 다수의 품종이 혼식된 경우에도 품종에 관계없이 동일하다.

(7) 보험금의 지급한도에 따라 보험금이 보험가입금액×(1-자기부담비율)을 초과하는 경우에는 보험가입금액×(1-자기부담비율)을 보험금으로 한다.

다) 나무손해보장특약 보험금

나무손해보장 지급보험금은 보험가입금액에 피해율에서 자기부담비율을 차감한 비율을 곱한다.

$$지급보험금 = 보험가입금액 \times (피해율 - 자기부담비율)$$

$$※ 피해율 = \frac{피해주수(고사된 나무수)}{실제결과주수}, \quad 자기부담비율 = 5\%$$

나. 종합위험 수확감소보장방식 및 비가림과수 손해보장방식

(포도, 복숭아, 자두, 감귤(만감류), 밤, 호두, 참다래, 대추, 매실, 살구, 오미자, 유자)

> 수확감소보장방식은 보장하는 재해로 인한 수확량 감소를 보장하는 방식이다. 농작물재해보험의 대표적인 보장방식으로 보험사고가 발생한 경우 수확량을 조사하고 피해율을 산정하여 보험금을 지급한다. 아래는 수확감소보험금의 기본식이다. 포도와 참다래, 대추 품목은 과수작물의 수확량 감소 외에 비가림시설의 손해를 추가보장한다.

$$수확감소보험금 = 보험가입금액 \times (피해율 - 자기부담비율)$$

$$※ 피해율 = \frac{평년수확량 - (조사)수확량 - 미보상감수량}{평년수확량}$$

1) 조사의 종류

생육시기	재해	조사내용	조사시기	조사방법	비고
수확 전	보상하는 재해 전부	피해사실 확인 조사	사고 접수 후 지체없이	보상하는 재해로 인한 피해발생 여부 조사(피해사실이 명백한 경우 생략 가능)	전품목
수확 직전	-	착과수조사	수확직전	해당농지의 최초 품종 수확 직전 (만감류는 적과 종료 후) 조사 - 피해와 관계없이 전 과수원 조사 · 조사방법: 표본조사	포도, 복숭아, 자두, 감귤(만감류)만 해당
수확 직전	보상하는 재해 전부	수확량조사	수확직전	사고발생 농지의 수확량 조사 · 조사방법: 전수조사 또는 표본조사	전품목
수확 시작 후 ~ 수확종료	보상하는 재해 전부	수확량조사	사고 접수 후 지체 없이	사고발생 농지의 수확 중의 수확량 및 감수량의 확인을 통한 수확량조사 · 조사방법: 전수조사 또는 표본조사	전품목 (유자 제외)
수확 완료 후 ~ 보험 종기	보상하는 재해 전부	고사나무 조사	수확 완료 후 보험 종기 전	보상하는 재해로 고사되거나 또는 회생이 불가능한 나무 수를 조사 - 특약 가입 농지만 해당 · 조사방법: 전수조사	수확완료 후 추가 고사나무가 없는 경우 생략 가능

2) 손해평가 현지조사 방법

> 과수작물의 현지조사는 작물별로 큰 차이가 없다. 피해사실 확인조사, 착과수(착과피해)조사, 낙과수(낙과피해)조사, 고사나무조사 등이 있으며 조사방법은 적과전 종합위험방식과 큰 차이가 없다. 여기에서는 작물별로 특징적인 내용을 중심으로 기술한다.

가) 피해사실 확인조사

  (1) 조사대상 : 대상재해로 사고접수 농지 및 조사 필요 농지

  (2) 대상재해 : 자연재해, 조수해, 화재, 병충해(복숭아만 해당)

  (3) 조사시기 : 사고접수 직후

  (4) 조사방법

   (가) 보상하는 재해로 인한 피해여부 확인

      기상청 자료 확인 및 현지방문 등을 통해 보상하는 재해로 인한 피해가 맞는지 확인하며 필요시에는 이에 대한 근거자료를 확보한다. 근거자료는 ① 기상청, 농업기술센터 등 전문기관의 의견서 및 손해평가인 소견서 등 재해입증자료, ② 피해농지 사진(농지의 전반적인 피해상황 및 세부피해내용이 확인 가능하도록

촬영) 등이다. 다만 태풍 등과 같이 재해내용이 명확하거나 사고접수 후 바로 추가조사가 필요한 경우에는 동 조사를 생략할 수 있다.

(나) 추가조사 필요여부 판단

보상하는 재해 여부 및 피해정도 등을 감안하여 추가조사(수확량조사)가 필요한지 여부를 판단하여 해당 내용을 계약자에게 안내하고 추가조사가 필요할 것으로 판단된 경우에는 수확기에 손해평가반 구성 및 추가조사일정을 수립한다.

나) 수확량조사(포도, 복숭아, 자두, 감귤(만감류))

> 수확감소보장방식의 과수작물에서 포도.복숭아.자두.감귤(만감류) 품목과 그외 품목(8개)은 착과수조사 실시 여부에서 차이가 있다. 전자는 보험에 가입한 전체 농지에 대해 착과수조사를 실시하며 이후 사고의 감수량을 차감하여 수확량을 구한다. 후자는 착과수조사가 없고 사고시 마다 수확량과 감수량을 구하므로 어느 수확량을 기준으로 감수량을 차감할 것인지에 대한 문제가 남는다.

(1) 착과수조사

(가) 조사대상 : 사고여부와 관계없이 보험에 가입한 농지

(나) 조사시기 : 최초 수확품종 수확기 직전

(다) 조사방법

① 나무수조사

농지 내 품종·수령별 실제결과주수, 미보상주수 및 고사나무주수를 파악한다.

② 조사대상주수 계산

품종·수령별 실제결과주수에서 미보상주수 및 고사나무주수를 빼서 조사대상주수를 계산한다.

③ 전체표본주수 산정

과수원(농지)별로 전체 조사대상주수를 기준으로 품목별 표본주수표(별표1)에 따라 과수원별 전체표본주수를 산정한다. 품종·수령별 적정표본주수는 품종·수령별 조사대상주수에 비례하여 산정하며 품종·수령별 적정표본주수의 합은 전체 표본주수보다 크거나 같아야 한다.

④ 표본주 선정

조사대상주수를 농지별 표본주수로 나눈 표본주 간격에 따라 표본주를 선정한 후 표시리본을 부착한다. 동일품종·동일재배방식·동일수령의 농지가 아닌 경우 품종·재배방식·수령별 특성이 골고루 반영될 수 있도록 표본주를 선정한다.

⑤ 표본조사

선정된 표본주별로 착과된 전체 과실수를 세고 표시리본에 기재한다.

⑥ 미보상비율조사

품목별 미보상비율 적용표(별표2)에 따라 미보상비율을 조사한다.

※ 과수작물의 표본조사절차(①~⑥)는 이하 동일하다.

(2) 과중조사

수확량조사는 대과(大果)는 착과수조사와 과중조사를 하는 반면 소과(小果)는 과중조사만 실시한다. 즉 소과는 개수를 세지 않고 표본주(구간)의 과실을 전부 수확하여 무게를 잰다.

〈기타과수 과중조사 및 피해구성조사 추출표본수〉

	포도·복숭아·자두·감귤(만감류), 밤·호두	참다래·유자	대추·매실·살구	오미자
과중조사 (표본조사)	품종별 20개 이상 +농지당 60개(포도·만감류 30개) 이상	품종별 20개 이상 +농지당 60개 이상	표본주별로 착과된 과실을 수확하여 무게를 조사(착과무게)	표본구간별로 착과된 과실을 수확하여 무게를 조사(착과무게)
피해구성조사 (착과·낙과피해 조사)	상동	품종별 100개 이상	표본주(품종)별 100개 또는 1,000g 이상	표본구간(전체) 3,000g 이상

(가) 조사대상 : 사고가 접수된 모든 농지

(나) 조사시기 : 품종별 수확시기

(다) 조사방법

① 표본과실 추출

품종별로 착과가 평균적인 3주 이상의 나무에서 크기가 평균적인 과실을 20개 이상 추출한다. 단 표본과실수는 농지당 60개((포도·감귤(만감류))는 30개) 이상이어야 한다.

② 품종별 과실의 개수와 무게 조사

추출한 표본 과실을 품종별로 구분하여 개수와 무게를 조사한다.

③ 미보상비율조사

품종별 미보상비율 적용표(별표2)에 따라 미보상비율을 조사하며 품종별로 미보상비율이 다를 경우 그중 가장 높은 비율을 적용한다.

④ 과중조사의 생략

현장에서 과중조사를 실시하기 어려운 경우 품종별 평균과중을 적용(자두 제외)하거나 증빙자료가 있는 경우에 한하여 농협의 품종별 출하자료로 대체할 수 있다.

(3) 착과피해조사

> 착과피해조사는 착과피해를 유발하는 재해가 접수된 농지, 낙과피해조사는 착과수조사 이후 낙과피해가 발생한 농지에 대해 각각 실시한다. 피해구성조사는 감수량을 산출하기 위한 조사이다. 조사를 생략할 수 있는 사유가 서로 다르다.

　(가) 조사대상 : 착과피해를 유발하는 재해(우박, 호우 등)가 접수된 모든 농지. 해당 재해 여부는 재해의 종류와 과실의 상태 등을 고려하여 조사자가 판단한다.
　(나) 조사시기 : 품종별 수확시기
　(다) 조사방법
　　① 나무수조사(조사대상주수 계산)
　　② 농지(과수원)별 전체표본주수 산정 및 표본주 선정
　　③ 착과수조사
　　　착과피해조사에서는 가장 먼저 착과수를 확인한다. 이때 확인할 착과수는 착과피해조사시점의 착과수로 수확전 착과수(조사)와는 별개의 조사이다. 다만 이전에 실시한 착과수조사의 착과수와 착과피해조사시점의 착과수가 큰 차이가 없는 경우에는 이전에 실시한 조사값으로 대체할 수 있다.
　　④ 착과수 확인이 끝나면 수확이 완료되지 않은 품종별로 표본과실을 추출하여 피해구성조사를 실시한다. 이때 추출하는 표본과실수는 품종별 20개 이상(농지별로는 포도·감귤(만감류)는30개, 복숭아·자두는 60개 이상)으로 하며 품종별 3주 이상의 표본주에서 추출한다. 추출한 표본과실을 과실분류에 따른 피해인정계수(별표3)에 품종별로 구분하여 해당 과실 개수를 센다.
　　⑤ 조사당시 수확이 완료된 품종이 있거나 피해가 경미하여 피해구성조사가 의미가 없을 때는 품종별로 피해구성조사를 생략할 수 있다.

(4) 낙과피해조사
　(가) 조사대상 : 착과수조사 이후 낙과피해가 발생한 농지
　(나) 조사시기 : 사고접수 직후
　(다) 조사방법
　　① 보상하는 재해 여부 심사
　　　농지 및 작물의 상태 등을 감안하여 보상하는 재해로 인한 피해가 맞는지 확인하며 필요시에는 이에 대한 근거자료를 확보할 수 있다.
　　② 나무수조사(조사대상주수 계산)
　　③ 낙과수조사

낙과수조사는 표본조사로 실시하며 표본조사가 불가할 경우에만 전수조사를 실시한다. 표본조사는 조사대상주수를 기준으로 농지별 전체 표본주수를 산정(거대재해시는 1/2 이하로 가능)하되 품종·수령별 표본주수는 품종·수령별 조사대상주수에 비례하여 산정한다. 산정된 품종·수령별 표본주수를 바탕으로 표본주를 선정하고 표본주별로 수관면적 내 낙과수를 조사한다. 이때 표본주의 수관면적 내 낙과는 표본주와 품종이 다르더라도 해당 표본주의 낙과로 본다.

전수조사는 전체 낙과에 대한 품종 구분이 가능한 경우에는 전체 낙과수를 품종별로 세고, 전체 낙과에 대한 품종 구분이 불가능할 경우에는 전체 낙과수를 세고 낙과 중 임의로 100개 이상을 추출하여 품종별로 해당 개수를 센다.

④ 낙과수 확인이 끝나면 품종별로 표본과실을 추출하여 피해구성조사를 실시한다. 추출하는 표본과실수는 품종별 20개 이상(농지별로는 포도·감귤(만감류)는 30개, 복숭아·자두는 60개 이상)으로 하며 추출한 표본과실을 과실분류에 따른 피해인정계수(별표3)에 따라 품종별로 구분하여 과실 개수를 센다.

⑤ 조사당시 수확기에 해당하지 않는 품종이 있거나 낙과의 피해정도가 심해 구성조사가 의미가 없는 경우 등에는 품종별로 피해구성조사를 생략할 수 있다.

다) 수확량조사(밤, 호두)

> 포도, 복숭아, 자두, 만감류를 제외한 수확감소보장방식의 과수작물(8종)은 수확 개시 전과 후 수확량조사를 실시한다. 이들 품목은 착과수조사가 없으며 사고시마다 수확량과 감수량을 조사하며 다중사고의 경우 어느 수확량을 기준으로 이후 감수량을 차감할지를 결정해야 한다. 그 방법은 ① 수확개시전 조사수확량이 있는 경우 동 수확량을 기준으로 한다. ② 수확개시전 조사수확량이 없는 경우 최초 조사의 수확량과 평년수확량 중 큰 값을 기준으로 한다. ③ n차 조사값이 이전(n-1) 조사값보다 크다면 오류수정이 필요하다.

(1) 수확 개시 전 수확량조사

수확 개시 전 수확량조사는 조사일을 기준으로 해당 농지의 수확이 개시 전에 수확량조사를 실시하는 경우를 의미하며 조기수확 및 수확 해태 등으로 수확개시 여부에 대한 분쟁이 발생한 경우에는 지역농업기술센터 등 농업전문기관의 판단에 따른다. 품종별 조사시기가 다른 경우에는 최초 조사일을 기준으로 판단한다.

(가) 보상하는 재해 여부 심사
(나) 나무수조사(조사대상주수 계산)

농지 내 품종·수령별로 실제결과주수, 미보상주수 및 고사나무주수를 파악한다. 실제결과주수에서 미보상주수 및 고사나무수를 빼서 조사대상주수를 계산한다.

(다) 표본주수 산정

(라) 표본주 선정

(마) 착과수 및 낙과수 조사

선정된 표본주별로 착과된 과실수와 낙과된 과실수를 조사한다. 과실수의 기준은 밤은 송이, 호두는 청피로 한다. 낙과수조사는 표본주별로 수관면적 내 낙과된 과실수를 조사한다. 다만 계약자 등이 낙과된 과실을 한 곳에 모아둔 경우 등 표본주별 낙과수 확인이 불가능한 경우에는 농지 내 전체 낙과수를 품종별로 구분하여 전수조사를 실시한다. 전체 낙과에 대한 품종별 구분이 어려운 경우 전체 낙과수를 세고 그중 100개 이상의 표본을 추출하여 해당 표본의 품종을 구분하는 방법을 사용한다.

(바) 과중조사

농지에서 품종별로 평균적인 착과량을 가진 3주 이상의 표본주에서 크기가 평균적인 과실을 품종별로 20개 이상(농지당 60개 이상) 추출한다. 밤은 품종별 과실(송이)의 개수를 파악하고 과실 내 과립을 분리하여 지름 길이를 기준으로 정상(30mm 초과), 소과(30mm 이하)를 구분하여 무게를 조사한다. 소과인 과실은 실제 무게의 80%를 해당과실의 무게로 한다. 호두는 품종별 과실(청피) 개수를 세고 무게를 조사한다.

> 품종별 개당 과중(밤) = [(품종별 정상 표본과실 무게의 합)+(품종별 소과 표본과실 무게의 합x0.8)]/표본과실수
>
> 품종별 개당 과중(호두)=(품종별 표본과실 무게의 합)/표본과실수

〈밤의 소과 구분 요령〉

30mm 지름의 원형모양 구멍이 뚫린 규격대를 준비하여 샘플조사 시 해당 구멍을 통과하는 과립은 '소과'로 따로 분류한다. 그림과 같이 과정부를 위로 향하게 하고 밤의 볼록한 부분이 정면을 향하게 하여 밤이 통과하는지 확인한다. 밤의 가장 긴 부분이 보이도록 밤을 넣어야 하며, 세로로 넣는 등 구멍에 통과하기 위하여 밤의 방향을 변경하지 아니한다.

〈조사를 위한 밤의 방향〉

(사) 피해구성조사(낙과·착과)

낙과피해 구성조사는 낙과 중 품종별로 임의의 과실 20개 이상(농지당 60개 이상)을 추출한 후 과실 분류에 따른 피해인정계수(별표3)에 따라 구분하여 그 개수를 조사한다.

착과피해를 유발하는 재해가 있을 경우에 착과피해 구성조사를 실시하며 품종별로 3개 이상의 표본주에서 임의의 과실 20개 이상(품종별 20개, 농지당 60개 이상)을 추출한 후 과실분류에 따른 피해인정계수(별표3)에 따라 구분하여 그 개수를 조사한다.

조사당시 착과에 이상이 없는 경우나 낙과의 피해정도가 심해 피해구성조사가 의미가 없을 경우 품종별로 피해구성조사를 생략할 수 있다.

(아) 미보상비율조사

품목별 미보상비율 적용표(별표2)에 따라 미보상비율을 조사한다.

(2) 수확 개시 후 수확량조사

(가) 보상하는 재해 여부 심사

(나) 나무수조사(조사대상주수 계산)

농지 내 품종·수령별로 실제결과주수, 수확완료주수, 미보상주수 및 고사나무주수를 파악한다. 실제결과주수에서 수확완료주수, 미보상주수 및 고사나무수를 빼서 조사대상주수를 계산한다.

(다) 표본주수 산정

(라) 표본주 선정

(마) 착과 및 낙과수조사(수확 개시 전 조사와 동일)

(바) 과중조사(수확 개시 전 조사와 동일)

(사) 기수확량조사

출하자료 및 계약자 문답 등을 통해 기수확량을 조사한다.

(아) 피해구성조사(낙과·착과)(수확 개시 전 조사와 동일)

(자) 미보상비율조사

라) 수확량조사(참다래)

> 참다래와 오미자는 넝쿨형 작물로 표본주수(나무)가 아닌 표본구간 면적(길이)을 기준으로 수확량을 조사한다.

(1) 수확 개시 전 수확량조사

(가) 보상하는 재해 여부 심사

(나) 나무수조사(조사대상주수 계산)
(다) 표본주수 산정
(라) 표본주 선정
(마) 재식간격조사

농지 내 품종·수령별로 재식간격을 조사한다. 가입시 재식간격과 다를 경우 계약내용이 변경될 수 있음을 안내하고 현지조사서에 기재한다.

(바) 면적 및 착과수조사

선정된 표본주별로 해당 표본주 구역의 면적을 조사하고 선정된 해당 구역에 착과된 과실수를 조사한다.

$$표본구간면적 = \frac{(표본구간 윗변 길이 + 표본구간 아랫변 길이) \times 표본구간 높이}{2}$$

(사) 과중조사

농지에서 품종별로 착과가 평균적인 3주 이상의 표본주에서 크기가 평균적인 과실을 품종별로 20개(농지당 60개) 이상 추출한다. 품종별로 과실 개수를 파악하고 개별 과실의 과중이 50g을 초과하는 과실과 그 이하인 과실을 구분하여 무게를 조사한다. 개별 과실 중량이 50g 이하인 과실은 실제 무게의 70%를 적용한다.

$$품종별 개당 과중 = \frac{품종별[50g초과표본과실무게합 + (50g이하표본과실무게합 \times 0.7)]}{표본과실수}$$

(아) 착과피해구성조사

착과피해를 유발하는 피해가 있었을 경우 착과피해구성조사를 실시한다. 품종별로 3주 이상의 표본주에서 임의의 과실 100개 이상을 추출한 후 과실분류에 따른 피해인정계수(별표3)에 따라 구분하여 그 개수를 조사한다. 조사 당시 착과에 이상이 없는 경우 등에는 품종별로 조사를 생략할 수 있다.

(자) 미보상비율 확인

(2) 수확 개시 후 수확량조사

(가) 보상하는 재해 여부 심사
(나) 나무수조사(조사대상주수 계산)
(다) 표본주수 산정
(라) 표본주 선정
(마) 재식간격조사(수확 개시 전 조사와 동일)

(바) 면적, 착과수 및 낙과수 조사

선정된 표본주별로 해당 표본주 구역의 면적을 조사하고 선정된 해당 구역에 착과 및 낙과된 과실수를 조사한다. 낙과수조사에서 계약자 등이 낙과된 과실을 한 곳에 모아둔 경우 등 표본조사가 불가능한 경우에는 전수조사를 실시한다.

(사) 과중조사(수확 개시 전 조사와 동일)

(아) 기수확량조사(출하자료 및 문답을 활용)

(자) 피해구성조사(낙과·착과)

낙과피해구성조사는 품종별로 낙과 중 임의의 과실 100개 이상을 추출한 후 과실분류에 따른 피해인정계수에 따라 구분하여 그 개수를 센다. 착과피해구성조사는 품종별로 3주 이상의 표본주에서 임의의 과실 100개 이상을 추출한 후 과실분류에 따른 피해인정계수(별표3)에 따라 구분하여 그 개수를 조사한다. 조사 당시 착과에 이상이 없는 경우나 낙과의 피해 정도가 심해 피해구성조사 없이 피해과실 분류가 가능한 경우 등에는 품종별로 피해구성조사를 생략할 수 있다.

(차) 미보상비율 확인

마) 수확량조사(대추, 매실, 살구)

(1) 수확 개시 전 수확량조사

(가) 보상하는 재해 여부 심사

(나) 나무수조사(조사대상주수 계산)

(다) 표본주수 산정

(라) 표본주 선정

(마) 과중조사

선정된 표본주별로 착과된 과실을 전부 수확하여 수확한 과실의 무게를 조사한다. 현장 상황에 따라 표본주의 착과된 과실 중 절반만 수확하여 조사할 수 있다.

$$\text{품종·수령별 주당 착과 무게} = \frac{\text{품종수령별 표본주의 착과무게}}{\text{표본주수}}$$

표본주 착과 무게 = 조사착과량 × 품종별 비대추정지수(매실) × 2(절반조사시)

(바) 비대추정지수조사(매실)

마늘·양파·매실 품목은 수확적기에 비해 조사일자가 빠른 경우(수확기까지 무게증가를 감안하여 보정) 비대추정지수를 적용한다.

매실 품목의 경우 품종별 적정수확일자 및 조사일자, 매실 품종별 비대추정지수

(별표4)를 참조하여 품종별로 비대추정지수를 조사한다.
- (사) 착과피해구성조사

    착과피해를 유발하는 재해가 있었을 경우 착과피해구성조사를 실시한다. 표본주별로 수확한 과실 중 임의의 과실을 추출하여 과실분류기준(별표3)에 따라 구분하여 그 개수 또는 무게를 조사한다. 이때 개수 조사시는 표본주당 100개 이상, 무게 조사시는 표본주당 1,000g 이상 추출한다. 조사당시 착과에 이상이 없는 경우 등에는 피해구성조사를 생략할 수 있다.
- (아) 미보상비율 확인

(2) 수확 개시 후 수확량조사
- (가) 보상하는 재해 여부 심사
- (나) 나무수조사(조사대상주수 계산)
- (다) 표본주수 산정
- (라) 표본주 선정
- (마) 과중조사(착과·낙과무게 조사)

    선정된 표본주별로 착과된 과실을 전부 수확하여 수확한 과실의 무게를 조사한다. 선정된 표본주별로 수관면적 내 낙과된 과실의 무게를 조사한다. 계약자 등이 낙과된 과실을 한 곳에 모아둔 경우 등 표본조사가 불가능한 경우에는 낙과 전수조사를 실시한다. 낙과 전수조사는 농지 내 전체 낙과를 품종별로 구분하여 조사하되, 전체 낙과에 대하여 품종별 구분이 어려운 경우 전체 낙과의 무게를 재고 전체 낙과 중 1,000g 이상의 표본을 추출하여 표본의 품종을 구분하는 방법을 사용한다. 현장 상황에 따라 표본주의 착과 및 낙과된 과실 중 절반만 수확하여 조사할 수 있다.

$$\text{품종별 낙과량} = \text{전체낙과량} \times \frac{\text{품종별 표본과실수(무게)}}{\text{표본과실수(무게)}}$$

- (바) 비대추정지수조사(매실)(수확 개시 전 조사와 동일)
- (사) 기수확량조사(출하자료 및 문답 등 활용)
- (아) 피해구성조사(착과·낙과)

    낙과피해구성조사는 품종별 낙과 중 임의의 과실 100개 또는 1,000g 이상 추출하여 과실분류에 따른 피해인정계수에 따라 개수 또는 무게를 조사한다. 착과피해를 유발하는 재해가 있었을 경우 표본주별로 수확한 착과 중 임의의 과실 100개 또는 1,000g 이상 추출하여 과실분류에 따른 피해인정계수에 따라 개수 또는 무게를 조사한다.

조사당시 착과에 이상이 없는 경우나 낙과의 피해정도가 심해 피해구성조사가 의미가 없는 경우 등에는 동 조사를 생략할 수 있다.

(자) 미보상비율 확인

바) 수확량조사(오미자)

> 오미자는 참다래와 같은 넝쿨형 작물로 유인틀의 길이를 이용하여 수확량을 조사한다.

(1) 수확 개시 전 수확량조사

(가) 보상하는 재해 여부 심사

(나) 유인틀의 길이 측정

가입대상 오미자에 한하여 유인틀의 형태 및 오미자 수령별로 유인틀의 실제재배길이, 고사길이, 미보상길이를 잰다.

(다) 조사대상길이 계산

실제재배길이에서 고사길이 및 미보장길이를 빼서 조사대상길이를 계산한다.

(라) 표본구간수 산정

농지별 전체 조사대상길이를 기준으로 품목별 표본주(구간)표(별표1)에 따라 농지별 전체 표본구간수를 산정한다. 형태·수령별 표본구간수는 형태·수령별 조사대상 길이에 비례하여 산정한다.

(마) 표본구간 선정

산정한 형태·수령별 표본구간수를 바탕으로 형태·수령별 조사대상길이의 특성이 골고루 반영될 수 있도록 표본구간(유인틀의 길이 방향으로 1m)을 선정한다.

(바) 과중조사

선정된 표본구간별로 표본구간 내 착과된 과실을 전부 수확하여 수확한 과실의 무게를 조사한다. 현장 상황에 따라 표본구간의 착과된 과실 중 절반만 수확하여 조사할 수 있다.

(사) 착과피해구성조사

착과피해를 유발하는 재해가 있는 경우 표본구간에서 수확한 과실 중 임의의 과실을 추출하여 과실 분류에 따른 피해인정계수에 따라 구분하여 무게를 조사한다. 추출하는 과실의 중량은 3,000g 이상으로 한다.

(아) 미보상비율 확인

(2) 수확 개시 후 수확량조사

(가) 보상하는 재해 여부 심사

(나) 유인틀의 길이 측정

가입대상 오미자에 한하여 유인틀의 형태 및 오미자 수령별로 유인틀의 실제재배길이, 수확완료길이, 고사길이, 미보상길이를 잰다.

(다) 조사대상길이 계산

실제재배길이에서 수확완료길이, 고사길이 및 미보장길이를 빼서 조사대상길이를 계산한다.

(라) 표본구간수 산정(수확 개시 전 조사와 동일)

(마) 표본구간 선정(수확 개시 전 조사와 동일)

(바) 과중조사

선정된 표본구간별로 표본구간 내 착과된 과실과 낙과된 과실의 무게를 잰다. 현장상황에 따라 표본구간별로 착과된 과실 중 절반만 수확하여 조사할 수 있다. 계약자 등이 낙과된 과실을 한 곳에 모아둔 경우 등 낙과 표본조사가 불가능한 경우에는 낙과 전수조사를 실시한다. 낙과 전수조사시에는 농지 내 전체낙과에 대하여 무게를 조사한다.

(사) 기수확량조사(출하자료 및 문답 활용)

(아) 피해구성조사(착과·낙과)

낙과피해구성조사는 표본구간의 낙과(낙과 전수조사의 경우는 전체 낙과 기준) 중 임의의 과실 3,000g 이상을 추출하여 과실분류에 따른 피해인정계수(별표3)에 따라 구분하여 그 무게를 조사한다.

착과피해구성조사는 표본구간에서 수확한 과실 중 임의의 과실을 추출하여 과실 분류에 따른 피해인정계수에 따라 구분하여 무게를 조사한다. 추출하는 과실의 중량은 3,000g 이상으로 한다.

조사당시 착과에 이상이 없는 경우나 낙과의 피해정도가 심해 피해구성조사가 의미가 없는 경우 등에는 동 조사를 생략할 수 있다.

(자) 미보상비율 확인

사) 수확량조사(유자)

> 유자는 수확개시 시점에 보장기간이 종료되므로 수확 개시 후 조사를 하지 않는다.

(1) 수확 개시 전 수확량조사

(가) 보상하는 재해 여부 심사

(나) 나무수조사(조사대상주수 계산)

(다) 표본주수 산정

(라) 표본주 선정
(마) 착과수조사

선정된 표본주별로 착과된 전체 과실수를 조사한다.

(바) 과중조사

농지에서 품종별로 착과가 평균적인 3개 이상의 표본주에서 크기가 평균적인 과실을 품종별로 20개(농지당 60개) 이상 추출하여 품종별 과실 개수와 무게를 조사한다.

(사) 착과피해구성조사

착과피해를 유발하는 재해가 있을 경우 실시하며 품종별로 3개 이상의 표본주에서 임의의 과실 100개 이상을 추출한 후 과실분류에 따른 피해인정계수(별표3)에 따라 구분하여 그 개수를 조사한다. 조사당시 착과에 이상이 없는 경우 등에는 품종별로 피해구성조사를 생략할 수 있다.

(아) 미보상비율조사

아) 종합위험 비가림시설 피해조사(포도·참다래·대추)

(1) 조사기준

해당 목적물인 비가림시설의 구조체와 피복재의 재조달가액을 기준금액으로 수리비를 산출한다.

(2) 평가단위

물리적으로 분리가능한 시설 1동을 기준으로 목적물별로 평가한다.

(3) 조사방법

(가) 피복재 : 피복재의 피해면적을 조사한다.

(나) 구조체

① 손상된 골조를 재사용할 수 없는 경우 : 교체수량 확인 후 교체비용 산정
② 손상된 골조를 재사용할 수 있는 경우 : 보수면적 확인 후 보수비용 산정

〈비가림시설(대추)〉

자) 고사나무조사(나무손해보장특약 가입시)

> 고사나무조사는 나무손해보장 특약을 가입할 수 있는 포도, 복숭아, 자두, 매실, 유자, 살구, 참다래, 감귤(만감류)만 실시한다.

(1) 조사대상 : 나무손해보장 특약에 가입한 농지 중 사고가 접수된 농지
(2) 조사시기 : 수확완료 후 나무손해보장 종료 직전
(3) 조사방법
  (가) 보상하는 재해로 인한 피해 여부 확인
  (나) 고사주수조사
   품종·수령별로 실제결과주수, 수확완료 전 고사주수, 수확완료 후 고사주수 및 미보상주수를 조사한다.
   ※ 수확완료 전 고사주수 : 고사나무조사 이전 조사에서 보상하는 재해로 고사한 것으로 확인된 주수
   ※ 수확완료 후 고사주수 : 보상하는 재해로 고사한 나무 중 고사나무조사 이전 조사에서 확인되지 않은 나무주수
   ※ 미보상 고사주수 : 보상하는 재해 이외의 원인으로 고사한 나무주수
  (다) 수확완료 후 고사주수가 없는 경우에는 고사나무조사를 생략할 수 있다.
  (라) 참다래 품목에 대해서는 품종·수령별로 실제결과주수와 고사주수, 미보상고사주수를 조사한다.

3) **보험금 산정방법 및 지급기준**

  가) 수확감소보험금
   (1) 보상하는 재해로 인해 피해율이 자기부담비율을 초과하는 경우 아래와 같이 계산한 수확감소보험금을 지급한다.

   $$수확감소보험금 = 보험가입금액 \times (피해율 - 자기부담비율)$$

   ※ 피해율 = $\dfrac{평년수확량 - 수확량 - 미보상감수량}{평년수확량}$

   ※ 피해율(복숭아) = $\dfrac{평년수확량 - 수확량 - 미보상감수량 + 병충해감수량}{평년수확량}$

   ※ 병충해감수량 = 병충해를 입은 과실의 무게 × 0.5
   ※ 미보상감수량 = (평년수확량 - 수확량) × 미보상비율

(2) 비가림과수(포도·참다래·대추)의 보험금 지급한도는 아래와 같다.

> 시설(비가림시설.해가림시설.농업용 시설)과 관련된 작물은 잔존물제거비용을 제외한 비용손해도 지급한다는 점에 유의해야 한다.

 (가) (1)의 수확감소보험금(보험가입금액 한도)
 (나) 3대 비용손해(손해방지비용, 대위권보전비용, 잔존물보전비용)는 (1)을 적용하여 계산한 금액이 보험가입금액을 초과한 경우에도 지급한다. 잔존물제거비용은 인정되지 않는다. 손해방지비용은 20만원을 한도로 한다.

나) 수확량감소추가보장특약 보험금(포도, 복숭아, 감귤(만감류))
보상하는 재해로 피해율이 자기부담비율 초과시 아래와 같이 계산한 보험금을 지급한다.

$$보험금 = 보험가입금액 \times (피해율 \times 10\%)$$

다) 나무손해보장특약 보험금

$$보험금 = 보험가입금액 \times (피해율 - 자기부담비율)$$

 ※ 피해율 = $\dfrac{피해주수(고사나무수)}{실제결과주수}$
 ※ 피해주수 = 수확전 고사주수 + 수확완료후 고사주수 - 미보상고사주수
 ※ 대상품목 및 자기부담비율은 약관에 따른다.

라) 종합위험 비가림시설 보험금(포도·참다래·대추)

> 농업재해보험에는 4종류의 시설물이 있으며 이론서에 각각 보험금과 비용손해(5종) 계산방법을 규정하고 있다. 비용손해 중 잔존물처리비용은 보험금과 동일하게 처리하고, 기타협력비용은 전액지급하므로 문제가 없다. 3대 비용손해(손해방지비용, 대위권보전비용, 잔존물보전비용)는 비례보상과 자기부담금(차감) 적용 여부에 논란이 있다. 이론서대로 해석하면 비례보상은 해가림시설과 축사에만 적용되고, 자기부담금 차감은 비가림시설과 해가림시설에만 적용된다.

 (가) 손해액이 자기부담금을 초과하는 경우 아래와 같이 계산한 보험금을 지급한다.

$$비가림시설\ 보험금 = MIN(손해액 - 자기부담금,\ 보험가입금액)$$

손해액은 그 손해가 생긴 때와 곳에서의 가액에 따라 계산한다. 재해보험사업자는 1사고마다 재조달가액 기준으로 계산한 보험금에서 자기부담금을 차감한 금액을 보험가입금액 내에서 보상한다.

 (나) 보험의 목적이 손해를 입은 장소에서 실제로 수리(복구)되지 않은 때는 재조달가액에 의한 보상을 하지 않고 시가(감가상각된 금액)으로 보상한다. 계약자 또는 피보험자는 손해 발생 후 늦어도 180일 이내에 수리 또는 복구 의사를 재해보험

사업자에게 서면으로 통지해야 한다.
(다) (중복보험의 보험금 분담) 동일한 계약의 목적과 동일한 사고에 관하여 보험금을 지급하는 다른 계약이 있고 이들의 보험가입금액 합계액이 보험가액보다 클 경우에는 아래에 따라 지급보험금을 계산한다.
① 다른 계약이 이 계약과 지급보험금 계산방법이 동일한 경우

$$손해액 \times \frac{이\ 계약의\ 보험가입금액}{다른\ 계약이\ 없는\ 것으로\ 하여\ 각각\ 계산한\ 보험가입금액의\ 합계액}$$

② 다른 계약이 이 계약과 지급보험금 계산방법이 다른 경우

$$손해액 \times \frac{이\ 계약의\ 보험금}{다른\ 계약이\ 없는\ 것으로\ 하여\ 각각\ 계산한\ 보험금의\ 합계액}$$

(라) 하나의 보험가입금액으로 둘 이상의 보험의 목적을 계약한 경우에는 전체 가액에 대한 각 가액의 비율로 보험가입금액을 비례배분하여 지급보험금을 계산한다.
(마) 자기부담금은 최소자기부담금(30만원)과 최대자기부담금(100만원)을 한도로 손해액의 10%에 해당하는 금액으로 한다. 다만 피복재 단독사고는 최소자기부담금(10만원)과 최대자기부담금(30만원)을 한도로 한다. 자기부담금은 단지 단위, 1사고 단위로 적용한다.
(바) 보험금 등의 지급한도는 다음과 같다.
① 보상하는 재해로 지급할 보험금과 잔존물제거비용은 위의 (가)-(라)의 지급보험금 계산방법을 적용하여 계산하며 그 합계액은 보험가입금액은 한도로 한다. 다만 잔존물제거비용은 손해액의 10%를 초과할 수 없다.
② 비용손해 중 손해방지비용, 대위권보전비용, 잔존물보전비용은 위의 (가)-(라)의 방법으로 계산한 금액이 보험가입금액을 초과하는 경우에도 지급한다.
③ 비용손해 중 기타협력비용은 보험가입금액을 초과하는 경우에도 전액 지급한다.

다. 종합위험 과실손해보장방식(오디, 감귤(온주밀감))

수확감소보장방식이 아닌 기타과수(4개 품목)는 과실손해보장방식으로 분류된다. 그리고 오디·감귤(온주밀감)과 복분자·무화과는 보장하는 위험이 다르다. 보험금의 계산식은 수확감소보장방식과 같으나 수확량이 아닌 다른 방법(결실수, 결과모지수 등)으로 피해율을 산출한다는 점에 유의해야 한다.

1) 품목별 조사의 종류

생육시기	재해	조사내용	조사시기	조사방법	비고
수확 전	보상하는 재해 전부	피해사실 확인조사	사고접수 후 지체 없이	보상하는 재해로 인한 피해발생 여부 조사 (피해사실이 명백한 경우 생략 가능)	전품목
		수확전 과실손해조사	사고접수 후 지체 없이	표본주의 과실 구분 ·조사방법 : 표본조사	감귤(온주밀감)만 해당
수확직전	보상하는 재해 전부	과실손해조사	결실완료 후	결실수 조사 ·조사방법: 표본조사	오디만 해당
		과실손해조사	수확직전	사고발생 농지의 과실피해조사 ·조사방법 : 표본조사	감귤(온주밀감)만 해당
수확 시작 후 ~ 수확 종료	보상하는 재해 전부	동상해 과실손해조사	사고접수 후 지체 없이	표본주의 착과피해 조사 12월1일~익년 2월말일 사고 건에 한함 ·조사방법: 표본조사	감귤(온주밀감)만 해당
수확 완료 후 ~ 보험종기	보상하는 재해 전부	고사나무 조사	수확완료 후 보험 종기전	보상하는 재해로 고사되거나 또는 회생이 불가능한 나무 수를 조사 특약 가입 농지만 해당 ·조사방법: 전수조사	수확완료 후 추가 고사나무가 없는 경우 생략가능

2) 손해평가 현지조사 방법

감귤(온주밀감) 품목은 3종류의 과실손해조사가 있으며 아래와 같은 차이가 있다.

〈감귤(온주밀감)의 시기별 과실손해조사〉

	수확전 과실손해조사	과실손해조사	동상해 과실손해조사
최소표본주수	3주	2주	2주
피해과실분류	100%형, 정상	등급내(4), 등급외(4), 정상	80%형, 100%형, 정상

가) 피해사실 확인조사(기타과수의 해당내용 참조)
나) 과실손해조사(오디)
　(1) 조사대상 : 피해사실 확인조사시 과실손해조사가 필요하다고 판단된 과수원 및 가입 이듬해 5월 31일 이전 사고가 접수된 농지
　(2) 조사시기 : 결실완료 직후부터 최초 수확전까지
　(3) 조사방법
　　(가) 보상하는 재해 여부 조사
　　(나) 나무수조사
　　　품종·수령별로 실제결과주수, 결실불능주수, 미보상주수를 확인한다. 결실불능주수는 보상하는 재해로 인하여 결실이 불가능한 주수를 말한다. 미보상주수는 보상하지 않는 재해 이외의 원인으로 결실이 이루어지지 않는 주수를 말한다.
　　(다) 조사대상주수 계산
　　　품종·수령별로 실제결과주수에서 결실불능주수 및 미보상주수를 빼서 조사대상주수를 계산한다.
　　(라) 표본주수 산정(농지별 조사대상주수 기준) 및 표본주 선정
　　(마) 표본조사
　　　① 표본주에서 가장 긴 결과모지 3개를 표본가지로 선정한다.
　　　② 표본가지별로 가지의 길이 및 결실수를 조사한다.

〈오디 결실수 조사〉

다) 수확전 과실손해조사(감귤(온주밀감))

사고가 발생한 과수원에 대해 실시하며 조사시기는 사고접수 후 즉시 실시한다. 다만 사고조사 전 계약자가 피해 미미 등의 사유로 조사를 취소한 과수원은 수확전 사고조사를 실시하지 않는다.

가) 조사방법

(1) 표본주 선정

농지별 가입면적으로 기준으로 품목별 표본주수표(별표1)에 따라 농지별 전체 표본주수를 과수원에 고루 분포되도록 선정한다(최소 3주 이상).

(2) 표본조사

선정한 표본주에 리본을 묶고 수관면적 내 피해 및 정상 과실을 조사한다. 표본주의 과실은 100%형 피해과실과 정상과실로 구분한다. 100% 피해과실은 착과된 과실 중 100% 피해가 발생한 과실 및 보상하는 재해로 낙과된 과실을 말한다.

(3) 미보상비율 확인

(4) 수확전 사고조사 건은 추후 과실손해조사를 진행한다.

나) 과실손해조사(감귤(온주밀감))

(1) 조사대상 : 피해사실확인조사시 과실손해조사가 필요하다고 판단된 과수원 및 11월 30일 이전 사고가 접수된 농지

(2) 조사시기 : 주품종 수확시기

(3) 조사방법

(가) 보상하는 재해 여부 심사

(나) 표본주 선정

농지별 가입면적을 기준으로 품목별 표본주수표(별표1)에 따라 농지별 전체 표본주수를 산정한다(최소 표본주수 2주 이상).

(다) 표본조사

선정한 표본주에 조사용 리본을 묶고 주지별(원가지) 아주지(버금가지)를 1~3개를 수확한다. 수확한 과실을 정상과실, 등급 내 피해과실, 등급 외 피해과실로 구분하여 과실피해율을 산정한다. 등급 내 피해과실과 등급 외 피해과실은 각각 30%·50%·80%·100%로 구분한다. 보상하지 않는 손해(병충해 등)에 해당하는 경우 정상과실로 분류한다.

(라) 주품종 최초 수확이후 사고가 발생한 경우 추가로 과실피해조사를 진행할 수 있다.

라) 동상해 과실손해조사(감귤(온주밀감))
   (1) 동상해 과실손해조사는 수확기 동상해로 인한 피해가 발생한 경우에 실시한다.
   (2) 조사방법
      (가) 보상하는 재해 여부 심사
      (나) 표본주 선정
         농지별 가입면적을 기준으로 품목별 표본주수표(별표1)에 따라 농지별 전체 표본주수를 산정한다(최소 표본주수 2주 이상).
      (다) 표본조사
         선정한 표본주에 리본을 묶고 동서남북 4가지에 대하여 기수확한 과실수를 조사한다. 기수확한 과실수를 파악한 후 4가지에 착과된 과실을 전부 수확하여 정상과실, 80%형 피해과실, 100%형 피해과실로 구분하여 동상해 피해과실수를 산정한다. 사고당시 기수확한 과실의 비율이 수확기 경과비율보다 현저히 큰 경우에는 기수확한 과실비율과 수확기 경과비율의 차이에 해당하는 과실수를 정상과일로 한다.

마) 고사나무조사(감귤(온주밀감))
   나무손해보장특약에 가입한 농지 중 사고가 접수된 농지에 대해 실시하며 조사시기는 수확완료시점 이후에 실시하되 특약 종료시점을 고려하여 결정한다. 조사방법은 전술한 고사나무조사와 같다.

3) 보험금 산정방법 및 지급기준

가) 과실손해보험금 산정
   (1) 오디
      피해율이 자기부담비율을 초과하는 경우 아래와 같이 계산한 과실손해보험금을 지급한다.

> 과실손해보험금 = 보험가입금액 × (피해율 − 자기부담비율)
> ※ 피해율 = (평년결실수 − 조사결실수 − 미보상감수결실수) ÷ 평년결실수
> ※ 미보상감수결실수 = (평년결실수−조사결실수)×미보상비율

(가) 조사결실수

$$\frac{[(환산결실수 \times 조사대상주수) + (품종별 주당 평년결실수 \times 미보상주수)]}{실제결과주수}$$

※ 환산결실수 = $\frac{표본가지 결실수 합계}{표본가지 길이합계}$

※ 조사대상주수 = 실제결과주수 - 고사주수 - 미보상주수

※ 주당 평년결실수 = 평년결실수/실제결과주수(품종별 주당 평년결실수는 품종별 표준결실수를 적용하여 산출)

(나) 자기부담비율은 보험에 가입할 때 선택한 비율로 한다.

(2) 감귤(온주밀감)

> 감귤(온주밀감)의 피해율은 수확전 사고조사가 있는 경우와 없는 경우로 구분되며 피해율 계산식이 다르다. 이론서에는 후자만 기술되어 있다(수확전 사고조사가 있는 경우는 별표7 참조)

손해액이 자기부담금을 초과하는 경우 다음과 같이 계산한 과실손해보험금을 지급한다.

$$과실손해보험금 = 손해액 - 자기부담금$$

※ 손해액 = 보험가입금액 × 피해율
※ 자기부담금 = 보험가입금액 × 자기부담비율

피해율은 아래와 같이 산출한다. 피해과실수는 출하등급을 분류하고 과실분류에 따른 피해인정계수를 적용하여 계산한다.

$$피해율 = \left(\frac{피해과실수}{기준과실수}\right) \times (1 - 미보상비율)$$

① 기준과실수 = 표본주의 과실수 총 합계
② 피해과실수 = 등급 내 피해 과실수 + (등급 외 피해 과실수 × 50%)
③ 등급 내 피해 과실수
   = (등급 내 30%형 피해과실수 합계×30%) + (등급 내 50%형 피해과실수 합계×50%)
   + (등급 내 80%형 피해과실수 합계×80%) + (등급 내 100%형 피해과실수 합계×100%)
④ 등급 외 피해 과실수
   = (등급 외 30%형 피해과실수 합계×30%) + (등급 외 50%형 피해과실수 합계×50%)
   + (등급 외 80%형 피해과실수 합계×80%) + (등급 외 100%형 피해과실수 합계×100%)

나) 수확개시 이후 동상해보장특약 보험금 산정(감귤(온주밀감))

보험기간 내 동상해로 인한 손해액이 자기부담금을 초과하는 경우 아래와 같이 계산한 동상해 손해보험금을 지급한다.

> 보험금 = 손해액 - 자기부담금
> ※ 손해액 = {보험가입금액 - (보험가입금액 × 기사고피해율)} × 수확기잔존비율 × 동상해피해율
>   × (1 - 미보상비율)
> ※ 자기부담금 = 절대값|보험가입금액 × min(주계약피해율 - 자기부담비율, 0)|
> ※ 기사고 피해율은 주계약피해율의 미보상비율을 반영하지 않은 값과 이전 사고의 동상해 과실손해피해율을 합산한 값임

> 동상해 피해율 = $\dfrac{[(동상해80\%형피해과실수 \times 80\%) + (동상해100\%형피해과실수 \times 100\%)]}{기준과실수}$
> ※ 기준과실수 = 정상과실수 + 동상해피해 80%형 과실수 + 동상해피해 100%형 과실수

수확기 잔존비율은 사고발생일자를 기준으로 정해진 기준을 적용한다. 사고발생일자는 해당월의 사고발생일자를 의미한다.

품목	사고발생 월	잔존비율(%)
감귤(온주밀감)	12월	100 - 1.5 × 사고발생일자
	1월	(100 - 47) - 1.3 × 사고발생일자
	2월	(100 - 88) - 0.4 × 사고발생일자

다) 종합위험 나무손해보장특약 보험금 산정(감귤(온주밀감))

> 보험금 = 보험가입금액 × (피해율 - 자기부담비율)
> ※ 피해율 = $\dfrac{피해주수(고사나무수)}{실제결과주수}$, 자기부담비율 = 5%

라) 과실손해 추가보장특약 보험금 산정(감귤(온주밀감))

> 보험금 = 보험가입금액 × 주계약피해율 × 10%
> ※ 주계약피해율은 과실손해보장(보통약관)에서 산출한 피해율

라. 수확전 종합위험 과실손해보장방식(복분자, 무화과)

복분자와 무화과 품목은 수확개시 전후로 보장하는 위험이 다르며 고사결과모지수(피해율)도 구분하여 산출한다. 복분자는 과수작물 중 유일하게 경작불능보험금을 지급한다.

1) 시기별 조사의 종류

생육 시기	재해	조사내용	조사시기	조사방법	비고
수확 전	보상하는 재해 전부	피해사실 확인 조사	사고접수 후 지체 없이	보상하는 재해로 인한 피해발생 여부 조사(피해사실이 명백한 경우 생략 가능)	전 품목
		경작불능 조사	사고접수 후 지체없이	해당 농지의 피해면적비율 또는 보험목적인 식물체 피해율 조사	복분자만 해당
		과실손해 조사	수정완료 후	살아있는 결과모지수 조사 및 수정불량(송이)피해율 조사 ·조사방법 : 표본조사	복분자만 해당
수확 직전	보상하는 재해 전부	과실손해 조사	수확직전	사고발생 농지의 과실피해조사 ·조사방법 : 표본조사	무화과만 해당
수확 시작 후 ~ 수확 종료	태풍(강풍), 우박	과실손해 조사	사고접수 후 지체 없이	전체 열매수(전체 개화수) 및 수확 가능 열매수 조사 - 6월1일~6월20일 사고 건에 한함 - 조사방법 : 표본조사	복분자만 해당
				표본주의 고사 및 정상 결과지수 조사 - 조사방법 : 표본조사	무화과만 해당
수확 완료 후 ~ 보험 종기	보상하는 재해 전부	고사나무 조사	수확완료 후 보험 종기 전	보상하는 재해로 고사되거나 또는 회생이 불가능한 나무 수를 조사 - 특약 가입 농지만 해당 - 조사방법 : 전수조사	(무화과) 수확완료 후 추가 고사나무가 없는 경우 생략 가능

2) 손해평가 현지조사 방법

가) 피해사실 확인조사(기타과수의 해당 내용 참조)

나) 경작불능조사

> 복분자는 과수작물 중 유일하게 경작불능보험금을 지급한다. 경작불능보험금은 식물체 피해율이 65% 이상이고 계약자가 보험금을 신청한 경우에 지급하며 논작물과 밭작물이 주로 지급대상이다.

(1) 대상품목 : 복분자
(2) 조사대상 : 피해사실 확인조사시 경작불능조사가 필요하다고 판단된 농지 또는 사고접수시 이에 준하는 피해가 예상되는 농지
(3) 조사시기 : 피해사실 확인 직후 또는 사고접수 직후
(4) 조사방법
　(가) 보험기간 확인
　　　경작불능보장의 보험기간은 계약체결일 24시부터 수확개시 시점(다만 이듬해 5월 31일을 초과할 수 없음)까지로 해당 기간 내 사고인지 확인한다.
　(나) 보상하는 재해 여부 심사
　(다) 실제경작면적, 재식면적 확인
　　　GPS 측정기 또는 지형도를 이용하여 보험가입면적과 실제경작면적을 비교한다. 실제경작면적이 보험가입면적과 10% 이상 차이가 날 경우 계약사항을 변경해야 한다. 주간길이와 이랑폭을 측정하여 재식면적을 확인한다.
　(라) 경작불능 여부 확인
　　① 식물체 피해율이 65% 이상 여부를 확인($\frac{식물체 고사면적}{보험가입면적}$)한다.
　　② 계약자의 경작불능보험금 신청 여부를 확인한다.

		계약자의 보험금 신청	
		신청	미신청
식물체 피해율	65% 이상	경작불능조사	(종합위험)과실손해조사
	65% 미만	(종합위험)과실손해조사	

　(마) 산지폐기 여부 확인(경작불능 후 조사)
　　　경작불능보험금 지급대상인 경우 산지폐기 여부를 확인한다.

다) 종합위험 과실손해조사
(1) 대상품목 : 복분자
　(가) 조사대상
　　　종합위험방식 보험기간(계약체결일 24시부터 가입 이듬해 5월 31일 이전)까지의 사고로 피해사실확인조사시 추가조사가 필요하다고 판단된 농지 또는 경작불능조사 결과 종합위험 과실손해조사가 필요할 것으로 결정된 농지(경작불능보험금이 지급된 농지는 제외)
　(나) 조사시기 : 수정 완료 직후부터 최초 수확전까지

(다) 조사방법
  ① 보상하는 재해 여부 심사
  ② 실제경작면적, 재식면적 확인
  ③ 기준일자 확인
    기준일자는 사고일자로 하며 기준일자에 따라 보장재해가 달라짐에 유의한다.
  ④ 표본포기수 산정
    가입포기수를 기준으로 품목별 표본구간수표(별표 1)에 따라 표본포기수를 산정한다.
  ⑤ 표본포기 선정
    산정한 표본포기수를 바탕으로 조사 농지의 특성이 골고루 반영될 수 있도록 표본포기를 선정한다.
  ⑥ 표본구간 선정
    선정한 표본포기의 전후 2포기씩을 추가하여 총 5포기를 1개의 표본구간으로 선정한다.
  ⑦ 살아있는 결과모지수 조사
    표본구간별로 살아있는 결과모지수를 조사한다.
  ⑧ 수정불량(송이) 피해율 조사
    표본포기별로 임의의 6송이를 추출하여 1송이당 전체 열매수와 피해(수정불량) 열매수를 조사한다. 현장사정에 따라 조사할 송이수는 가감할 수 있다.
  ⑨ 미보상비율 확인
(2) 대상품목 : 무화과
  (가) 조사대상 : 종합위험방식 보험기간(계약체결일 24기부터 가입 이듬해 7월 31일 이전)까지의 사고로 피해사실 확인조사시 추가조사가 필요하다고 판단된 농지
  (나) 조사시기 : 최초 수확품종 수확기 이전까지
  (다) 조사방법
    ① 보상하는 재해 여부 심사
    ② 나무수 조사
      농지 내 품종·수령별 실제결과주수, 미보상주수 및 고사나무주수를 확인한다.
    ③ 조사대상주수 계산
    ④ 표본주수 산정
    ⑤ 표본주 선정
    ⑥ 착과수 조사

선정된 표본주마다 착과된 과실수를 세고 조사용 리본 및 현지조사서에 조사내용을 기재한다.

⑦ 착과피해조사

착과피해를 유발하는 재해가 있을 경우 시행한다. 품종별로 3개 이상의 표본주에서 임의의 과실 100개 이상을 추출한 후 피해구성 기준에 따라 구분하여 그 개수를 조사한다. 무화과의 과실분류에 따른 피해인정계수는 아래와 같다.

과실분류	피해인정계수	비 고
정상과	0	피해가 없거나 경미한 과실
50%형 피해과실	0.5	일반시장에 출하할 때 정상과실에 비해 50%정도의 가격하락이 예상되는 품질의 과실(단, 가공공장공급 및 판매 여부와 무관)
80%형 피해과실	0.8	일반시장 출하가 불가능하나 가공용으로 공급될 수 있는 품질의 과실(단, 가공공장공급 및 판매 여부와 무관)
100%형 피해과실	1	일반시장 출하가 불가능하고 가공용으로도 공급될 수 없는 품질의 과실

⑧ 미보상비율 확인

라) 특정위험 과실손해조사

(1) 대상품목 : 복분자

(가) 조사대상

특정위험방식 보험기간(이듬해 6월 1일부터 수확기종료시점 단 가입 이듬해 6월 20일을 초과할 수 없음)에 사고가 발생하는 경우

(나) 조사시기 : 사고접수 직후

(다) 조사방법

① 보상하는 재해 여부 심사

② 실제경작면적, 재식면적 확인

③ 기준일자 확인

기준일자는 사고일자로 하되 농지의 상태 및 수확정도 등에 따라 조사자가 수정할 수 있다. 기준일자에 따른 잔여수확량 비율을 확인한다.

⟨사고발생일에 따른 잔여수확량 산정식⟩

품목	사고일자	잔여수확량비율(%)
복분자	1일~7일	98 - 사고발생일자
	8일~20일	$\dfrac{(사고발생일자^2 - 43 \times 사고발생일자 + 460)}{2}$

④ 표본포기수 산정

가입포기수를 기준으로 품목별 표본구간수표(별표 1)에 따라 표본포기수를 산정한다.

⑤ 표본포기 선정

산정한 표본포기수를 바탕으로 조사 농지의 특성이 골고루 반영될 수 있도록 표본포기를 선정한다.

⑥ 표본송이 조사

각 표본포기에서 임의의 6송이를 선정하여 1송이당 전체 열매수(전체 개화수)와 수확가능 열매수(전체 결실수)를 조사한다. 현장사정에 따라 조사할 송이수는 가감할 수 있다.

⟨복분자 과실손해조사⟩

(2) 대상품목 : 무화과

(가) 조사대상 : 특정위험방식 보험기간(가입 이듬해 8월 1일부터 수확기 종료시점 단 가입 이듬해 10월 31일을 초과할 수 없음) 내 사고가 발생한 경우

(나) 조사방법

① 보상하는 재해 여부 심사

② 나무수 조사

품종·재배방식·수령별 실제결과주수, 고사주수, 미보상주수, 수확불능주수, 기수확주수를 확인한다.

③ 조사대상주수 계산

품종·재배방식·수령별 실제결과주수에서 고사주수, 미보상주수, 수확불능주수를 빼고 조사대상주수를 계산한다.

④ 기준일자 확인

기준일자는 사고발생일자로 하되 농지의 상태 및 수확정도 등에 따라 조사자가 수정할 수 있다. 기준일자에 따른 잔여수확량 비율을 확인한다.

〈사고발생일에 따른 잔여수확량 산정식〉

품목	사고발생 월	잔여수확량비율(%)
무화과	8월	100 - 1.06 × 사고발생일자
	9월	(100 - 33) - 1.13 × 사고발생일자
	10월	(100 - 67) - 0.84 × 사고발생일자

⑤ 표본조사

표본포기수를 산정하고 3주 이상의 표본주에 달려있는 결과지수를 구분하여 고사결과지수, 미고사결과지수, 미보상고사결과지수를 각각 조사한다.

마) 고사나무조사(무화과)

3) 보험금 산정방법 및 지급기준

가) 경작불능보험금 산정

(1) 대상품목 : 복분자

(2) 지급조건 : 경작불능조사결과 식물체 피해율이 65% 이상이고 계약자가 경작불능보험금을 신청한 경우

(3) 지급보험금=보험가입금액 × 자기부담비율별 지급비율

[자기부담비율별 경작불능보험금 지급비율표]

자기부담비율	10%형	15%형	20%형	30%형	40%형
지급비율	45%	42%	40%	35%	30%

나) 과실손해보험금 산정

> 복분자의 보험금 산출방법은 피해율을 구하는 기준(수확량대신 결과모지수 사용)이 다를분 수확감소보장 방식과 동일하다. 피해율 계산(5월 31일 이전 사고)에서 고사결과모지수는 보상하는 감수량(평년수확량-수확량-미보상감수량)에 해당하며, 수확량은 (살아있는 결과모지수-수정불량환산 고사결과모지수)에 해당한다. 수정불량환산 고사결과모지수는 피해인정계수를 적용한 감수량으로 보면 된다.

(1) 복분자

  (가) 보상하는 재해로 피해율이 자기부담비율을 초과하는 경우 아래와 같이 계산한 과실손해보험금을 지급한다.

  $$\text{과실손해보험금} = \text{보험가입금액} \times (\text{피해율} - \text{자기부담비율})$$

  $$\text{※ 피해율} = \frac{\text{고사결과모지수(수확개시전+후)}}{\text{평년결과모지수}}$$

  (나) 고사결과모지수

  > (1) 5월 31일 이전에 사고가 발생한 경우
  >   = 평년결과모지수-(기준 살아있는 결과모지수-수정불량환산 고사결과모지수)
  >   - 미보상고사결과모지수
  > (2) 6월 1일 이후에 사고가 발생한 경우
  >   = 수확감소환산 고사결과모지수 - 미보상고사결과모지수

  주1) 살아있는 결과모지수 = $\frac{\text{표본구간 살아있는 결과모지수의 합}}{\text{표본구간수} \times 5}$

  주2) 수정불량환산 고사결과모지수 = 살아있는 결과모지수 × 수정불량환산계수

   * 수정불량 환산계수 = $\frac{\text{수정불량결실수}}{\text{전체결실수}}$

  주3) 미보상 고사결과모지수
     = [평년결과모지수-(살아있는 결과모지수-수정불량환산 고사결과모지수)]×미보상비율

(다) 수확감소환산 고사결과모지수

> (1) 5월 31일 이전 사고로 인한 고사결과모지수가 존재하는 경우
>   = (살아있는 결과모지수 - 수정불량환산 고사결과모지수) × 누적수확감소환산계수
> (2) 5월 31일 이전 사고로 인한 고사결과모지수가 존재하지 않는 경우
>   = 평년결과모지수 × 누적수확감소환산계수

주1) 누적수확감소환산계수 = 수확감소환산계수의 누적 값
주2) 수확감소환산계수 = 수확일자별 잔여수확량비율 - 결실률
주3) 수확일자별 잔여수확량비율

품목	사고일자	잔여수확량비율(%)
복분자	6월 1일 ~ 7일	98 - 사고발생일자
	6월 8일 ~ 20일	$\dfrac{(사고발생일자^2 - 43 \times 사고발생일자 + 460)}{2}$

주4) 결실률=전체결실수/전체개화수
주5) 미보상 고사결과모지수 = 수확감소환산 고사결과모지수 × max(특정위험 과실손해조사별 미보상비율)

(2) 무화과

보상하는 재해로 피해율이 자기부담비율을 초과하는 경우 아래와 같이 계산한 보험금을 지급한다.

> 보험금 = 보험가입금액 × (피해율 - 자기부담비율)
> ※ 피해율은 수확개시 전과 수확개시 후 피해율을 더한 값을 적용한다.

(가) 수확개시 이전(이듬해 7월 31일 이전) 피해율

> (평년수확량 - 수확량 - 미보상감수량) ÷ 평년수확량

(나) 수확개시 이후(이듬해 8월 1일 이후) 피해율

> (1 - 수확전사고 피해율) × 잔여수확량비율 × 결과지 피해율

〈사고발생일에 따른 잔여수확량 산정식〉

품목	사고발생 월	잔여수확량비율(%)
무화과	8월	100 - 1.06 × 사고발생일자
	9월	(100 - 33) - 1.13 × 사고발생일자
	10월	(100 - 67) - 0.84 × 사고발생일자

(다) 결과지피해율은 아래의 산식을 적용한다.

$$결과지\ 피해율 = \frac{고사결과지수 + 미고사결과지수 \times 착과피해율 - 미보상고사결과지수}{기준결과지수(정상결과지수 + 고사결과지수)}$$

※ 결과지는 고사결과지(보상·미보상)와 정상(미고사)결과지로 구분한다.

(3) 종합위험 나무손해보장특약 보험금 산정 (무화과)

$$보험금 = 보험가입금액 \times (피해율 - 자기부담비율)$$

※ $피해율 = \frac{피해주수(고사나무수)}{실제결과주수}$, 자기부담비율 = 5%

02 논작물 손해평가

가. 수확감소보장(벼, 조사료용 벼, 밀, 보리, 귀리)

논작물(벼)의 경우 5종류의 보험금이 지급된다. 이앙·직파불능조사, 재이앙·재직파조사, 수확불능조사, 수량요소조사(수확량조사) 등은 벼에만 적용되는 조사이다.

1) 조사의 종류

생육시기	재해	조사내용	조사시기	조사방법	비고
수확 전	보상하는 재해 전부	피해사실 확인 조사	사고접수 후 지체 없이	보상하는 재해로 인한 피해발생여부 조사 (피해사실이 명백한 경우 생략 가능)	전 품목
		이앙(직파) 불능 조사	이앙 한계일 (7.31)이후	이앙(직파)불능 상태 및 통상적인 영농활동 실시여부조사	벼만 해당
		재이앙(재직파) 조사	사고접수 후 지체 없이	해당농지에 보상하는 손해로 인하여 재이앙(재직파)이 필요한 면적 또는 면적비율 조사	벼만 해당
		경작불능조사	사고접수 후 지체 없이	해당 농지의 피해면적비율 또는 보험목적인 식물체 피해율 조사	전 품목
수확 직전	보상하는 재해 전부	수확량 조사	수확직전	사고발생 농지의 수확량 조사·조사방법: 전수조사 또는 표본조사	벼, 밀, 보리, 귀리
수확 시작 후 ~ 수확 종료	보상하는 재해 전부	수확량 조사	사고접수 후 지체 없이	사고발생 농지의 수확 중의 수확량 및 감수량의 확인을 통한 수확량조사 ·조사방법: 전수조사 또는 표본조사(벼는 수량요소조사도 가능)	벼, 밀, 보리, 귀리
		수확불능확인 조사	조사 가능일	사고발생 농지의 제현율 및 정상 출하 불가 확인 조사	벼만 해당

2) 손해평가 현지조사 방법

가) 피해사실 확인조사

(1) 조사대상 : 대상재해로 사고접수 농지 및 조사 필요 농지

(2) 대상재해 : 자연재해, 조수해, 화재, 병해충(벼 품목만 해당)

(3) 조사방법

(가) 보상하는 재해로 인한 피해 여부 확인

(나) 추가조사 필요 여부 확인

보상하는 재해 여부 및 피해정도 등을 감안하여 이앙·직파불능조사(농지 전체 이앙·직파 불능시), 재이앙·재직파조사(면적피해율 10% 초과시), 경작불능조사(식물체 피해율 65% 이상), 수확량조사(피해율이 자기부담비율 초과) 중 필요한 조사를 판단하여 계약자에게 안내하고 손해평가반 구성 및 추가조사일정을 수립한다. 태풍 등과 같이 재해내용이 명확하거나 사고접수 후 바로 추가조사가 필요한 경우 등에는 피해사실확인조사를 생략한다.

나) 이앙·직파불능조사(벼)

피해사실확인조사시 이앙·직파불능조사가 필요하다고 판단된 농지에 대하여 실시하는 조사이다.

(1) 조사대상 : 벼

(2) 조사시기 : 이앙한계일(7월 31일) 이후

(3) 조사방법(이앙·직파불능보험금 지급대상 여부 조사)

(가) 보상하는 재해 여부 심사

(나) 실제경작면적 확인

GPS 면적측정기 또는 지형도 등을 이용하여 보험가입면적과 실제경작면적을 비교한다. 실적경작면적이 보험가입면적 대비 10% 이상 차이가 날 경우에는 계약사항을 변경해야 한다.

(다) 이앙·직파불능 판정기준

보상하는 재해로 인하여 이앙한계일(7월 31일)까지 해당 농지 전체를 이앙·직파하지 못한 경우 이앙·직파불능피해로 판단한다.

(라) 통상적인 영농활동 이행여부 확인

대상농지에 통상적인 영농활동(논둑정리, 논갈이, 비료시비, 제초제 살포 등)을 실시하였는지를 확인한다.

다) 재이앙·재직파조사(벼)

> 재이앙·재직파조사 및 경작불능조사는 전(前)조사와 후(後)조사를 실시하여 이행여부를 확인한다.

피해사실확인조사시 재이앙·재직파조사가 필요하다고 판단된 농지에 대하여 실시하는 조사이다.

(1) 조사대상 : 벼

(2) 조사시기 : 사고접수 직후

(3) 조사방법(재이앙·재직파보험금 지급대상 여부 조사, 재이앙·재직파 전(前)조사)

  (가) 보상하는 재해 여부 심사

  (나) 실제경작면적 확인

  (다) 피해면적 확인

     GPS 면적측정기 또는 지형도 등을 이용하여 실제경작면적 대비 피해면적을 비교 및 조사한다.

  (라) 피해면적 판정기준

    ① 묘가 본답의 바닥에 있는 흙과 분리되어 물위에 뜬 면적

    ② 묘가 토양에 의해 묻히거나 잎이 흙에 덮여져 햇빛이 차단된 면적

    ③ 묘는 살아 있으나 수확이 불가능할 것으로 판단된 면적

  (마) 재이앙·재직파 이행완료 여부 조사(후(後)조사)

     재이앙·재직파 보험금 지급대상 여부 조사시 지급대상으로 확인된 농지에 대하여 재이앙·재직파가 완료되었는지 조사한다. 피해면적 중 일부에 대해서만 재이앙·재직파가 이루어진 경우에는 실시하지 않은 면적은 피해면적에서 제외한다. 다만 농지별 상황에 따라 재이앙·재직파 전(前)조사가 어려운 경우 최초 이앙에 대한 증빙자료를 확보하여 최초 이앙시기와 피해사실에 대한 확인을 해야 한다.

〈재이앙·재직파조사〉

라) 경작불능조사

피해사실확인조사시 경작불능조사가 필요하다고 판단된 농지 또는 사고접수시 이에 준하는 피해가 예상되는 농지에 대해 경작불능조사를 실시한다.

(1) 조사대상 : 벼, 조사료용 벼, 밀, 보리

(2) 조사시기 : 사고 후부터 출수기 전

(3) 조사방법(경작불능보험금 지급대상 여부 조사, 경작불능 전(前)조사)

　(가) 보상하는 재해 여부 심사

　(나) 실제경작면적 확인

　(다) 식물체 피해율 조사

　　목측조사를 통해 조사대상 농지에서 보상하는 재해로 인한 식물체 피해율

$\left(\dfrac{고사식물체수(면적)}{보험가입식물체수(면적)}\right)$이 65%(분질미 60%) 이상인지 여부를 조사한다.

고사식물체 판정기준은 해당 식물체의 수확가능 여부이다.

 (라) 계약자의 경작불능보험금 신청 여부 확인

  식물체 피해율이 65%(분질미 60%) 이상인 경우 계약자에게 경작불능보험금 신청 여부를 확인한다.

 (마) 수확량조사 대상 확인(조사료용 벼 제외)

  식물체 피해율이 65%(분질미 60%) 미만이거나 동 피해율이 65%(분질미 60%) 이상이어도 계약자가 경작불능보험금을 신청하지 않는 경우 향후 수확량조사가 필요한 농지로 결정한다.

 (바) 산지폐기 여부 확인(경작불능 후 조사)

마) 수확량조사(조사료용 벼는 사료 목적이므로 제외)

> 논작물의 수확량조사는 수량요소조사(벼만 해당), 표본조사, 전수조사가 있으며 현장상황에 따라 조사방법을 선택할 수 있다. 동일 농지에 복수의 조사를 실시한 경우 피해율 산정의 우선순위는 전수조사, 표본조사, 수량요소조사 순이다.

(1) 조사시기에 따른 조사방법

조사 시기	조사 방법
수확 전 14일 전후	수량요소조사(벼만 해당)
알곡이 여물어 수확이 가능한 시기	표본조사(벼, 밀, 보리, 귀리)
수확시	전수조사(벼, 밀, 보리, 귀리)

(2) 조사방법

 (가) 보상하는 재해 여부 심사

 (나) 경작불능보험금 대상 여부 확인

 (다) 조사대상면적 확인

  실제경작면적, 고사면적, 타작물 및 미보상면적, 기수확면적 등을 확인하여 조사대상면적을 계산한다.

> 조사대상면적 = 실제경작면적-고사면적-타작물·미보상면적-기수확면적
> ※ 고사면적 : 보상하는 재해로 인하여 해당 작물이 수확될 수 없는 면적
> ※ 타작물·미보상면적 : 해당 작물 외의 작물이 식재되어 있거나 보상하는 재해 이외의 사유로 수확이 감소한 면적
> ※ 기수확면적 : 조사 전에 수확이 완료된 면적

(라) 수확불능 대상 여부 확인

　　벼의 제현율이 65%(분질미 70%) 미만으로 정상적인 출하가 불가능한지를 확인한다. 경작불능보험금 지급 대상인 경우에는 수확불능에서 제외한다.

(마) 조사방법 결정

　　조사시기와 상황에 맞추어 적절한 조사방법을 선택한다.

(3) 수량요소조사(벼)

> 수량요소조사는 벼 품목에만 적용되는 수확량조사로 조사방법이 간편하고 표준수확량과 수확비율, 피해면적 보정계수과 같은 별도의 기준을 적용한다.

(가) 표본포기수 : 4포기(가입면적과 무관)

(나) 표본포기 선정

　　재배방법 및 품종 등을 감안하여 조사대상면적에 동일한 간격으로 배치될 수 있도록 표본포기를 선정한다. 다만 선정한 포기가 표본으로 부적합한 경우(해당 포기의 수확량이 현저히 많거나 적어서 표본으로 대표성을 가지기 어려운 경우 등)에는 가까운 위치의 다른 포기로 선정한다.

(다) 표본포기 조사

　　선정한 표본포기별로 이삭상태 점수 및 완전낟알상태 점수를 조사한다. 이삭상태 점수는 표본포기별로 포기당 이삭수에 따라 점수를 부여한다. 완전낟알상태는 표본포기별로 평균적인 이삭 1개를 선정하여 선정한 이삭별로 이삭당 완전낟알수에 따라 점수를 부여한다.

〈이삭상태 점수표〉

포기당 이삭수	점수
16 미만	1
16 이상	2

〈완전낟알상태 점수표〉

이삭당 완전낟알수	점수
51개 미만	1
51개 이상 61개 미만	2
61개 이상 71개 미만	3
71개 이상 81개 미만	4
81개 이상	5

〈이삭상태, 완전낟알수 조사〉

이삭상태조사

완전낟알수 조사

(라) 수확비율 산정

표본포기별 이삭상태 점수(4개)와 완전낟알상태 점수(4개)를 합산한 후 그 점수에 따라 조사수확비율 환산표에서 해당하는 수확비율 구간을 확인하고 조사농지의 상황을 감안하여 적절한 수확비율을 정한다.

〈조사수확비율 환산표〉

점수 합계	조사수확비율(%)	점수 합계	조사수확비율(%)
10점 미만	0% ~ 20%	16점 ~ 18점	61% ~ 70%
10점 ~ 11점	21% ~ 40%	19점 ~ 21점	71% ~ 80%
12점 ~ 13점	41% ~ 50%	22점 ~ 23점	81% ~ 90%
14점 ~ 15점	51% ~ 60%	24점 이상	91% ~ 100%

(마) 피해면적 보정계수 산정(피해정도에 따라 산정)

〈피해면적 보정계수〉

피해 정도	피해면적 비율	보정계수
매우 경미	10% 미만	1.2
경미	10% 이상 30% 미만	1.1
보통	30% 이상	1

(바) 병해충 단독사고 여부 확인(벼)

농지의 피해가 자연재해, 조수해 및 화재와는 상관없이 보상하는 병해충만으로 발생한 단독사고인지 여부를 확인한다. 병해충 단독사고로 판단되는 경우 가장 주된 병해충명을 조사한다.

(4) 표본조사

> 논작물과 밭작물은 수확량 계산시 무게를 보정하는 작업을 한다. 논작물의 함수율, 마늘의 비대추정지수와 환산계수, 양파의 비대추정지수 등이 있다. 이러한 요소들을 포함하여 계산한 중량을 유효중량이라고 한다.

(가) 표본구간수 산정

조사대상면적에 따라 적정표본구간수 이상을 산정한다. 가입면적과 실제경작면적이 10% 이상 차이가 날 경우에는 실제경작면적으로 기준으로 산정한다.

〈종합위험방식 논작물 품목(벼, 밀, 보리, 귀리)〉

조사대상 면적	표본구간	조사대상 면적	표본구간
2,000㎡ 미만	3	4,000㎡ 이상 5,000㎡ 미만	6
2,000㎡ 이상 3,000㎡ 미만	4	5,000㎡ 이상 6,000㎡ 미만	7
3,000㎡ 이상 4,000㎡ 미만	5	6,000㎡ 이상	8

(나) 표본구간 선정

산정한 표본구간수를 바탕으로 재배방법 및 품종 등을 감안하여 조사대상면적에 동일한 간격으로 배치될 수 있도록 표본구간을 선정한다.

〈표본구간 선정 예시〉

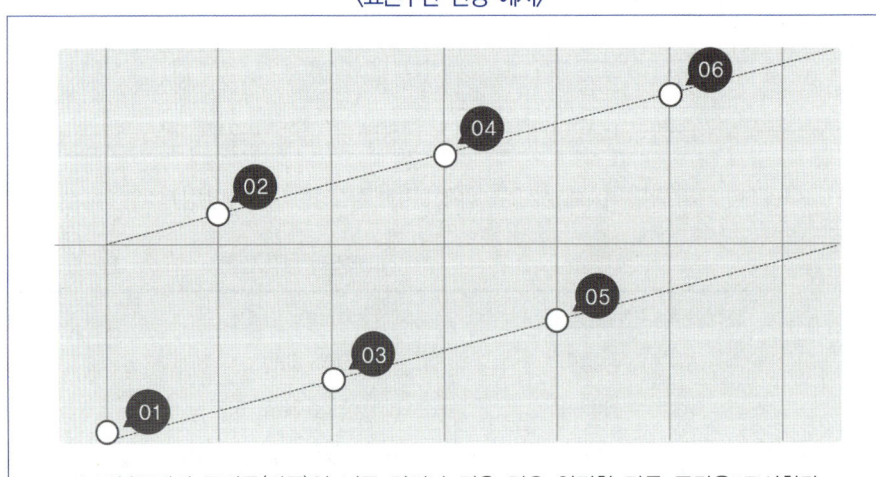

* 표본구간의 목적물(작물)이 너무 많거나 적은 경우 인접한 다른 구간을 조사한다.

(다) 표본구간 면적 및 수확량 조사

표본구간마다 4포기의 길이와 포기당 간격을 조사하여 표본구간의 면적을 산출한다(농지 및 조사상황 등을 고려하여 2포기로 줄일 수 있음). 표본구간의 작물을 수확하여 해당 중량을 측정한다. 수확한 작물에 대하여 함수율을 3회 이상

측정하여 평균값을 산출한다.
(라) 병해충 단독사고 여부 확인(벼)

(5) 전수조사

(가) 전수조사 대상 농지 여부 확인

전수조사는 기계수확(탈곡 포함)을 하는 농지에 한한다.

(나) 조곡의 중량 조사

대상 농지에서 수확한 전체 조곡의 중량을 조사하며 전체 중량 측정이 어려운 경우에는 콤바인, 톤백, 콤바인용 포대, 곡물적재함 등을 이용하여 중량을 산출한다.

(다) 조곡의 함수율 조사

수확한 작물에 대하여 함수율(3회 이상)을 측정하여 평균값을 산출한다.

(라) 병해충 단독사고 여부 확인(벼)

(6) 수확불능조사(벼)

수확량조사시 수확불능 대상 농지(벼의 제현율이 65%(분질미 70%) 미만으로 정상적인 출하가 불가능한 농지)로 확인된 농지에 대하여 실시하는 조사이며 조사시기는 수확 포기가 확인되는 시점이다.

(가) 조사대상 : 벼

(나) 조사시기 : 수확포기가 확인되는 시점

(다) 조사방법(수확불능보험금 지급대상 여부 조사)

① 보상하는 재해 여부 심사

② 실제경작면적 확인

③ 수확불능 대상 여부 확인

벼의 제현율이 65%(분질미 70%) 미만으로 정상적인 출하가 불가능한지 확인한다.

④ 수확포기 여부 확인

당해연도 11월 30일까지 수확을 하지 않은 경우, 목적물을 수확하지 않고 갈아 엎은 경우(로터리 작업 등), 대상 농지의 수확물 모두가 시장으로 유통되지 않은 것이 확인된 경우 등은 수확을 포기한 것으로 한다.

〈수확포기 여부 확인〉

(7) 미보상비율조사(모든 조사에서 동시 조사)

3) 보험금 산정방법 및 지급기준

가) 이앙·직파불능 보험금 산정(벼)

> 이앙·직파불능보험금, 경작불능보험금 및 수확불능보험금을 지급한 때에는 그 손해보상의 원인이 생긴 때로부터 해당 농지에 대한 보험계약은 소멸한다.

보험기간 내에 보상하는 재해로 농지 전체를 이앙·직파하지 못하게 된 경우 보험가입금액의 15%를 이앙·직파불능 보험금으로 지급한다. 다만 통상적인 영농활동을 하지 않는 농지에 대해서는 동 보험금을 지급하지 아니한다.

$$지급보험금 = 보험가입금액 \times 15\%$$

나) 재이앙·재직파 보험금 산정(벼)

보험기간 내에 보상하는 재해로 면적피해율이 10%를 초과하고 재이앙·재직파한 경우 1회에 한하여 재이앙·재직파 보험금을 지급한다.

$$지급보험금 = 보험가입금액 \times 25\% \times 면적 피해율$$
$$※ 면적피해율 = \frac{피해면적}{보험가입면적}$$

다) 경작불능보험금 산정

보험기간 내에 보상하는 재해로 식물체 피해율이 65%(분질미 60%) 이상이고 계약자가 경작불능보험금을 신청한 경우 자기부담비율에 따라 보험가입금액의 일정비율로 계산한 경작불능보험금을 지급한다.

⟨자기부담비율별 경작불능보험금표⟩

자기부담비율	경작불능보험금
10%형	보험가입금액 × 45%
15%형	보험가입금액 × 42%
20%형	보험가입금액 × 40%
30%형	보험가입금액 × 35%
40%형	보험가입금액 × 30%

다만 조사료용 벼는 보장비율과 경과비율을 적용하여 경작불능보험금을 산정한다. 경과비율은 사고발생일이 속한 월에 따라 아래와 같이 계산한다.

지급보험금 = 보험가입금액 × 보장비율 × 경과비율

구분	보장비율	월별	경과비율
45%형	45%	5월	80%
42%형	42%	6월	85%
40%형	40%	7월	90%
35%형	35%	8월	100%
30%형	30%		

라) 수확감소보험금 산정(조사료용 벼 제외)

보험기간 내 보상하는 재해로 피해율이 자기부담비율을 초과하는 경우 수확감소보험금을 지급한다. 경작불능보험금 및 수확불능보험금을 지급하여 계약이 소멸한 경우에는 지급하지 않는다(벼만 해당).

지급보험금 = 보험가입금액 × (피해율 − 자기부담비율)

※ 피해율 = $\dfrac{평년수확량 - 수확량 - 미보상감수량}{평년수확량}$

   * 다만 병해충 단독사고일 경우 min(피해율, 병해충 최대인정피해율)을 적용

※ 수확량(수량요소조사) = 표준수확량 × 조사수확비율 × 피해면적 보정계수

※ 수확량(표본조사) = (표본구간 단위면적당 유효중량 × 조사대상면적) +
    [단위면적당 평년수확량 × (타작물 미보상면적 + 기수확면적)]

   * 표본구간 단위면적당 유효중량 = 표본구간 작물중량 합계 × (1−loss율) × $\dfrac{1-함수율}{1-기준함수율}$

   * 기준함수율 : 메벼(15%), 분질미(14%), 찰벼·밀·보리(13%), loss율 : 7%

※ 수확량(전수조사)
  = 조사대상면적 수확량 + [단위면적당 평년수확량 × (타작물·미보상면적 + 기수확면적)]

   * 조사대상면적 수확량 = 작물 중량 × $\dfrac{1-함수율}{1-기준함수율}$

   * 기준함수율 : 표본조사와 동일

마) 수확불능보험금 산정(벼)

보험기간 내에 보상하는 재해로 보험의 목적인 벼의 제현율이 65%(분질미 70%) 미만으로 정상 벼로 출하가 불가능하고 계약자가 수확불능보험금을 신청한 경우 수확불능보험금을 지급한다. 대상농지 벼가 산지폐기 등의 방법을 통해 시장으로 유통되지 않은 것이 확인되지 않으면 수확불능보험금을 지급하지 않는다. 경작불능보험금의 보험기간 내 발생한 재해로 식물체 피해율이 65%(분질미 60%) 이상인 경우에도 수확불능보험금을 지급하지 않는다.

〈자기부담비율별 수확불능보험금표〉

자기부담비율	경작불능보험금
10%형	보험가입금액 × 60%
15%형	보험가입금액 × 57%
20%형	보험가입금액 × 55%
30%형	보험가입금액 × 50%
40%형	보험가입금액 × 45%

03 밭작물 손해평가

가. 종합위험 수확감소보장(마늘, 양파, 양배추, 감자, 고구마, 옥수수(사료용 옥수수 포함), 콩, 팥, 차)

밭작물의 보장방식은 수확감소보장방식, 생산비보장방식, 인삼손해보장방식 등이 있다. 밭작물 일부(10개 품목)와 시설작물에 적용되는 생산비보장방식은 사고발생시점까지 투입된 생산비를 피해율에 따라 보험금으로 지급하는 방식이다. 사고발생시점까지 투입된 생산비(수확기는 미회수된 생산비)를 경과비율로 나타낸다.

1) 시기별 조사의 종류

생육시기	재해	조사내용	조사시기	조사방법	비고
수확 전	보상하는 재해 전부	피해사실 확인 조사	사고접수 후 지체 없이	보상하는 재해로 인한 피해발생 여부 조사 (피해사실이 명백한 경우 생략 가능)	전 품목
		재파종 조사	사고접수 후 지체 없이	해당농지에 보상하는 손해로 인하여 재파종이 필요한 면적 또는 면적비율 조사	마늘만 해당
		재정식 조사	사고접수 후 지체 없이	해당농지에 보상하는 손해로 인하여 재정식이 필요한 면적 또는 면적비율 조사	양배추만 해당
		경작불능 조사	사고접수 후 지체 없이	해당 농지의 피해면적비율 또는 보험목적인 식물체 피해율 조사	전 품목 (차(茶) 제외)
수확직전	보상하는 재해 전부	수확량 조사	수확직전	사고발생 농지의 수확량 조사 ·조사방법: 전수조사 또는 표본조사	전 품목 (사료용 옥수수 제외)
수확 시작 후 ~ 수확 종료	보상하는 재해 전부	수확량 조사	조사 가능일	사고발생농지의 수확량조사 ·조사방법: 표본조사	차(茶)만 해당
			사고접수 후 지체 없이	사고발생 농지의 수확 중의 수확량 및 감수량의 확인을 통한 수확량조사 ·조사방법: 전수조사 또는 표본조사	전 품목

2) 손해평가 현지조사 방법

가) 피해사실 확인조사

나) 재파종조사(마늘)

  (1) 대상품목 : 마늘
  (2) 조사대상 : 피해사실확인조사시 재파종조사가 필요하다고 판단된 농지
  (3) 조사시기 : 피해사실 확인 또는 사고접수 직후
  (4) 조사방법
    (가) 보상하는 재해 여부 심사
    (나) 실제재배면적 확인
    (다) 재파종보험금 지급대상 여부 조사(재파종 전 조사)

> 조사대상면적 = 실제경작면적-고사면적-타작물 및 미보상면적-기수확면적

    조사대상면적을 기준으로 표본구간수를 산정하고 조사대상면적에 동일한 간격으로 골고루 배치될 수 있도록 표본구간을 선정한다.
    선정된 표본구간별로 이랑 길이 방향으로 식물체 8주 이상(또는 1m)에 해당하는 이랑 길이, 이랑 폭(고랑 포함) 및 출현주수를 조사한다.
    (라) 재파종 이행완료 여부 조사(재파종 후 조사)
    재파종보험금 대상으로 확인된 농지에 대하여 재파종이 완료된 이후 조사를 진행한다. 조사방법은 재파종 전 조사와 같은 방법으로 표본구간을 선정하고 선정된 표본구간별로 이랑 길이, 이랑폭, 파종주수를 조사한다.

다) 재정식조사(양배추)

  (1) 대상품목 : 양배추
  (2) 조사대상 : 피해사실확인조사시 재정식조사가 필요하다고 판단된 농지
  (3) 조사시기 : 피해사실확인조사 또는 사고접수 직후
  (4) 조사방법
    (가) 보상하는 재해 여부 심사
    (나) 실제경작면적 확인
    (다) 재정식 보험금 지급대상 여부 조사(재정식 전 조사)
    GPS 면적측정기 또는 지형도 등을 이용하여 실제경작면적 대비 피해면적을 비교 조사한다. 피해면적의 판정기준은 작물이 고사되었거나 살아있으나 수확이 불가능할 것으로 판단된 면적이다.

(라) 재정식 이행완료 여부 조사(재정식 후 조사)

재정식보험금 지급대상으로 확인된 농지에 대하여 재정식이 완료되었는지를 조사한다. 피해면적 중 일부에 대해서만 재정식이 이루어진 경우에는 재정식이 이루어지지 않은 면적은 피해면적에서 제외한다.

라) 경작불능조사

(1) 대상품목 : 차(茶)를 제외한 수확감소보장방식 밭작물

(2) 조사대상 : 피해사실확인조사시 경작불능조사가 필요하다고 판단된 농지 또는 사고접수시 이에 준하는 피해가 예상되는 농지

(3) 조사시기 : 피해사실확인조사 또는 사고접수 직후

(4) 경작불능보험금 지급대상 여부 조사(경작불능 전 조사)

  (가) 보상하는 재해 여부 심사

  (나) 실제경작면적 측정

  (다) 식물체 피해율 조사

  목측조사를 통해 조사대상 농지에서 보상하는 재해로 인한 식물체 피해율 ($\frac{고사식물체수(면적)}{보험가입식물체수(면적)}$)이 65% 이상인지 여부를 조사한다. 고사식물체 판정기준은 해당 식물체의 수확가능 여부이다.

  (라) 계약자의 경작불능보험금 신청 여부 확인

  식물체 피해율이 65% 이상인 경우 계약자에게 경작불능보험금 신청 여부를 확인한다.

  (마) 수확량조사 대상 확인(사료용 옥수수 제외)

  식물체 피해율이 65% 미만이거나 동 피해율이 65% 이상이어도 계약자가 경작불능보험금을 신청하지 않는 경우 향후 수확량조사가 필요한 농지로 결정한다(콩, 팥 제외).

  (바) 산지폐기 여부 확인(경작불능 후 조사)

마) 수확량조사

(1) 적용품목 : 수확감소보장방식 밭작물(9개 품목)

(2) 조사대상 : 피해사실확인조사시 수확량조사가 필요하다고 판단된 농지 또는 경작불능조사 결과 수확량조사를 하는 것으로 결정된 농지

(3) 조사시기 : 수확 직전. 다만 차(茶)는 조사가능시기

(4) 조사방법

(가) 보상하는 재해 여부 심사

(나) 수확량조사 적기 판단 및 시기 결정

해당작물의 특성에 맞게 아래 표에서 수확량 적기 여부를 확인하고 이에 따른 조사시기를 결정한다. 대체로 뿌리식물은 비대가 완료된 때, 줄기식물은 수확 적기를 기준으로 한다.

품목	수확량조사 적기
양파	양파의 비대가 종료된 시점(식물체의 도복이 완료된 때)
마늘	마늘의 비대가 종료된 시점 (잎과 줄기가 1/2~2/3 황변하여 말랐을 때와 해당 지역의 통상 수확기가 도래하였을 때)
고구마	고구마의 비대가 종료된 시점 (삽식일로부터 120일 이후에 농지별로 적용)
감자 (고랭지재배)	감자의 비대가 종료된 시점 (파종일로부터 110일 이후)
감자 (봄재배)	감자의 비대가 종료된 시점 (파종일로부터 95일 이후)
감자 (가을재배)	감자의 비대가 종료된 시점 (파종일로부터 제주지역은 110일 이후, 이외 지역은 95일 이후)
옥수수	옥수수의 수확 적기(수염이 나온 후 25일 이후)
차(茶)	조사 가능일 직전 (조사 가능일은 대상 농지에 식재된 차나무의 대다수 신초가 1심2엽의 형태를 형성하며 수확이 가능할 정도의 크기(신초장 4.8cm 이상, 엽장 2.8cm 이상, 엽폭 0.9cm 이상)로 자란 시기를 의미하며, 해당 시기가 수확연도 5월 10일을 초과하는 경우에는 수확년도 5월 10일을 기준으로 함)
콩	콩의 수확 적기(콩잎이 누렇게 변하여 떨어지고 꼬투리의 80~90% 이상이 고유한 성숙(황색)색깔로 변하는 시기인 생리적 성숙기로부터 7~14일이 지난 시기)
팥	팥의 수확 적기(꼬투리가 70~80% 이상이 성숙한 시기)
양배추	양배추의 수확 적기(결구 형성이 완료된 때)

(다) 면적 확인

> 조사대상면적 = 실제 경작면적 − 고사면적 − 타작물 및 미보상면적 − 기수확면적

실제경작면적, 수확불능(고사)면적, 타작물 및 미보상면적, 기수확면적 등을 확인하여 조사대상면적을 계산한다.

차(茶)의 경우는 목측조사를 통해 수확면적율을 확인한다. 보험가입시 수확면적율과 실제 수확면적율을 비교한다. 실제 수확면적율이 보험가입시 수확면적율과 차이가 날 경우 계약사항을 변경할 수 있다.

(라) 조사방법 결정

품목 및 재배방법 등을 참고하여 적절한 조사방법을 선택한다. 표본조사와 전수조사가 있으며 전수조사는 콩과 팥을 기계수확(탈곡)을 하는 농지에만 적용한다.

① 표본조사

사료용 옥수수를 제외한 수확감소보장방식 밭작물에 적용된다. 조사대상면적에 따라 적정표본구간수(별표1) 이상을 산정한다. 산정한 표본구간수를 바탕으로 재배방법 및 품종 등을 감안하여 조사대상면적에 동일한 간격으로 고루 배치될 수 있도록 표본구간을 선정한다. 선정한 구간이 표본으로 부적합한 경우에는 가까운 위치의 다른 구간을 표본구간으로 선정한다.

해당 품목별로 선정된 표본구간의 면적과 수확한 작물의 중량을 조사한다. 마늘, 양파 품목은 지역별 수확적기보다 일찍 조사를 하는 경우 수확적기까지 잔여일수별 비대지수를 추정하여 적용할 수 있다.

〈품목별 표본구간 면적조사 방법〉

품목	표본구간 면적 조사방법
양파, 마늘, 고구마, 양배추, 감자, 옥수수	이랑 길이(5주 이상) 및 이랑 폭 조사
차(茶)	규격의 테(0.04㎡) 사용
콩, 팥	점파 : 이랑 길이(4주 이상) 및 이랑 폭 조사 산파 : 규격의 원형(1㎡) 이용 또는 표본구간의 가로·세로 길이 조사

<및품목별 표본구간별 수확량조사 방법>

품목	표본구간별 수확량 조사방법
양파	표본구간 내 작물을 수확한 후, 종구 5cm 윗부분 줄기를 절단하여 해당 무게를 조사(단, 양파의 최대지름이 6cm 미만인 경우에는 80%(보상하는 재해로 인해 피해가 발생하여 일반시장 출하가 불가능하나, 가공용으로는 공급될 수 있는 작물을 말하며, 가공공장 공급 및 판매 여부와는 무관), 100%(보상하는 재해로 인해 피해가 발생하여 일반시장 출하가 불가능하고 가공용으로도 공급될 수 없는 작물) 피해로 인정하고 해당 무게의 20%, 0%를 수확량으로 인정)
마늘	표본구간 내 작물을 수확한 후, 종구 3cm 윗부분을 절단하여 무게를 조사(단, 마늘통의 최대지름이 2cm(한지형), 3.5cm(난지형) 미만인 경우에는 80%(보상하는 재해로 인해 피해가 발생하여 일반시장 출하가 불가능하나, 가공용으로는 공급될 수 있는 작물을 말하며, 가공공장 공급 및 판매 여부와는 무관), 100%(보상하는 재해로 인해 피해가 발생하여 일반시장 출하가 불가능하고 가공용으로도 공급될 수 없는 작물) 피해로 인정하고 해당 무게의 20%, 0%를 수확량으로 인정)
고구마	표본구간 내 작물을 수확한 후 정상 고구마와 50%형 고구마 (일반시장에 출하할 때, 정상 고구마에 비해 50% 정도의 가격하락이 예상되는 품질. 단, 가공공장 공급 및 판매 여부와 무관), 80% 피해 고구마(일반시장에 출하가 불가능하나, 가공용으로 공급될 수 있는 품질. 단, 가공공장 공급 및 판매 여부와 무관), 100% 피해 고구마(일반시장 출하가 불가능하고 가공용으로 공급될 수 없는 품질)로 구분하여 무게를 조사
감자	표본구간 내 작물을 수확한 후 정상 감자, 병충해별 20% 이하, 21~40% 이하, 41~60% 이하, 61~80% 이하, 81~100% 이하 발병 감자로 구분하여 해당 병충해 명과 무게를 조사하고 최대 지름이 5cm 미만이거나 피해 정도 50% 이상인 감자의 무게는 실제 무게의 50%를 조사 무게로 함.
옥수수	표본구간 내 작물을 수확한 후 착립장 길이에 따라 상(17cm 이상)·중(15cm 이상 17cm 미만)·하(15cm 미만)로 구분한 후 해당 개수를 조사
차(茶)	표본구간 중 두 곳에 20cm × 20cm 테를 두고 테 내의 수확이 완료된 새싹의 수를 세고, 남아있는 모든 새싹(1심2엽)을 따서 개수를 세고 무게를 조사
콩, 팥	표본구간 내 콩을 수확하여 꼬투리를 제거한 후 콩 종실의 무게 및 함수율(3회 평균) 조사
양배추	표본구간 내 작물의 뿌리를 절단하여 수확(외엽 2개 내외 부분을 제거)한 후, 80% 피해 양배추, 100% 피해 양배추로 구분. 80% 피해형은 해당 양배추의 피해 무게를 80% 인정하고, 100% 피해형은 해당 양배추 피해 무게를 100% 인정

〈이랑 길이, 이랑폭 측정〉

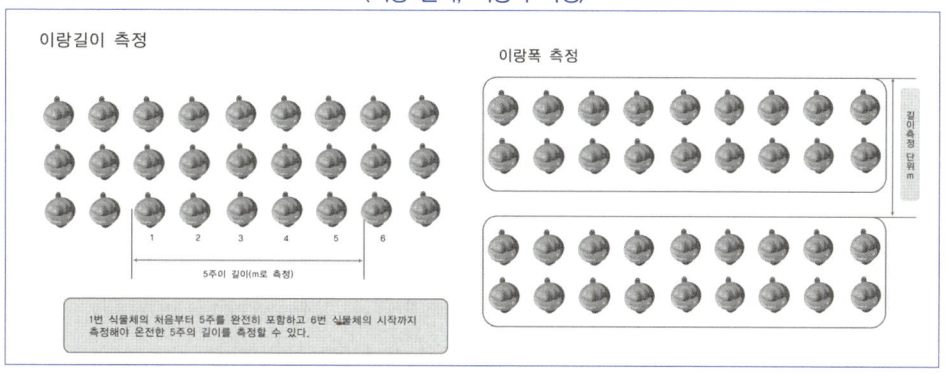

〈작물별 표본조사 예〉

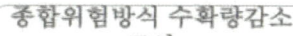

종합위험방식 수확량감소 조사	양파 수확량감소조사	
수확시기	표본구간 면적조사	표본구간 수확량 조사
양파의 비대가 종료된 시점 (식물체의 도복이 완료된 때)	이랑길이(5주) 및 이랑폭 조사	표본구간 내 작물을 수확한 후, 종구 5cm 윗부분 줄기를 절단하고 무게 측정

  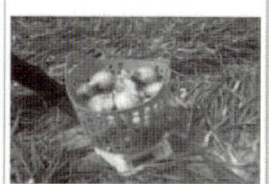

종합위험방식 수확량감소 조사	차(茶) 수확량감소조사	
수확시기	표본구간 면적조사	표본구간 수확량 조사
차나무의 신초가 1심2엽의 형태를 형성, 크기가 아래의 규격에 이르렀을 때	사각형모양의 테(0.04㎡) 사용	0.04㎡내, 수확이 끝난 새싹의 수를 세고, 남아있는 모든 새싹 (1심2엽)을 따서 개수를 세고 무게를 측정

② 전수조사

콩, 팥 품목에 해당하며 기계수확(탈곡 포함)을 하는 농지 또는 수확직전 상태가 확인된 농지 중 자른 작물을 그대로 둔 상태에서 기계탈곡을 하는 농지에 한한다.

대상농지에서 수확한 전체 콩(종실), 팥(종실)의 무게를 조사하며 전체 무게 측정이 어려운 경우에는 10포대 이상의 포대를 임의로 선정하여 포대당 평균 무게를 구한 후 전체 포대수를 곱한다.

10회 이상의 함수율을 측정한 후 평균값을 산출한다. 함수율을 측정할 때는 각 횟수마다 다른 포대에서 추출한 콩, 팥을 사용한다.

마) 미보상비율 확인

3) 보험금 산정방법 및 지급기준

가) 조기파종보험금 산정(마늘)

조기파종 보장 특별약관 판매시기 중에 가입한 남도종 마늘을 재배하는 제주도 지역 농지에 대하여 조기파종특약 재파종보험금 및 경작불능보험금을 지급한다.

한지형 마늘 최초 판매개시일 24시 이전에 보장하는 재해로 10a당 출현주수가 30,000주보다 작고 10월 31일 이전에 10a당 30,000주 이상으로 재파종한 경우 아래와 같이 계산한 조기파종특약 재파종보험금을 지급한다.

$$지급보험금 = 보험가입금액 \times 25\% \times 표준출현 피해율$$
$$※ 표준출현 피해율(10a 기준) = \frac{(30,000 - 출현주수)}{30,000}$$

한지형 마늘 최초 판매개시일 24시 이전에 보장하는 재해로 식물체 피해율이 65% 이상 발생한 경우 경작불능보험금의 신청시기와 관계없이 아래와 같이 계산한 조기파종특약 경작불능보험금을 지급한다.

〈조기파종특약의 자기부담비율별 경작불능보험금〉

구분	자기부담비율				
	10%형	15%형	20%형	30%형	40%형
경작불능보험금 (마늘 조기파종특약)	보험가입금액의 32%	보험가입금액의 30%	보험가입금액의 28%	보험가입금액의 25%	보험가입금액의 25%

나) 재파종보험금 산정(마늘)

보험기간 내 보상하는 재해로 10a당 출현주수가 30,000주보다 작고 10a당 30,000주 이상으로 재파종한 경우 아래와 같이 계산한 재파종보험금을 1회에 한하여 지급한다.

$$지급보험금 = 보험가입금액 \times 35\% \times 표준출현\ 피해율$$
$$※ 표준출현\ 피해율(10a\ 기준) = \frac{(30,000 - 출현주수)}{30,000}$$

다) 재정식보험금 산정(양배추)

보험기간 내 보상하는 재해로 면적피해율이 자기부담비율을 초과하고 재정식한 경우 재정식보험금을 1회에 한하여 지급한다.

$$지급보험금 = 보험가입금액 \times 20\% \times 면적\ 피해율$$
$$※ 면적\ 피해율 = 피해면적 \div 보험가입면적$$

라) 경작불능보험금 산정

보험기간 내에 보상하는 재해로 식물체 피해율이 65% 이상이고 계약자가 경작불능보험금을 신청한 경우 자기부담비율에 따라 일정비율로 계산한 경작불능보험금을 지급한다.

$$지급보험금 = 보험가입금액 \times 자기부담비율별\ 보장비율$$

〈품목별 자기부담비율에 따른 보장비율〉

품목	자기부담비율				
	10%형	15%형	20%형	30%형	40%형
양파, 마늘, 고구마, 옥수수, 사료용 옥수수, 콩, 감자, 팥	45%	42%	40%	35%	30%
양배추	-	42%	40%	35%	30%

사료용 옥수수는 보험가입금액에 보장비율과 경과비율을 곱한 금액으로 경작불능보험금을 산정한다.

$$지급보험금 = 보험가입금액 \times 보장비율 \times 경과비율$$

구분	45%형	42%형	40%형	35%형	30%형
보장비율	45%	42%	40%	35%	30%

월별	5월	6월	7월	8월
경과비율	80%	80%	90%	100%

마) 수확감소보험금 산정

> 수확감소보장방식의 밭작물에서는 감자와 옥수수 품목의 보험금 산출에 유의해야 한다. 감자의 경우 병충해 감자의 중량은 수확량에 산입하고 병충해감수량은 피해율에 산입한다. 옥수수 품목은 수확량이 아닌 피해수확량을 산출하여 보험금을 지급하며 평년수확량 대신 표준수확량을 사용한다.

보험기간 내 보상하는 재해로 피해율이 자기부담비율을 초과하는 경우 수확감소보험금을 지급한다. 경작불능보험금 지급대상인 경우 수확감소보험금 산정대상에서 제외된다(콩, 팥에 한함).

$$지급보험금 = 보험가입금액 \times (피해율 - 자기부담비율)$$

$$※ \ 피해율 = \frac{평년수확량 - 수확량 - 미보상감수량}{평년수확량}$$

$$※ \ 피해율(감자) = \frac{평년수확량 - 수확량 - 미보상감수량 + 병충해감수량}{평년수확량}$$

$$※ \ 미보상감수량 = (평년수확량 - 수확량) \times 미보상비율$$

다만 옥수수 품목은 아래와 같이 수확감소보험금을 산정한다.

$$지급보험금 = \min[보험가입금액, 손해액] - 자기부담금$$
$$※ \ 손해액 = 피해수확량[9] \times 가입가격$$
$$※ \ 자기부담금 = 보험가입금액 \times 자기부담비율$$

(1) 수확량 산출방법(표본조사)

$$수확량 = \left(\frac{표본구간 수확량합계}{표본구간 면적합계} \times 조사대상면적\right) + \left(\frac{평년수확량}{실제경작면적} \times 타작물 \cdot 미보상 \cdot 기수확면적\right)$$

---

[9] 동 피해수확량은 약관상 기재된 표현으로서 미보상감수량을 제외하여 산정한 값을 뜻함. 이는 실무상 적용하는 [별표7] 옥수수 손해액 산식의 (피해수확량-미보상감수량)과 동일한 의미임

(가) 표본구간 수확량 합계는 아래와 같은 방법에 따라 산출한다.

품목	표본구간 수확량 합계 산정방법
감자	표본구간별 작물 무게의 합계[정상 감자 중량+(최대지름 5cm 미만 또는 50%형 피해 감자 중량)×0.5+병충해 입은 감자 중량]
양배추	표본구간별 정상 양배추 무게의 합계에 80%형 양배추의 무게에 0.2를 곱한 값을 더하여 산정
차(茶)	표본구간별로 수확한 새싹 무게를 수확한 새싹수로 나눈 값에 기수확 새싹수와 기수확지수를 곱하고, 여기에 수확한 새싹 무게를 더하여 산정 * 기수확지수는 기수확비율(기수확 새싹수를 전체 새싹수(기수확 새싹수와 수확한 새싹수를 더한 값)로 나눈값)에 따라 산출
양파, 마늘	표본구간별 작물 무게의 합계에 비대추정지수에 1을 더한 값(비대추정지수 + 1)을 곱하여 산정 [단, 마늘의 경우 이 수치에 품종별 환산계수를 곱하여 산정, (품종별 환산계수 : 난지형 0.72 / 한지형 0.7)]
고구마	표본구간별 정상 고구마의 무게 합계에 50%형 고구마의 무게에 0.5, 80%형 고구마의 무게에 0.2를 곱한 값을 더하여 산정
옥수수	표본구간 내 수확한 옥수수 중 "하" 항목의 개수에 "중" 항목 개수의 0.5를 곱한 값을 더한 후 품종별 표준중량을 곱하여 피해수확량을 산정 <품종별 표준중량(g)><table><tr><td>미백2호</td><td>대학찰(연농2호)</td><td>미흑찰 등</td></tr><tr><td>180</td><td>160</td><td>190</td></tr></table>
콩, 팥	표본구간별 종실중량에 1에서 함수율을 뺀 값을 곱한 후 다시 0.86을 나누어 산정한 중량의 합계

차(茶)의 기수확비율에 따른 기수확지수는 아래와 같다.

기수확비율	기수확지수	기수확비율	기수확지수
10% 미만	1.000	50% 이상 60% 미만	0.958
10% 이상 20% 미만	0.992	60% 이상 70% 미만	0.949
20% 이상 30% 미만	0.983	70% 이상 80% 미만	0.941
30% 이상 40% 미만	0.975	80% 이상 90% 미만	0.932
40% 이상 50% 미만	0.966	90% 이상	0.924

(나) 표본구간의 면적 합계는 아래와 같은 방법으로 산출한다.

품목	표본구간 면적 합계 산정방법
양파, 마늘, 고구마, 감자, 옥수수, 양배추	표본구간별 면적(이랑 길이 × 이랑 폭)의 합계
콩, 팥	표본구간별 면적(이랑 길이(또는 세로 길이) × 이랑 폭(또는 가로 길이))의 합계. 단, 규격의 원형($1㎡$)을 이용하여 조사한 경우에는 표본구간수에 규격 면적($1㎡$)을 곱해 산정
차(茶)	표본구간수에 규격 면적($0.08㎡$)을 곱하여 산정

(다) 조사대상면적

조사대상면적 = 실경작면적 - 수확불능(고사)면적 - 타작물 및 미보상면적 - 기수확면적

(라) 병충해감수량(감자)

$$병충해감수량 = \frac{표본구간\ 병충해감수량\ 합계}{표본구간\ 면적\ 합계} \times 조사대상면적$$

※ 표본구간 병충해감수량 = 병충해 입은 괴경의 무게 × 손해정도비율 × 인정비율

<손해정도에 따른 손해정도비율(감자)>

품목	손해정도	손해정도비율
감자	1~20%	20%
	21~40%	40%
	41~60%	60%
	61~80%	80%
	81~100%	100%

〈감자의 병해충 등급별 인정비율〉

구분		병·해충	인정비율
품목	급수		
감자	1급	역병, 걀쭉병, 모자이크병, 무름병, 둘레썩음병, 가루더뎅이병, 잎말림병, 감자뿔나방	90%
	2급	홍색부패병, 시들음병, 마른썩음병, 풋마름병, 줄기검은병, 더뎅이병, 균핵병, 검은무늬썩음병, 줄기기부썩음병, 진딧물류, 아메리카잎굴파리, 방아벌레류	70%
	3급	반쪽시들음병, 흰비단병, 잿빛곰팡이병, 탄저병, 겹둥근무늬병, 오이총채벌레, 뿌리혹선충, 파밤나방, 큰28점박이무당벌레, 기타	50%

(2) 수확량 산출방법(전수조사)

$$수확량 = (전수조사\ 수확량\ 합계 \times \frac{1-함수율}{1-기준함수율}) + [\frac{평년수확량}{실제경작면적} \times (타작물 \cdot 미보상면적 + 기수확면적)]$$

* 대상품목 : 콩·팥, 기준함수율(콩·팥)=14%

나. 종합위험 생산비보장방식(고추, 배추(고랭지·가을·월동), 무(고랭지·월동), 단호박, 메밀, 브로콜리, 당근, 시금치, 파(대파, 쪽파·실파1-2형), 양상추)

생산비보장방식은 사고발생시점까지 투입(미회수)된 생산비(생산원가 개념)를 피해율에 따라 보상하는 방식이다. 따라서 피해조사에서는 사고발생일자, 수확예정일자 등의 확인과 피해율(피해면적, 손해정도비율) 조사가 중요하다.

1) 시기별 조사의 종류

생육 시기	재해	조사내용	조사시기	조사방법	비고
정식 (파종) ~ 수확 종료	보상하는 재해 전부	생산비 피해조사	사고발생시 마다	① 재배일정 확인 ② 경과비율 산출 ③ 피해율 산정 ④ 병충해 등급별 인정비율 확인(노지 고추만 해당)	고추, 브로콜리
수확전	보상하는 재해 전부	피해사실 확인조사	사고접수 후 지체 없이	보상하는 재해로 인한 피해발생 여부 조사 (피해사실이 명백한 경우 생략 가능)	배추, 무, 단호박, 파, 당근, 메밀, 시금치, 양상추 만 해당
		경작불능 조사	사고접수 후 지체 없이	해당 농지의 피해면적비율 또는 보험목적인 식물체 피해율 조사 ·조사방법: 전수조사 또는 표본조사	
수확 직전		생산비 피해조사	수확직전	사고발생 농지의 피해비율 및 손해정도 비율 확인을 통한 피해율 조사 ·조사방법 : 표본조사	

2) 손해평가 현지조사 방법

생산비보장방식 밭작물은 고추·브로콜리와 기타 밭작물로 구분하여 이해하는 것이 좋다. 조사시기와 보험금 산출에서 차이가 있다. 보험금 산출의 경우 고추·브로콜리는 잔존보험가액과 경과비율을 쓰는 반면, 기타 밭작물은 보험가입금액을 기준으로 하며 경과비율을 쓰지 않는다. 약관 개정으로 생산비보장 밭작물과 시설작물의 피해율 산정식에 모두 (1-미보상비율)을 적용한다.

가) 피해사실 확인조사

나) 경작불능조사

(1) 적용품목 : 배추(고랭지·가을배추·월동), 무(고랭지·월동), 단호박, 파(대파, 실파·쪽파), 당근, 메밀, 시금치

※ 고추, 브로콜리는 피해사실확인조사와 경작불능조사 대상이 아니다.

(2) 조사대상 : 피해사실 확인조사시 경작불능조사가 필요하다고 판단된 농지 또는 사고접수시 이에 준하여 피해가 예상되는 농지

(3) 조사시기 : 피해사실확인조사 또는 사고접수 직후

(4) 경작불능보험금 지급대상 여부 조사(경작불능 전(前)조사)

(가) 보험기간 확인

경작불능보장의 보험기간은 계약체결일 24시와 정식·파종완료일 24시(단 품목별 아래의 일자를 초과할 수 없음-메밀 제외) 중 늦은 때부터 수확개시일 직전까지로 하며 해당기간 내 사고인지 확인한다.

품목	정식 완료일					파종 완료일				
	고랭지 배추	가을배추	월동 배추	대파	단호박	고랭지 무	월동무	쪽파·실파 ([1형]· [2형])	시금치	당근
일자	7월 31일	9월 10일	9월 25일	5월 20일	5월 29일	7월 31일	10월 15일	10월 15일	10월 31일	8월 31일

(나) 보상하는 재해여부 심사

(다) 실제경작면적 확인

(라) 식물체 피해율 조사

(마) 생산비보장 손해조사 대상 확인

식물체 피해율이 65% 미만이거나 식물체 피해율이 65% 이상이 되어도 계약자가 경작불능보험금을 신청하지 않은 경우에는 향후 생산비보장 손해조사가 필요한 농지로 결정한다.

(바) 산지폐기 여부 확인(경작불능 후(後)조사)

다) 생산비보장 손해조사

(1) 적용품목

   (가) 고추, 브로콜리

   (나) 배추, 무, 단호박, 파, 당근, 메밀, 시금치, 양상추 중 피해사실 확인조사시 추가조사가 필요하다고 판단된 농지 또는 경작불능 조사결과 추가조사를 실시하는 것으로 결정된 농지

(2) 조사시기

   (가) 사고접수 직후 : 고추, 브로콜리

   (나) 수확직전 : 배추, 무, 단호박, 파, 당근, 메밀, 시금치, 양상추

(3) 조사방법

   (가) 보상하는 재해 여부 심사

   (나) 일자 확인

   ① 사고일자 확인

   재해가 발생한 일자를 확인한다. 한해(가뭄), 폭염 및 병충해와 같이 지속되는 재해의 사고일자는 재해가 끝나는 날을 사고일자로 한다. 예를 들어 가뭄은 가뭄이후 첫 강우일의 전날이 사고일자이다. 재해가 끝나기 전 조사가 이루어질 경우에는 조사가 이루어진 날을 사고일자로 한다.

   ② 수확예정일자, 수확개시일자, 수확종료일자

   사고일자를 기준으로 사고일자 전에 수확이 시작되지 않았다면 수확예정일자를 확인한다. 사고일자 전에 수확이 시작되었다면 최초 수확일자와 수확종료(예정)일자를 확인한다.

   (다) 피해면적조사

   GPS 면적측정기나 지형도 등을 이용하여 보험가입면적과 실제경작면적을 확인한다. 실제경작면적이 보험가입면적과 10% 이상 차이가 날 경우에는 계약사항을 변경해야 한다. 같은 방법으로 피해이랑 또는 식물체 피해면적을 조사한다. 메밀의 경우 도복으로 인한 피해면적과 도복 이외 피해면적을 조사한다.

(라) 손해정도비율 조사

손해정도비율은 과수작물의 피해구성조사(비율) 정도로 이해하면 된다. 기본적으로는 표본구간 내 연속하는 10구의 손해정도비율을 조사한다.

조사단위	고추	브로콜리	메밀·단호박	배추·무·파·당근·시금치·양상추
	표본이랑	표본구간	표본구간	표본구간
조사방법	표본이랑별 식재된 작물의 손해정도비율 및 병충해 인정비율조사	표본구간 내 연속하는 10구의 작물피해율 조사	* 메밀: 표본구간에 원형(1㎡) 또는 1×1m를 구획하여 손해정도비율 조사 * 단호박 : 표본구간에 1×1m를 구획하여 손해정도비율 조사	표본구간 내 연속하는 10구의 손해정도비율 조사

① 고추

조사된 피해면적에 따라 표본이랑수(별표1)를 산정한다. 산정된 표본이랑수를 바탕으로 피해이랑에 골고루 배치될 수 있도록 표본이랑을 선정한다. 표본이랑별로 식재된 작물을 손해정도비율표(별표6)와 고추 병충해 등급별 인정비율에 따라 구분하여 조사한다. 품목별 미보상비율 적용표(별표2)에 따라 미보상비율을 조사한다.

〈손해정도에 따른 손해정도비율(별표6)〉

손해정도	1%~20%	21%~40%	41%~60%	61%~80%	81%~100%
손해정도비율	20%	40%	60%	80%	100%

〈고추 병충해 등급별 인정비율〉

등급	종류	인정비율
1등급	역병, 풋마름병, 바이러스병, 세균성점무늬병, 탄저병	70%
2등급	잿빛곰팡이병, 시들음병, 담배가루이, 담배나방	50%
3등급	흰가루병, 균핵병, 무름병, 진딧물 및 기타	30%

② 브로콜리

실제경작면적에 따라 적정표본구간수 이상의 표본구간수를 산정한다. 산정한 표본구간수를 바탕으로 재배방법 및 품종 등을 감안하여 조사대상면적에 골고루 배치될 수 있도록 표본구간을 선정한다. 각 표본구간 내 연속하는 10구의 작물피해율을 조사한다. 각 표본구간 내 식재된 작물을 피해정도에 따른 피해인정계수표에 따라 조사를 진행한다.

〈품목별 표본주(구간)수 표〉

실제경작면적 또는 피해면적	표본구간(이랑)수
3,000㎡ 미만	4
3,000㎡ 이상 7,000㎡ 미만	6
7,000㎡ 이상 15,000㎡ 미만	8
15,000㎡ 이상	10

〈브로콜리 피해정도에 따른 피해인정계수〉

구분	정상밭작물	50%형 피해밭작물	80%형 피해밭작물	100%형 피해밭작물
피해인정계수	0	0.5	0.8	1

③ 메밀(도복 이외의 피해면적만 대상으로 함)

피해면적에 따라 표본구간수를 산정하고 피해면적에 골고루 배치될 수 있도록 피해구간을 선정한다. 선정된 표본구간에 규격의 원형($1m^2$) 또는 $1 \times 1m$를 구획하여 표본구간 내 식재된 메밀을 손해정도비율(별표6))에 따라 구분하여 조사한다(평균손해정도비율 적용).

④ 배추(고랭지·가을·월동), 무(고랭지·월동), 파(대파, 쪽파·실파), 당근, 시금치, 양상추

조사된 피해면적에 따라 표본구간수(별표1)를 산정하고 피해면적에 골고루 배치될 수 있도록 표본구간을 선정한다. 표본구간 내 연속하는 10구의 손해정도비율을 조사한다(배추, 무, 파, 시금치는 평균손해정도비율 적용).

〈생산비보장방식 식물체 손해정도비율 조사〉

⑤ 단호박

피해면적에 따라 표본구간수를 산정하고 피해면적에 골고루 배치될 수 있도록 피해구간을 선정한다. 선정된 표본구간에 $1 \times 1m$를 구획하여 표본구간 내 식재된 단호박을 손해정도비율표에 따라 구분하여 조사한다.

3) 보험금 산정방법 및 지급기준

가) 경작불능보험금 산정

보험기간 내 보상하는 재해로 식물체 피해율이 65% 이상이고 계약자가 경작불능보험금을 신청한 경우 자기부담비율에 따라 보험가입금액의 일정비율을 곱한 보험금을 지급한다.

자기부담비율	경작불능보험금
20%형	보험가입금액 × 40%
30%형	보험가입금액 × 35%
40%형	보험가입금액 × 30%

주) 고랭지배추, 고랭지무, 대파, 시금치, 단호박의 자기부담비율은 10%, 15%, 20%, 30%, 40%를 적용함(10%형은 보험가입금액의 45%, 15%형은 42%를 각각 지급).

보험금 지급대상 농지 품목이 산지폐기 등의 방법으로 시장으로 유통되지 않게 된 것이 확인되지 않으면 경작불능보험금을 지급하지 않는다. 경작불능보험금을 지급한 때에는 그 손해보상의 원인이 생긴 때로부터 해당 농지에 대한 보험계약을 소멸한다.

나) 재파종.재정식보험금 산정

(1) 지급요건 : 보험기간 내 보상하는 재해로 면적피해율이 자기부담비율을 초과하고 재파종, 재정식한 경우 1회에 한하여 지급한다.

(2) 대상품목 : 재파종(메밀, 시금치, 월동무, 쪽파(실파) 1-2형), 재정식(브로콜리, 월동배추, 가을배추, 양상추)

(3) 보험금=보험가입금액 × 20% × 면적피해율

※ 면적피해율=피해면적/보험가입면적

다) 생산비보장보험금 산정

보험기간 내 보상하는 재해로 피해가 발생한 경우 아래와 같이 계산한 생산비보장보험금을 지급한다.

(1) 고추

(가) 생산비보장보험금(병충해가 없는 경우)

> 보험금 = (잔존보험가입금액×경과비율×피해율)-자기부담금
> ※ 잔존보험가입금액=보험가입금액-보상액(기 발생 생산비보장 보험금 합계액)
> ※ 자기부담금=잔존보험가입금액×보험가입시 계약자가 선택한 비율

(나) 생산비보장보험금(병충해가 있는 경우)

보험금 = (잔존보험가입금액×경과비율×피해율×병충해 등급별 인정비율)-자기부담금

〈고추 병충해 등급별 인정비율〉

등급	종류	인정비율
1등급	역병, 풋마름병, 바이러스병, 세균성점무늬병, 탄저병	70%
2등급	잿빛곰팡이병, 시들음병, 담배가루이, 담배나방	50%
3등급	흰가루병, 균핵병, 무름병, 진딧물 및 기타	30%

(다) 경과비율

경과비율은 작물별로 생산비가 투입되는 시기에 차이가 있으며 그 편차가 큰 편이지만 단순하게 수확기 이전과 수확기 중으로 나누어 이해하면 된다. 그리고 피해율조사시 손해정도와 손해정도비율은 다르다. 조사한 손해정도를 기초로 기준에 따라 손해정도비율을 정한다.

① 수확기 이전에 사고가 발생한 경우

$$경과비율 = 준비기생산비계수 + [(1-준비기생산비계수) \times \frac{생장일수}{표준생장일수}]$$

※ 고추의 준비기생산비계수는 52.7%로 한다.
※ 생장일수는 정식일로부터 사고발생일까지 경과일수로 한다.
※ 표준생장일수(정식일로부터 수확개시일까지 표준적인 생장일수)는 사전에 설정된 값으로 100일로 한다.
※ 생장일수를 표준생장일수로 나눈 값은 1을 초과할 수 없다.

② 수확기 중 사고가 발생한 경우

$$경과비율 = 1 - \frac{수확일수}{표준수확일수}$$

※ 수확일수는 수확개시일부터 사고발생일까지 경과일수로 한다.
※ 표준수확일수는 수확개시일부터 수확종료일까지의 일수로 한다.

(라) 피해율

$$피해율 = 피해비율 \times 손해정도비율 \times (1 - 미보상비율)$$

※ 피해비율 = $\frac{피해면적(주수)}{재배면적(주수)}$

(마) 손해정도비율

〈손해정도에 따른 손해정도비율〉

손해정도	1%~20%	21%~40%	41%~60%	61%~80%	81%~100%
손해정도비율	20%	40%	60%	80%	100%

> 손해정도비율 = {(20%형 피해작물 개수 × 0.2) + (40%형 피해작물 개수 × 0.4)
> + (60%형 피해작물 개수 × 0.6) + (80%형 피해작물 개수 × 0.8)
> + (100%형 피해작물 개수)}
> ÷ {(정상작물 개수 + 20%형 피해작물 개수 + 40%형 피해작물 개수 + 60%형 피해작물 개수 + 80%형 피해작물 개수 + 100%형 피해작물 개수}

(2) 브로콜리

(가) 생산비보장보험금

> 보험금 = (잔존보험가입금액 × 경과비율 × 피해율) - 자기부담금
> ※ 잔존보험가입금액 = 보험가입금액 - 보상액(기 발생 생산비보장 보험금 합계액)
> ※ 자기부담금 = 잔존보험가입금액 × 보험가입시 계약자가 선택한 비율

(나) 경과비율

① 수확기 이전에 사고가 발생한 경우

> 경과비율 = 준비기생산비 계수 + $[(1 - 준비기생산비계수) \times \dfrac{생장일수}{표준생장일수}]$
> ※ 준비기생산비계수는 49.2%로 한다.
> ※ 생장일수는 정식일로부터 사고발생일까지 경과일수로 한다.
> ※ 표준생장일수(정식일로부터 수확개시일까지 표준적인 생장일수)는 사전에 설정된 값으로 130일로 한다.
> ※ 생장일수를 표준생장일수로 나눈 값은 1을 초과할 수 없다.

② 수확기 중 사고가 발생한 경우

> 경과비율 = $1 - \dfrac{수확일수}{표준수확일수}$
> ※ 수확일수는 수확개시일부터 사고발생일까지 경과일수로 한다.
> ※ 표준수확일수는 수확개시일부터 수확종료일까지의 일수로 한다.

(다) 피해율

> 피해율 = 피해비율×작물피해율×(1−미보상비율)
>
> ※ 피해비율 = $\dfrac{\text{피해면적}}{\text{재배면적}}$
>
> ※ 작물피해율은 피해면적 내 피해송이 수를 총 송이 수로 나누어 산출한다.

(3) 메밀

　(가) 생산비보장보험금

> 보험금 = 보험가입금액×(피해율−자기부담비율)
>
> ※ 피해율 = 면적피해율$\left(\dfrac{\text{피해면적}}{\text{재배면적}}\right)$×(1−미보상비율)
>
> ※ 피해면적 = (도복으로 인한 피해면적 × 70%)+(도복 이외 피해면적 × 손해정도비율)

　　메밀의 손해정도비율은 각각의 표본구간 면적($1m^2$)에 표본구간별 손해정도비율을 곱한 값을 모두 더한 후 표본구간 면적으로 합으로 나누어 산출한다.

(4) 배추, 무, 단호박, 파, 당근, 시금치, 양상추

　(가) 생산비보장보험금

> 생산비보장보험금 = 보험가입금액×(피해율−자기부담비율)
>
> ※ 피해율 = 피해비율×손해정도비율×(1−미보상비율)
>
> ※ 피해비율 = $\dfrac{\text{피해면적(주수)}}{\text{재배면적(주수)}}$
>
> ※ 손해정도비율은 별표6, 미보상비율은 별표2에 따라 조사한 비율을 적용

　　손해정도비율은 표본이랑 내 각 손해정도비율별 작물수에 손해정도비율을 곱한 값의 합계를 전체 작물수로 나누어 산출한다.

다. 작물특정 및 시설종합위험 인삼손해보장방식

인삼은 작물은 특정위험, 해가림시설은 종합위험을 각각 보장한다. 인삼 작물의 지급보험금은 수확감소보장방식과 같으나 피해율을 구하는 방법이 다르다. 피해율은 평년수확량 대신 연근별 기준수확량(가입당시 연근 기준)개념을 사용한다. 인삼의 해가림시설은 일부보험의 경우 비례보상을 적용한다.

1) 시기별 조사의 종류

생육시기	재해	조사내용	조사시기	조사방법	비고
보험 기간 내	태풍(강풍)·폭설·집중호우·침수·화재·우박·냉해·폭염	수확량 조사	피해 확인이 가능한 시기	보상하는 재해로 인하여 감소된 수확량 조사 ·조사방법: 전수조사 또는 표본조사	인삼
	보상하는 재해 전부	해가림시설 조사	사고접수 후 지체없이	보상하는 재해로 인하여 손해를 입은 시설 조사	해가림 시설

2) 손해평가 현지조사 방법

가) 피해사실 확인조사

나) 수확량조사

  (1) 적용품목 : 인삼

  (2) 조사대상 : 피해사실 확인조사시 수확량조사가 필요하다고 판단된 농지

  (3) 조사시기 : 수확량 확인이 가능한 시기

  (4) 조사방법

   (가) 보상하는 재해 여부 심사

   (나) 수확량조사 적기 판단 및 시기 결정

   조사 시점이 인삼의 수확량을 확인하는데 적절한지 검토하고 부적절한 경우 조사일정을 조정한다.

   (다) 전체 칸수 및 칸 넓이 조사

   농지 내 경작칸수를 센다.(단 칸수를 직접 세는 것이 불가능할 경우에는 경작면적을 이용한 칸수조사($\frac{경작면적}{칸넓이}$)도 가능하다.)

   지주목 간격, 두둑폭 및 고랑폭을 조사하여 칸넓이를 구한다.
   [칸넓이=지주목 간격×(두둑폭+고랑폭)]

(라) 조사방법에 따른 수확량 확인
① 전수조사
금번 수확칸수, 미수확칸수 및 기수확칸수를 확인한다(칸수조사). 수확한 인삼의 무게를 확인한다(실 수확량 확인)
② 표본조사
정상칸수와 피해칸수를 확인한다. 피해칸수에 따라 적정표본칸수를 산정하고 해당 수의 칸이 피해칸에 골고루 배치될 수 있도록 표본칸을 선정한다. 표본칸 내 인삼을 모두 수확한 후 무게를 측정한다.

〈품목별 표본주(구간)수 표〉

피해칸수	표본칸수	피해칸수	표본칸수
300칸 미만	3칸	900칸 이상 1,200칸 미만	7칸
300칸 이상 500칸 미만	4칸	1,200칸 이상 1,500칸 미만	8칸
500칸 이상 700칸 미만	5칸	1,500칸 이상 1,800칸 미만	9칸
700칸 이상 900칸 미만	6칸	1,800칸 이상	10칸

다) 인삼 해가림시설 손해조사
(1) 적용품목 : 해가림시설
(2) 조사대상 : 인삼 해가림시설 사고가 접수된 농지
(3) 조사시기 : 사고접수 직후
(4) 조사방법
(가) 보상하는 재해 여부 심사
(나) 전체칸수 및 칸넓이 조사
농지 내 경작칸수를 센다.(단, 칸수를 직접 세는 것이 불가능할 경우에는 경작면적을 이용한 칸수조사($\frac{경작면적}{칸넓이}$)도 가능하다.)
지주목 간격, 두둑폭 및 고랑폭을 조사하여 칸넓이를 구한다.
[칸넓이=지주목 간격×(두둑폭+고랑폭)]
(다) 피해칸수 조사
피해칸에 대하여 전체파손 및 부분파손(20%형, 40%형, 60%형, 80%형)으로 나누어 각 칸수를 조사한다.

(라) 손해액 산정

단위면적당 시설가액표, 파손칸수 및 파손정도 등을 참고하여 실제 피해에 대한 복구비용을 기평가한 재조달가액으로 산출한 피해액을 산정하며 산출된 피해액을 산출한다.

산출된 피해액에 대하여 감가상각을 적용하여 손해액을 산정한다. 다만, 피해액이 보험가액의 20% 이하인 경우에는 감가를 적용하지 않고, 피해액이 보험가액의 20%를 초과하면서 감가 후 피해액이 보험가액의 20% 미만인 경우에는 보험가액의 20%를 손해액으로 산출한다.

라) 미보상비율조사

3) 보험금 산정방법 및 지급기준

가) 인삼보험금 산정

보험기간 내 보상하는 재해로 피해율이 자기부담비율을 초과하는 경우 아래와 같이 계산된 보험금을 지급한다.

$$지급보험금 = 보험가입금액 \times (피해율 - 자기부담비율)$$

$$※ 피해율 = \frac{연근별기준수확량 - 수확량}{연근별기준수확량} \times \frac{피해면적}{재배면적}$$

〈연근별 기준수확량(가입당시 연근 기준, kg/㎡)〉

구분	2년근	3년근	4년근	5년근
불량	0.45	0.57	0.64	0.66
표준	0.50	0.64	0.71	0.73
우수	0.55	0.70	0.78	0.81

(1) 수확량

단위면적당 조사수확량과 단위면적당 미보상감수량을 더하여 계산한다. 단위면적당 조사수확량은 총수확량을 금차수확면적(금차수확칸수×조사칸넓이)으로 나누어 계산한다.

단위면적당 미보상감수량은 기준수확량에서 단위면적당 조사수확량을 뺀 값과 미보상비율을 곱한다. 자기부담비율은 보험가입할 때 계약자가 선택한 비율로 한다.

(2) 보험금의 지급한도

재해보험사업자가 지급하여야 할 보험금은 보험증권에 기재된 인삼의 보험가입금액을 한도로 한다. 비용손해(손해방지비용, 대위권보전비용, 잔존물보전비용)는 보험가입금액을 초과한 경우에도 지급한다. 단, 농지별 손해방지비용은 20만원을 한도로 지급한다. 기타협력비용은 보험가입금액을 초과한 경우에도 전액 지급한다.

나) 인삼 해가림시설 보험금 산정

(1) 보험금

보험기간 내 보상하는 재해로 피해율이 자기부담비율을 초과하는 경우 보험금을 지급한다. 보험가입금액을 한도로 손해액에서 자기부담금을 차감한 금액으로 하며 보험가입금액이 보험가액보다 클 때에는 보험가액을 한도로 한다.

보험가입금액이 보험가액보다 작을 때는 아래와 같이 비례보상을 적용한다. 여기서 손해액이란 그 손해가 생긴 때와 곳에서의 보험가액(감가상각이 적용된 금액)을 말한다.

$$지급보험금 = (손해액 - 자기부담금) \times (보험가입금액 \div 보험가액)$$

* 자기부담금은 최소자기부담금(10만 원)과 최대자기부담금(100만 원)을 한도로 손해액의 10%에 해당하는 금액을 적용한다.

중복보험에 대한 보험금 분담 조항은 비가림시설과 같다(해당내용참조).

(2) 보험금 등의 지급한도

보상하는 재해로 지급할 보험금과 잔존물제거비용은 상기 (1)을 적용하여 계산하며 그 합계액은 보험증권에 기재된 해가림시설의 보험가입금액을 한도로 한다. 단, 잔존물제거비용은 손해액의 10%를 초과할 수 없다.

비용손해 중 손해방지비용과 대위권보전비용, 잔존물보전비용은 상기 (1)을 적용하여 계산한 금액이 보험가입금액을 초과한 경우에도 지급한다. 다만 농지별 손해방지비용은 20만원을 한도로 지급한다. 비용손해 중 기타협력비용은 보험가입금액을 초과한 경우에도 전액 지급한다.

04 시설(작물) 손해평가

가. 보험의 목적

1) 원예시설 및 시설작물

가) 농업용 시설물

단동하우스(광폭형 하우스를 포함), 연동하우스 및 유리(경질판)온실의 구조체 및 피복재를 포함한다.

나) 부대시설

(1) 시설재배 농작물의 재배를 위하여 농업용 시설물 내부구조체에 연결, 부착되어 외부에 노출되지 않은 시설물

(2) 시설재배 농작물의 재배를 위하여 농업용 시설물 내부지면에 고정되어 이동이 불가능한 시설물

(3) 시설재배 농작물의 재배를 위하여 지붕 및 기둥, 외벽을 갖춘 외부구조체에 고정, 부착된 시설물

다) 시설작물(23종)

(1) 화훼류 : 국화, 장미, 백합, 카네이션

(2) 비화훼류 : 딸기, 오이, 토마토, 참외, 풋고추, 호박, 수박, 멜론, 파프리카, 상추, 부추, 시금치, 가지, 배추, 파(대파·쪽파), 무, 쑥갓, 미나리, 감자

〈보장대상 제외 품종(목)〉

농작물	보장대상 제외 품종(목)
배추(시설재배)	얼갈이 배추, 쌈배추, 양배추
딸기(시설재배)	산딸기
수박(시설재배)	애플수박, 미니수박, 복수박
고추(시설재배)	홍고추
오이(시설재배)	노각
상추(시설재배)	양상추, 프릴라이스, 버터헤드(볼라레), 오비레드, 이자벨, 멀티레드, 카이피라, 아지르카, 이자트릭스, 크리스피아노

2) 버섯재배사 및 버섯작물

가) 농업용 시설물(버섯재배사)
단동하우스, 연동하우스 및 경량철골조 등 버섯작물 재배용으로 사용하는 구조체, 피복재 또는 벽으로 구성된 시설

나) 부대시설
(1) 버섯작물 재배 농작물의 재배를 위하여 농업용 시설물 내부구조체에 연결, 부착되어 외부에 노출되지 않은 시설물

(2) 버섯작물 재배 농작물의 재배를 위하여 농업용 시설물 내부지면에 고정되어 이동이 불가능한 시설물

(3) 버섯작물 재배 농작물의 재배를 위하여 지붕 및 기둥, 외벽을 갖춘 외부구조체에 고정, 부착된 시설물

다) 버섯
버섯농업용 시설물 및 부대시설을 이용하여 재배하는 느타리버섯(균상재배·병재배), 표고버섯(원목재배·톱밥배지재배), 새송이버섯(병재배), 양송이버섯(균상재배) 등

나. 손해평가 현지조사 방법

1) 농업용 시설물 및 부대시설 손해조사

가) 조사기준
(1) 손해가 생긴 때와 곳에서의 가액에 따라 손해액을 산출하며 동 손해액 산출시 아래의 농업용 시설물 감가율을 적용한다.

1. 고정식 하우스

구분		내용연수	경년감가율
구조체	단동하우스	10년	8%
	연동하우스	15년	5.3%
피복재	장수PE, 삼중EVA, 기능성필름, 기타	1년	40% 고정감가
	장기성Po	5년	16%

2. 이동식 하우스(최초 설치년도 기준)

구분	경과기간			
	1년 이하	2~4년	5~8년	9년 이상
구조체 (고정감가)	0%	30%	50%	70%
피복재	40%(고정감가)			

3. 유리온실 부대시설

구분		내용연수	경년감가율
부대시설		8년	10%
유리온실	철골조/석조/연와석조	60년	1.33%
	블록조/경량철골조/단열판넬조	40년	2.0%

※ 유리온실은 손해보험협회가 발행한 『보험가액 및 손해액의 평가기준』건물의 추정내용년수 및 경년감가율표를 준용
※ 경년감가율은 월단위로 적용(경과년수=사고년월-취득년월)하여 월단위 감가 적용한다.
다만, 고정식하우스의 피복재(내용년수 1년)와 이동식하우스의 구조체, 피복재는 고정감가를 적용

(2) 재조달가액 보장 특별약관에 가입한 경우에는 재조달가액을 기준으로 계산한 손해액을 산출한다. 특약에 가입한 경우라도 손해를 입은 장소에서 수리 또는 복구되지 않은 때에는 시가(감가상각된 금액)로 보상한다.

나) 평가단위

물리적으로 분리가능한 시설 1동을 기준으로 계약원장에 기재된 목적물별로 평가한다.

다) 조사방법

(1) 계약사항 확인

계약원장 및 현지조사표를 확인하여 사고 목적물의 소재지 및 보험시기 등을 확인한다. 계약원장 상의 하우스 규격을 확인한다.

(2) 사고현장 방문

계약원장 상의 목적물과 실제목적물 소재지 일치 여부를 확인한다. 면담을 통해 사고경위, 사고일시 등을 확인한다. 면담결과, 사고경위, 기상청 자료 등을 감안하여 보상하는 재해로 인한 손해가 맞는지 판단한다.

(3) 손해평가

(가) 피복재

다음을 참고하여 하우스 폭에 피해길이를 감안하여 피해범위를 산정한다.

① 전체 교체가 필요하다고 판단되어 전체를 교체한 경우는 전체 피해로 인정한다.
② 전체 교체가 필요하다고 판단되지만 부분 교체를 한 경우 교체한 부분만 피해로 인정한다.
③ 전체 교체가 필요하지 않다고 판단되는 경우는 피해가 발생한 부분만 피해로 인정한다.

(나) 구조체 및 부대시설

다음을 참고하여 교체수량(비용), 보수 및 수리 면적(비용)을 산정하되 재사용할 수 없는 경우 또는 수리비용이 교체비용보다 클 경우에는 재조달비용을 산정한다.

① 손상된 골조(부대시설)를 재사용할 수 없는 경우에는 교체수량을 확인 후 교체비용을 산정한다.

② 재사용할 수 있는 경우에는 수리 및 보수비용을 산정한다.

(다) 인건비

실제 투입된 인력, 시방서, 견적서, 영수증 및 시장조사를 통해 피복재 및 구조체 시공에 소모된 인건비 등을 감안하여 산정한다.

2) 원예시설작물 · 시설재배 버섯 손해조사

> 시설작물(버섯 포함)도 생산비보장방식이므로 경과비율을 사용하고 이를 위해 사고일자, 수확개시일자 등 일자 확인이 중요하다. 보험약관개정에 따라 시설작물(버섯포함)도 피해율산정시(1-미보상비율)를 적용한다는 점에 유의한다.

가) 조사기준

(1) 1사고 마다 생산비보장보험금을 보험가입금액 한도 내에서 보상한다.

(2) 평가단위는 목적물 단위로 한다.

(3) 동일 작기에 2회 이상 사고가 난 경우 동일 작기 작물의 이전사고의 피해를 감안하여 산정한다.

(4) 평가시점은 피해의 획정이 가능한 시점에서 평가한다.

나) 조사방법

(1) 계약사항 확인

계약원장 및 현지조사표를 확인하여 사고목적물의 소재지 및 보험시기 등을 확인한다. 계약원장 상의 하우스 규격 및 재배면적 등을 확인한다.

(2) 사고현장 방문

면담을 통해 사고경위, 사고일자 등을 확인한다. 기상청자료, 면담, 작물의 상태 등을 고려하여 보상하는 재해로 인한 피해여부를 확인하며 필요시 계약자에게 농업기술센터 의견서, 출하내역서, 기타 정상적인 영농활동을 입증할 수 있는 자료 등을 요청하여 판단한다.

(3) 재배일정 확인(정식·파종·종균접종일, 수확개시·종료일)

문답조사를 통해 확인하며 필요시 재배일정 관련 증빙서류(모종구매내역, 출하관련증명서, 영농일지 등)를 확인한다.

(4) 사고일자 확인

(가) 수확기 이전 사고

연속적인 자연재해(폭염, 냉해 등)로 사고일자를 특정할 수 없는 경우 기상특보 발령일자를 사고일자로 추정한다. 다만 지역적 재해의 특성, 계약자별 피해 정도 등을 고려하여 이를 달리 정할 수 있다.

(나) 수확기 중 사고

연속적인 자연재해(폭염, 냉해 등)로 사고일자를 특정할 수 없는 경우 최종 출하일자를 사고일자로 추정한다. 다만 지역적 재해의 특성, 계약자별 피해 정도 등을 고려하여 이를 달리 정할 수 있다.

다) 손해조사

> 경과비율은 작물별로 다양한 형태를 나타낸다. 작물의 재배 초기에 집중적으로 투입되는 경우가 있는가 하면 그렇지 않은 경우도 있다. 수확개시 전과 수확기 중 사고로 나누어 정리하면 된다.

(1) 경과비율 산출

사고현장 방문시 확인한 정식일자(파종·종균접종일), 수확개시일자, 수확종료일자, 사고일 등을 토대로 작물별 경과비율을 산출한다.

(2) 피해율 조사

해당 작물의 재배면적(주) 및 피해면적(주수)를 조사한다. 보험목적물에 대한 손해정도비율(별표6)을 산정한다.

3) 화재대물배상책임

피보험자가 보험증권에 기재된 농업용 시설물 및 부대시설 내에서 발생한 화재로 타인의 재물을 망가뜨려 법률상 배상책임이 발생한 경우에 한하여 조사한다.

다. 보험금 산정 및 지급기준

> 시설작물에 대한 보험금 산정은 경과비율이 없는 품목(장미·부추·표고버섯 원목재배)과 준비기생산비계수(α)가 40%인 품목과 10%인 품목으로 나누어 정리하면 된다.

1) 농업용 시설물 및 부대시설 보험금 산정

가) 보험금

(1) 1사고마다 손해액이 자기부담금을 초과하는 경우 보험가입금액을 한도로 손해액에서 자기부담금을 차감한 금액을 지급한다.

지급보험금 = (손해액 - 자기부담금)

※ 손해액은 그 손해가 생긴 때와 곳에서의 가액에 따라 계산한다.

(2) 손해액은 손해가 생긴 때와 곳에서의 가액에 따라 농업용 시설물 감가율을 적용하여 산출한다. 재조달가액 보장 특약에 가입한 경우에는 재조달가액을 기준으로 하며 감가율을 적용하지 않는다. 다만 보험의 목적이 손해를 입은 장소에서 실제로 수리 또는 복구되지 않은 때에는 시가(감가상각된 금액)로 보상한다.

(3) 시설하우스의 손해액은 구조체와 피복재 손해액을 합하여 산정하고 부대시설 손해액은 별도로 산정한다.

(4) 중복보험에 대한 보험금 지급기준은 비가림시설과 같다.

(5) 하나의 보험가입금액으로 둘 이상의 보험의 목적을 계약한 경우에는 전체 가액에 대한 각 가액의 비율로 보험가입금액을 비례배분하여 지급보험금을 계산한다.

(6) 보상하는 재해로 손해가 발생한 경우 계약자 또는 피보험자가 지출한 비용(비용손해)을 추가로 지급한다. 비용손해에는 잔존물제거비용, 손해방지비용, 대위권보전비용, 잔존물보전비용, 기타협력비용 등이 있다.

(7) 자기부담금은 최소자기부담금(30만원)과 최대자기부담금(100만원)을 한도로 손해액의 10%를 적용한다. 피복재 단독사고인 경우 최소자기부담금(10만원)과 최대자기부담금(30만원)을 한도로 한다.
농업용 시설물과 부대시설 모두를 보험의 목적으로 하는 경우 두 보험의 목적의 손해액 합계를 기준으로 자기부담금을 산출하고 두 목적물의 손해액 비율로 자기부담금을 적용한다. 자기부담금은 단지 단위, 1사고 단위로 적용한다. 화재로 인한 손해는 자기부담금을 적용하지 않는다.

(8) 보험금 등의 지급한도

① 보험금과 잔존물제거비용은 상기 (1) (4) (5)를 적용하여 계산하며 그 합계액은 보험가입금액을 한도로 한다. 다만 잔존물제거비용은 손해액의 10%를 초과할 수 없다.

② 비용손해 중 손해방지비용, 대위권보전비용, 잔존물보전비용은 상기 (1) (4) (5)를 적용하여 계산한 금액이 농업용 시설물 및 부대시설의 보험가입금액을 초과하는 경우에도 지급한다. 이 경우에 자기부담금은 차감하지 않는다.

③ 비용손해 중 기타협력비용은 보험가입금액을 초과하는 경우에도 전액 지급한다.

2) 원예시설작물 및 시설재배 버섯 보험금 산정

> 시설작물(버섯포함)은 생산비보장방식이며 보험금은 소손해면책이 적용된다. 즉 1사고 1동 단위로 생산비보장보험금이 10만원을 초과하는 경우 보험가액 내에서 전액 지급되며 그 이하 손해는 보상하지 않는다.

가) 보험금 지급기준 및 지급한도

(1) 보상하는 재해로 1사고마다 1동 단위로 생산비보장보험금이 10만원을 초과하는 경우 그 전액을 보험가입금액 내에서 보상한다. 동일 작기에서 2회의 사고가 난 경우 동일 작기(작물의 생육기간) 작물의 이전사고의 피해를 감안하여 산출한다.

(2) 생산비보장보험금은 품목별 보험금 산출 계산식(다음 나) 참조)을 적용하여 계산하며 하나의 작기에 지급하는 보험금은 보험증권에 기재된 시설재배 농작물의 보험가입금액을 한도로 한다.

(3) 비용손해 중 손해방지비용, 대위권보전비용, 잔존물보존비용은 다음 나)의 품목별 보험금 산출 계산식을 적용하여 계산한 금액이 해당 작기에서 재배하는 보험증권 기재 농작물의 보험가입금액을 초과하는 경우에도 지급한다. 다만 손해방지비용은 20만원을 초과할 수 없다. 기타협력비용은 보험가입금액을 초과한 경우에도 전액 지급된다.

나) 보험금 산출방법

(1) 적용품목 : 딸기, 오이, 토마토, 참외, 풋고추, 호박, 수박, 멜론, 파프리카, 상추, 가지, 배추, 파(대파), 미나리, 국화, 백합, 카네이션, 감자

(가) 생산비보장보험금

보상하는 재해로 1사고마다 1동 단위로 생산비보장보험금이 10만원으로 초과하는 경우 그 전액을 보험가입금액 내에서 보상한다(시설작물, 버섯 공통사항, 이하 생략).

> 보험금=피해작물 재배면적×피해작물 단위 면적당 보장생산비×경과비율×피해율

(나) 경과비율

① 수확기 이전 사고

○ 경과비율 = 준비기생산비계수(a)+[$(1-a) \times \dfrac{\text{생장일수}}{\text{표준생장일수}}$]

○ 준비기생산비계수(a) = 40%(국화·카네이션 재절화는 20%)

○ 생장일수 : 정식(파종)일로부터 사고발생일까지 경과일수

○ 표준생장일수 : 정식일로부터 수확개시일까지 표준적인 생장일수

② 수확기 중 사고

○ 경과비율 = $1 - \dfrac{수확일수}{표준수확일수}$

○ 수확일수 : 수확개시일부터 사고발생일까지 경과일수

○ 표준수확일수 : 수확개시일부터 수확종료일까지의 일수

○ 위 계산식에도 불구하고 국화·수박·멜론의 경과비율은 1

○ 위 계산식에 따라 계산한 경과비율이 10% 미만인 경우 10%로 한다 (오이·토마토·풋고추·호박·상추의 경우는 제외)

(다) 피해율 = 피해비율$\left(\dfrac{피해면적(주수)}{재배면적(주수)}\right)$×손해정도비율×(1-미보상비율)

손해정도	1%~20%	21%~40%	41%~60%	61%~80%	81%~100%
손해정도비율	20%	40%	60%	80%	100%

(라) 위 (가)의 경우에도 불구하고 피해작물 재배면적에 피해작물 단위면적당 보장생산비를 곱한 값이 보험가입금액보다 큰 경우(일부보험) 계산된 생산비보장보험금을 아래와 같이 다시 계산한다(시설작물·버섯 공통사항, 이하생략).

위 계산된 생산비보장보험금 × $\dfrac{보험가입금액}{피해작물\ 단위면적당\ 보장생산비\ \times\ 피해작물\ 재배면적}$

(2) 적용품목 : 시금치, 파(쪽파), 무, 쑥갓

(가) 생산비보장보험금

보험금 = 피해작물 재배면적 × 피해작물 단위 면적당 보장생산비 × 경과비율 × 피해율

(나) 경과비율

① 수확기 이전 사고

○ 경과비율 = 준비기생산비계수(a) + $\left[(1-a) \times \dfrac{생장일수}{표준생장일수}\right]$

○ 준비기생산비계수(a) = 10%

② 수확기 중 사고

○ 경과비율 = $1 - \dfrac{수확일수}{표준수확일수}$

(다) 피해율 = 피해비율$\left(\dfrac{피해면적(주수)}{재배면적(주수)}\right)$×손해정도비율×(1-미보상비율)

(3) 적용품목 : 장미

　(가) 생산비보장보험금

　　① 보상하는 재해로 줄기, 잎, 꽃 등에 손해가 발생하였으나 나무는 죽지 않은 경우

> 보험금=장미 재배면적×장미 단위면적당 나무생존시 보장생산비×피해율

　　※ 피해율 = 피해비율($\frac{피해면적(주수)}{재배면적(주수)}$)×손해정도비율×(1-미보상비율)

　　② 보상하는 재해로 줄기, 잎, 꽃 등에 손해가 발생하였으나 나무가 죽은 경우

> 보험금=장미 재배면적×장미 단위면적당 나무고사 보장생산비×피해율

　　※ 피해율 = 피해비율($\frac{피해면적(주수)}{재배면적(주수)}$)×손해정도비율(100으로 함)
　　　　　　×(1-미보상비율)

(4) 적용품목 : 부추

> 부추 품목은 재배가 까다롭지 않고 여러 차례 수확이 가능하다. 그러한 이유로 산출된 보험금의 70%만 보상하는 것으로 추정된다.

　(가) 생산비보장보험금

> 보험금=부추 재배면적×부추 단위 면적당 보장생산비×피해율×70%

　(나) 피해율 = 피해비율($\frac{피해면적(주수)}{재배면적(주수)}$)×손해정도비율×(1-미보상비율)

〈시설작물별 보장생산비(2022년 계약기준)〉

구분		보장생산비
수박		5,500원/㎡
딸기		17,300원/㎡
토마토		14,300원/㎡
오이		9,300원/㎡
참외		7,400원/㎡
풋고추		9,200원/㎡
호박		9,300원/㎡
국화	일반	13,600원/㎡
	재절화	10,300원/㎡
파프리카		28,400원/㎡

구분		보장생산비
멜론		9,000원/㎡
장미	나무 생존시	6,500원/㎡
	나무 고사시	19,400원/㎡
상추		5,500원/㎡
시금치		1,800원/㎡
부추		5,900원/㎡
가지		14,900원/㎡
배추		3,100원/㎡
파	대파	2,500원/㎡
	쪽파	3,100원/㎡
무		3,200원/㎡
백합		11,100원/㎡
카네이션	일반	23,700원/㎡
	재절화	14,600원/㎡
미나리		6,900원/㎡
쑥갓		2,600원/㎡

〈시설작물별 표준생장일수 및 표준수확일수〉

품목		표준생장일수	표준수확일수
딸기		90일	182일
오이		45일(75일)	–
토마토		80일(120일)	–
참외		90일	224일
풋고추		55일	–
호박		40일	–
수박		100일	–
멜론		100일	–
파프리카		100일	223일
상추		30일	–
시금치		40일	30일
국화	스탠다드형	120일	–
	스프레이형	90일	–
가지		50일	262일
배추		70일	50일

품목		표준생장일수	표준수확일수
파	대파	120일	64일
	쪽파	60일	19일
무	일반	80일	28일
	기타	50일	28일
백합		100일	23일
카네이션		150일	224일
미나리		130일	88일
쑥갓		50일	51일

※ 괄호안의 표준생장일수는 9월~11월에 정식하여 겨울을 나는 재배일정으로 3월 이후에 수확하는 경우에 적용함
※ 무 품목의 기타 품종은 알타리무, 열무 등 큰 무가 아닌 품종을 의미함

(5) 적용품목 : 표고버섯(원목재배)

(가) 생산비보장보험금

보험금 = 재배원목(본)수 × 원목(본)당 보장생산비 × 피해율

(나) 피해율 = 피해비율$(\frac{피해원목(본)수}{재배원목(본)수})$ × 손해정도비율$(\frac{원목(본)의피해면적}{원목의면적})$ × (1 - 미보상비율)

〈표본원목수 표〉

피해 원목수	1,000본 이하	1,300본 이하	1,500본 이하	1,800본 이하	2,000본 이하	2,300본 이하	2,300본 초과
조사 표본수	10	14	16	18	20	24	26

(6) 적용품목 : 표고버섯(톱밥배지재배)

	준비기생산비계수(α)	표준생장일수
표고(톱밥배지재배)	66.3%	40일
느타리버섯(균상재배)	67.6%	28일
양송이버섯(균상재배)	75.3%	30일

※ 새송이버섯(병재배) = 경과비율 91.7%, 느타리버섯(병재배) = 경과비율 88.7%

(가) 생산비보장보험금

보험금 = 재배배지(봉)수 × 배지(봉)당 보장생산비 × 경과비율 × 피해율

(나) 경과비율

① 수확기 이전 사고

○ 경과비율 = 준비기생산비계수(a)+[(1-a)×$\dfrac{생장일수}{표준생장일수}$]

○ 준비기생산비계수(a) = 66.3%

○ 생장일수 : 종균접종일로부터 사고발생일까지 경과일수

○ 표준생장일수 : 종균접종일로부터 수확개시일까지 표준적인 생장일수

② 수확기 중 사고

○ 경과비율 = 1 - $\dfrac{수확일수}{표준수확일수}$

(다) 피해율 = 피해비율($\dfrac{피해배지(봉)수}{재배배지(봉)수}$)×손해정도비율×(1-미보상비율),

손해정도비율은 손해정도에 따라 50%, 100%에서 결정

(7) 적용품목 : 느타리버섯(균상재배)

보험금=재배면적×단위면적당 보장생산비×경과비율×피해율

(가) 경과비율

① 수확기 이전 사고

○ 경과비율 = 준비기생산비계수(a)+[(1-a)×$\dfrac{생장일수}{표준생장일수}$]

○ 준비기생산비계수(a) = 67.6%

② 수확기 중 사고

○ 경과비율 = 1 - $\dfrac{수확일수}{표준수확일수}$

(나) 피해율 = 피해비율($\dfrac{피해면적}{재배면적(균상면적)}$)×손해정도비율×(1-미보상비율)

(8) 적용품목 : 느타리버섯(병재배)

보험금=재배병수×병당 보장생산비×경과비율×피해율

(가) 경과비율 : 일자에 관계없이 88.7%

(나) 피해율 = 피해비율($\dfrac{피해병수}{재배병수}$)×손해정도비율×(1-미보상비율)

(9) 적용품목 : 새송이버섯(병재배)

> 보험금=재배병수×병당 보장생산비×경과비율×피해율

(가) 경과비율 : 일자에 관계없이 91.7%

(나) 피해율 = 피해비율($\frac{피해병수}{재배병수}$)×손해정도비율×(1-미보상비율)

(10) 적용품목 : 양송이버섯(균상재배)

> 보험금=재배면적×단위면적당 보장생산비×경과비율×피해율

(가) 경과비율

① 수확기 이전 사고

○ 경과비율 = 준비기생산비계수(a)+[(1-a)×$\frac{생장일수}{표준생장일수}$]

○ 준비기생산비계수(a) = 75.3%

② 수확기 중 사고

○ 경과비율 = 1 - $\frac{수확일수}{표준수확일수}$

(나) 피해율 = 피해비율($\frac{피해면적}{재배면적(균상면적)}$)×손해정도비율×(1-미보상비율)

〈버섯작물별 표준생장일수〉

품목	품종	표준생장일수
표고버섯(톱밥배지재배)	전체	90일
느타리버섯(균상재배)	전체	28일
양송이버섯(균상재배)	전체	30일

⟨버섯작물별 보장생산비 및 준비기 생산비 계수⟩

품목		보장생산비	준비기 생산비 계수	비고
표고버섯 (원목재배)	1년차	8,300원/본	88.3%	본 기준
	2년차	6,400원/본		
	3년차	3,200원/본		
	4년차	700원/본		
표고버섯 (톱밥배지재배)		2,400원/봉	66.3%	봉 기준
느타리버섯 (균상재배)		16,900/㎡	67.6%	㎡ 기준
느타리버섯 (병재배)		480/병	77.5%	병 기준
새송이버섯 (병재배)		460/병	82.7%	
양송이버섯 (균상재배)		20,500/㎡	75.3%	㎡ 기준

05 농업수입보장방식 손해평가

수입감소보장방식은 수확감소보장방식에 농산물 가격 하락으로 인한 수입감소를 추가로 보상하는 상품이다. 과수(포도)와 수확감소보장방식 밭작물 6개 품목이 해당하며 수입감소 이외의 내용은 전술한 해당품목의 내용과 같다. 여기서는 수입감소와 관련된 사항만 기술한다.

가. 과수(포도, 비가림시설)

1) 농업수입감소보험금 산정

농업수입보장방식에서는 수입감소보험금 산출방법과 기준가격, 수확기가격 산출방법이 중요하다.

보험기간 내 보상하는 재해로 피해율이 자기부담비율을 초과하는 경우 아래와 같이 계산한 농업수입감소보험금을 지급한다.

$$농업수입감소보험금 = 보험가입금액 \times (피해율 - 자기부담비율)$$

$$※ 피해율 = \frac{기준수입 - 실제수입}{기준수입}$$

(가) 기준수입은 평년수확량에 농지별 기준가격을 곱하여 산출한다. 가격은 기준가격(가입가격)과 수확기가격이 있다.

(나) 실제수입은 조사한 수확량과 미보상감수량[(평년수확량-수확량)×미보상비율]을 더한 값에 농지별 기준가격과 수확기가격 중 작은 값을 곱하여 산출한다. 수확량을 조사하지 않은 경우 평년수확량을 적용한다.
계약자 또는 피보험자의 고의 또는 중대한 과실로 수확량조사를 하지 못하여 수확량을 확인할 수 없는 경우 농업수입감소보험금을 지급하지 않는다. 자기부담비율은 보험가입시 계약자가 선택한 비율로 한다.

나. 밭작물(마늘, 양파, 양배추, 감자(가을재배), 고구마, 콩)

1) 농업수입감소보험금 산정

보험기간 내 보상하는 재해로 피해율이 자기부담비율을 초과하는 경우 아래와 같이 계산한 농업수입감소보험금을 지급한다. 콩 품목은 경작불능보험금 지급대상인 경우 농업수입감소보험금을 지급하지 않는다.

$$농업수입감소보험금 = 보험가입금액 \times (피해율 - 자기부담비율)$$

$$※ 피해율 = \frac{기준수입 - 실제수입}{기준수입}$$

(가) 기준수입은 평년수확량에 농지별 기준가격을 곱하여 산출한다. 가격은 기준가격(가입가격)과 수확기가격이 있다.

(나) 실제수입은 조사한 수확량과 미보상감수량[(평년수확량-수확량)×미보상비율]을 더한 값에 농지별 기준가격과 수확기가격 중 작은 값을 곱하여 산출한다. 수확량을 조사하지 않은 경우 평년수확량을 적용한다.

계약자 또는 피보험자의 고의 또는 중대한 과실로 수확량조사를 하지 못하여 수확량을 확인할 수 없는 경우 농업수입감소보험금을 지급하지 않는다. 자기부담비율은 보험가입 시 계약자가 선택한 비율로 한다.

기출문제

01 과수작물 손해평가

가. 적과전 종합위험방식(사과, 배, 단감, 떫은감)

01 다음의 계약사항과 조사내용에 관한 누적감수과실수를 계약별로 구하시오.(단, 계약사항은 계약 1, 2 조건에 따르고 조사내용은 아래 표와 같다. 주어진 조건 외는 고려하지 않는다)

(15점) ▶ 1회 손해평가사

○ 계약사항

구분	상품명	가입특약	평년착과수	가입과실수	실제결과주수
계약1	적과전종합 위험방식(사과)	적과종료이전 특정위험 5종 한정보장	10,000개	8,000개	100주
계약2	적과전 종합 위험방식(배)	없음	20,000개	15,000개	200주

○ 조사내용

구분	재해종류	사고일자	조사일자	조사내용 적과전 종합위험(계약1)	조사내용 적과전 종합위험(계약2)
적과종료이전	태풍	4월 20일	4월 21일	·피해사실확인조사 ·미보상감수과실수(없음) ·미보상비율 : 0%	·피해사실확인조사 ·미보상감수과실수(없음) ·미보상비율 : 0%
적과종료이전	우박	5월 15일	5월 16일	·유과타박율조사 ·유과타박율 : 28% ·미보상감수과실수(없음) ·미보상비율 : 0%	·피해사실확인됨 ·미보상감수과실수(없음) ·미보상비율 : 0%
적과후착과수	-		7월 10일	·적과후착과수 : 6,000개	·적과후착과수 : 9,000개
적과종료이후	태풍	8월 25일	8월 26일	·낙과수조사(전수조사) ·총낙과과실수 : 1,000개/나무피해없음 과실피해구분: 100% / 80% / 50% / 정상 과실수(개): 500 / 300 / 120 / 80 ·미보상감수과실수: 없음	·낙과수조사(전수조사) ·총낙과과실수 : 2,000개/나무피해없음 과실피해구분: 100% / 80% / 50% / 정상 과실수(개): 700 / 800 / 320 / 180 ·미보상감수과실수: 없음
적과종료이후	우박	5월 15일	9월 10일	·착과피해조사(표본조사) 과실피해구분: 100% / 80% / 50% / 정상 과실수(개): 10 / 10 / 14 / 66 ·미보상감수과실수: 없음	·착과피해조사(표본조사) 과실피해구분: 100% / 80% / 50% / 정상 과실수(개): 20 / 50 / 20 / 10 ·미보상감수과실수: 없음

> **모범답안**

계약 1. 누적감수과실수
① 착과손해 : 없음(5종 한정보장 특약은 적용하지 않음)
② 태풍 낙과감소과실수 = 총낙과수×(낙과피해구성율-maxA)×1.07
  = 1,000개×(0.8-0)×1.07=856개

  * 낙과피해구성율= $\dfrac{500+300\times 0.8+120\times 0.5}{1,000}$ =0.8(80%)
  * maxA=0(기사고의 최대피해율)
  * 사과와 배는 낙과피해시 일부 착과손해(7%)를 인정함

③ 우박 착과감소과실수 = 사고당시 착과수×(착과피해구성율-maxA)
  = 5,000개×(0.25-0) = 1,250개

  * 사고당시 착과수= 적과후착과수-낙과실수-(적과종료후)나무피해과실수-기수확 과실수=6,000-1,000=5,000개
  * 착과피해구성율= $\dfrac{10+10\times 0.8+14\times 0.5}{100}$ =0.25

④ 누적감수과실수=856+1,250=2,106개

계약 2. 누적감수과실수
① 착과손해 = 적과후착과수×5% = 9,000개×5% = 450개
  * 착과손해율=5%(적과후착과수가 평년착과수의 60% 미만)
  * 착과손해율 5%는 이후 사고의 maxA로 사용된다.

② 태풍 낙과감수과실수 = 2,000개×(0.75-0.05)×1.07 =1,498개
  * 낙과피해구성율= $\dfrac{700+800\times 0.8+320\times 0.5}{2,000}$ =0.75

③ 우박 착과감소과실수 = 사고당시 착과수×(착과피해구성율-maxA)
  = 7,000개×(0.7-0.05)=4,550개
  * 사고당시 착과수=9,000-2,000=7,000개
  * 착과피해구성율= $\dfrac{20+50\times 0.8+20\times 0.5}{100}$ = 0.7

④ 누적감수과실수=450+1,498+4,550=6,498개

기출문제

02 다음의 조건에 따른 적과전 종합위험방식 사과 품목의 실제결과주수와 나무손해보장 특별약관에 의한 보험금을 구하시오. (5점) ▶ 1회 손해평가사

나무손해보장 특별약관 보험가입금액	8,000만원
가입일자 기준 과수원에 식재된 모든 나무수	1,000주
인수조건에 따라 보험에 가입할 수 없는 나무수	150주
보상하는 손해(태풍)로 고사된 나무수	85주
보상하는 손해 이외의 원인으로 고사한 나무수	100주

(1) 실제결과주수는 몇 주인가? (2점)
(2) 위 경우 나무손해보장 특별약관 보험금은 얼마인가? (3점)

모범답안

(1) 1,000주 - 150주(유목 및 제한품종) = 850주
(2) 보험금 = 보험가입금액 × (피해율 - 자기부담비율)
= 8,000만원 × (0.1 - 0.05) = 400만원

 * 나무손해 피해율 = $\dfrac{\text{피해주수(고사주수)}}{\text{실제결과주수}} = \dfrac{85}{850} = 0.1$

03 아래 조건의 적과전 종합위험방식 배 품목의 과실손해보장 담보 계약에서 적과전 봄동상해 (4월 3일), 우박사고(5월 15일)를 입은 경우 착과감소과실수와 기준착과수를 구하시오. (단 주어진 내용 외는 고려하지 않는다) (5점) ▶ 4회 손해평가사

○ 적과종료 이전 특정위험 5종 한정보장 특별약관 가입
○ 평년착과수 : 20,000개
○ 적과후착과수 : 10,000개
○ 보장수준 : 70%
○ 적과전 봄동상해로 인한 피해 있음
○ 우박 유과타박율 : 40%
○ 미보상비율 : 0%

모범답안

(1) 착과감소과실수
= min(평년착과수-적과후착과수, 평년착과수×최대인정피해율)
= min(20,000-10,000, 20,000×0.4)=8,000개

(2) 기준착과수 = 적과후착과수 + 착과감소과실수
= 10,000+8,000 = 18,000개

기출문제

04 다음의 계약사항과 조사내용으로 물음 (1) 적과후착과수(5점), 물음 (2) 누적감수과실수 (10점)를 계산과정과 함께 구하시오. (단 각 감수과실수는 소수점 첫째자리에서 반올림하여 정수단위로 산출한다) (15점) ▶ 4회 손해평가사

○ 계약사항(착과감소보험금 보장수준 70%)

상품명	실제결과주수	평년착과수	가입과중	가입가격	자기부담비율
적과전 종합위험방식 사과	500주	50,000개	250g/개	2,100원/kg	10%

○ 조사내용

구분	재해종류	사고일자	조사일자	조사내용

적과종료이전	강풍	5월 30일	6월 1일	○ 피해사실확인조사 : 피해있음(풍속 20m/sec)
				○ 나무피해조사
				  고사나무 : A품종 50주(A품종 주당 평년착과수 100개)
				           B품종 0주(B품종 주당 평년착과수 100개)
				○ 미보상비율 : 30%

적과후착과수	-	-	7월 3일	품종별 조사내용: | 품종 | 재배방식 | 수령 | 실제결과주수 | 표본주수 | 표본주착과수합계 | |---|---|---|---|---|---| | A품종 | 밀식 | 9년 | 200주 | 7주 | 840개 | | B품종 | 밀식 | 9년 | 300주 | 13주 | 1690개 | ※ 고사주수, 미보상주수, 수확불능주수, 수확완료주수 : 없음
적과종료이후	일소	8월 15일	8월 16일	〈낙과피해조사(전수조사)〉 ○ 총낙과실수 : 1,000개 | 피해과실 구분 | 병해충 과실 | 100% | 80% | 50% | 정상 | |---|---|---|---|---|---| | 과실수 | 20개 | 80개 | 0개 | 0개 | 0개 | 〈수확전 착과피해조사(표본조사)〉 단 일소 사고이후 착과수 : 변동없음 | 피해과실구분 | 병해충 과실 | 100% | 80% | 50% | 정상 | |---|---|---|---|---|---| | 과실수 | 30개 | 0개 | 50개 | 20개 | 100개 |
	우박	11월 10일	11월 11일	〈착과피해조사(표본조사)〉 ○ 사고당시 착과과실수 : 5,000개 | 피해과실구분 | 병해충 과실 | 100% | 80% | 50% | 정상 | |---|---|---|---|---|---| | 과실수 | 10개 | 0개 | 100개 | 40개 | 50개 | 〈낙과피해조사(전수조사)〉 ○ 총낙과실수 : 500개 | 피해과실구분 | 병해충 과실 | 100% | 80% | 50% | 정상 | |---|---|---|---|---|---| | 과실수 | 10개 | 90개 | 0개 | 0개 | 0개 |

> **모범답안**

(1) 착과감소보험금

　1) A품종 조사대상주수 = 150주
　　 B품종 조사대상주수 = 300주

　2) 적과후착과수
　　 $\dfrac{840개}{7주 \times 150주} + \dfrac{1,690개}{13주 \times 300주} = 57,000개$

　3) 착과감소과실수 = 없음

　4) 기준착과수 = 57,000개

　5) 착과감소보험금 = 0

(2) 과실손해보험금

　1) 적과전 자연재해로 인한 적과후 착과손해 = 0

　2) 일소 낙과감수과실수 = 총 낙과과실수 × (낙과피해구성률 - maxA)
　　　　　　　　　　　　 = 1,000 × (0.8 - 0) = 800개

　　* 낙과피해구성률 = $\dfrac{(80 \times 1)}{100} = 80\%$

　3) 일소 착과감수과실수 = 사고당시 착과수 × (착과피해구성률 - maxA)
　　　　　　　　　　　　 = 56,000 × (0.25 - 0) = 14,000개

　　* 착과피해구성률 = $\dfrac{(50 \times 0.8 + 20 \times 0.5)}{200} = 25\%$

　　* 일소피해 감수과실수(14,800개)가 적과후착과수의 6%를 초과하므로 감수과실수로 인정함

　4) 우박 착과감수과실수 = 5,000 × (0.5 - 0.25) = 1,250개
　　　* 착과피해구성률 = (100 × 0.8 + 40 × 0.5) / 200 = 50%

　5) 우박 낙과감수과실수 = 500 × (0.9 - 0.25) = 325개

　6) 누적감수과실수 = 800 + 14,000 + 1,250 + 325 = 16,375개

　7) 자기부담감수과실수
　　 = 기준착과수 × 10% - (착과감소과실수 - 미보상감수과실수)
　　 = 5,700 - 0 = 5,700개

　8) 과실손해보험금
　　 = (16,375개 - 5,700개) × 0.25kg × 2,100원 = 5,604,375원

기출문제

05 적과전 종합위험 적과종료 이전 특정위험 5종 한정보장 특약에 가입한 사과 품목에 적과전 우박피해사고로 피해사실 확인을 위하여 표본조사를 실시하고자 한다. 과수원의 품종과 주수가 다음과 같이 확인되었을 때 아래의 표본조사값(①~⑥)에 들어갈 표본주수, 나뭇가지 총수 및 유과 총수의 최솟값을 각각 구하시오.(단 표본주수는 소수점 첫째자리에서 반올림하여 다음 예시와 같이 구하시오. 예시 : 12.6→13으로 기재) (5점) ▶ 5회 손해평가사

○ 과수원의 품종과 주수

품목	품종		조사대상주수	피해내용	피해조사내용
사과	조생종	쓰가루	440	우박	유과타박율
	중생종	감홍	250		

○ 표본조사값

품종	표본주수	나뭇가지 총수	유과 총수
쓰가루	①	②	③
감홍	④	⑤	⑥

> **모범답안**
>
> ① 8주 ② 32가지 ③ 160개 ④ 5주 ⑤ 20가지 ⑥ 100개
>
> 쓰가루 : ① 13주 × $\dfrac{440}{690}$ ② 8주 × 4가지 ③ 32가지 × 5개
>
> 감홍 : ④ 13주 × $\dfrac{250}{690}$ ⑤ 5주 × 4가지 ⑥ 20가지 × 5개

06 다음의 계약사항과 조사내용을 참조하여 착과감소보험금을 구하시오. (단 착과감소량은 소수점 첫째자리에서 반올림하여 다음 예시와 같이 구하시오. 예시 : 123.4→123kg)

(5점) ▶ 6회 손해평가사

○ 계약사항(해당 과수원의 모든 나무는 단일 품종, 단일 재배방식, 단일 수령으로 함)

품목	가입금액	평년착과수	자기부담비율
사과 (적과전 종합위험방식)	24,200,000원	27,500개	15%

가입과중	가입가격	나무손해보장 특별약관	적과종료이전 특정위험 5종 한정보장 특별약관
0.4kg/개	2,200원/kg	미가입	미가입

※ 보장수준 50%

○ 조사내용

구분	재해 종류	사고 일자	조사 일자	조사내용
계약일~ 적과종료이전	조수해	5월 5일	5월 7일	○ 피해규모 : 일부 ○ 금차 조수해로 죽은 나무수 : 44주 ○ 미보상비율 : 5%
	냉해	6월 7일	6월 8일	○ 피해규모 : 전체 ○ 냉해피해 확인 ○ 미보상비율 : 10%
적과후착과수 조사	-		7월 23일	○ 실제결과주수 : 110주 ○ 적과후착과수 : 15,500개 ○ 1주당 평년착과수 : 250개

기출문제

모범답안

착과감소보험금
= (착과감소량-미보상감수량-자기부담감수량)×가입가격×보장수준
= (4,800kg-480kg-1,650kg)×2,200원×50%
= 2,937,000원

* 착과감소과실수 = 평년착과수-적과후착과수
  = 27,500-15,500 = 12,000개
* 착과감소량 = 12,000×0.4 = 4,800kg
* 미보상감수과실수 = 착과감소과실수×미보상비율+미보상주수×주당 평년착과수
  = 12,000×10%+0 = 1,200개
* 미보상감수량 = 1,200×0.4 = 480kg
* 자기부담과실수 = 기준착과수×자기부담비율 = 27,500×15% = 4,125개
* 기준착과수 = 적과후착과수 + 착과감소과실수 = 15,500+12,000 = 27,500개
* 자기부담감수량 = 4,125×0.4 = 1,650kg

07 배 과수원은 적과전 과수원 일부가 호우에 의한 유실로 나무 50주가 고사되는 피해(자연재해)가 확인되었고, 적과 이후 봉지작업을 마치고 태풍으로 낙과피해조사를 받았다. 계약사항(적과전 종합위험방식)과 조사내용을 참조하여 다음 물음에 답하시오.(감수과실수와 착과피해인정개수, 피해율(%)은 소수점이하 절사, 예시 : 12.67% → 12%)

(15점) ▶ 8회 손해평가사

○ 계약사항 및 적과후착과수 조사내용

	계약사항		적과후착과수 조사내용	
품목	가입주수	평년착과수	실제결과주수	1주당 평균착과수
배(단일품종)	250주	40,000개	250주	150개

※ 적과종료 이전 특정위험 5종 한정보장 특약 미가입

○ 낙과피해 조사내용

사고일자	조사방법	전체 낙과과실수	낙과피해 구성비율(%)				
			정상 10개	50%형 80개	80%형 0개	100%형 2개	병해충 과실 8개
9월 18일	전수조사	7,000개					

(1) 적과종료 이전 착과감소과실수의 계산과정과 값을 쓰시오. (5점)
(2) 적과종료 이후 착과손해 감수과실수의 계산과정과 값을 쓰시오. (5점)
(3) 적과종료 이후 낙과피해 감수과실수의 계산과정과 값을 쓰시오. (5점)

모범답안

(1) 적과종료 이전 착과감소과실수 = 평년착과수 - 적과후착과수
= 40,000 - 30,000 = 10,000개

(2) 적과종료 이후 착과손해 감수과실수 = $30,000 \times 5\% \times \dfrac{1-0.75}{0.4}$ = 937개

* 착과율 = $\dfrac{적과후착과수}{평년착과수} = \dfrac{30,000}{40,000}$ = 75%

(3) 낙과피해 감수과실수 = $7,000 \times \left(\dfrac{40+2}{100} - 0.03\right) \times 1.07$ = 2,921개

착과손해 피해율 = $5\% \times \dfrac{1-0.75}{0.4}$ = 0.03125 = 3%

기출문제

08 적과전 종합위험방식 떫은감 품목이 적과종료일 이후 태풍피해를 입었다. 다음 조건을 참조하여 물음에 답하시오. (단, 주어진 조건 외 다른 사항은 고려하지 않음)

(5점) ▶ 9회 손해평가사

조사대상주수	총 표본주의 낙엽수 합계	표본주수
550주	120개	12주

※ 모든 표본주의 각 결과지(신초, 1년생 가지)당 착엽수와 낙엽수 합계 : 10개

(1) 낙엽률의 계산과정과 값(%)을 쓰시오. (2점)
(2) 낙엽률에 따른 인정피해율의 계산과정과 값(%)을 쓰시오.(단, 인정피해율(%)은 소수점 셋째자리에서 반올림. 예시 : 12.345%→12.35%) (3점)

모범답안

(1) 낙엽률(%) = $\dfrac{\text{표본주의 낙엽수 합계}}{\text{표본주의 낙엽수합계} + \text{표본주의 착엽수합계}}$

= $\dfrac{120}{12 \times 4 \times 10}$

= 25%

(2) 낙엽률에 따른 인정피해율(%) = (0.9662×낙엽률)−0.0703
= (0.9662×25%)−0.0703
= 17.13%

나. 종합위험 수확감소보장방식 및 비가림과수 손해보장방식

01 A 과수원의 종합위험 수확감소보장방식 복숭아 품목의 과중조사를 실시하고자 한다. 다음 조건을 이용하여 과중조사의 횟수, 최소 표본주수 및 최소 추출과일개수를 쓰시오.

(5점) ▶ 1회 손해평가사

(조건)
- A 과수원의 품종은 4종이다
- 각 품종별 수확시기는 다르다.
- 최소 표본주수는 회차별 표본주수의 합계로 본다.
- 최소 추출과일개수는 회차별 추출과일개수의 합계로 본다.
- 위 조건 외 단서조항은 고려하지 않는다.

모범답안

① 과중조사횟수 4회(수확시기가 다른 4품종)
② 최소표본주수 12주(4회×3주)
③ 최소추출과실개수 80개(4품종×20개, 농지별 60개 이상)

02 종합위험 수확감소보장방식 과수 품목의 과중조사를 실시하고자 한다. 아래 농지별 최소표본과실수를 순서대로 쓰시오.(단 해당기준의 절반 조사를 고려하지 않는다)

(5점) ▶ 3회 손해평가사

농지	계약사항			최소표본과실수(개)
	품목	품종수		
A	포도	1		①
B	포도	2		②
C	자두	1		③
D	복숭아	3		④
E	자두	4		⑤

모범답안

① 30개 ② 40개 ③ 60개 ④ 60개 ⑤ 80개

기출문제

03 다음은 종합위험 수확감소보장방식 복숭아에 관한 내용이다. 아래의 계약사항과 조사내용을 참조하여 ① A품종 수확량(kg), ② B품종 수확량(kg), ③ 수확감소보장 피해율(%)을 구하시오. (단 피해율은 소수점 셋째자리에서 반올림하여 다음 예시와 같이 구하시오. 예시 : 12.345% → 12.35%) (각 5점, 15점) ▶ 6회 손해평가사

○ 계약사항

품목	가입금액	평년수확량	자기부담비율	수확량감소 추가보장특약	나무손해보장 특약
복숭아	15,000,000원	4,000kg	20%	미가입	미가입

품종/수령	가입주수	1주당 표준수확량	표준과중
A/9년생	200주	15kg	300g
B/10년생	100주	30kg	350g

조사내용(보상하는 재해로 인한 피해 확인됨)

조사종류	품종/수령	실제결과주수	미보상주수	품종별·수령별 착과수 (합계)
착과수조사	A/9년	200주	8주	5,000개
	B/10년	100주	5주	3,000개

조사종류	품종	개당 과중	미보상비율
과중조사	A	290g	5%
	B	310g	10%

모범답안

① A품종 수확량 = 착과량 – 사고당 감수량의 합
   = 1,530-0 = 1,530kg

* 착과량 = (품종·수령별 착과수×품종별 과중)+(품종·수령별 주당 평년착과량×미보상주수)
   = (5,000×0.29)+(10×8주) = 1,530kg

* A품종의 평년수확량 = $4,000 \times \dfrac{200 \times 15}{200 \times 15 + 100 \times 30}$ = 2,000kg

  A품종의 주당 평균수확량 = $\dfrac{2,000}{200}$ = 10kg

② B품종 수확량 = 착과량–사고당 감수량의 합
   = 1,030-0 = 1,030kg

* 착과량 = (품종·수령별 착과수×품종별 과중)+(품종·수령별 주당 평년착과량×미보상주수)
   = (3,000×0.31)+(20×5주) = 1,030kg

* B품종의 평년수확량 = $4,000 \times \dfrac{100 \times 30}{200 \times 15 + 100 \times 30}$ = 2,000kg

  B품종의 주당 평균수확량 = $\dfrac{2,000}{100}$ = 20kg

③ 수확감소보장 피해율(%) = $\dfrac{평년수확량 - 수확량 - 미보상감수량 + 병충해감수량}{평년수확량}$

   = $\dfrac{4,000 - 2,560 - 144 + 0}{4,000}$

   = 0.324
   = 32.4%

다. 종합위험 과실손해보장방식(오디, 감귤)

01 과실손해조사(감귤, 만감류 아님)에 관한 내용이다. 다음 물음에 답하시오.

(15점) ▶ 7회 손해평가사

○ 계약사항

보험가입금액	가입면적	자기부담비율
25,000,000원	4,800㎡	10%

○ 표본주 조사내용(단위 : 개)

구분	30%형 피해과실수	50%형 피해과실수	80%형 피해과실수	100%형 피해과실수
등급내	80	120	120	60
등급외	110	130	90	140

※ 정상과실수 : 1,150개
※ 수확전 사고조사를 실시하지 않았음

○ 표본조사방법

〈표본조사〉

표본주 선정 : 농지별 가입면적을 기준으로 품목별 표본주수표(별표1)에 따라 농지별 전체 표본주수를 과수원에 고루 분포되도록 선정한다.(단, 필요하다고 인정되는 경우 표본주수를 줄일 수도 있으나 최소 (①)주 이상 선정한다.)

표본주조사 : 선정한 표본주에 리본을 묶고 주지별(원가지) 아주지(버금가지) (②)개를 수확한다.

(1) 위의 계약사항 및 표본주 조사내용을 참조하여 과실손해피해율 계산과정과 값을 쓰시오. (7점)

(2) 위의 계약사항 및 표본주 조사내용을 참조하여 과실손해보험금 계산과정과 값을 쓰시오. (6점)

(3) 위의 표본조사방법에서 ( )에 들어갈 내용을 각각 쓰시오. (2점)

모범답안

(1) 과실손해피해율 = 19.75%

$$\frac{(80\times0.3+120\times0.5+120\times0.8+60\times1)+(110\times0.3+130\times0.5+90\times0.8+140\times1)\times0.5}{(80+120+120+60+110+130+90+140+1,150)}\times(1-0)$$

(2) 과실손해보험금 = 손해액 - 자기부담금 = 4,937,500 - 2,500,000 = 2,437,500원
 * 손해액 = 보험가입금액 × 피해율 = 25,000,000 × 19.75% = 4,937,500원
 * 자기부담금 = 보험가입금액 × 자기부담비율 = 25,000,000 × 10% = 2,500,000원

(3) ① 2, ② 1~3

라. 수확전 종합위험 과실손해보장방식(복분자, 무화과)

01 수확전 종합위험보장방식 무화과에 관한 내용이다. 다음 계약사항과 조사내용을 참조하여 물음에 답하시오. (피해율(%)은 소수점 셋째자리에서 반올림) (15점) ▶ 8회 손해평가사

(계약사항)

품목	보험가입금액	가입주수	평년수확량	표준과중(개당)	자기부담비율
무화과	10,000,000원	300주	6,000kg	80g	20%

(수확개시전 조사내용)

○ 사고내용
  - 재해종류 : 우박
  - 사고일자 : 2022년 5월 10일
○ 나무수 조사
  - 보험가입일자 기준 과수원에 식재된 모든 나무수 300주
    (유목 및 인수제한 품종 없음)
  - 보상하는 손해로 고사된 나무수 10주
  - 보상하는 손해 이외의 원인으로 착과량이 현저학 감소된 나무수 10주
  - 병해충으로 고사된 나무수 20주
○ 착과수조사 및 미보상비율조사
  - 표본주수 : 9주
  - 표본주 착과수 총개수 : 1,800개
  - 제조상태에 따른 미보상비율 : 10%
○ 착과피해조사(표본주 임의과실 10개를 추출하여 조사)
  - 가공용으로도 공급될 수 없는 품질의 과실 10개(일반시장 출하 불가능)
  - 일반시장 출하시 정상과실에 비해 가격하락(50% 정도)이 예상되는 품질의 과실 20개
  - 피해가 경미한 과실 50개
  - 가공용으로 공급될 수 있는 품질의 과실 20개(일반시장 출하 불가능)

(수확개시후 조사내용)

○ 재해종류 : 우박
○ 사고일자 : 2022년 9월 5일
○ 표본주 3주의 결과지 조사
  - 고사결과지수 5개, 정상결과지수(미고사결과지수) 20개, 병해충 고사결과지수 2개
○ 착과피해율 : 30%
○ 농지의 상태 및 수확정도 등에 따라 조사자가 기준일자를 2022년 8월 20일로 수정함
○ 잔여수확량비율

사고발생 월	잔여수확량 산정식(%)
8월	[100-(1.06×사고발생일자)]
9월	[(100-33)-(1.13×사고발생일자)]

(1) 수확전 피해율(%)의 계산과정과 값을 쓰시오. (6점)
(2) 수확후 피해율(%)의 계산과정과 값을 쓰시오. (6점)
(3) 지급보험금의 계산과정과 값을 쓰시오. (3점)

모범답안

(1) 수확전 피해율 = $\dfrac{평년수확량 - 수확량 - 미보상감수량}{평년수확량}$

  = $\dfrac{6,000 - 3,262.4 - 273.76}{6,000}$ = 41.06%

* 수확량 = [조사대상주수 × 주당 수확량 × (1-피해구성율)] + (주당 평년수확량 × 미보상주수)

  = $[260 \times \dfrac{1,800 \times 0.08}{9} \times (1 - \dfrac{10+10+16}{100})] + (\dfrac{6,000}{300} \times 30)$ = 3,262.4kg

* 조사대상주수 = 300-10-10-20 = 260주
* 미보상감수량 (6,000-3,262.4) × 0.1 = 273.76kg

(2) 수확후 피해율 = (1-수확전 사고피해율) × 잔여수확량비율 × 결과지 피해율
  = (1-0.4106) × 0.788 × 0.36 = 16.72%

* 잔여수확량비율 = [100-(1.06×20)] = 0.788
* 결과지피해율 = $\dfrac{5 + 20 \times 0.3 - 2}{25}$ = 0.36

(3) 지급보험금 = 보험가입금액 × (피해율-자기부담비율)
  = 10,000,000 × (0.5778-0.2) = 3,778,000원

기출문제

02 논작물 손해평가

01 농작물재해보험 및 가축재해보험의 이론과 실무에서 정하는 종합위험방식 벼 상품에 관한 다음 2가지 물음에 답하시오(2023년 보험약관 개정 내용을 반영하여 답안 일부를 수정함).

(15점) ▶ 1회 손해평가사

(1) 재이앙·재직파 보험금, 경작불능보험금, 수확감소보험금의 지급사유를 각각 서술하시오.
(2) 아래 조건(1, 2, 3)에 따른 보험금을 각각 산정하시오.(단 아래의 조건들은 지급사유에 해당된다고 가정한다)

〈조건1 : 재이앙·재직파 보험금〉
○ 보험가입금액 : 2,000,000원
○ 면적피해율 : 50%
○ 자기부담비율 : 20%
○ 미보상감수면적 : 없음

〈조건2 : 경작불능보험금〉
○ 보험가입금액 : 2,000,000원
○ 식물체 80% 고사
○ 자기부담비율 : 15%

〈조건3 : 수확감소보험금〉
○ 보험가입금액 : 2,000,000원
○ 평년수확량 : 1,400kg
○ 미보상감수량 : 200kg
○ 자기부담비율 : 20%
○ 수확량 : 500kg

모범답안

(1) 보험금 지급사유
   ① 재이앙·재직파 보험금 : 보험기간 내에 보상하는 재해로 면적피해율이 10%를 초과하고 재이앙·재직파한 경우(1회 지급)
   ② 경작불능보험금 : 보험기간 내에 보상하는 재해로 식물체 피해율이 65%(분질미 60%) 이상이고 계약자가 경작불능보험금을 신청한 경우(보험계약 소멸)
   ③ 수확감소보험금 : 보험기간 내에 보상하는 재해로 피해율이 자기부담비율을 초과하는 경우

(2) 〈조건1〉 재이앙·재직파 보험금 = 보험가입금액×25%×면적피해율
                              = 2,000,000×0.25×0.5 = 250,000원
   〈조건2〉 경작불능보험금 = 보험가입금액×일정비율(자기부담비율이 15%인 경우 42%)
                        = 2,000,000×0.42 = 840,000원

〈조건3〉 수확감소보험금 = 보험가입금액×(피해율-자기부담비율)
= 2,000,000×(0.5-0.2) = 600,000원

$$피해율 = \frac{평년수확량 - 수확량 - 미보상감수량}{평년수확량}$$

$$= \frac{1,400 - 500 - 200}{1,400} = 0.5$$

기출문제

02 다음은 종합위험 수확감소보장방식 논작물(메벼)에 관한 내용이다. 아래 주어진 내용을 보고 각 물음에 답하시오.(단 주어진 조건 외에는 고려하지 않는다)

(15점) ▶ 2회 손해평가사

○ 계약내용

보험가입금액	가입면적 (실제경작면적)	평년수확량	표준수확량	자기부담비율
10,200,000원	6,000㎡	6,000kg	5,000kg	20%

○ 조사내용

〈수량요소조사〉

조사내용	1번 포기	2번 포기	3번 포기	4번 포기
포기당이삭수	15	16	17	15
이삭당 완전낟알수	51	49	81	75

※ 미보상비율 10%, 피해면적 보정계수 1

〈조사수확비율 환산표〉

점수 합계	조사수확비율(%)	점수 합계	조사수확비율(%)
10점 미만	0%~20%	16점~18점	61%~70%
10점~11점	21%~40%	19점~21점	71%~80%
12점~13점	41%~50%	22점~23점	81%~90%
14점~15점	51%~60%	24점 이상	91%~100%

※ 조사수확비율은 해당 구간의 가장 낮은 비율을 채택함

〈표본조사〉

실제경작면적	고사면적	미보상 면적	표본구간 면적합계	표본구간 작물중량	함수율 (3회평균)	미보상 비율
6,000㎡	700㎡	300㎡	1.2㎡	0.8kg	17%	10%

(1) 수량요소조사의 피해율을 산출하시오.(단 수확량과 미보상감수량은 kg 단위로 소수점 첫째자리에서 반올림하여 정수단위로 구한다) (5점)

(2) 표본조사의 피해율을 산출하시오.(단 수확량과 미보상감수량은 kg 단위로 소수점 첫째자리에서 반올림하여 정수단위로 구한다) (5점)

(3) 위에 주어진 자료를 보고 수확감소보험금을 산출하시오. (5점)

모범답안

(1) 피해율 = $\dfrac{\text{평년수확량} - \text{수확량} - \text{미보상감수량}}{\text{평년수확량}} = \dfrac{6{,}000 - 3{,}050 - 295}{6{,}000} = 44.25\%$

* 수확량 = 표준수확량 × 조사수확비율 × 피해면적 보정계수
  = 5,000 × 0.61 × 1 = 3,050kg
* 점수(포기당 이삭수 + 이삭당 완전낟알수) = 18점 → 조사수확비율 61%
* 미보상감수량 = (평년수확량 − 수확량) × 미보상비율
  = (6,000 − 3,050) × 0.1 = 295kg

(2) 피해율 = $\dfrac{\text{평년수확량} - \text{수확량} - \text{미보상감수량}}{\text{평년수확량}} = \dfrac{6{,}000 - 3{,}327 - 267}{6{,}000} = 40.1\%$

* 수확량 = (표본구간 단위면적당 유효중량 × 조사대상면적)
  + [단위면적당 평년수확량 × (타작물 및 미보상면적 + 기수확면적)]

$$= \dfrac{0.8 \times (1-0.07) \times \dfrac{(1-0.17)}{(1-0.15)}}{1.2} \times 5{,}000 m^2 + \dfrac{6{,}000}{6{,}000} \times 300 m^2$$

= 3,327kg

* 표본구간 단위면적당 유효중량 = $\dfrac{\text{표본구간 유효중량}}{\text{표본구간 면적}}$
* 표본구간 유효중량 = 표본구간 작물중량 합계 × (1-loss율) × $\dfrac{1 - \text{함수율}}{1 - \text{기준함수율}}$
* 미보상감수량 = (6,000 − 3,327) × 0.1 = 267kg

(3) 수확감소보험금 = 보험가입금액 × (피해율 − 자기부담비율)
  = 10,200,000 × (0.401 − 0.2)
  = 2,050,200원 (표본조사 피해율 적용)

기출문제

03 아래의 계약사항과 조사내용에 따른 (1) 표본구간 유효중량(kg 단위), (2) 피해율 및 (3) 수확감소보험금을 구하시오.(단 피해율 % 단위로 소수점 셋째자리에서 반올림하여 둘째자리까지 다음 예시와 같이 구하시오. 예시 : 0.12345 → 12.35% 임의 반올림 및 임의절사 금지)

(15점) ▶ 3회 손해평가사

○ 계약사항

품목명	가입특약	가입금액	가입면적	평년수확량	가입수확량	자기부담비율	품종
벼	병해충보장특약	5,500,000원	5,000㎡	3,500kg	3,850kg	15%	메벼

○ 조사내용

조사종류	재해내용	실제경작면적	고사면적	타작물+미보상면적	기수확면적	표본구간면적	표본구간중량	함수율
수확량(표본)조사	병해충(도열병)/호우	5,000㎡	1,000㎡	0㎡	0㎡	0.5㎡	300g	23.5%

모범답안

(1) 표본구간 유효중량 = 표본구간 작물중량 합계 × (1-loss율) × $\dfrac{1-\text{함수율}}{1-\text{기준함수율}}$

= $0.3\text{kg} \times (1-0.07) \times \dfrac{1-0.235}{1-0.15}$ = 0.2511kg

(2) 피해율 = $\dfrac{\text{평년수확량} - \text{수확량} - \text{미보상감수량}}{\text{평년수확량}}$ = $\dfrac{3,500 - 2,008.8 - 0}{3,500}$

= 42.61%

* 수확량 = (표본구간 단위면적당 유효중량 × 조사대상면적)
+[단위면적당 평년수확량 × (타작물 및 미보상면적 + 기수확면적)]
= (0.5022 × 4,000) + (0.7 × 0) = 2,008.8kg

(3) 수확감소보험금 = 보험가입금액 × (피해율 - 자기부담비율)
= 5,500,000 × (0.4261 - 0.15) = 1,518,550원

04 재이앙·재직파조사(벼)에서 피해면적의 판정기준을 쓰시오.(부분점수 없음)

(5점) ▶ 3회 손해평가사

모범답안

① 묘가 본답의 바닥에 있는 흙과 분리되어 물위에 뜬 면적
② 묘가 토양에 의해 묻히거나 잎이 흑에 덮여져 햇빛이 차단된 면적
③ 묘는 살아 있으나 수확이 불가능할 것으로 판단된 면적

05 종합위험 수확감소보장 논작물 관련 내용이다. 계약사항과 조사내용을 참조하여 피해율의 계산과정과 값을 쓰시오.

(5점) ▶ 7회 손해평가사

〈계약사항〉

품목	가입면적	평년수확량	표준수확량
벼	2,500㎡	6,000kg	5,000kg

〈조사내용〉

조사종류	조사수확비율	피해정도	피해면적비율	미보상비율
수확량조사 (수량요소조사)	70%	경미	10% 이상 30% 미만	10%

모범답안

$$피해율 = \frac{평년수확량 - 수확량 - 미보상감수량}{평년수확량} = \frac{6,000 - 3,850 - 215}{6,000} = 32.25\%$$

* 수확량(수량요소조사) = 표준수확량 × 조사수확비율 × 피해면적 보정계수
  = 5,000 × 0.7 × 1.1
  = 3,850kg
* 미보상감수량 = (평년수확량 - 수확량) × 미보상비율
  = (6,000 × 3,850) × 0.1
  = 215kg

기출문제

03 밭작물 손해평가

가. 종합위험 수확감소보장(마늘, 양파, 양배추, 감자, 고구마, 옥수수(사료용 옥수수 포함), 콩, 팥, 차)

01 다음은 종합위험 수확감소보장 밭작물 품목별 표본구간별 수확량 조사방법에 관한 내용이다. ( )에 알맞은 내용을 순서대로 쓰시오. (5점) ▶ 2회 손해평가사

품목	표본구간별 수확량 조사방법
양파	표본구간 내 작물을 수확한 후 종구 (①) 윗부분 줄기를 절단하여 해당 무게를 조사(단 양파의 최대지름이 6cm 미만인 경우에는 80%, 100% 피해로 인정하고 해당 무게의 20%, 0%를 수확량으로 인정)
마늘	표본구간 내 작물을 수확한 후 종구 (②) 윗부분을 절단하여 무게를 조사(단 마늘통의 지름이 2cm(한지형), (③)(난지형) 미만인 경우에는 80%, 100% 피해로 인정하고 해당 무게의 20%, 0%를 수확량으로 인정)
감자	표본구간 내 작물을 수확한 후 정상감자, 병충해별 20% 이하, 21~40% 이하, 41~60% 이하, 61~80% 이하, 81~100 이하 발병감자로 구분하여 해당 병충해명과 무고를 조사하고, (④)이 5cm 미만이거나 피해정도 50% 이상인 감자의 무게는 실제 무게의 (⑤)를 조사 무게로 함

모범답안

① 5cm ② 3cm ③ 3.5cm ④ 최대지름 ⑤ 50%

02 종합위험 수확감소보장방식 밭작물 품목에 관한 내용이다. 다음 괄호 안에 알맞은 용어를 순서대로 쓰시오. (5점) ▶ 4회 손해평가사

> ○ 적용품목은 마늘, 양배추, 양파, (①), 옥수수(사료용 옥수수), 감자(봄재배, 가을재배, 고랭지재배), 차(茶), 콩, 팥 품목으로 한다.
> ○ (②)조사는 마늘 품목에만 해당한다. (③)시 (②)조사가 필요하다고 판단된 농지에 대하여 실시하는 조사로 조사시기는 (③) 직후 또는 사고접수 직후로 한다.
> ○ (④)조사는 양배추 품목에만 해당한다. (③)시 (④)조사가 필요하다고 판단된 농지에 대하여 실시하는 조사이다.
> ○ 경작불능조사 중 식물체 피해율 조사시에는 (⑤)조사를 통해서 조사대상농지에서 보상하는 재해로 인한 식물체 피해율이 65% 이상 여부를 조사한다.

모범답안

① 고구마 ② 재파종 ③ 피해사실 확인조사 ④ 재정식 ⑤ 목측

03 종합위험 수확감소보장방식 밭작물 품목의 품목별 표본주간별 수확량 조사방법에 관한 내용이다. ( )에 들어갈 내용을 각각 쓰시오. (5점) ▶ 7회 손해평가사

품목	표본구간별 수확량 조사방법
옥수수	표본구간 내 작물을 수확한 후 착립장의 길이에 따라 상(①)·중(②)·하(③)로 구분한 후 해당 개수를 조사
차(茶)	표본구간 중 두 곳에 (④) 테를 두르고 테 내의 수확이 완료된 새싹의 수를 세고, 남아있는 모든 새싹(1심 2엽)을 따서 개수를 세고 무게를 조사
감자	표본구간 내 작물을 수확한 후 정상감자, 병충해별 20% 이하, 21~40% 이하, 41~60% 이하, 61~80% 이하, 81~100% 이하 발병감자로 구분하여 해당 병충해명과 무게를 조사하고 최대지름이 (⑤) 미만이거나 피해정도 50% 이상인 감자의 무게는 실제 무게의 50%를 조사 무게로 함

모범답안

① 17cm 이상 ② 15cm 이상 17cm 미만 ③ 15cm 미만 ④ 20×20cm ⑤ 5cm

기출문제

04 다음은 종합위험방식 마늘 품목에 관한 내용이다. 다음 물음에 답하시오.

(15점) ▶ 2회 손해평가사

(1) 재파종보험금의 지급사유와 그 계산식을 약술하시오. (7점)
(2) 다음의 계약사항과 보상하는 손해에 따른 조사내용에 관하여 재파종보험금을 구하시오. (단 1a는 100㎡이다) (8점)

○ 계약사항

상품명	보험가입금액	가입면적	평년수확량	자기부담비율
종합위험방식 마늘	1,000만원	4,000㎡	5,000kg	20%

○ 조사내용

조사종류	조사방식	1㎡당 출현주수 (1차 조사)	1㎡당 출현주수 (2차 조사)
재파종조사	표본조사	18주	32주

모범답안

(1) 재파종보험금
  ① 지급사유 : 보험기간 내에 보장하는 재해로 10a당 출현주수가 30,000주보다 작고 10a당 30,000주 이상 재파종한 경우(1회)
  ② 재파종보험금 = 보험가입금액×35%×표준출현피해율

  표준출현피해율 = $\dfrac{30,000 - 출현주수(10a)}{30,000}$

(2) 재파종보험금 = 1,000만원 × 35% × $\dfrac{30,000 - 18,000}{30,000}$ = 140만원

05 다음의 계약사항과 보상하는 손해에 따른 조사내용에 관하여 아래 각 물음에 답하시오.
(15점) ▶ 3회 손해평가사

○ 계약사항

상품명	보험가입금액	가입면적	평년수확량	자기부담비율	기준가격
수확감소보장 옥수수(미백2호)	15,000,000	10,000㎡	5,000kg	20%	2,000원/kg

○ 조사내용

조사종류	표준중량	실제경작면적	고사면적	기수확면적
수확량조사	180g	10,000㎡	1,000㎡	2,000㎡

표본구간 상품 옥수수 개수	표본구간 중품 옥수수 개수	표본구간 하품 옥수수 개수	표본구간 면적 합계
10개	10개	20개	10㎡

※ 재식시기지수=1, 재식밀도지수=0.9

(1) 피해수확량을 산출하시오.(kg 단위로 소수점 셋째자리에서 반올림하여 둘째자리까지 다음 예시와 같이 구하시오. 예시 : 3.456kg → 3.46kg로 기재) (5점)
(2) 손해액을 산출하시오. (5점)
(3) 수확감소보험금을 산출하시오. (5점)

모범답안

(1) 피해수확량 = (표본구간 단위면적당 피해수확량×표본조사대상면적)
    +(단위면적당 표준수확량×고사면적)
    = 0.405×7,000+0.5×1,000=3,335kg

  * 표본구간 단위면적당 피해수확량 = $\dfrac{\text{표본구간피해수확량합계}}{\text{표본구간면적}} = \dfrac{4.05}{10} = 0.405\text{kg}$

  * 표본구간 피해수확량 합계 = (하품 이하 옥수수 개수+중품 옥수수 개수×0.5)
    ×표준중량×재식시기지수×재식밀도지수
    = (20+10×0.5)×0.18×1×0.9=4.05kg

(2) 손해액 = (피해수확량-미보상감수량)×가입가격
    = (3,335-0)×2,000=6,670,000원
  * 미보상감수량 = 피해수확량×미보상비율 = 0(미보상비율없음)

(3) 수확감소보험금 = min(보험가입금액, 손해액)-자기부담금
    = min(15,000,000, 6,670,000)-3,000,000 = 3,670,000원

기출문제

06 종합위험 수확감소보장방식 감자에 관한 내용이다. 다음 계약사항과 조사내용을 참조하여 피해율(%)의 계산과정과 값을 구하시오. (피해율은 소수점 셋째자리에서 반올림)

(5점) ▶ 8회 손해평가사

〈계약사항〉

품목	보험가입금액	가입면적	평년수확량	자기부담비율
감자(고랭지재배)	5,000,000원	3,000㎡	6,000kg	20%

〈조사내용〉

재해	조사방법	실제 경작 면적	타작물 면적	미보상 면적	미보상 비율	표본 구간 면적	표본구간 수확량 조사내용
호우	수확량조사 (표본조사)	3,000㎡	100㎡	100㎡	20%	10㎡	정상감자 5kg 최대지름5cm미만 감자 2kg 병충해(무름병)감자 4kg 병충해 손해정도비율 40%

모범답안

$$피해율 = \frac{평년수확량 - 수확량 - 미보상감수량 + 병충해감수량}{평년수확량}$$

$$= \frac{6{,}000 - 3{,}200 - 560 + 403.2}{6{,}000} = 44.05\%$$

* 수확량 = (표본구간 단위면적당 수확량 × 조사대상면적)
  +(단위면적당 평년수확량 × 타작물·미보상·기수확면적)
  = (1×2,800)+(2×200)=3,200kg

* 표본구간 단위면적당 수확량 = $\frac{표본구간 수확량 합계}{표본구간 면적 합계}$ = $\frac{10}{10}$ = 1kg/㎡

* 표본구간 수확량 합계
  = 표본구간별 정상감자 중량 + (최대지름이 5cm미만이거나 50%형 피해감자 중량 ×0.5)+병충해를 입은 감자 중량 =5+(2×0.5)+4=10kg

* 조사대상면적 = 실제경작면적-고사면적-타작물 및 미보상면적-기수확면적
  =3,000-200=2,800㎡

* 단위면적당 평년수확량 = $\dfrac{평년수확량}{실제경작면적} = \dfrac{6{,}000}{3{,}000} = 2kg$

* 미보상감수량 = (평년수확량-수확량)×미보상비율
  $= (6{,}000-3{,}200) \times 0.2$
  $= 560kg$

* 병충해감수량 = 표본구간 단위면적당 병충해감수량×조사대상면적
  $= \dfrac{1.44}{10} \times 2{,}800 = 403.2kg$

* 표본구간 병충해감수량 = 병충해를 입은 괴경의 무게×손해정도비율×인정비율
  $= 4 \times 0.4 \times 0.9 = 1.44kg$

07 작물특정 및 시설종합위험 인삼손해보장방식의 해가림시설에 관한 내용이다. 다음 물음에 답하시오.(A시설과 B시설은 별개의 계약임) (15점) ▶ 9회 손해평가사

시설	시설유형	재배면적	시설년도	가입시기
A시설	목재B형	3,000㎡	2017년 4월	2022년 10월
B시설	07-철인-A-2형	1,250㎡	2014년 5월	2022년 11월

(1) A시설의 보험가입금액의 계산과정과 값을 쓰시오. (7점)
(2) B시설의 보험가입금액의 계산과정과 값을 쓰시오. (7점)

모범답안

(1) 보험가입금액 = 단위면적당 시설비×재배면적×(1-경년감가율×경과기간)
  = 6,000원×3,000㎡×(1-0.1333×5년) = 6,003,000원
* 경과기간 5년 6개월→5년, 목재의 경년감가율=13.33%
* 단위면적당 시설비(목재B형)=6,000원/㎡

(2) 보험가입금액 = 단위면적당 시설비×재배면적×(1-경년감가율×경과기간)
  = 6,000원×1,250㎡×(1-0.0444×8년) = 4,836,000원
* 경과기간 8년 6개월→8년, 목재의 경년감가율 = 4.44%
* 단위면적당 시설비(07-철인-A-2형) = 6,000원/㎡

기출문제

나. 종합위험 생산비보장방식(고추, 배추, 무, 단호박, 메밀, 브로콜리, 당근, 시금치, 파, 양상추)

01 종합위험 밭작물 고추에 관하여 수확기 이전에 보험사고가 발생한 경우 보기의 조건에 따른 생산비보장보험금을 산정하시오.(주어진 조건 외는 고려하지 않는다. 2023년 보험약관 개정을 반영하여 일부수치를 조정함)

(15점) ▶ 1회 손해평가사

- 보험가입금액 : 1,000만원
- 자기부담금 : 250,000원
- 생장일수 : 50일
- 피해비율 : 50%
- 병충해 등급별 인정비율 : 70%
- 보상액 : 500만원
- 준비기생산비계수 : 52.7%
- 표준생장일수 : 100일
- 손해정도비율 : 80%
- 미보상비율 : 0%

모범답안

보험금 = (잔존보험가입금액 × 경과비율 × 피해율 × 병충해 등급별 인정비율) − 자기부담금
 = (5,000,000 × 0.7635 × 0.4 × 0.7) − 250,000 = 818,900원

① 잔존보험가입금액 = 보험가입금액 − 보상액(기발생생산비보장보험금합계액)
 = 10,000,000 − 5,000,000
 = 5,000,000원

② 경과비율(수확기 전 사고)
 = 준비기생산비계수 + [(1 − 준비기생산비계수) × $\dfrac{생장일수}{표준생장일수}$]
 = 0.527 + (1 − 0.527) × $\dfrac{50}{100}$ = 0.7635

③ 피해율 = 피해비율 × 손해정도비율 × (1 − 미보상비율)
 = 0.5 × 0.8 × (1 − 0)
 = 0.4

02 다음은 생산비보장방식 고추에 관한 내용이다. 아래의 조건을 참조하여 다음 물음에 답하시오.(2023 보험약관개정을 반영하여 일부 수치를 조정함) (15점) ▶ 6회 손해평가사

〈조건1〉

잔존보험 가입 금액	가입면적 (재배면적)	자기부담 비율	표준생장 일수	준비기생산비계수	정식일
800만원	3,000㎡	5%	100일	52.7%	2023년5월10일

〈조건2〉

재해종류	내용
한해 (가뭄피해)	○ 보험사고 접수일 : 2023년 8월 7일(정식일로부터 경과일수 89일) ○ 조사일 : 2023년 8월 8일(정식일로부터 경과일수 90일) ○ 수확개시일 : 2023년 8월 18일(정식일로부터 경과일수 100일) ○ 가뭄 이후 첫 강우일 : 2023년 8월 20일(수확개시일로부터 경과일수 2일) ○ 수확종료(예정일) : 2023년 10월 7일(수확개시일로부터 경과일수 50일)

〈조건3〉

피해비율	손해정도비율(심도)	미보상비율
50%	30%	20%

(1) 위 조건에서 확인되는 ① 사고발생일자를 기재하고 그 일자를 사고발생일자로 하는 ② 근거를 쓰시오. (7점)
(2) 경과비율(%)을 구하시오.(단, 경과비율은 소소점 셋째자리에서 반올림하여 다음 예시와 같이 구하시오. 예시 : 12.345%→12.35%) (4점)
(3) 보험금을 구하시오. (4점)

기출문제

> **모범답안**

(1) ① 사고발생일자 : 2023년 8월 8일
② 근거 : 가뭄과 같이 지속되는 재해의 사고일자는 재해가 끝나는 날로 한다. 다만 재해가 끝나기 전에 조사가 이루어진 경우에는 조사가 이루어진 날을 사고일자로 한다.

(2) 경과비율(수확기 이전 사고)
= 경과비율(수확기 전 사고)
= 준비기생산비계수 + $[(1-준비기생산비계수) \times \frac{생장일수}{표준생장일수}]$
= $0.527 + (1-0.527) \times \frac{90}{100}$
= 95.27%

(3) 보험금 = (잔존보험가입금액 × 경과비율 × 피해율) − 자기부담금
= (8,000,000 × 0.9527 × 0.12) − 400,000
= 514,592원

① 피해율 = 피해비율 × 손해정도비율 × (1 − 미보상비율)
= 0.5 × 0.3 × (1 − 0.2)
= 12%

② 자기부담금 = 잔존보험가입금액 × 5%
= 8,000,000 × 0.05
= 400,000원

다. 작물특정 및 시설종합위험 인삼손해보장방식

01 특정위험담보 인삼품목 해가림시설에 관한 내용이다. 태풍으로 인삼 해가림시설에 일부 파손피해가 발생하여 아래와 같이 피해를 입었다. 가입조건이 아래와 같을 때 (1) 손해액, (2) 자기부담금, (3) 보험금을 계산과정과 답을 각각 쓰시오.

(각 5점, 15점) ▶ 5회 손해평가사

〈보험가입내용〉

재배칸 수	칸당 면적(㎡)	시설재료	설치비용(원/㎡)	설치년월	가입금액(원)
2,200	3.3	목재	5,500	2018. 10	39,930,000

〈보험사고내용〉

파손칸수	사고원인	사고년월
400칸(전부파손)	태풍	2019. 6

※ 2019년 설치비용은 설치년도와 동일한 것으로 함
※ 손해액과 보험금은 천원 단위 이하 버림
※ 보험가입일자 : 2018. 11

> **모범답안**
>
> (1) 피해액=400×3.3×5,500=7,260,000원
>   * 보험가액의 20%(7,986,000) 이하이므로 감가를 적용하지 않는다.
>   * 피해액 = 손해액
> (2) 자기부담금 = 10만원≤손해액의 10%≤100만원
>   손해액의 10%=726,000원
> (3) 보험금 = min(손해액-자기부담금, 보험가입금액)
>   = min(7,260,000-726,000, 39,930,000)
>   = 6,534,000원

기출문제

02 특정위험방식 인삼에 관한 내용이다. 계약사항과 조사내용을 참조하여 다음 물음에 답하시오.

(15점) ▶ 7회 손해평가사

(계약사항)

인삼 가입금액	경작 칸수	연근	기준수확량 (5년근표준)	자기부담비율	해가림시설금액	해가림시설 보험 가액
120,000,000원	500칸	5년	0.73kg	20%	20,000,000원	25,000,000원

(조사내용)

사고원인	피해칸	표본칸	표본수확량	지주목간격	두둑폭	고랑폭
화재	350칸	10칸	9.636kg	3m	1.5m	0.7m

해가림시설 피해액	잔존물제거비용	손해방지비용	대위권보전비용
5,000,000원	300,000원	200,000원	200,000원

(1) 인삼 피해율의 계산과정과 값을 쓰시오. (5점)
(2) 인삼 지급보험금의 계산과정과 값을 쓰시오. (5점)
(3) 해가림시설 지급보험금(비용포함)의 계산과정과 값을 쓰시오. (5점)

모범답안

(1) 인삼 피해율 = $\dfrac{\text{기준수확량} - \text{수확량}}{\text{기준수확량}} \times \dfrac{\text{피해면적}}{\text{재배면적}} = \dfrac{0.73 - 0.146}{0.73} \times \dfrac{350}{500} = 56\%$

* 수확량 = 단위면적당 조사수확량 + 단위면적당 미보상감수량

* 단위면적당 조사수확량 = $\dfrac{\text{표본수확량합계}}{\text{표본칸면적}} = \dfrac{9.636}{66} = 0.146\,kg/m^2$

* 표본칸 면적 = 표본칸수 × 지주목간격 × (두둑폭 + 고랑폭)
  = $10 \times 3 \times (1.5 + 0.7) = 66\,m^2$

* 단위면적당 미보상감수량 = (기준수확량 - 수확량) × 미보상비율
  = (0.73 - 0.146) × 0 = 0

(2) 인삼 지급보험금 = 보험가입금액 × (피해율 - 자기부담비율)
  = 120,000,000 × (0.56 - 0.2)
  = 43,200,000원

(3) 해가림시설 보험금 = (손해액 - 자기부담금) × $\dfrac{\text{보험가입금액}}{\text{보험가액}}$

  = (5,000,000 - 500,000) × $\dfrac{20,000,000}{25,000,000}$ = 3,600,000원

* 피해액이 보험가액의 20% 이하이므로 감가상각을 하지 않음

* 잔존물제거비용 = (300,000 - 30,000) × $\dfrac{20,000,000}{25,000,000}$ = 216,000원

※ 보험금과 잔존물제거비용의 합은 보험가입금액을 한도로 한다

* 손해방지비용 = (200,000 - 20,000) × $\dfrac{20,000,000}{25,000,000}$ = 144,000원

* 대위권보전비용 = (200,000 - 20,000) × $\dfrac{20,000,000}{25,000,000}$ = 144,000원

보험금 지급총액 = 3,600,000 + 216,000 + 144,000 + 144,000 = 4,104,000원

기출문제

04 시설작물 손해평가

01 종합위험방식 원예시설·버섯품목에 관한 내용이다. 각 내용을 참조하여 다음 물음에 답하시오. (2023년 약관 개정내용을 반영하여 준비기생산비계수 등을 수정하여 적용함)

(15점) ▶ 7회 손해평가사

○ 표고버섯(원목재배)

표고원목의 전체면적	표고원목의 피해면적	재배원목(본)수	피해원목(본)수	원목(본)당 보장생산비
40㎡	20㎡	2,000개	400개	7,000원

○ 표고버섯(톱밥배지재배)

준비기생산비계수	피해배지(봉)수	재배배지(봉)수	손해정도비율
66.3%	500개	2,000개	50%

배지(봉)당 보장생산비	생장일수	비고
2,600원	45일	수확기 이전 사고임

○ 느타리버섯(균상재배)

준비기생산비계수	피해면적	재배면적	손해정도
67.6%	500㎡	2,000㎡	55%

단위면적당 보장생산비	생장일수	비고
11,480원	14일	수확기 이전 사고임

(1) 표고버섯(원목재배) 생산비보장보험금의 계산과정과 값을 쓰시오. (5점)
(2) 표고버섯(톱밥배지재배) 생산비보장보험금의 계산과정과 값을 쓰시오. (5점)
(3) 느타리버섯(균상재배) 생산비보장보험금의 계산과정과 값을 쓰시오. (5점)

모범답안

(1) 표고버섯(원목재배)

생산비보장보험금 = 재배원목(본)수 × 원목(본)당 보장생산비 × 피해율
= 2,000 × 7,000 × 0.1 = 1,400,000원

* 피해율 = 피해비율($\frac{피해원목(본수)}{재배원목(본)수}$) × 손해정도비율($\frac{원목의 피해면적}{원목의 면적}$)

$= \frac{400}{2,000} \times \frac{20}{40} = 0.1$

시설작물 중 장미, 부추, 표고버섯(원목재배) 등은 생산비보장 보험금 산출시 경과비율이 없다(또는 1).

(2) 표고버섯(톱밥배지재배)

생산비보장보험금 = 재배배지(봉)수 × 배지(봉)당보장생산비 × 경과비율 × 피해율
= 2,000 × 2,600 × 0.8315 × 0.125 = 540,475원

* 경과비율 = $a + (1-a) \times \frac{생장일수}{표준생장일수}$ = 0.663 + (1-0.663) × $\frac{45}{90}$ = 0.8315

* 피해율 = 피해비율($\frac{피해배지(봉)수}{재배배지(봉)수}$) × 손해정도비율 × (1-미보상비율)

$= \frac{500}{2,000} \times 0.5 = 0.125$

(3) 느타리버섯(균상재배)

생산비보장보험금 = 재배면적 × 단위면적당 보장생산비 × 경과비율 × 피해율
= 2,000 × 11,480 × 0.838 × 0.15
= 2,886,072원

* 경과비율 = $a + (1-a) \times \frac{생장일수}{표준생장일수}$ = 0.676 + (1-0.676) × $\frac{14}{28}$ = 0.838

* 피해율 = 피해비율($\frac{피해면적}{재배면적}$) × 손해정도비율 × (1-미보상비율)

$= \frac{500}{2,000} \times 0.6 = 0.15$

기출문제

02 농업용 원예시설물(고정식하우스)에 강풍이 불어 피해가 발생되었다. 다음 조건을 참조하여 물음에 답하시오.

(15점) ▶ 8회 손해평가사

구분	손해내역	내용년수	경년감가율	경과년월	보험가입금액	재조달가액	비고
제1동	단동하우스 (구조체손해)	10년	8%	2년	500만원	300만원	피복재 손해 제외
제2동	장수PE (피복재단독사고)	1년	40%	1년	200만원	100만원	-
제3동	장기성PO (피복재단독사고)	5년	16%	1년	200만원	100만원	재조달가액 보장특약 가입 (미복구)

(1) 제1동의 지급보험금 계산과정과 값을 쓰시오. (5점)
(2) 제2동의 지급보험금 계산과정과 값을 쓰시오. (5점)
(3) 제3동의 지급보험금 계산과정과 값을 쓰시오. (5점)

모범답안

(1) 지급보험금 = MIN(손해액-자기부담금, 보험가입금액)
    = MIN(252만원-30만원, 500만원) = 222만원
  * 손해액 = 300만원×(1-0.08×2) = 252만원

(2) 지급보험금 = MIN(손해액-자기부담금, 보험가입금액)
    = MIN(60만원-10만원, 200만원) = 50만원
  * 손해액 = 100만원×(1-0.4×1) = 60만원

(3) 지급보험금 = MIN(손해액-자기부담금, 보험가입금액)
    = MIN(84만원-10만원, 200만원) = 74만원
  * 손해액 = 100만원×(1-0.16×1) = 84만원

05 농업수입보장방식 손해평가

01 아래 조건에 의해 농업수입감소보장 포도 품목의 피해율 및 농업수입감소보험금을 구하시오.

(15점) ▶ 3회 손해평가사

- 평년수확량 : 1,000kg
- 미보상수확량 : 100kg
- 수확기가격 : 3,000원
- 자기부담비율 : 20%
- 조사수확량 : 500kg
- 농지별 기준가격 : 4,000원
- 보험가입금액 : 4,000,000원

(1) 문제의 조건을 보고 농업수입감소보장 포도 품목의 피해율을 산출하시오.(피해율 % 단위로 소수점 셋째자리에서 반올림하여 둘째자리까지 다음 예시와 같이 구하시오. 예시 : 0.12345 → 12.35%로 기재) (10점)

(2) 문제의 조건을 보고 농업수입감소보험금을 산출하시오. (5점)

모범답안

(1) 피해율 = $\dfrac{\text{기준수입} - \text{실제수입}}{\text{기준수입}}$ = $\dfrac{4,000,000 - 1,800,000}{4,000,000}$ = 55%

기준수입 = 평년수확량 × 농지별 기준가격 = 1,000 × 4,000 = 4,000,000원

실제수입 = (조사수확량 + 미보상수확량) × 최솟값(기준가격, 수확기가격)
= (500+100) × 3,000 = 1,800,000원

(2) 농업수입감소보험금 = 보험가입금액 × (피해율 − 자기부담비율)
= 4,000,000 × (0.55 − 0.2)
= 1,400,000원

기출문제

02 다음의 계약사항과 조사내용을 참조하여 ① 수확량(kg), ② 피해율(%), ③ 보험금을 구하시오.(단, 품종에 따른 환산계수 및 비대추정계수는 미적용하고, 수확량과 피해율은 소수점 셋째자리에서 반올림하여 다른 예시와 같이 구하시오. 예시 : 12.345kg→12.35kg, 12.345%→12.35%) (각 5점, 15점) ▶ 6회 손해평가사

〈계약사항〉

품목	가입금액	가입면적	평년수확량	기준가격	자기부담비율
마늘(난지형) (수입보장)	2,000만원	2,500㎡	8,000kg	2,800원/kg	20%

〈조사내용〉

재해종류	조사종류	실제경작면적	고사면적	타작물 및 미보상면적	기수확면적
냉해	수확량조사	2,500㎡	500㎡	200㎡	0㎡

표준구간 수확량	표본구간 면적	미보상비율	수확기가격
5.5kg	5㎡	15%	2,900원/kg

모범답안

(1) 수확량 = (표본구간 단위면적당 수확량×조사대상면적)+(단위면적당 평년수확량×타작물·미보상·기수확면적)
   = (1.1kg/㎡×1,800㎡)+(3.2kg/㎡×200㎡) = 2,620kg

* 단위면적당 수확량 = $\frac{표본구간수확량}{표본구간면적} = \frac{5.5}{5} = 1.1$ kg/㎡

* 조사대상면적 = 실제경작면적-고사면적-타작물 및 미보상면적-기수확면적
   = 2,500-500-200-0 = 1,800㎡

* 단위면적당 평년수확량 = $\frac{평년수확량}{실제경작면적} = \frac{8,000}{2,500} = 3.2$ kg/㎡

(2) 피해율 = $\frac{기준수입-실제수입}{기준수입} = \frac{22,400,000-9,595,600}{22,400,000} = 57.16\%$

* 기준수입 = 평년수확량×농지별 기준가격 = 8,000×2,800 = 22,400,000원
* 실제수입 = (수확량+미보상감수량)×min(농지별 기준가격, 농지별 수확기가격)
   = (2,620+807)×2,800 = 9,595,600원
* 미보상감수량 = (평년수확량-수확량)×미보상비율 = (8,000-2,620)×0.15 = 807kg

(3) 보험금 = 보험가입금액×(피해율-자기부담비율) = 2,000만원×(0.5716-0.2)
   = 7,432,000원

memo

제3장 가축재해보험 손해평가

01 손해의 평가

가축재해보험의 손해 조사는 그 손해가 생긴 때와 곳의 가액에 의해 약관의 부문별 규정에서 정한 방법으로 하도록 되어 있다. 아울러 다른 손해보험과 마찬가지로 보험계약자 등에게 필요한 의무를 부과하고 있다.

가. 보험계약자 등의 의무

1) 계약 전 알릴 의무

계약자, 피보험자 또는 이들의 대리인은 보험계약을 청약할 때 청약서에서 질문한 사항에 대하여 알고 있는 사실을 사실대로 알려야 할 의무가 있다. 고의 또는 중대한 과실로 계약 전 알릴 의무를 이행하지 않는 경우 보험자는 그 사실을 안 날로부터 1개월 내, 계약을 체결한 날로부터 3년 내 계약을 해지할 수 있다.

2) 계약 후 알릴 의무

가축재해보험에서 계약을 체결한 후 보험의 목적에 다음과 같은 사실이 생긴 경우에는 계약자나 피보험자는 지체없이 서면으로 보험자에게 알릴 의무이다. 재해보험사업자가 계약 후 알릴 의무의 통지를 받은 때에 위험이 감소된 경우에는 그 차액을 돌려주고, 위험이 증가된 경우에는 통지를 받은 날로부터 1개월 내 보험료의 증액을 청구하거나 계약을 해지할 수 있다.

가축재해보험에서는 모든 축종에 적용되는 계약 후 알릴 의무와 부문별 계약 후 알릴 의무가 있다.

가) 계약 후 알릴 의무(공통)

(1) 이 계약에서 보장하는 위험과 동일한 위험을 보장하는 계약을 다른 보험자와 체결하고자 할 때 또는 이와 같은 계약이 있음을 알았을 때

(2) 양도할 때

(3) 보험목적 또는 보험목적 수용장소로부터 반경 10km 이내 지역에서 가축전염병 발생 또는 원인 모를 질병으로 집단폐사가 이루어진 경우

(4) 보험의 목적 또는 보험의 목적을 수용하는 건물의 구조를 변경, 개축, 증축하거나

계속하여 15일 이상 수선할 때

(5) 보험의 목적 또는 보험의 목적을 수용하는 건물의 용도를 변경하여 위험이 변경되는 경우

(6) 보험의 목적 또는 보험의 목적이 들어있는 건물을 계속하여 30일 이상 비워두거나 휴업하는 경우

(7) 다른 곳으로 옮길 때

(8) 도난 또는 행방불명 되었을 때

(9) 의외의 재난이나 위험에 의해 구할 수 없는 상태에 빠졌을 때

(10) 개체수가 증가하거나 감소되었을 때

(11) 위험이 뚜렷이 변경되거나 변경되었음을 알았을 때

나) 부문별 계약 후 알릴 의무

  (1) 소 부문

    (가) 개체표시가 떨어지거나 오손, 훼손, 멸실되어 새로운 개체표시를 부착하는 경우

    (나) 거세, 제각, 단미 등 외과적 수술을 할 경우

    (다) 품평회, 경진회, 박람회, 소싸움대회, 소등타기대회 등에 출전하는 경우

  (2) 말 부문

    (가) 외과적 수술을 할 경우

    (나) 5일 이내 폐사가 예상되거나 큰 부상을 입을 경우

    (다) 거세, 단미 등 외과적 수술을 할 경우

    (라) 품평회, 경진회, 박람회 등에 출전할 경우

  (3) 종모우 부문

    (가) 개체표시가 떨어지거나 오손, 훼손, 멸실된 경우

    (나) 거세, 제각, 단미 등 외과적 수술을 할 경우

    (다) 품평회, 경진회, 박람회, 소싸움대회, 소등타기대회 등에 출전하는 경우

3) 보험사고 발생 통지의무

상법(657조)에서는 '보험계약자 또는 피보험자, 보험수익자는 보험사고의 발생을 안 때에는 지체없이 보험자에게 그 통지를 발송해야 한다.'라고 규정하고 있다. 보험계약자 등이 정당한 이유없이 의무를 이행하지 않은 경우에는 그로 인하여 확대된 손해 또는 회복 가능한 손해는 보상할 책임이 없다.

4) 손해방지의무

상법(680조)에서는 '보험계약자와 피보험자는 손해의 방지와 경감을 위하여 노력해야 한다. 이를 위하여 필요 또는 유익하였던 비용과 보상액이 보험금액을 초과한 경우라도 보험자가 이를 부담한다'라고 규정하고 있다. 계약자 또는 피보험자가 고의 또는 중대한 과실로 이를 게을리한 때에는 방지 또는 경감할 수 있었을 것으로 밝혀진 손해를 손해액에서 공제한다.

5) 보험목적관리의무

재해보험사업자는 계약자 또는 피보험자에 대하여 아래의 조치를 요구하거나 계약자를 대신하여 그 조치를 취할 수 있다. 계약자 또는 피보험자가 이 의무를 고의 또는 중대한 과실로 게을리한 때에는 방지 또는 경감할 수 있었을 것으로 밝혀진 손해를 손해액에서 공제한다.

가) 계약자 또는 피보험자는 보험목적을 사육, 관리, 보호함에 있어서 보험목적이 본래의 습성을 유지하며 정상적으로 살 수 있도록 할 것

나) 계약자 또는 피보험자는 보험목적에 대하여 적합한 사료의 급여와 급수, 운동, 휴식, 수면 등이 보장되도록 적정한 사육관리를 할 것

다) 계약자 또는 피보험자는 보험목적에 대하여 예방접종, 정기검진, 기생충 구제 등을 실시할 것

라) 계약자 또는 피보험자는 보험목적이 질병에 걸리거나 부상을 당한 경우 신속하게 치료하고 필요한 조치를 취할 것

가축재해보험 약관에서는 보험목적의 수용장소와 관련해서도 보험계약자 또는 피보험자의 관리의무를 규정하고 있다. 이를 위반시 그 사실을 안 날로부터 1개월 이내에 계약을 해지할 수 있다.

가) 보험목적은 보험기간 동안 보험증권에 기재된 지역 내에 있어야 한다. 다만 계약자가 재해 발생 등으로 불가피하게 수용장소를 변경한 경우와 재해보험사업자의 승낙은 얻은 경우에는 그러하지 아니한다.

나) 보험목적을 양도 또는 매각하기 위해 수용장소가 변경된 경우 다시 본래의 사육장소로 되돌아오는 경우에는 가축이 수용장소에 도착한 때 원상복귀되는 것으로 한다.

다) 보험목적은 보험기간 동안 보험증권에 기재된 목적으로만 사용되어야 한다. 다만 재해보험사업자의 승낙을 얻은 경우에는 그러하지 아니한다.

나. 보험목적의 조사

가축재해보험 약관에서는 보험목적에 대한 조사를 원만히 수행할 수 있도록 다음과 같이 재해보험사업자의 권한을 규정하고 있다.

1) 보험목적에 대한 위험상태를 조사하기 위하여 보험기간 중 언제든지 보험의 목적 또는 이들이 들어있는 건물이나 구내를 조사할 수 있다.
2) 손해의 사실을 확인하기 어려운 경우에는 계약자 또는 피보험자에게 필요한 증거자료의 제출을 요구할 수 있다. 이 경우 손해를 확인할 수 있는 경우에만 보상한다.
3) 보험사고의 통지를 받은 때에서는 사고가 생긴 건물 또는 그 구내와 거기에 들어있는 피보험자의 소유물을 조사할 수 있다.

다. 손해액 조사

가축의 손해평가에서 손해액은 그 손해가 발생한 때와 곳에서의 가액에 의해 산정한다. 그러나 당사자간에 다른 약정이 있는 때에는 그 신품가액에 의하여 손해액을 산정할 수 있다.(상법제676조) 가축의 경우 사고가 생긴 때에 보험가액을 정하며 고기 등 이용물 처분액 등이 있는 경우에는 이를 차감한 금액을 손해액으로 한다. 이용물 처분액이 없는 경우 보험가액이 손해액이 된다.

1) 소(牛) 부문

가) 손해액 산정

소 부문의 손해액은 손해가 생긴 때를 기준으로 축종별 보험가액 산정방법에 따라 산출한 보험가액으로 한다. 다만 고기, 가죽 등 이용물 처분액이 있는 경우 보험가액에서 차감한다. 이용물 처분액 계산은 도축장 발행 정산서 자료가 있는 경우와 없는 경우로 구분한다.

이용물 처분액 산정	
도축장발행 정산자료인 경우	도축장발행 정산자료의 지육금액 × 75%
도축장발행 정산자료가 아닌 경우	중량 × 지육가격 × 75%

* 중량 : 도축장 발행 사고소의 도체(지육)중량
* 지육가격 : 축산물품질평가원에서 고시하는 사고일 기준 사고소의 등급에 해당하는 전국평균가격(원/kg)

폐사의 경우는 보험목적의 전부손해에 해당하고 보험가액이 손해액이 된다. 긴급도축은 보험가액에서 이용물처분액을 공제한 금액이 손해액이 된다. 이용물 처리에 소요되는 제반 비용은 피보험자의 부담을 원칙으로 한다.

소는 한우, 육우, 젖소로 구분하여 월령을 기준으로 보험가액을 산정한다(월 미만의 일수는 무시). 다만 사고발생일까지 1개월 이하인 경우는 1개월로 한다.

나) 한우(암컷·수컷) 보험가액 산정

> 소(牛)는 월령, 돼지는 중량, 가금(닭·오리)는 주령을 기준으로 각각 보험가액(손해액)을 산정한다.

한우의 보험가액 산정은 월령을 기준으로 6개월령 이하와 7개월령 이상으로 구분하여 계산한다.

월령	보험가액
6개월 이하	「농협축산정보센터」에 등재된 전전월 전국산지평균 송아지 가격
7개월 이상	체중 × kg당 금액

월령에 따른 체중은 아래의 발육표준표를 적용한다.

발육표준표

한우수컷 (거세우 포함)		한우 암컷				육우	
월령	체중(Kg)	월령	체중(Kg)	월령	체중(Kg)	월령	체중(Kg)
2	–	2	–	26	358	2	–
3	–	3	–	27	390	3	210
4	–	4	–	28	400	4	220
5	–	5	–	29	410	5	230
6	–	6	–	30	420	6	240
7	230	7	230	31	425	7	250
8	240	8	240	32	430	8	270
9	250	9	250	33	435	9	290
10	260	10	260	34	440	10	310
11	295	11	270	35	445	11	330
12	325	12	280	36	450	12	350
13	360	13	290	37	455	13	370
14	390	14	300	38	460	14	390
15	420	15	305	39	465	15	410
16	450	16	310	40	470	16	430
17	480	17	315			17	450
18	505	18	320			18	470
19	530	19	325			19	490
20	555	20	330			20	500
21	580	21	340			21	520
22	600	22	350			22	540
23	620	23	360			23	560
24	640	24	370			24	580
25	655	25	380			25	600

(1) 월령이 질병사고는 2개월 이하, 질병 이외의 사고는 1개월 이하인 경우는 보험사고 농축산정보센터에

등재된 전전월 전국산지평균 송아지 가격의 50%를 보험가액으로 한다.
(2) 송아지 가격(2023년 약관 개정)
- 1-6월령 전국산지평균 가격이 있는 경우 : 전전월 해당월령 송아지 가격
- 1-6월령 전국산지평균 가격이 없는 경우
  * 1-3월령 : 전전월 전국산지평균 4-5월령 가격, 없는 경우 4-5월령 기준 적용
  * 4-5월령 : 전전월 전국산지평균 6-7월령 가격의 85%(암), 80%(수)
- 7월령 이상 가액 산정시 송아지 가격 : 위 (2)항 적용
(3) 사고시점에서 산정한 월령 7개월 이상의 보험가액이 송아지 가격보다 낮은 경우 송아지 가격을 적용한다.
(4) 체중은 약관에서 정하고 있는 월령별 발육표준표에서 정한 사고소의 월령에 해당하는 체중을 적용한다. 한우 월령이 25월을 초과한 경우 655kg, 한우 암컷이 40개월을 초과한 경우 470kg으로 인정한다.
(5) kg당 금액은 사고 농협축산정보센터에 등재된 전전월 전국산지평균가격(350kg 및 600kg 성별 전국산지평균가격 중 kg당 높은 금액)을 그 체중으로 나누어 구한다.

다) 젖소(암컷) 보험가액 산정

젖소의 보험가액 산정은 월령을 기준으로 보험사고 농협축산정보센터에 등재된 전전월 전국산지평균가격을 기준으로 9단계로 구분하여 아래와 같이 산정한다. 월령이 질병사고는 2개월 이하, 질병 이외의 사고는 1개월 이하인 경우 보험사고 농축산정보센터에 등재된 전전월 전국산지평균분유떼기 암컷 가격의 50%를 보험가액으로 한다.

월령	보험가액
1개월~7개월	분유떼기 암컷 가격
8개월~12개월	분유떼기암컷가격 + (수정단계가격 - 분유떼기암컷가격) / 6×(사고월령 -7개월)
13개월~18개월	수정단계가격
19개월~23개월	수정단계가격 + (초산우가격 - 수정단계가격) / 6×(사고월령 - 18개월)
24개월~31개월	초산우가격
32개월~39개월	초산우가격 + (다산우가격 - 초산우가격) /9×(사고월령 - 31개월)
40개월~55개월	다산우가격
56개월~66개월	다산우가격 + (노산우가격 - 다산우가격) /12×(사고월령 - 55개월)
67개월 이상	노산우가격

라) 육우의 보험가액 산정

육우는 월령을 기준으로 2개월 이하와 3개월 이상으로 구분하여 다음과 같이 산정한다.

월령	보험가액
2개월 이하	「농협축산정보센터」에 등재된 전전월 전국산지평균 분유떼기 젖소 수컷 가격
3개월 이상	체중 × kg당 금액

(1) 월령이 질병사고는 2개월 이하, 질병 이외의 사고는 1개월 이하인 경우는 보험사고 농축산정보센터에 등재된 전전월 전국산지평균 분유떼기 젖소 수컷 가격의 50%를 보험가액으로 한다.
(2) 사고시점에서 산정한 월령별 보험가액이 분유떼기 젖소 수컷 가격보다 낮은 경우 분유떼기 젖소 수컷 가격을 적용한다.
(3) 체중은 약관에서 정하고 있는 월령별 발육표준표에서 정한 사고소의 월령에 해당하는 체중을 적용한다. 육우 월령이 25개월을 초과한 경우 600kg으로 인정한다.
(4) kg당 금액은 보험사고 농협축산정보센터에 등재된 전전월 젖소 수컷 500kg 해당 전국산지평균가격을 그 체중으로 나누어 구한다. 전국산지평균가격이 없는 경우에는 농협축산정보센터에 등재된 전전월 전국 도매시장 지육평균가격에 지육율 58%를 곱한 가액을 kg당 금액으로 한다.

2) 돼지 부문

돼지는 성장단계에 따라 자돈(포유자돈·이유자돈), 육성돈, 비육돈(후보돈 포함)으로 분류되며 번식을 위해 기르는 돼지를 종돈(종모돈·종빈돈)이라 한다. 자돈과 기타 돼지의 보험가액은 계약당시 협정한 가액으로 한다.

가) 종모돈·종빈돈 보험가액 산정

종모돈의 보험가액은 종빈돈의 평가방법에 따라 계산한 금액의 20%를 가산한 금액으로 한다. 종빈돈의 보험가액은 재해보험사업자가 정하는 전국도매시장 비육돈 평균지육단가(탕박)에 의하여 아래표의「비육돈 지육단가 범위에 해당하는 종빈돈 가격」으로 한다. 임신, 분만 등 종빈돈으로서의 기능을 하지 않는 경우 비육돈의 산출방식과 같이 계산한다.

비육돈 지육단가 (원/kg)	종빈돈 가격 (원/두당)	비육돈 지육단가 (원/kg)	종빈돈 가격 (원/두당)
1,949 이하	350,000	3,650 ~ 3,749	530,000
1,950 ~ 2,049	360,000	3,750 ~ 3,849	540,000
2,050 ~ 2,149	370,000	3,850 ~ 3,949	550,000
2,150 ~ 2,249	380,000	3,950 ~ 4,049	560,000
2,250 ~ 2,349	390,000	4,050 ~ 4,149	570,000
2,350 ~ 2,449	400,000	4,150 ~ 4,249	580,000
2,450 ~ 2,549	410,000	4,250 ~ 4,349	590,000
2,550 ~ 2,649	420,000	4,350 ~ 4,449	600,000
2,650 ~ 2,749	430,000	4,450 ~ 4,549	610,000
2,750 ~ 2,849	440,000	4,550 ~ 4,649	620,000
2,850 ~ 2,949	450,000	4,650 ~ 4,749	630,000
2,950 ~ 3,049	460,000	4,750 ~ 4,849	640,000
3,050 ~ 3,149	470,000	4,850 ~ 4,949	650,000

비육돈 지육단가 (원/kg)	종빈돈 가격 (원/두당)	비육돈 지육단가 (원/kg)	종빈돈 가격 (원/두당)
3,150 ~ 3,249	480,000	4,950 ~ 5,049	660,000
3,250 ~ 3,349	490,000	5,050 ~ 5,149	670,000
3,350 ~ 3,449	500,000	5,150 ~ 5,249	680,000
3,450 ~ 3,549	510,000	5,250 ~ 5,349	690,000
3,550 ~ 3,649	520,000	5,350 이상	700,000

나) 비육돈·육성돈·후보돈 보험가액 산정

$$보험가액 = 자돈가격(30kg) + (적용체중 - 30kg) \times \frac{[110kg \text{비육돈수취가격} - 자돈가격(30kg)]}{80}$$

(1) 대상범위(적용체중) : 육성돈의 10kg 단위구간의 중간 생체중량

단위구간 (kg)	31~40	41~50	51~60	61~70	71~80	81~90	91~100	101~110 미만
적용체중 (kg)	35	45	55	65	75	85	95	105

주) 단위구간은 사고돼지의 실측중량(kg/두), 110kg 이상은 110kg으로 함

(2) 110kg 비육돈 수취가격 = 사고당일 포함 5영업일 평균 돈육대표가격(전체, 탕박) × 110kg × 지급(육)율(76.8%)

(3) 돈육대표가격은 축산물품질평가원에서 고시하는 가격(원/kg) 적용한다.

다) 자돈의 보험가액

자돈은 포유돈(젖먹이 돼지)과 이유돈(젖을 뗀 돼지)으로 구분하며 계약당시 협정한 가격으로 한다.

3) 가금 부문(닭, 오리, 꿩, 메추리, 칠면조, 거위, 타조, 관상조)

닭, 오리를 제외한 가금의 보험가액은 보험계약 당시 협정한 가격으로 한다. 닭의 경우 약관 개정에 의하여 종계(성계)의 보험가액이 세분화되었다.

가) 닭, 오리의 보험가액

가금(家禽) 중 닭(종계·산란계·육계·토종닭)과 오리는 보험가액을 산정한다. 보험가액 산정에 적용하는 평균가격은 축산물품질평가원에서 고시하는 가격을 적용하여 산출하되 가격정보가 없는 경우 (사)대한양계협회의 가격을 적용한다.

<발육표준표(가금)>

육계				토종닭						오리			
일령	중량(g)	일령	중량(g)	일령	중량(g)	일령	중량(g)	일령	중량(g)	일령	중량(g)	일령	중량(g)
1	42	29	1,439	1	41	29	644	57	1,723	1	51	29	2,213
2	56	30	1,522	2	52	30	677	58	1,764	2	75	30	2,219
3	71	31	1,606	3	63	31	712	59	1,805	3	100	31	2,315
4	89	32	1,692	4	74	32	748	60	1,846	4	127	32	2,411
5	108	33	1,776	5	86	33	785	61	1,887	5	156	33	2,506
6	131	34	1,862	6	99	34	823	62	1,928	6	187	34	2,601
7	155	35	1,951	7	112	35	861	63	1,969	7	220	35	2,696
8	185	36	2,006	8	127	36	899	64	2,010	8	267	36	2,787
9	221	37	2,050	9	144	37	936	65	2,050	9	330	37	2,873
10	256	38	2,131	10	161	38	973	66	2,090	10	395	38	2,960
11	293	39	2,219	11	179	39	1,011	67	2,130	11	461	39	3,046
12	333	40	2,300	12	198	40	1,049	68	2,170	12	529	40	3,130
13	376			13	218	41	1,087	69	2,210	13	598	41	3,214
14	424			14	239	42	1,125	70	2,250	14	668	42	3,293
15	472			15	260	43	1,163	71	2,290	15	748	43	3,369
16	524			16	282	44	1,202	72	2,329	16	838	44	3,434
17	580			17	305	45	1,241	73	2,367	17	930	45	3,500
18	638			18	328	46	1,280	74	2,405	18	1,025		
19	699			19	353	47	1,319	75	2,442	19	1,120		
20	763			20	379	48	1,358	76	2,479	20	1,217		
21	829			21	406	49	1,397	77	2,515	21	1,315		
22	898			22	433	50	1,436	78	2,551	22	1,417		
23	969			23	461	51	1,477	79	2,585	23	1,519		
24	1,043			24	490	52	1,518	80	2,619	24	1,621		
25	1,119			25	519	53	1,559	81	2,649	25	1,723		
26	1,196			26	504	54	1,600	82	2,679	26	1,825		
27	1,276			27	580	55	1,641	83	2,709	27	1,926		
28	1,357			28	612	56	1,682	84	2,800	28	2,027		

- 보험가액(중량 × kg당 시세)이 병아리 시세보다 낮은 경우는 병아리 시세로 보상한다.
- 육계 일령이 40일령을 초과한 경우에는 2.3kg으로 인정한다.
- 토종닭 일령이 84일령을 초과한 경우에는 2.8kg으로 인정한다.
- 오리 일령이 45일령을 초과한 경우에는 3.5kg으로 인정한다.
- 삼계(蔘鷄)의 경우는 육계 중량의 70%를 적용한다.

(1) 종계의 보험가액

종계	해당주령	보험가액
병아리	생후 2주 이하	사고 당일 포함 직전 5영업일의 육용 종계 병아리 평균가격
성계	생후 3~64주	주) 참조
노계	생후 65주 이상	사고 당일 포함 직전 5영업일의 종계 성계육 평균가격

주) 성계의 보험가액
- 생후 3주 ~ 6주 : 31주령 가격×30%
- 생후 7주 ~ 30주 : 31주령 가격×[100%-[(31주령- 사고주령)×2.8%]]
- 생후 31주 : 계약당시 협정한 가격
- 생후 32주 ~ 61주 : 31주령 가격×[100%-[(사고주령-31주령)×2.6%]]
- 생후 62주 ~ 64주 : 31주령 가격×20%

(2) 산란계의 보험가액

산란계	해당주령	보험가액
병아리	생후 1주 이하	사고 당일 포함 직전 5영업일의 산란실용계 병아리 평균가격
병아리	생후 2~9주	산란실용계병아리가격 + (산란중추가격 - 산란실용계 병아리가격) / 9 × (사고주령 - 1주령)
중추	생후 10~15주	사고 당일 포함 직전 5영업일의 산란중추 평균가격
중추	생후 16~19주	산란중추가격 + (20주 산란계가격-산란중추가격) / 5 × (사고주령 - 15주령)
산란계	생후 20~70주	(550일 - 사고일령) × 70% × (사고 당일 포함 직전 5영업일의 계란 1개 평균가격 - 계란 1개의 생산비)
산란노계	생후 71주 이상	사고 당일 포함 직전 5영업일의 산란성계육 평균가격

※ 계란 1개 평균가격은 중량규격(왕란/특란/대란이하)별 사고 당일 포함 직전 5영업일 평균가격을 중량규격별 비중으로 가중평균한 가격을 말한다.
※ 중량규격별 비중 : 왕란(2.0%), 특란(53.5%), 대란 이하(44.5%)
※ 산란계의 계란 1개의 생산비는 77원으로 한다.
※ 사고 당일 포함 직전 5영업일의 계란 1개 평균가격에서 계란 1개의 생산비를 공제한 결과가 10원 이하인 경우 10원으로 한다.

(3) 육계의 보험가액

육계	주령	보험가액
병아리	생후 1주 미만	사고 당일 포함 직전 5영업일의 육용실용계 병아리 평균가격
육계	생후 1주 이상	사고 당일 포함 직전 5영업일의 육용실용계 평균가격(원/kg)에 발육표준표 해당 일령 사고 육계의 중량을 곱한 금액

(4) 토종닭의 보험가액

토종닭	주령	보험가액
병아리	생후 1주 미만	사고 당일 포함 직전 5영업일의 토종닭 병아리 평균가격
토종닭	생후 1주 이상	사고 당일 포함 직전 5영업일의 토종닭 평균가격(원/kg)에 발육표준표 해당 일령 사고 토종닭의 중량을 곱한 금액 단, 위 금액과 사육계약서상의 중량별 매입단가 중 작은 금액을 한도로 한다.

(5) 오리의 보험가액

오리	주령	보험가액
새끼오리	생후 1주 미만	사고 당일 포함 직전 5영업일의 새끼오리 평균가격
오리	생후 1주 이상	사고 당일 포함 직전 5영업일의 생체오리 평균가격(원/kg)에 발육표준표 해당 일령 사고 오리의 중량을 곱한 금액

나) 꿩, 메추리, 칠면조, 거위, 타조 등 가금(家禽)의 보험가액은 보험계약 당시 협정한 가격으로 한다.

4) 말, 종모우, 기타 가축 부문

말, 종모우, 기타 가축(사슴·양·꿀벌·토끼·오소리)에 대한 손해액은 계약체결시 협의한 가액(협정보험가액)으로 한다. 이용물 처분액 및 보상금 등이 있는 경우 보험가액에서 차감한 금액을 손해액으로 한다. 협정가액이 사고발생시 보험가액을 현저히 초과할 때에는 사고발생시의 가액을 보험가액으로 한다.

5) 축사(畜舍) 부문

> 축사의 일부보험은 부보비율 조건부 실손 보상조항을 적용하여 보험가입금액이 보험가액의 80% 이상인 경우 전부보험으로 보고 비례보상을 적용하지 않는다는 점에 유의한다.

주택화재보험의 경우 부보비율 조건부 실손보상조항을 많이 적용하는데 동 조항이 적용되는데 전부 또는 초과보험의 경우 보험가액을 한도록 손해액을 전액 지급하며 일부보험인 경우에는 보험가입금액이 보험가액의 일정비율 이상이면 보험가입금액 내에서 실손보상하고 그 비율에 미달하면 비례보상한다.

축사부문도 동 조항을 적용하여 보험가입금액이 보험가액의 80% 이상인 경우 전부보험으로 보고 비례보상 조항을 적용하지 않으며 80% 미만인 경우에만 비례보상을 적용한다.

가) 보험가입금액이 보험가액의 80% 이상인 경우

보험가입금액을 한도로 손해액 전액. 그러나 보험가입금액이 보험가액보다 큰 경우에는 보험가액을 한도로 한다.

나) 보험가입금액이 보험가액의 80% 미만인 경우

$$손해액 \times \frac{보험가입금액}{보험가액의 80\% 해당액}$$

다) 중복보험에 대한 보험금 분담 조항은 비가림시설의 해당 내용과 같다.
라) 자기부담금
   풍재·수재·설재·지진으로 인한 손해는 가~다)에 따라 계산한 금액에 보험증권에 기재된 자기부담비율을 곱한 금액과 50만원 중 큰 금액을 자기부담금으로 한다. 화재로 인한 손해는 보험증권에 기재된 자기부담비율을 곱한 금액을 자기부담금으로 한다.
마) 손해액의 산정(축사구조물의 잔가율)
   손해액은 그 손해가 생긴 때와 장소에서의 보험가액에 따라 계산한다. 보험목적물에 대한 경년감가율은 손해보험협회의 '보험가액 및 손해액의 평가기준'을 준용하며 동 목적물이 지속적인 개보수가 이루어져 가치증대가 인정된 경우 잔가율은 보온덮개·쇠파이프 조인 축사구조물의 경우에는 최대 50%, 그 외 기타 구조물의 경우에는 최대 70%까지 수정하여 보험가액을 평가할 수 있다.
   다만 보험목적물이 손해를 입은 장소에서 6개월 이내 수리 또는 복구되지 않은 때는 잔가율이 30% 이하인 경우에는 최대 30%로 수정하여 평가한다.
바) 손해방지비용
   보통약관의 일반조항 손해방지의무에 추가하여 손해방지 또는 경감에 소요된 필요 또는 유익한 비용은 보험가입금액의 보험가액에 대한 비율에 따라 상기 지급보험금의 계산을 준용하여 계산한 금액을 보상하며, 지급보험금에 손해방지비용을 합한 금액이 보험가입금액을 초과하더라도 이를 지급한다. 손해방지비용도 부보비율(80%) 조건부 실손보상조항을 적용하여 계산한다.
사) 잔존보험가입금액
   보상하는 손해에 따라 보상하는 경우 보험가입금액에서 보상액을 뺀 잔액을 이후 나머지 보험기간에 대한 잔존보험가입금액으로 한다.

02 특약의 손해평가

가축재해보험 약관에는 일반조항에 대한 7개의 특별약관과 부문별 13개의 특별약관이 있다. 이론서에 기술된 특약을 중심으로 기술한다.

가. 소(牛) 도체결함보장 특약

보상하는 손해액은 사고소의 도체등급과 같은 등급의 전국평균 경락가격(정상도체의 가격)과 사고소 도체의 경락가격으로 계산한 1두가격의 차액으로 한다.

> 보험가액 = 정상도체의 해당등급(사고소 등급)의 1두가격
> 손해액 = 보험가액 - 사고소의 1두 경락가격

※ 1두가격 = 사고 전월 전국지육경매평균가격(원/지육kg) × 사고소(牛)의 도체중(kg)
 단, kg당 전월 전국지육경매평균가격은 축산물품질평가원이 제시하는 가격을 따른다.
※ 도축 후 경매를 통하지 않고 폐기처분된 소의 손해액은 보통약관 소 부문의 손해액 산정방식을 따른다.

보험가입금액이 보험가액과 같거나 클 때에는 보험가입금액을 한도로 손해액 전액을 보상한다. 보험가입금액이 보험가액보다 작을때는 보험가입금액을 한도로 비례보상한다. 중복보험에 대한 보험금 분담조항은 전술한 내용과 같다. 자기부담금은 위 계산방법에 따라 산출된 금액의 20%로 한다.

나. 돼지 질병위험보장 특약

1) 가축재해보험 보통약관의 일반조항 보장하지 않는 손해에도 불구하고 이 특약에 가입한 경우 아래의 질병을 직접적인 원인으로 하여 보험기간 중 폐사 또는 맥박, 호흡 그 외 일반증상으로 수의학적으로 구할 수 없는 상태가 확실시 되는 경우 그 손해를 보상한다

> 1. 전염성위장염(Transmissible gastroenteritis ; TGE virus 감염증)
> 2. 돼지유행성설사병(Porcine epidemic diarrhea ; PED virus 감염증)
> 3. 로타바이러스감염증(Rota virus 감염증)

이 특약에 따른 질병에 대한 진단확정은 해부병일 또는 임상병리의 전문 수의사 자격증을 가진 자에 의하여 내려져야 하며 조직 또는 분변, 혈액검사 등에 대한 형광항체법 또는 PCR 진단법 등을 기초로 해야 한다.

2) 손해액 산정
보상할 손해액은 보통약관 돼지 부문의 손해액 산정방법에 따르며 이 특약의 보험가액은 아래와 같이 산정한다. 자기부담금은 보통약관 지급보험금 계산방식에 따라서 계산한 금액에 보험증권에 기재된 자기부담비율을 곱한 금액과 200만원 중 큰 금액으로 한다.

$$\text{보험가액} = \text{모돈두수} \times 2.5 \times \text{자돈가격}$$

다. 돼지 축산휴지위험보장 특약

1) 보험기간 동안 보험증권에 명기된 구내에서 보통약관 및 특약에서 보상하는 사고의 원인으로 피보험자가 영위하는 축산업이 중단 또는 휴지(休止)되었을 경우 생긴 손해액을 보상한다.
2) 피보험자가 축산휴지손해를 입었을 경우 손해액은 보험가액으로 하며 종빈돈에 대해서만 아래에 따라 계산한 금액을 보험가액으로 한다.

$$\text{종빈돈} \times 10 \times \text{1두당 비육돈(100kg 기준)평균가격} \times \text{이익률}$$

○ 이익률 = $\dfrac{\text{1두당비육돈}(100kg\text{기준})\text{의평균가격} - \text{경영비}(\text{통계청}, \text{비육돈평균경영비})}{\text{1두당비육돈}(100kg\text{기준})\text{의평균가격}}$

※ 단 이 기간 중에 이익률이 16.5% 미만일 경우 이익률은 16.5%로 한다.

3) 영업에 있어 특수한 사정이 있는때 또는 영업추세가 현저히 변화한 때에는 손해사정에 있어서 이익률에 공정한 조정을 하는 것으로 한다.
4) 지급보험금의 계산은 2)의 손해액 산정에서 정한 보험가액 및 손해액을 기준으로 지급보험금 계산방법(아래 3. 참조)에 따라 계산한다. 자기부담금은 적용하지 않는다.

03 보험금 지급 및 심사

가. 지급보험금의 계산

1) 보험가입금액이 보험가액 이상인 경우

   보험가입금액을 한도로 손해액 전액. 그러나 보험가입금액이 보험가액보다 큰 경우에는 보험가액을 한도로 한다.

2) 보험가입금액이 보험가액 미만인 경우

$$\text{손해액} \times \dfrac{\text{보험가입금액}}{\text{보험가액의}80\%\text{해당액}}$$

3) 중복보험, 일부보험은 전술한 내용(비가림시설 등 해당 내용 참조)과 같다.

나. 자기부담금

가축재해보험에서 소, 돼지, 종모우, 가금, 기타가축 부문의 자기부담금은 상기 지급보험금 계산방식에 따라 계산된 금액에 보험증권이 기재된 자기부담비율을 곱한 금액으로 한다. 다만 폭염·전기적장치·질병위험 특약의 경우 위의 자기부담금과 200만원 중 큰 금액을 자기부담금으로 한다. 축사 부문의 풍수재·설해·지진으로 인한 손해의 경우 위의 자기부담금과 50만원 중 큰 금액을 자기부담금으로 한다.

말 부문의 경우 상기 자기부담금의 계산방식에 따라 계산한 금액의 20%를 자기부담금으로 한다. 다만 경주마는 보험증권에 기재된 자기부담금 비율을 곱한 금액을 자기부담금으로 한다.

다. 잔존보험가입금액

가축재해보험에서 돼지, 가금, 기타 가축 부문에서 약관의 규정에 따라 손해의 일부를 보상한 경우 보험가입금액에서 보상액을 뺀 잔액을 나머지 보험기간에 대한 잔존보험가입금액으로 한다.

라. 비용손해

가축재해보험에서 잔존물처리비용, 손해방지비용, 대위권보전비용, 잔존물보존비용, 기타협력비 등 비용손해는 다음과 같이 지급한다.

1) 보험금과 약관에서 규정하는 잔존물처리비용은 각각 지급보험금의 계산을 준용하여 산정하며 그 합계액은 보험가입금액을 한도로 한다. 다만 잔존물처리비용은 손해액의 10%를 초과할 수 없다.
2) 손해방지비용, 대위권보전비용, 잔존물보존비용은 약관상 지급보험금의 계산을 준용하며 계산한 금액이 보험가입금액을 초과하는 경우에도 이를 지급한다. 이 경우 자기부담금은 차감하지 않는다.
3) 기타협력비용은 보험가입금액을 초과하는 경우에도 전액 지급한다.

일부보험이나 중복보험의 경우 손해방지비용, 대위권보전비용 및 잔존물보전비용은 비례보상방식으로 계산하며 자기부담금을 공제하지 않는다. 기타협력비용은 일부보험이나 중보보험의 경우에도 비례보상방식으로 계산하지 않고 전액 지급한다.

마) 보험금 심사

1) 보험금 지급의 면·부책 판단

보험약관의 내용에 따르며 보험금 청구서류 서면심사 및 손해조사 결과를 검토하여 보험약관의 보상하는 손해에 해당하는지를 판단하게 되는데 그 요건은 아래와 같다.

(1) 보험기간 내에 보험약관에서 담보하는 사고인지 여부

(2) 원인이 되는 사고와 결과적인 손해 사이의 상당인과관계 여부

(3) 보험사고가 상법과 보험약관에서 정하고 있는 면책조항에 해당되는지 여부

(4) 약관에서 보상하는 손해 및 보상하지 않는 손해 조항 이외에도 알릴의무 위반 효과에 따라 손해보상 책임이 달라질 수 있으므로 주의

2) 보험금 지급심사시 유의사항

(1) 계약체결의 정당성 확인

(2) 고의, 역선택 여부 확인

(3) 고지의무 위반 등 여부 확인

(4) 면책사유 확인

(5) 기타사항 확인

바. 보험사기 방지

1) 보험사기의 정의

보험사기는 보험계약자 등이 보험제도의 원리상으로는 취할 수 없는 보험혜택을 부당하게 얻거나 보험제도를 역이용하여 고액의 보험금을 수취할 목적으로 고의적이며 악의적으로 행동하는 일체의 불법행위로 형법상 사기죄의 한 유형이다. 보험사기방지 특별법에서는 보험사기행위로 보험금을 취득하거나 제3자에게 보험금을 취득하게 한 자는 10년 이상의 징역 또는 5천만원 이하의 벌금에 처하도록 규정하고 있다.

2) 보험사기의 성립요건

(1) 계약자 또는 보험대상자에게 고의가 있을 것

(2) 기망행위가 있을 것

(3) 상대방인 보험자가 착오에 빠질 것

(4) 보험자가 착오에 빠져 그 결과 승낙의 의사표시를 할 것

(5) 사기가 위법일 것

3) 보험사기의 조치

(1) 청구한 사고보험금 지급을 거절 가능

(2) 약관에 의거하여 해당 계약을 취소할 수 있음.

기출문제

01 다음은 가축재해보험의 보상하지 않는 손해의 내용 중 일부이다. 괄호에 알맞은 내용을 순서대로 쓰시오. (5점) ▶ 3회, 6회 손해평가사

> ○ 계약자, 피보험자 및 이들의 법정대리인의 고의 또는 중대한 과실로 인한 보험사고
> ○ 계약자 또는 피보험자의 (①) 및 (②)에 의한 가축 폐사로 인한 손해
> ○ (③) 제2조(정의)에서 정하는 가축전염병에 의한 폐사로 인한 손해 및 정부 및 공공기관의 (④) 또는 (⑤)로 발생한 손해

■ 모범답안

① 도살 ② 위탁도살 ③ 가축전염병예방법 ④ 살처분 ⑤ 도태권고

---

02 가축재해보험에 가입 중인 돼지 사육 축산농가에서 수재가 발생하여 사육장 내 돼지가 모두 폐사하였다. 다음의 계약 및 조사내용을 참조하여 지급보험금(비용 포함)을 구하시오.(단 주어진 내용 이외는 고려하지 않는다) (5점) ▶ 5회 손해평가사

(계약 및 조사내용)

보험가입 금액(만원)	사육두수 (두)	두당 단가 (만원)	자기부담금	잔존물보전비용(만원)	기타협력비 (만원)
1,000	30	50	보험금의 10%	10	30

※ 재해보험사업자는 잔존물 취득의사가 없는 것으로 확인됨

■ 모범답안

보험금 = $\min(1{,}500만원 \times \dfrac{1{,}000만원}{1{,}500만원},\ 1{,}000만원) \times (1-0.1) +$ 비용손해액

= 900만원 + 기타협력비(30만원) = 930만원

* 보험가입금액 = 10,000,000(일부보험)
* 보험가액 = 30×50만원 = 15,000,000원

03 가축재해보험 소에 관한 내용이다. 다음 물음에 답하시오. (15점) ▶ 8회 손해평가사

(조건 1)
- 甲은 가축재해보험에 가입 후 A축사에서 소를 사육하던 중 사료 자동급여기를 설정하고 5일간 A축사를 비우고 여행을 다녀왔음
- 여행을 다녀와 A축사의 출입문이 파손되어 있어 CCTV를 확인해보니 신원불상자에 의해 한우(암컷) 1마리를 도난당한 것을 확인하고 바로 경찰서에 도난신고 후 재해보험사업자에게 도난신고확인서를 제출함
- 금번 사고는 보험기간 내 사고이며 甲과 그 가족 등의 고의 또는 중과실은 없었으며 또한 사고예방 및 안전대책에 소홀히 한 점도 없었음

(조건2)
- 보험목적물 : 한우(암컷)
- 보험가입금액 : 200만원
- 자기부담비율 : 20%
- 소재지 : A축사(보관장소)
- 출생일 : 2021년 11월 4일
- 사고일자 : 2022년 8월 14일

(조건3)

〈발육표준표〉

한우 암컷	월령	7월령	8월령	9월령	10월령	11월령
	체중	230kg	240kg	250kg	260kg	270kg

〈2022년 월별산지가격동향〉

한우 암컷	구분	5월	6월	7월	8월
	350kg	330만원	350만원	340만원	340만원
	600kg	550만원	560만원	550만원	550만원
	송아지(4~5월령)	220만원	230만원	230만원	230만원
	송아지(6~7월령)	240만원	240만원	250만원	250만원

(1) 조건 2~3을 참조하여 한우(암컷) 보험가액의 계산과정과 값을 쓰시오. (5점)

(2) 조건 1~3을 참조하여 지급보험금과 그 산정이유를 쓰시오. (5점)

(3) 다음 (   )에 들어갈 내용을 쓰시오. (5점)

소의 보장하는 손해 중 긴급도축은 사육하는 장소에서 부상, (①), (②), (③) 및 젖소의 유량감소 등이 발생하는 소(牛)를 즉시 도축장에서 도살하여야 할 불가피한 사유가 있는 경우에 한한다.

기출문제

모범답안

(1) 한우(암컷) 보험가액 = 체중×kg당 가격 = 250kg(9월령) × $\dfrac{350만원}{350kg}$ = 2,500,000원

  ※ kg당 가격은 사고 전전월 전국산지평균 가격(350kg 및 600kg 성별 구분) 중 kg당 가격이 높은 금액을 적용한다.
  max(350만원/350kg, 560만원/600kg)

(2) 보험금을 지급하지 않는다. 보관장소를 72시간 이상 비워둔 동안에 생긴 도난사고는 보상하지 않음

(3) ① 난산 ② 산욕마비 ③ 급성고창증

---

04 다음은 가축재해보험에 가입한 돼지에 관한 내용이다. 아래 주어진 내용을 보고 각 물음에 답하시오.(단 주어진 내용 외는 고려하지 않는다. 문제변형) (5점) ▶ 7회 손해평가사

○ 사고당일 포함 직전 5영업일 평균돈육대표가격(전체, 탕박) : 4,800원/kg
○ 자돈가격(30kg 기준) : 150,000원

(1) 110kg 비육돈 수취가격을 산정하시오. (2점)
(2) 위 주어진 조건을 적용하여 비육돈 1두(78kg)의 보험가액을 산정하시오. (3점)

모범답안

(1) 110kg 비육돈 수취가격
  = 직전 5영업일 평균돈육대표가격(전체, 탕박)×110kg×지급(육)율(76.8%)
  = 4,800원×110kg×76.8% = 405,504원

(2) 보험가액
  = 자돈가격(30kg기준)+(적용체중-30kg) × $\dfrac{110kg\ 비육돈수취가격-자돈가격(30kg)}{80}$

  = 150,000원 + (75kg-30kg) × $\dfrac{405,504원 - 150,000원}{80}$

  = 293,721원

> 적용체중은 31kg 초과 110kg 미만의 육성돈에 적용되며 10kg 단위구간의 중간 생체중량을 적용한다.(78kg → 75kg)

05 다음의 내용을 참고하여 물음에 답하시오.(단 주어진 조건 외 다른 조건은 고려하지 않음)
(15점) ▶ 8회 손해평가사

> 甲은 A보험회사의 가축재해보험(소)에 가입했다. 보험가입기간 중 甲과 동일한 마을에 사는 乙 소유의 사냥개 3마리가 견사를 탈출하여 甲소유의 축사에 있는 소 1마리를 물어 죽이는 사고가 발생했다. 조사결과 폐사한 소는 가축재해보험에 정상적으로 가입되어 있었다.
> ○ A보험회사의 면·부책 : 부책
> ○ 폐사한 소의 가입금액 및 손해액 : 500만원(자기부담금 20%)
> ○ 乙의 과실 : 100%

(1) A보험회사가 甲에게 지급할 보험금의 계산과정과 값을 쓰시오. (5점)
(2) A보험회사의 ① 보험자대위의 대상(손해발생 책임자), ② 보험자대위의 구분(종류), ③ 대위금액을 쓰시오. (10점)

모범답안

(1) 500만원×(1-0.2)=400만원
(2) ① 乙 ② 청구권대위 ③ 400만원

06 가축재해보험보험가액 및 손해액평가에서 (1) 손해액산정기준, (2) 잔존물처리비용과 보험금등의 지급한도에 관하여 각각 서술하시오(문제변형). (15점) ▶ 4회 손해평가사

모범답안

(1) 가축재해보험의 부문별 손해액은 손해가 생긴 때를 기준으로 축종별 보험가액 산정방법에 따라 산출한 보험가액으로 한다. 다만 이용물 처분액 및 보상금 등이 있는 경우 보험가액에서 이를 차감한 금액을 손해액으로 한다.
(2) 보험금과 잔존물처리비용은 각각 지급보험금 계산방법을 준용하여 계산하며 그 합계액은 보험증권에 기재된 보험가입금액을 한도록 한다. 다만 잔존물처리비용은 손해액의 10%를 초과할 수 없다.

부록

01 농업재해보험 관련 용어
02 미경과비율표
03 별표 (01~04, 07)

농업재해보험 관련 용어

01 농어업재해보험 관련 용어

- **농어업재해**
  농작물·임산물·가축 및 농업용 시설물에 발생하는 자연재해·병충해·조수해·질병 또는 화재와 양식수산물 및 어업용 시설물에 발생하는 자연재해·질병 또는 화재

- **농어업재해보험**
  농어업재해로 발생하는 재산 피해에 따른 손해를 보상하기 위한 보험

- **보험가입금액**
  보험가입자의 재산 피해에 따른 손해가 발생한 경우 보험에서 최대로 보상할 수 있는 한도액으로서 보험가입자와 재해보험사업자 간에 약정한 금액

- **보험가액**
  재산보험에 있어 피보험이익을 금전으로 평가한 금액으로 보험목적에 발생할 수 있는 최대 손해액(재해보험사업자가 실제 지급하는 보험금은 보험가액을 초과할 수 없음)

- **보험기간**
  계약에 따라 보장을 받는 기간

- **보험료**
  보험가입자와 재해보험사업자 간의 약정에 따라 보험가입자가 재해보험사업자에게 내야하는 금액

- **계약자부담보험료**
  국가 및 지방자치단체의 지원보험료를 제외한 계약자가 부담하는 금액

- **보험금**
  보험가입자에게 재해로 인한 재산 피해에 따른 손해가 발생한 경우 보험가입자와 재해보험사업자 간의 약정에 따라 재해보험사업자가 보험가입자에게 지급하는 금액

- **시범사업**
  보험사업을 전국적으로 실시하기 전에 보험의 효용성 및 보험 실시 가능성 등을 검증하기 위하여 일정 기간 제한된 지역에서 실시하는 보험사업

02 농작물재해보험 관련 용어

가. 농작물재해보험 계약관련 용어

- **가입(자)수**

  보험에 가입한 농가, 과수원(농지)수 등

- **가입률**

  가입대상면적 대비 가입면적을 백분율(100%)로 표시한 것

- **가입금액**

  보험에 가입한 금액으로, 재해보험사업자와 보험가입자간에 약정한 금액으로 보험사고가 발생할 때 재해보험사업자가 지급할 최대 보험금 산출의 기준이 되는 금액

- **계약자**

  재해보험사업자와 계약을 체결하고 보험료를 납부할 의무를 지는 사람

- **피보험자**

  보험사고로 인하여 손해를 입은 사람(법인인 경우에는 그 이사 또는 법인의 업무를 집행하는 그 밖의 기관)

- **보험증권**

  계약의 성립과 그 내용을 증명하기 위하여 재해보험사업자가 계약자에게 드리는 증서

- **보험의 목적**

  보험의 약관에 따라 보험에 가입한 목적물로 보험증권에 기재된 농작물의 과실 또는 나무, 시설작물 재배용 농업용시설물, 부대시설 등

- **농지**

  한 덩어리의 토지의 개념으로 필지(지번)에 관계없이 실제 경작하는 단위로 보험가입의 기본 단위임. 하나의 농지가 다수의 필지로 구성될 수도 있고, 하나의 필지(지번)가 다수의 농지로 구분될 수도 있음

- **과수원**

  한 덩어리의 토지의 개념으로 필지(지번)와는 관계없이 과실을 재배하는 하나의 경작지

- **나무**

  계약에 의해 가입한 과실을 열매로 맺는 결과주

- **농업용시설물**

  시설작물 재배용으로 사용되는 구조체 및 피복재로 구성된 시설

- **구조체**

  기초, 기둥, 보, 중방, 서까래, 가로대 등 철골, 파이프와 이와 관련된 부속자재로 하우스의 구조적 역할을 담당하는 것

- **피복재**

  비닐하우스의 내부온도 관리를 위하여 시공된 투광성이 있는 자재

- **부대시설**

  시설작물 재배를 위하여 농업용시설물에 설치한 시설

- **동산시설**

  저온저장고, 선별기, 소모품(멀칭비닐, 배지, 펄라이트, 상토 등), 이동 가능(휴대용) 농기계 등 농업용 시설물 내 지면 또는 구조체에 고정되어 있지 않은 시설

- **계약자부담 보험료**

  국가 및 지방자치단체의 지원보험료를 제외한 계약자가 부담하는 보험료

- **보험료율**

  보험가입금액에 대한 보험료의 비율

- **환급금**

  무효, 효력상실, 해지 등에 의하여 환급하는 금액

- **자기부담금**

  손해액 중 보험가입 시 일정한 비율을 보험가입자가 부담하기로 약정한 금액. 즉, 일정비율 이하의 손해는 보험가입자 본인이 부담하고, 손해액이 일정비율을 초과한 금액에 대해서만 재해보험사업자가 보상 자기부담제도는 소액손해의 보험처리를 배제함으로써 비합리적인 운영비 지출의 억제, 계약자 보험료 절약, 피보험자의 도덕적 위험 축소 및 방관적 위험의 배재 등의 효과를 위하여 실시하는 제도로, 가입자의 도덕적 해이를 방지하기 위한 수단으로 손해보험에서 대부분 운용

- **자기부담비율**

  보험사고로 인하여 발생한 손해에 대하여 보험가입자가 부담하는 일정 비율로 보험가입금액에 대한 비율

나. 농작물 재해보험 보상관련 용어

- **보험사고**

  보험계약에서 재해보험사업자가 어떤 사실의 발생을 조건으로 보험금의 지급을 약정한 우연한 사고(사건 또는 위험이라고도 함)

- **사고율**

  사고수(농가 또는 농지수) ÷ 가입수(농가 또는 농지수) × 100

- **손해율**

  보험료에 대한 보험금의 백분율

- **피해율**

  보험금 계산을 위한 최종 피해수량의 백분율

- **식물체피해율**

  경작불능조사에서 고사한 식물체(수 또는 면적)를 보험가입식물체(수 또는 면적)으로 나누어 산출한 값

- **전수조사**

  보험가입금액에 해당하는 농지에서 경작한 수확물을 모두 조사하는 방법

- **표본조사**

  보험가입금액에 해당하는 농지에서 경작한 수확물의 특성 또는 수확물을 잘 나타낼 수 있는 일부를 표본으로 추출하여 조사하는 방법

- **재조사**

  보험가입자가 손해평가반의 손해평가결과에 대하여 설명 또는 통지를 받은 날로부터 7일 이내에 손해평가가 잘못되었음을 증빙하는 서류 또는 사진 등을 제출하는 경우 재해보험사업자가 다른 손해평가반으로 하여금 실시하게 할 수 있는 조사

- **검증조사**

  재해보험사업자 또는 재보험사업자가 손해평가반이 실시한 손해평가결과를 확인하기 위하여 손해평가를 실시한 보험목적물 중에서 일정수를 임의 추출하여 확인하는 조사

다. 수확량 및 가격 관련 용어

- **평년수확량**

  가입년도 직전 5년 중 보험에 가입한 연도의 실제 수확량과 표준수확량을 가입 횟수에 따라 가중 평균하여 산출한 해당 농지에 기대되는 수확량

- **표준수확량**

  가입품목의 품종, 수령, 재배방식 등에 따라 정해진 수확량

- **평년착과량**
  가입수확량 산정 및 적과 종료 전 보험사고 시 감수량 산정의 기준이 되는 착과량
- **평년착과수**
  평년착과량을 가입과중으로 나누어 산출 한 것
- **가입수확량**
  보험 가입한 수확량으로 평년수확량의 일정범위(50%~100%) 내에서 보험계약자가 결정한 수확량으로 가입금액의 기준
- **가입과중**
  보험에 가입할 때 결정한 과실의 1개당 평균 과실무게
- **기준착과수**
  보험금을 산정하기 위한 과수원별 기준 과실수
- **기준수확량**
  기준착과수에 가입과중을 곱하여 산출한 양
- **적과후착과수**
  통상적인 적과 및 자연낙과 종료 시점의 착과수
- **적과후착과량**
  적과후 착과수에 가입과중을 곱하여 산출한 양
- **감수과실수**
  보장하는 자연재해로 손해가 발생한 것으로 인정되는 과실 수
- **감수량**
  감수과실수에 가입과중을 곱한 무게
- **평년결실수**
  가입연도 직전 5년 중 보험에 가입한 연도의 실제결실수와 표준결실수(품종에 따라 정해진 결과모지 당 표준적인 결실수)를 가입횟수에 따라 가중평균하여 산출한 해당 과수원에 기대되는 결실수
  ※ 결과지 : 과수에 꽃눈이 붙어 개화 결실하는 가지(열매가지라고도 함)
  ※ 결과모지 : 결과지보다 1년이 더 묵은 가지
- **평년결과모지수**
  가입연도 직전 5년 중 보험에 가입한 연도의 실제결과모지수와 표준결과모지수(하나의 주지에서 자라나는 표준적인 결과모지수)를 가입 횟수에 따라 가중 평균하여 산출한 해당 과수원에 기대되는 결과모지수

- **미보상감수량**

  감수량 중 보상하는 재해 이외의 원인으로 감소한 양

- **생산비**

  작물의 생산을 위하여 소비된 재화나 용역의 가치로 종묘비, 비료비, 농약비, 영농광열비, 수리비, 기타 재료비, 소농구비, 대농구 상각비, 영농시설 상각비, 수선비, 기타 요금, 임차료, 위탁 영농비, 고용노동비, 자가노동비, 유동자본용역비, 고정자본용역비, 토지자본용역비 등을 포함

- **보장생산비**

  생산비에서 수확기에 발생되는 생산비를 차감한 값

- **가입가격**

  보험에 가입한 농작물의 kg당 가격

- **표준가격**

  농작물을 출하하여 통상 얻을 수 있는 표준적인 kg당 가격

- **기준가격**

  보험에 가입할 때 정한 농작물의 kg당 가격

- **수확기가격**

  보험에 가입한 농작물의 수확기 kg당 가격

  ※ 올림픽 평균 : 연도별 평균가격 중 최대값과 최소값을 제외하고 남은 값들의 산술평균

  ※ 농가수취비율 : 도매시장 가격에서 유통비용 등을 차감한 농가수취가격이 차지하는 비율로 사전에 결정된 값

라. 조사 관련 용어

- **실제결과주수**

  가입일자를 기준으로 농지(과수원)에 식재된 모든 나무 수. 다만 인수조건에 따라 보험에 가입할 수 없는 나무(유목 및 제한 품종 등) 수는 제외

- **고사주수**

  실제결과나무수 중 보상하는 손해로 고사된 나무 수

- **미보상주수**

  실제결과나무수 중 보상하는 손해 이외의 원인으로 고사되거나 수확량(착과량)이 현저하게 감소된 나무 수

- **기수확주수**

  실제결과나무수 중 조사일자를 기준으로 수확이 완료된 나무 수

- **수확불능주수**

  실제결과나무수 중 보상하는 손해로 전체주지·꽃(눈) 등이 보험약관에서 정하는 수준이상 분리되었거나 침수되어, 보험기간 내 수확이 불가능하나 나무가 죽지는 않아 향후에는 수확이 가능한 나무 수

- **조사대상주수**

  실제결과나무수에서 고사나무수, 미보상나무수 및 수확완료나무수, 수확불능나무수를 뺀 나무 수로 과실에 대한 표본조사의 대상이 되는 나무 수

- **실제경작면적**

  가입일자를 기준으로 실제 경작이 이루어지고 있는 모든 면적을 의미하며, 수확불능(고사)면적, 타작물 및 미보상면적, 기수확면적을 포함

- **수확불능(고사)면적**

  실제경작면적 중 보상하는 손해로 수확이 불가능한 면적

- **타작물 및 미보상면적**

  실제경작면적 중 목적물 외에 타작물이 식재되어 있거나 보상하는 손해 이외의 원인으로 수확량이 현저하게 감소된 면적

- **기수확면적**

  실제경작면적 중 조사일자를 기준으로 수확이 완료된 면적

마. 재배 및 피해형태 구분 관련 용어

〈재배〉

- **꽃눈분화**

  영양조건, 기간, 기온, 일조시간 따위의 필요조건이 다차서 꽃눈이 형성되는 현상

- **꽃눈분화기**

  과수원에서 꽃눈분화가 50%정도 진행된 때

- **낙과**

  나무에서 떨어진 과실

- **착과**

  나무에 달려있는 과실

- **적과**

  해거리를 방지하고 안정적인 수확을 위해 알맞은 양의 과실만 남기고 나무로부터 과실을 따버리는 행위

- **열과**

  과실이 숙기에 과다한 수분을 흡수하고 난 후 고온이 지속될 경우 수분을 배출하면서 과실이 갈라지는 현상

- **나무**

  보험계약에 의해 가입한 과실을 열매로 맺는 결과주

- **발아**

  (꽃 또는 잎) 눈의 인편이 1~2mm 정도 밀려나오는 현상

- **발아기**

  과수원에서 전체 눈이 50% 정도 발아한 시기

- **신초발아**

  신초(당년에 자라난 새가지)가 1~2mm 정도 자라기 시작하는 현상을 말한다.

- **신초발아기**

  과수원에서 전체 신초(당년에 자라난 새가지)가 50% 정도 발아한 시점을 말한다.

- **수확기**

  농지(과수원)가 위치한 지역의 기상여건을 감안하여 해당 목적물을 통상적으로 수확하는 시기

- **유실**

  나무가 과수원 내에서의 정위치를 벗어나 그 점유를 잃은 상태

- **매몰**

  나무가 토사 및 산사태 등으로 주간부의 30% 이상이 묻힌 상태

- **도복**

  나무가 45° 이상 기울어지거나 넘어진 상태

- **절단**

  나무의 주간부가 분리되거나 전체 주지·꽃(눈) 등의 2/3 이상이 분리된 상태

- **절단 (1/2)**

  나무의 주간부가 분리되거나 전체 주지·꽃(눈) 등의 1/2 이상이 분리된 상태

- **신초 절단**

  단감, 떫은감의 신초의 2/3 이상이 분리된 상태

- **침수**

  나무에 달린 과실(꽃)이 물에 잠긴 상태

- **소실**

  화재로 인하여 나무의 2/3 이상이 사라지는 것

- **소실(1/2)**
  화재로 인하여 나무의 1/2 이상이 사라지는 것
- **이앙**
  못자리 등에서 기른 모를 농지로 옮겨심는 일
- **직파(담수점파)**
  물이 있는 논에 파종 하루 전 물을 빼고 종자를 일정 간격으로 점파하는 파종방법
- **종실비대기**
  두류(콩, 팥)의 꼬투리 형성기
- **출수**
  벼(조곡)의 이삭이 줄기 밖으로 자란 상태
- **출수기**
  농지에서 전체 이삭이 70% 정도 출수한 시점
- **정식**
  온상, 묘상, 모밭 등에서 기른 식물체를 농업용 시설물 내에 옮겨 심는 일
- **정식일**
  정식을 완료한 날
- **작기**
  작물의 생육기간으로 정식일(파종일)로부터 수확종료일 까지의 기간
- **출현**
  농지에 파종한 씨(종자)로부터 자란 싹이 농지표면 위로 나오는 현상
- **(버섯)종균접종**
  버섯작물의 종균을배지 혹은 원목을 접종하는 것

바. 기타 보험 용어

- **연단위 복리**
  재해보험사업자가 지급할 금전에 이자를 줄 때 1년마다 마지막 날에 그 이자를 원금에 더한 금액을 다음 1년의 원금으로 하는 이자 계산방법
- **영업일**
  재해보험사업자가 영업점에서 정상적으로 영업하는 날을 말하며, 토요일, '관공서의 공휴일에 관한 규정'에 따른 공휴일과 근로자의 날을 제외
- **잔존물제거비용**
  사고 현장에서의 잔존물의 해체비용, 청소비용 및 차에싣는 비용. 다만 보장하지 않는 위험으

로 보험의 목적이 손해를 입거나 관계법령에 의하여 제거됨으로써 생긴 손해에 대해서는 미보상

- **손해방지비용**

  손해의 방지 또는 경감을 위하여 지출한 필요 또는 유익한 비용

- **대위권보전비용**

  제3자로부터 손해의 배상을 받을 수 있는 경우에는 그 권리를 지키거나 행사하기 위하여 지출한 필요 또는 유익한 비용

- **잔존물 보전비용**

  잔존물을 보전하기 위하여 지출한 필요 또는 유익한 비용

- **기타 협력비용**

  재해보험사업자의 요구에 따르기 위하여 지출한 필요 또는 유익한 비용

  ※ 청소비용 : 사고 현장 및 인근 지역의 토양, 대기 및 수질 오염물질 제거 비용과 차에 실은 후 폐기물 처리비용은 포함되지 않는다.

03 가축재해보험 관련 용어

가. 가축재해보험 계약관련

- **(보험의 목적**

  보험에 가입한 물건으로 보험증권에 기재된 가축 등

- **보험계약자**

  재해보험사업자와 계약을 체결하고 보험료를 납입할 의무를 지는 사람

- **피보험자**

  보험사고로 인하여 손해를 입은 사람

  ※ 법인인 경우에는 그 이사 또는 법인의 업무를 집행하는 그 밖의 기관

- **보험기간**

  계약에 따라 보장을 받는 기간

- **보험증권**

  계약의 성립과 그 내용을 증명하기 위하여 재해보험사업자가 계약자에게 드리는 증서

- **보험약관**

  보험계약에 대한 구체적인 내용을 기술한 것으로 재해보험사업자가 작성하여 보험계약자에게 제시하는 약정서

- **보험사고**

  보험계약에서 재해보험사업자가 어떤 사실의 발생을 조건으로 보험금의 지급을 약정한 우연한 사고(사건 또는 위험)

- **보험가액**

  피보험이익을 금전으로 평가한 금액으로 보험목적에 발생할 수 있는 최대 손해액

  ※ 재해보험사업자가 실제 지급하는 보험금은 보험가액을 초과할 수 없음

- **자기부담금**

  보험사고로 인하여 발생한 손해에 대하여 계약자 또는 피보험자가 부담하는 일정 금액

- **보험금 분담**

  보험계약에서 보장하는 위험과 같은 위험을 보장하는 다른 계약(공제계약 포함)이 있을 경우 비율에 따라 손해를 보상

- **대위권**

  재해보험사업자가 보험금을 지급하고 취득하는 법률상의 권리

- **재조달가액**

  보험의 목적과 동형, 동질의 신품을 재조달하는데 소요되는 금액

- **가입률**

  가입대상 두(頭)수 대비 가입두수를 백분율(100%)

- **손해율**

  보험료에 대한 보험금의 백분율(100%)

- **사업이익**

  1두당 평균 가격에서 경영비를 뺀 잔액

- **경영비**

  통계청에서 발표한 최근의 비육돈 평균 경영비

- **이익률**

  손해발생 시에 다음의 산식에 의해 얻어진 비율 단, 이 기간 중에 이익률이 16.5% 미만일 경우 이익률은 16.5%

  > 이익률 = (1두당 비육돈(100kg 기준)의 평균가격 - 경영비)
  >   /1두당 비육돈(100kg 기준)의 평균가격

나. 가축재해 관련

- **풍재 · 수재 · 설해 · 지진**

  태풍, 홍수, 호우, 강풍, 풍랑, 해일, 대설, 조수, 우박, 지진, 분화 등으로 인한 피해

- **폭염**

  대한민국 기상청에서 내려지는 폭염특보(주의보 및 경보)

- **소(牛)도체결함**

  도축장에서 도축되어 경매시까지 발견된 도체의 결함이 경락가격에 직접적인 영향을 주어 손해 발생한 경우

- **축산휴지**

  보험의 목적의 손해로 인하여 불가피하게 발생한 전부 또는 일부의 축산업 중단을 말함

- **축산휴지손해**

  보험의 목적의 손해로 인하여 불가피하게 발생한 전부 또는 일부의 축산업 중단되어 발생한 사업이익과 보상위험에 의한 손해가 발생하지 않았을 경우 예상되는 사업이익의 차감금액을 말한다.

- **전기적장치위험**

  여자기(정류기 포함), 변류기, 변압기, 전압조정기, 축전기, 개폐기, 차단기, 피뢰기, 배전반 및 이와 비슷한 전기장치 또는 설비 중 전기장치 또는 설비가 파괴 또는 변조되어 온도의 변화로 보험의 목적에 손해가 발생한 경우

다. 가축질병 관련

- **돼지 전염성 위장염(TGE)**

  Coronavirus 속에 속하는 전염성 위장염 바이러스의 감염에 의한 돼지의 전염성 소화기병 구토, 수양성 설사, 탈수가 특징으로 일령에 관계없이 발병하며 자돈일수록 폐사율이 높게 나타남, 주로 추운 겨울철에 많이 발생하며 전파력이 높음

- **돼지 유행성설사병(PED)**

  Coronavirus에 의한 자돈의 급성 유행성 설사병으로 포유자돈의 경우 거의 100%의 치사율을 나타남(로타바이러스감염증) 레오바이러스과의 로타바이러스 속의 돼지 로타바이러스가 병원체이며, 주로 2~6주령의 자돈에서 설사를 일으키며 3주령부터 폐사가 더욱 심하게 나타남

- **구제역**

  구제역 바이러스의 감염에 의한 우제류 동물(소·돼지 등 발굽이 둘로 갈라진 동물)의 악성가축전염병(1종법정가축전염병)으로 발굽 및 유두 등에 물집이 생기고, 체온상승과 식욕저하가 수반되는 것이 특징

- **AI(조류인플루엔자, Avian Influenza)**
  AI 바이러스 감염에 의해 발생하는 조류의 급성 전염병으로 병원의 정도에 따라 고병원성과 저병원성으로 구분되며, 고병원성 AI의 경우 세계 동물보건기구(OIE)의 관리대상질병으로 지정되어 있어 발생 시 OIE에 의무적으로 보고해야 함
- **돼지열병**
  제1종 가축전염병으로 사람에 감염되지 않으나, 발생국은 돼지 및 돼지고기의 수출이 제한
  ※ '01년 청정화 이후, '02년 재발되어 예방접종 실시
- **난계대 전염병**
  조류의 특유 병원체가 종란에 감염하여 부화 후 초생추에서 병을 발생시키는 질병(추백리 등)

라. 기타 축산 관련

- **가축계열화**
  가축의 생산이나 사육·사료공급·가공·유통의 기능을 연계한 일체의 통합 경영활동을 의미
- **가축계열화 사업**
  농민과 계약(위탁)에 의하여 가축사료·동물용 의약품·기자재·보수 또는 경영지도 서비스 등을 공급(제공)하고, 당해 농민이 생산한 가축을 도축가공 또는 유통하는 사업방식
- **돼지 MSY(Marketing per Sow per Year)**
  어미돼지 1두가 1년간 생산한 돼지 중 출하체중(110kg)이 될 때까지 생존하여 출하한 마리 수
- **산란수**
  산란계 한 계군에서 하루 동안에 생산된 알의 수를 의미하며, 산란계 한 마리가 산란을 시작하여 도태 시까지 낳는 알의 총수는 산란지수로 표현
- **자조금관리위원회**
  자조금의 효과적인 운용을 위해 축산업자 및 학계·소비자·관계 공무원 및 유통 전문가로 구성된 위원회이며 품목별로 설치되어 해당 품목의 자조금의 조성 및 지출, 사업 등 운용에 관한 사항을 심의·의결
  ※ 축산자조금(9개 품목): 한우, 양돈, 낙농, 산란계, 육계, 오리, 양록, 양봉, 육우
- **축산물 브랜드 경영체**
  특허청에 브랜드를 등록하고 회원 농가들과 종축·사료·사양관리 등 생산에 대한 규약을 체결하여 균일한 품질의 고급육을 생산·출하하는 축협조합 및 영농조합법인
- **쇠고기 이력제도**
  소의 출생부터 도축, 포장처리, 판매까지의 정보를 기록관리하여 위생·안전에 문제가 발생할 경우 이를 확인하여 신속하게 대처하기 위한 제도

- **수의사 처방제**

  항생제 오남용으로 인한 축산물 내 약품잔류 및 항생제 내성문제 등의 예방을 위해 동물 및 인체에 위해를 줄 수 있는 "동물용 의약품"을 수의사의 처방에 따라 사용토록 하는 제도

미경과비율표

(단위 %)

적과종료 이전 특정위험 5종 한정보장 특약에 가입하지 않은 경우 : 착과감소보험금 보장수준 50%형

구분		품목	판매개시 연도												이듬해
			1월	2월	3월	4월	5월	6월	7월	8월	9월	10월	11월	12월	1월
보통약관		사과·배	100%	100%	100%	86%	76%	70%	54%	19%	5%	0%	0%	0%	0%
		단감·떫은감	100%	100%	99%	93%	92%	90%	84%	35%	12%	3%	0%	0%	0%
특별약관	나무손해	사과·배·단감·떫은감	100%	100%	100%	99%	99%	90%	70%	29%	9%	3%	3%	0%	0%

적과종료 이전 특정위험 5종 한정보장 특약에 가입하지 않은 경우 : 착과감소보험금 보장수준 70%형

구분		품목	판매개시 연도												이듬해
			1월	2월	3월	4월	5월	6월	7월	8월	9월	10월	11월	12월	1월
보통약관		사과·배	100%	100%	100%	83%	70%	63%	49%	18%	5%	0%	0%	0%	0%
		단감·떫은감	100%	100%	98%	90%	89%	87%	79%	33%	11%	2%	0%	0%	0%
특별약관	나무손해	사과·배·단감·떫은감	100%	100%	100%	99%	99%	90%	70%	29%	9%	3%	3%	0%	0%

적과종료 이전 특정위험 5종 한정보장 특약에 가입한 경우 : 착과감소보험금 보장수준 50%형

구분		품목	판매개시 연도												이듬해
			1월	2월	3월	4월	5월	6월	7월	8월	9월	10월	11월	12월	1월
보통약관		사과·배	100%	100%	100%	92%	86%	83%	64%	22%	5%	0%	0%	0%	0%
		단감·떫은감	100%	100%	99%	95%	94%	93%	90%	38%	13%	3%	0%	0%	0%
특별약관	나무손해	사과·배·단감·떫은감	100%	100%	100%	99%	99%	90%	70%	29%	9%	3%	3%	0%	0%

적과종료 이전 특정위험 5종 한정보장 특약에 가입한 경우 : 착과감소보험금 보장수준 70%형

구분		품목	판매개시 연도												이듬해
			1월	2월	3월	4월	5월	6월	7월	8월	9월	10월	11월	12월	1월
보통약관		사과·배	100%	100%	100%	90%	82%	78%	61%	22%	6%	0%	0%	0%	0%
		단감·떫은감	100%	100%	99%	94%	93%	92%	88%	37%	13%	4%	0%	0%	0%
특별약관	나무손해	사과·배·단감·떫은감	100%	100%	100%	99%	99%	90%	70%	29%	9%	3%	3%	0%	0%

품목	분류	판매개시연도									이듬해										
		4월	5월	6월	7월	8월	9월	10월	11월	12월	1월	2월	3월	4월	5월	6월	7월	8월	9월	10월	11월
포도 복숭아	보통약관								90	80	50	40	20	20	20	0	0	0	0	0	
	특별약관								100	90	80	75	65	55	50	40	30	15	0	0	
	수확량감소 추가보장								90	80	50	40	20	20	20	0	0	0	0	0	
포도	비가림시설 화재								90	80	75	65	60	50	40	30	25	15	5	0	
자두	보통약관								90	80	40	25	0	0	0	0	0	0			
	특별약관								100	90	80	75	65	55	50	40	30	15	0		
밤	보통약관	95	95	90	45	0	0	0													
호두	보통약관	95	95	95	55	0	0	0													
참다래	참다래			95	90	80	75	75	75	75	75	70	70	70	70	65	40	15	0	0	0
	비가림시설			100	70	35	20	15	15	15	5	0	0	0	0						
	나무손해			100	70	35	20	15	15	15	5	0	0	0	0						
	화재위험			100	80	70	60	50	40	30	25	20	15	10	5						
대추	보통약관	95	95	95	45	15	0	0													
	특별약관	85	70	55	40	25	10	0													
매실	보통약관								95	65	60	50	0	0	0	0					
	특별약관								100	90	80	75	65	55	50	40	30	15	0	0	
오미자	보통약관								95	90	85	85	80	65	40	40	0	0	0		
유자	보통약관								90	95	95	90	90	80	70	70	35	10	0	0	0
	특별약관								100	90	80	75	65	55	50	40	30	15	0	0	
살구	보통약관								90	65	50	20	5	0	0						
	특별약관								100	95	95	90	90	90	90	90	55	20	5	0	
오디	보통약관								95	65	60	50	0	0	0						
복분자	보통약관								95	50	45	30	10	5	5	0					
무화과	보통약관								95	95	95	90	90	80	70	70	35	10	0	0	

품목	분류	4월	5월	6월	7월	8월	9월	10월	11월	12월	1월	2월	3월	4월	5월	6월	7월	8월	9월	10월	11월
감귤	보통약관	95	95	95	45	15	0	0	0											0	
	특약 동상해보장	100	100	100	100	100	100	100	100	60	50	0								0	
	특약 나무손해보장 과실손해 추가보장	95	95	95	45	15	0	0	0	0	0	0								0	
인삼	인삼 1형		95	95	60	30	15	5	5	5	5	0	0	0							
	1형 (6년근)		95	95	60	20	5	0													
	인삼 2형							95	95	95	90	90	90	90	90	55	20	5	0		
벼	보통약관	95	95	95	65	20	0	0	0												
	특별약관	95	95	95	65	20	0	0	0												
밀	보통약관							85	85	45	40	30	5	5	5	0					
보리	보통약관							85	85	45	40	30	5	5	5	0					
양파	보통약관							100	85	65	45	10	10	5	5	0					
마늘	보통약관							65	65	55	30	25	10	0	0	0					
고구마	보통약관	95	95	95	55	25	10	0													
옥수수	보통약관	95	95	95	50	15	0														
봄감자	보통약관	95	95	95	0																
가을감자	보통약관					45	15	10	10	0											
고랭지감자	보통약관		95	95	65	20	0	0													
차	보통약관							90	90	60	55	45	0	0	0						
콩	보통약관				90	55	20	0	0	0											
팥	보통약관				95	60	20	5	0	0											
양배추	보통약관					100	50	20	20	15	5	0	0								

품목	분류	판매개시연도									이듬해									
		4월	5월	6월	7월	8월	9월	10월	11월	12월	1월	2월	3월	4월	5월	6월	7월	8월	9월	10월	11월
고추	보통약관	95	95	90	55	20	0	0	0												
브로콜리	보통약관				100	100	50	30	25	20	15	5	0								
고랭지배추	보통약관	95	95	95	55	20	5	0													
월동배추	보통약관						50	20	15	10	5	0	0								
고랭지무	보통약관	95	95	95	55	20	5	0													
월동무	보통약관					45	25	10	5	5	0	0	0								
대파	보통약관	95	95	95	55	25	10	0	0	0											
쪽파1형	보통약관					90	35	5	0	0											
쪽파2형	보통약관					90	40	10	10	5	5	0	0	0	0						
단호박	보통약관		100	95	40	0															
당근	보통약관				60	25	10	5	5	0	0	0									
메밀	보통약관					40	15	0	0												

부록 03 별표(01~04, 07)

별표 01 품목별 표본주(구간)수 표

사과, 배, 단감, 떫은감, 포도(수입보장 포함), 복숭아, 자두, 밤, 호두, 무화과, 감귤(만감류)

조사대상주수	표본주수
50주 미만	5
50주 이상 100주 미만	6
100주 이상 150주 미만	7
150주 이상 200주 미만	8
200주 이상 300주 미만	9
300주 이상 400주 미만	10
400주 이상 500주 미만	11
500주 이상 600주 미만	12
600주 이상 700주 미만	13
700주 이상 800주 미만	14
800주 이상 900주 미만	15
900주 이상 1,000주 미만	16
1,000주 이상	17

유자

조사대상주수	표본주수	조사대상주수	표본주수
50주 미만	5	200주 이상, 500주 미만	8
50주 이상, 100주 미만	6	500주 이상, 800주 미만	9
100주 이상, 200주 미만	7	800주 이상	10

참다래, 매실, 살구, 대추, 오미자

참다래		매실, 대추, 살구		오미자	
조사대상주수	표본주수	조사대상주수	표본주수	조사대상 유인틀 길이	표본주수
50주 미만	5	100주 미만	5	500m 미만	5
50주 이상 100주 미만	6	100주 이상 300주 미만	7	500m 이상 1,000m 미만	6
100주 이상 200주 미만	7	300주 이상 500주 미만	9	1,000m 이상 2,000m 미만	7
200주 이상 500주 미만	8	500주 이상 1,000주 미만	12	2,000m 이상 4,000m 미만	8
500주 이상 800주 미만	9	1,000주 이상	15	4,000m 이상 6,000m 미만	9
800주 이상	10			6,000m 이상	10

오디, 복분자, 감귤(온주밀감)

오디		복분자		감귤(온주밀감)	
조사대상주수	표본주수	가입포기수	표본포기수	가입면적	표본주수
50주 미만	6	1,000포기 미만	8	5,000㎡ 미만	4
50주 이상 100주 미만	7	1,000포기 이상 1,500포기 미만	9	10,000㎡ 미만	6
100주 이상 200주 미만	8	1,500포기 이상 2,000포기 미만	10	10,000㎡ 이상	8
200주 이상 300주 미만	9	2,000포기 이상 2,500포기 미만	11		
300주 이상 400주 미만	10	2,500포기 이상 3,000포기 미만	12		
400주 이상 500주 미만	11	3,000포기 이상	13		
500주 이상 600주 미만	12				
600주 이상	13				

벼, 밀, 보리, 귀리

조사대상면적	표본구간	조사대상면적	표본구간
2,000㎡ 미만	3	4,000㎡ 이상 5,000㎡ 미만	6
2,000㎡ 이상 3,000㎡ 미만	4	5,000㎡ 이상 6,000㎡ 미만	7
3,000㎡ 이상 4,000㎡ 미만	5	6,000㎡ 이상	8

고구마, 양파, 마늘, 옥수수, 양배추

※ 수입보장 포함

조사대상면적	표본구간	조사대상면적	표본구간
1,500㎡ 미만	4	3,000㎡ 이상, 4,500㎡ 미만	6
1,500㎡ 이상, 3,000㎡ 미만	5	4,500㎡ 이상	7

감자, 차, 콩, 팥

※ 수입보장 포함

조사대상면적	표본구간	조사대상면적	표본구간
2,500㎡ 미만	4	7,500㎡ 이상, 10,000㎡ 미만	7
2,500㎡ 이상, 5,000㎡ 미만	5	10,000㎡ 이상	8
5,000㎡ 이상, 7,500㎡ 미만	6		

인삼

피해칸수	표본칸수	피해칸수	표본칸수
300칸 미만	3칸	900칸 이상 1,200칸 미만	7칸
300칸 이상 500칸 미만	4칸	1,200칸 이상 1,500칸 미만	8칸
500칸 이상 700칸 미만	5칸	1,500칸 이상, 1,800칸 미만	9칸
700칸 이상 900칸 미만	6칸	1,800칸 이상	10칸

고추, 메밀, 브로콜리, 배추, 무, 단호박, 파, 당근, 시금치, 양상추

실제경작면적 또는 피해면적	표본구간(이랑) 수
3,000㎡ 미만	4
3,000㎡ 이상, 7,000㎡ 미만	6
7,000㎡ 이상, 15,000㎡ 미만	8
15,000㎡ 이상	10

표고버섯(원목재배)

피해 원목수	조사 표본수
1,000본 이하	10
1,300본 이하	14
1,500본 이하	16
1,800본 이하	18
2,000본 이하	20
2,300본 이하	24
2,300본 초과	26

별표 02 농작물재해보험 미보상비율 적용표

감자, 고추 제외 전 품목

구분	제초 상태	병해충 상태	기타
해당 없음	0%	0%	0%
미흡	10% 미만	10% 미만	10% 미만
불량	20% 미만	20% 미만	20% 미만
매우 불량	20% 이상	20% 이상	20% 이상

미보상비율은 보상하는 재해 이외의 원인이 조사 농지의 수확량 감소에 영향을 준 비율을 의미하여 제초 상태, 병해충 상태 및 기타 항목에 따라 개별 적용한 후 해당 비율을 합산하여 산정한다.

1. **제초 상태(과수품목은 피해율에 영향을 줄 수 있는 잡초만 해당)**

   가) 해당 없음 : 잡초가 농지 면적의 20% 미만으로 분포한 경우

   나) 미흡 : 잡초가 농지 면적의 20% 이상 40% 미만으로 분포한 경우

   다) 불량 : 잡초가 농지 면적의 40% 이상 60% 미만으로 분포한 경우 또는 경작불능조사 진행건이나 정상적인 영농활동 시행을 증빙하는 자료(비료 및 농약 영수증 등)가 부족한 경우

   라) 매우 불량 : 잡초가 농지 면적의 60% 이상으로 분포한 경우 또는 경작불능조사 진행건이나 정상적인 영농활동 시행을 증빙하는 자료(비료 및 농약 영수증 등)가 없는 경우

2. **병해충 상태(각 품목에서 별도로 보상하는 병해충은 제외)**

   가) 해당 없음 : 병해충이 농지 면적의 20% 미만으로 분포한 경우

   나) 미흡 : 병해충이 농지 면적의 20% 이상 40% 미만으로 분포한 경우

   다) 불량 : 병해충이 농지 면적의 40% 이상 60% 미만으로 분포한 경우 또는 경작불능조사 진행건이나 정상적인 영농활동 시행을 증빙하는 자료(비료 및 농약 영수증 등)가 부족한 경우

라) 매우 불량 : 병해충이 농지 면적의 60% 이상으로 분포한 경우 또는 경작불능조사 진행건이나 정상적인 영농활동 시행을 증빙하는 자료(비료 및 농약 영수증 등)가 없는 경우

3. 기타

영농기술 부족, 영농 상 실수 및 단순 생리장애 등 보상하는 손해 이외의 사유로 피해가 발생한 것으로 추정되는 경우 [해거리, 생리장애(원소결핍 등), 시비관리, 토양관리(연작 및 pH과다·과소 등), 전정(강전정 등), 조방재배, 재식밀도(인수기준 이하), 농지상태(혼식, 멀칭, 급배수 등), 가입이전 사고 및 계약자 중과실손해, 자연감모, 보상재해이외(종자 불량, 일부가입 등)]에 적용

가) 해당 없음 : 위 사유로 인한 피해가 없는 것으로 판단되는 경우

나) 미흡 : 위 사유로 인한 피해가 10% 미만으로 판단되는 경우

다) 불량 : 위 사유로 인한 피해가 20% 미만으로 판단되는 경우

라) 매우 불량 : 위 사유로 인한 피해가 20% 이상으로 판단되는 경우

감자, 고추 품목

구분	제초 상태	기타
해당 없음	0%	0%
미흡	10% 미만	10% 미만
불량	20% 미만	20% 미만
매우 불량	20% 이상	20% 이상

미보상비율은 보상하는 재해 이외의 원인이 조사 농지의 수확량 감소에 영향을 준 비율을 의미하여 제초 상태, 병해충 상태 및 기타 항목에 따라 개별 적용한 후 해당 비율을 합산하여 산정한다.

1. 제초 상태(과수품목은 피해율에 영향을 줄 수 있는 잡초만 해당)

가) 해당 없음 : 잡초가 농지 면적의 20% 미만으로 분포한 경우

나) 미흡 : 잡초가 농지 면적의 20% 이상 40% 미만으로 분포한 경우

다) 불량 : 잡초가 농지 면적의 40% 이상 60% 미만으로 분포한 경우 또는 경작불능조사 진행건이나 정상적인 영농활동 시행을 증빙하는 자료(비료 및 농약 영수증 등)가 부족한 경우

라) 매우 불량 : 잡초가 농지 면적의 60% 이상으로 분포한 경우 또는 경작불능조사 진행건이나 정상적인 영농활동 시행을 증빙하는 자료(비료 및 농약 영수증 등)가 없는 경우

2. 기타

영농기술 부족, 영농 상 실수 및 단순 생리장애 등 보상하는 손해 이외의 사유로 피해가 발생한 것으로 추정되는 경우 [해거리, 생리장애(원소결핍 등), 시비관리, 토양관리(연작 및 pH과다·과소 등), 전정(강전정 등), 조방재배, 재식밀도(인수기준 이하), 농지상태(혼식, 멀칭, 급배수 등), 가입이전 사고 및 계약자 중과실손해, 자연감모, 보상재해이외(종자불량, 일부가입 등)]에 적용

가) 해당 없음 : 위 사유로 인한 피해가 없는 것으로 판단되는 경우

나) 미흡 : 위 사유로 인한 피해가 10% 미만으로 판단되는 경우

다) 불량 : 위 사유로 인한 피해가 20% 미만으로 판단되는 경우

라) 매우 불량 : 위 사유로 인한 피해가 20% 이상으로 판단되는 경우

별표 03 | 과실 분류에 따른 피해인정계수

복숭아, 감귤(온주밀감) 외 과실

과실분류	피해인정계수	비 고
정상과	0	피해가 없거나 경미한 과실
50%형 피해과실	0.5	일반시장에 출하할 때 정상과실에 비해 50% 정도의 가격하락이 예상되는 품질의 과실 (단, 가공공장공급 및 판매 여부와 무관)
80%형 피해과실	0.8	일반시장 출하가 불가능하나 가공용으로 공급될 수 있는 품질의 과실 (단, 가공공장공급 및 판매 여부와 무관)
100%형 피해과실	1	일반시장 출하가 불가능하고 가공용으로도 공급될 수 없는 품질의 과실

복숭아

과실분류	피해인정계수	비 고
정상과	0	피해가 없거나 경미한 과실
50%형 피해과실	0.5	일반시장에 출하할 때 정상과실에 비해 50% 정도의 가격하락이 예상되는 품질의 과실 (단, 가공공장공급 및 판매 여부와 무관)
80%형 피해과실	0.8	일반시장 출하가 불가능하나 가공용으로 공급될 수 있는 품질의 과실 (단, 가공공장공급 및 판매 여부와 무관)
100%형 피해과실	1	일반시장 출하가 불가능하고 가공용으로도 공급될 수 없는 품질의 과실
병충해 피해과실	0.5	세균구멍병 피해를 입은 과실

감귤(온주밀감)

과실분류		비고
정상과실	0	무피해 과실 또는 보상하는 재해로 과피 전체 표면 면적의 10%내로 피해가 있는 경우
등급 내 피해과실	30%형	보상하는 재해로 과육은 피해가 없고 과피 전체 표면 면적의 10% 이상 30% 미만의 피해가 있는 경우
	50%형	보상하는 재해로 과육은 피해가 없고 과피 전체 표면 면적의 30% 이상 50% 미만의 피해가 있는 경우
	80%형	보상하는 재해로 과육은 피해가 없고 과피 전체 표면 면적의 50% 이상 80% 미만의 피해가 있는 경우
	100%형	보상하는 재해로 과피 전체 표면 면적의 80% 이상 피해가 있거나 과육의 부패 및 무름등의 피해가 있는 경우
등급 외 피해과실	30%형	[제주특별자치도 감귤생산 및 유통에 관한 조례시행규칙] 제 18조 4항에 준하여 과실의 크기만으로 등급 외 크기이면서 무피해 과실 또는 보상하는 재해로 과피 및 과육 피해가 없는 경우를 말함
	50%형	[제주특별자치도 감귤생산 및 유통에 관한 조례시행규칙] 제 18조 4항에 준하여 과실의 크기만으로 등급 외 크기이면서 보상하는 재해로 과육은 피해가 없고 과피 전체 표면 면적의 10%이상 피해가 있으며 과실 횡경이 71mm 이상인 경우를 말함
	80%형	[제주특별자치도 감귤생산 및 유통에 관한 조례시행규칙] 제 18조 4항에 준하여 과실의 크기만으로 등급 외 크기이면서 보상하는 재해로 과육은 피해가 없고 과피 전체 표면 면적의 10%이상 피해가 있으며 과실 횡경이 49mm 미만인 경우를 말함
	100%형	[제주특별자치도 감귤생산 및 유통에 관한 조례시행규칙] 제 18조 4항에 준하여 과실의 크기만으로 등급 외 크기이면서 과육부패 및 무름 등의 피해가 있어 가공용으로도 공급 될 수 없는 과실을 말함

별표 04 매실 품종별 과실 비대추정지수

조사일	남고	백가하	재래종	천매
30일전	2.871	3.411	3.389	3.463
29일전	2.749	3.252	3.227	3.297
28일전	2.626	3.093	3.064	3.131
27일전	2.504	2.934	2.902	2.965
26일전	2.381	2.775	2.740	2.800
25일전	2.258	2.616	2.577	2.634
24일전	2.172	2.504	2.464	2.518
23일전	2.086	2.391	2.351	2.402
22일전	2.000	2.279	2.238	2.286
21일전	1.914	2.166	2.124	2.171
20일전	1.827	2.054	2.011	2.055
19일전	1.764	1.972	1.933	1.975
18일전	1.701	1.891	1.854	1.895
17일전	1.638	1.809	1.776	1.815
16일전	1.574	1.728	1.698	1.735
15일전	1.511	1.647	1.619	1.655
14일전	1.465	1.598	1.565	1.599
13일전	1.419	1.530	1.510	1.543
12일전	1.373	1.471	1.455	1.487
11일전	1.326	1.413	1.400	1.431
10일전	1.280	1.355	1.346	1.375
9일전	1.248	1.312	1.300	1.328
8일전	1.215	1.270	1.254	1.281
7일전	1.182	1.228	1.208	1.234
6일전	1.149	1.186	1.162	1.187
5일전	1.117	1.144	1.116	1.140
4일전	1.093	1.115	1.093	1.112
3일전	1.070	1.096	1.070	1.084
2일전	1.047	1.057	1.046	1.056
1일전	1.023	1.029	1.023	1.028
수확일	1	1	1	1

※ 위에 없는 품종은 남고를 기준으로 함 (출처 : 국립원예특작과학원)

별표 07 품목별 감수과실수 및 피해율 산정방법

1. 적과전 종합위험방식 과수 품목 감수과실수 산정방법

품목	조사시기	재해종류	조사종류	감수과실수 산정방법
사과 배 단감 떫은감	적과 종료 이전	자연재해 조수해 화재	피해사실 확인조사	□ 적과종료이전 사고는 보상하는 재해(자연재해, 조수해, 화재)가 중복해서 발생한 경우에도 아래 산식을 한번만 적용함 ○ 착과감소과실수 = 최솟값(평년착과수 − 적과후착과수, 최대인정감소과실수) ○ 적과종료이전의 미보상감수과실수 = {(착과감소과실수 × 미보상비율) + 미보상주수 감수과실수} ※ 적과전 사고 조사에서 미보상비율적용은 미보상비율조사값 중 가장 큰값만 적용 □ 적과종료이전 최대인정감소량(5종 한정 특약 가입건 제외) 사고접수 건 중 피해사실확인조사결과 모든 사고가 "피해규모 일부"인 경우만 해당하며, 착과감소량(과실수)이 최대인정감소량(과실수)을 초과하는 경우에는 최대인정감소량(과실수)을 착과감소량(과실수)으로 함 ○ 최대인정감소량 = 평년착과량 × 최대인정피해율 ○ 최대인정감소과실수 = 평년착과수 × 최대인정피해율 　− 최대인정피해율 = 피해대상주수(고사주수, 수확불능주수, 일부피해주수) ÷ 실제결과주수 ※ 해당 사고가 2회 이상 발생한 경우에는 사고별 피해대상주수를 누적하여 계산 □ 적과종료이전 최대인정감소량(5종 한정 특약 가입건만 해당) 「적과종료이전 특정위험 5종 한정 보장특별약관」가입 건에 적용되며, 착과감소량(과실수)이 최대인정감소량(과실수)을 초과하는 경우에는 최대인정감소량(과실수)을 착과감소량(과실수)으로 함 ○ 최대인정감소량 = 평년착과량 × 최대인정피해율 ○ 최대인정감소과실수 = 평년착과수 × 최대인정피해율

품목	조사시기	재해종류	조사종류	감수과실수 산정방법
사과 배 단감 떫은감	적과종료 이전	자연재해 조수해 화재	피해사실 확인조사	※ 최대인정피해율은 아래의 값 중 가장 큰 값 - 나무피해 • (유실, 매몰, 도복, 절단(1/2), 소실(1/2), 침수주수) ÷ 실제결과주수 단, 침수주수는 침수피해를 입은 나무수에 과실침수율을 곱하여 계산함 • 해당 사고가 2회 이상 발생한 경우에는 사고별 나무피해주수를 누적하여 계산 - 우박피해에 따른 유과타박률 • 최댓값(유과타박률1, 유과타박률2, 유과타박률3, …) - 6월1일부터 적과종료 이전까지 단감·떫은감의 낙엽피해에 따른 인정피해율 • 최댓값(인정피해율1, 인정피해율2, 인정피해율3, …)
		자연재해	해당 조사없음	□ 적과종료 이전 자연재해로 인한 적과종료 이후 착과손해 감수과실수 ○ 적과후착과수가 평년착과수의 60% 미만인 경우, 　감수과실수 = 적과후착과수 × 5% ○ 적과후착과수가 평년착과수의 60% 이상 100% 미만인 경우, 　감수과실수 = 적과후착과수 × 5% × $\dfrac{100\% - 착과율}{40\%}$ 　착과율 = 적과후착과수 ÷ 평년착과수 ※ 상기 계산된 감수과실수는 적과종료 이후 누적감수량에 합산하며, 적과종료 이후 착과피해율(max A 적용)로 인식함 ※ 적과전종합방식(Ⅱ)가입 건 중 「적과종료이전 특정위험 5종 한정 보장특별약관」 미가입시에만 적용

품목	조사시기	재해종류	조사종류	감수과실수 산정방법
사과 배	적과 종료 이후	태풍 (강풍) 화재 지진 집중호우	낙과피해 조사	○ 낙과손해(전수조사) : 총낙과과실수 x (낙과피해구성률 - max A) x 1.07 ○ 낙과손해(표본조사) : (낙과과실수 합계 / 표본주수) x 조사대상주수 x (낙과피해구성률 - max A) x 1.07 ※ 낙과 감수과실수의 7%를 착과손해로 포함하여 산정 • max A : 금차 사고전 기조사된 착과피해구성률 중 최댓값을 말함 • "(낙과피해구성률 - max A)"의 값이 영(0)보다 작은 경우 : 금차 감수과실수는 영(0)으로 함
			나무피해 조사	○ 나무의 고사 및 수확불능 손해 - (고사주수 + 수확불능주수) x 무피해 나무 1주당 평균 착과수 x (1 - max A) ○ 나무의 일부침수 손해 - (일부침수주수 x 일부침수나무 1주당 평균 침수 착과수) x (1 - max A) - max A : 금차 사고전 기조사된 착과피해구성률 또는 인정피해율 중 최댓값을 말함
		우박	낙과피해 조사	○ 낙과손해(전수조사) : 총낙과과실수 x (낙과피해구성률 - max A) ○ 낙과손해(표본조사) : (낙과과실수 합계 / 표본주수) x 조사대상주수 x (낙과피해구성률 - max A) • max A : 금차 사고전 기조사된 착과피해구성률 중 최댓값을 말함 • "(해당과실의 피해구성률 - max A)"의 값이 영(0)보다 작은 경우 : 금차 감수과실수는 영(0)으로 함
			착과피해 조사	○ 사고당시 착과과실수 x (착과피해구성률 - max A) • max A : 금차 사고전 기조사된 착과피해구성률 중 최댓값을 말함 • "(해당과실의 피해구성률 - max A)"의 값이 영(0)보다 작은 경우 : 금차 감수과실수는 영(0)으로 함
		가을 동상해	착과피해 조사	○ 사고당시 착과과실수 x (착과피해구성률 - max A) • max A : 금차 사고전 기조사된 착과피해구성률 중 최댓값을 말함 • "(착과피해구성률 - max A)"의 값이 영(0)보다 작은 경우 : 금차 감수과실수는 영(0)으로 함

품목	조사시기	재해종류	조사종류	감수과실수 산정방법
단감 떫은감	적과 종료 이후	태풍 (강풍) 화재 지진 집중호우	낙과피해 조사	○ 낙과손해(전수조사) : 총낙과과실수 × (낙과피해구성률 − max A) ○ 낙과손해(표본조사) : (낙과과실수 합계 / 표본주수) × 조사대상주수 × (낙과피해구성률 − max A) • max A : 금차 사고전 기조사된 착과피해구성률 또는 인정피해율 중 최댓값을 말함 • "(낙과피해구성률 − max A)"의 값이 영(0)보다 작은 경우 : 금차 감수과실수는 영(0)으로 함
			나무피해 조사	○ 나무의 고사 및 수확불능 손해 − (고사주수 + 수확불능주수) × 무피해 나무 1주당 평균 착과수 × (1 − max A) ○ 나무의 일부침수 손해 − (일부침수주수 × 일부침수나무 1주당 평균 침수 착과수) × (1 − max A) − max A : 금차 사고전 기조사된 착과피해구성률 또는 인정피해율 중 최댓값을 말함
			낙엽피해 조사	○ 낙엽손해 − 사고당시 착과과실수 × (인정피해율 − max A) × (1 − 미보상비율) • max A : 금차 사고전 기조사된 착과피해구성률 또는 인정피해율 중 최댓값을 말함 • "(인정피해율 − max A)"의 값이 영(0)보다 작은 경우 : 금차 감수과실수는 영(0)으로 함 • 미보상비율은 금차 사고조사의 미보상비율을 적용함
		우박	낙과피해 조사	○ 낙과손해(전수조사) − 총낙과과실수 × (낙과피해구성률 − max A) ○ 낙과손해(표본조사) − (낙과과실수 합계 / 표본주수) × 조사대상주수 × (낙과피해구성률 − max A) • max A : 금차 사고전 기조사된 착과피해구성률 또는 인정피해율 중 최댓값을 말함 • "(낙과피해구성률 − max A)"의 값이 영(0)보다 작은 경우 : 금차 감수과실수는 영(0)으로 함
			착과피해 조사	○ 착과손해 − 사고당시 착과과실수 × (착과피해구성률 − max A) • max A : 금차 사고전 기조사된 착과피해구성률 또는 인정피해율 중 최댓값을 말함 • "(착과피해구성률 − max A)"의 값이 영(0)보다 작은 경우 : 금차 감수과실수는 영(0)으로 함

품목	조사시기	재해종류	조사종류	감수과실수 산정방법
단감 떫은감	적과 종료 이후	가을 동상해	착과 피해조사	○ 착과손해 　- 사고당시 착과과실수 × (착과피해구성률 - max A) 　※ 단, '잎 피해가 인정된 경우에는 착과피해구성률을 아래와 같이 적용함 　• 착과피해구성률[*](아래표 참조) 　- max A : 금차 사고전 기조사된 착과피해구성률 또는 인정피해율 중 최댓값을 말함 　※ "(착과피해구성률 - max A)"의 값이 영(0)보다 작은 경우 : 금차 감수과실수는 영(0)으로 함
사과 배 단감 떫은감	적과 종료 이후	일소피해	낙과 착과 피해조사	○ 낙과손해 (전수조사 시) : 총낙과과실수 × (낙과피해구성률 - max A) ○ 낙과손해 (표본조사 시) : (낙과과실수 합계 ÷ 표본주수) × 조사대상주수 × (낙과피해구성률 - max A) 　- max A : 금차 사고전 기조사된 착과피해구성률 또는 인정피해율 중 최댓값을 말함 　※ "(낙과피해구성률 - max A)"의 값이 영(0)보다 작은 경우 : 금차 감수과실수는 영(0)으로 함 ○ 착과손해 　- 사고당시 착과과실수 × (착과피해구성률 - max A) 　- max A : 금차 사고전 기조사된 착과피해구성률 또는 인정피해율 중 최댓값을 말함 ○ "(착과피해구성률 - max A)"의 값이 영(0)보다 작은 경우 : 금차 감수과실수는 영(0)으로 함 ○ 일소피해과실수 = 낙과손해 + 착과 손해 　- 일소피해과실수가 보험사고 한 건당 적과후착과수의 6%를 초과하는 경우에만 감수과실수로 인정 　- 일소피해과실수가 보험사고 한 건당 적과후착과수의 6% 이하인 경우에는 해당 조사의 감수과실수는 영(0)으로 함

[*]착과피해구성률 =
$$\frac{(정상과실수 \times 0.0031 \times 잔여일수) + (50\%형피해과실수 \times 0.5) + (80\%형피해과실수 \times 0.8) + (100\%형피해과실수 \times 1)}{정상과실수 + 50\%형피해과실수 + 80\%형피해과실수 + 100\%형피해과실수}$$

잔여일수 : 사고발생일부터 가을동상해 보장종료일까지 일자 수

용어 및 관련 산식

품목	조사종류	내 용
사과 배 단감 떫은감	공통	○ 조사대상주수 = 실제결과주수 - 고사주수 - 수확불능주수 - 미보상주수 - 수확완료주수 ○ 미보상주수 감수과실수 = 미보상주수 × 품종·재배방식·수령별 1주당 평년착과수 ○ 기준착과수 결정 　- 적과종료전에 인정된 착과감소과실수가 없는 과수원 : 기준착과수 = 적과후착과수 　- 적과종료전에 인정된 착과감소과실수가 있는 과수원 : 기준착과수 = 적과후착과수 + 착과감소과실수
	나무피해 조사	○ 침수율 = $\dfrac{\text{침수 꽃(눈)·유과수의 합계}}{\text{침수 꽃(눈)·유과수의 합계 + 미침수 꽃(눈)·유과수의 합계}}$ ○ 나무피해 시 품종·재배방식·수령별 주당 평년착과수 　= (전체 평년착과수 × $\dfrac{\text{품종·재배방식·수령별 표준수확량 합계}}{\text{전체 표준수확량 합계}}$) ÷ 품종·재배방식·수령별 실제결과주수 ※ 품종·재배방식·수령별로 구분하여 산식에 적용
	유과타박률 조사	○ 유과타박률 = $\dfrac{\text{표본주의 피해유과수 합계}}{\text{표본주의 피해유과수 합계 + 표본주의 정상유과수 합계}}$
	피해구성 조사	○ 피해구성률 = $\dfrac{(100\%\text{형피해과실수}\times 1) + (80\%\text{형피해과실수}\times 0.8) + (50\%\text{형피해과실수}\times 0.5)}{100\%\text{형피해과실수} + 80\%\text{형피해과실수} + 50\%\text{형피해과실수} + \text{정상과실수}}$ ※ 착과 및 낙과피해조사에서 피해구성률 산정시 적용
	낙엽피해 조사	○ 인정피해율 : - 단감 = (1.0115 × 낙엽률) - (0.0014 × 경과일수) 　　　　　　　 - 떫은감 = 0.9662 × 낙엽률 - 0.0703 　- 경과일수 = 6월 1일부터 낙엽피해 발생일까지 경과된 일수 　- 낙엽률 = $\dfrac{\text{표본주의 낙엽수 합계}}{\text{표본주의 낙엽수 합계 + 표본주의 착엽수 합계}}$
	착과피해 조사	○ "사고당시 착과과실수"는 "적과후착과수 - 총낙과과실수 - 총적과종료후 나무피해과실수 - 총 기수확과실수" 보다 클 수 없음
	적과후 착과수 조사	○ 품종·재배방식·수령별 착과수 　= [$\dfrac{\text{품종·재배방식·수령별 표본주의 착과수 합계}}{\text{품종·재배방식·수령별 표본주 합계}}$] × 품종·재배방식·수령별 조사대상주수 ※ 품종·재배방식·수령별 착과수의 합계를 과수원별 『적과후착과수』로 함

2. 특정위험방식 밭작물 품목

품목별	조사종류별	조사시기	피해율 산정방법

인삼	수확량조사	수확량 확인이 가능한 시점	□ 전수조사 시
			○ 피해율 = $(1 - \dfrac{수확량}{연근별기준수확량}) \times \dfrac{피해면적}{재배면적}$
			○ 수확량 = 단위면적당 조사수확량 + 단위면적당 미보상감수량
			  - 단위면적당 조사수확량 = 총조사수확량 ÷ 금차 수확면적
			  • 금차 수확면적 = 금차 수확칸수 x 지주목간격 x (두둑폭 + 고랑폭)
			  - 단위면적당 미보상감수량 = (기준수확량 - 단위면적당 조사수확량) x 미보상비율
			○ 피해면적 = 금차 수확칸수
			○ 재배면적 = 실제경작칸수
			
			□ 표본조사 시
			○ 피해율 = $(1 - \dfrac{수확량}{연근별기준수확량}) \times \dfrac{피해면적}{재배면적}$
			○ 수확량 = 단위면적당 조사수확량 + 단위면적당 미보상감수량
			  - 단위면적당 조사수확량 = 표본수확량 합계 ÷ 표본칸 면적
			  • 표본칸 면적 = 표본칸 수 x 지주목간격 x (두둑폭 + 고랑폭)
			  - 단위면적당 미보상감수량 = (기준수확량 - 단위면적당 조사수확량) x 미보상비율
			○ 피해면적 = 피해칸수
			○ 재배면적 = 실제경작칸수

3. 종합위험 수확감소보장방식 과수 품목

품목별	조사종류별	조사시기	피해율 산정방법
자두, 복숭아, 포도, 감귤 (만감류)	수확량조사	착과수조사 (최초 수확 품종 수확전) / 과중조사 (품종별 수확 시기) / 착과피해조사 (피해 확인 가능 시기) / 낙과피해조사 (착과수조사 이후 낙과피해 시) / 고사나무조사 (수확완료 후)	☐ 착과수(수확개시 전 착과수조사 시) ○ 품종·수령별 착과수 = 품종·수령별 조사대상주수 × 품종·수령별 주당 착과수 • 품종·수령별 조사대상주수 = 품종·수령별 실제결과주수 − 품종·수령별 고사주수 − 품종·수령별 미보상주수 • 품종·수령별 주당 착과수 = 품종·수령별 표본주의 착과수 ÷ 품종·수령별 표본주수 ☐ 착과수(착과피해조사 시) ○ 품종·수령별 착과수 = 품종·수령별 조사대상주수 × 품종·수령별 주당 착과수 • 품종·수령별 조사대상주수 = 품종·수령별 실제결과주수 − 품종·수령별 고사주수 − 품종·수령별 미보상주수 − 품종·수령별 수확완료주수 • 품종·수령별 주당 착과수 = 품종별·수령별 표본주의 착과수 ÷ 품종별·수령별 표본주수 ☐ 과중조사 (사고접수건에 대해 실시) ○ 품종별 과중 = 품종별 표본과실 무게 ÷ 품종별 표본과실 수 ☐ 낙과수 산정 (착과수조사 이후 발생한 낙과사고마다 산정) ○ 표본조사 시 : 품종·수령별 낙과수 조사 • 품종·수령별 낙과수 = 품종·수령별 조사대상 주수 × 품종·수령별 주당 낙과수 − 품종·수령별 조사대상주수 = 품종·수령별 실제결과주수 − 품종·수령별 고사주수 − 품종·수령별 미보상주수 − 품종·수령별 수확완료주수 − 품종·수령별주당 낙과수 = 품종·수령별 표본주의 낙과수 ÷ 품종·수령별 표본주수 ○ 전수조사 시 : 품종별 낙과수 조사 • 전체 낙과수에 대한 품종 구분이 가능할 때 : 품종별로 낙과수 조사 • 전체 낙과수에 대한 품종 구분이 불가능할 때 (전체 낙과수 조사 후 품종별 안분) − 품종별 낙과수 = 전체 낙과수 × (품종별 표본과실 수 ÷ 품종별 표본과실 수의 합계) ▪ 품종별 주당 낙과수 = 품종별 낙과수 ÷ 품종별 조사대상주수 − 품종별 조사대상주수 = 품종별 실제결과주수 − 품종별 고사주수 − 품종별 미보상주수 − 품종별 수확완료주수)

품목별	조사종류별	조사시기	피해율 산정방법
자두, 복숭아, 포도, 감귤 (만감류),	수확량조사	착과수조사 (최초 수확 품종 수확전) / 과중조사 (품종별 수확 시기) / 착과피해조사 (피해 확인 가능 시기) / 낙과피해조사 (착과수조사 이후 낙과피해 시) / 고사나무조사 (수확완료 후)	□ 피해구성조사 (낙과 및 착과피해 발생 시 실시) ○ 피해구성률 = {(50%형 피해과실 수 x 0.5) + (80%형 피해과실 수 x 0.8) + (100%형 피해과실 수 x 1)} ÷ 표본과실 수 ○ 금차 피해구성률 = 피해구성률 − max A • 금차 피해구성률은 다수 사고인 경우 적용 • max A : 금차 사고전 기조사된 착과피해구성률 중 최댓값을 말함 ※ 금차 피해구성률이 영(0)보다 작은 경우에는 영(0)으로 함 □ 착과량 산정 ○ 착과량 = 품종·수령별 착과량의 합 • 품종·수령별 착과량 = (품종·수령별 착과수 x 품종별 과중) + (품종·수령별 주당 평년수확량 x 미보상주수) ※ 단, 품종별 과중이 없는 경우(과중 조사 전 기수확 품종)에는 품종·수령별 평년수확량을 품종·수령별 착과량으로 한다. − 품종·수령별 주당 평년수확량 = 품종·수령별 평년수확량 ÷ 품종·수령별 실제결과주수 − 품종·수령별 평년수확량 = 평년수확량 x (품종·수령별 표준수확량 ÷ 표준수확량) − 품종·수령별 표준수확량 = 품종·수령별 주당 표준수확량 x 품종·수령별 실제결과주수 □ 감수량 산정 (사고마다 산정) ○ 금차 감수량 = 금차 착과 감수량 + 금차 낙과 감수량 + 금차 고사주수 감수량 − 금차 착과 감수량 = 금차 품종·수령별 착과 감수량의 합 − 금차 품종·수령별 착과 감수량 = 금차 품종·수령별 착과수 x 품종별 과중 x 금차 품종별 착과피해구성률 − 금차 낙과 감수량 = 금차 품종·수령별 낙과수 x 품종별 과중 x 금차 낙과피해구성률 − 금차 고사주수 감수량 = 품종·수령별 금차 고사주수 x (품종·수령별 주당 착과수 + 품종·수령별 주당 낙과수) x 품종별 과중 x (1 − max A) • 품종·수령별 금차 고사주수 = 품종·수령별 고사주수 − 품종·수령별 기조사 고사주수

품목별	조사종류별	조사시기	피해율 산정방법
자두, 복숭아, 포도, 감귤 (만감류)	수확량조사	착과수조사 (최초 수확 품종 수확전) / 과중조사 (품종별 수확시기) / 착과피해조사 (피해 확인 가능 시기) / 낙과피해조사 (착과수조사 이후 낙과피해 시) / 고사나무조사 (수확완료 후)	□ **피해율 산정** ○ 피해율(포도, 자두) = (평년수확량 − 수확량 − 미보상 감수량) ÷ 평년수확량 ○ 피해율(복숭아) = (평년수확량 − 수확량 − 미보상 감수량 + *병충해감수량) ÷ 평년수확량 • 미보상 감수량 = (평년수확량 − 수확량) x 최댓값(미보상비율1, 미보상비율2, ⋯) □ **수확량 산정** ○ 수확량 = 착과량 − 사고당 감수량의 합 □ ***병충해 감수량(복숭아만 해당)** ○ 병충해감수량 = 금차 병충해 착과감수량 + 금차 병충해 낙과감수량 • 금차 병충해 착과감수량 = 금차 품종·수령별 병충해 인정피해 착과수 x 품종별 과중 − 금차 품종·수령별 병충해 인정피해 착과수 = 금차 품종·수령별 착과 과실수 x 품종별 병충해 착과피해구성률 ▪ 품종별 병충해 착과피해구성률 = (병충해 착과 피해과실수 x (0.5 − max A)) ÷ 표본 착과과실수 • 금차 병충해 낙과감수량 = 금차 품종·수령별 병충해 인정피해 낙과수 x 품종별 과중 − 금차 품종·수령별 병충해 인정피해 낙과수 = 금차 품종·수령별 낙과 과실수 x 품종별 병충해 낙과피해구성률 ▪ 품종별 병충해 낙과피해구성률 = (병충해 낙과 피해과실수 x (0.5 − max A)) ÷ 표본 낙과과실수 ※ max A : 금차 사고전 기조사된 착과피해구성률 중 최댓값을 말함 (0.5 − max A)의 값이 영(0)보다 작은 경우 : 금차 병충해감수량은 영(0)으로 함

품목별	조사종류별	조사시기	피해율 산정방법

밤, 호두	수확 개시 전 수확량조사 (조사일 기준)	최초 수확 전	□ **수확개시 이전 수확량 조사**
			○ 기본사항
			• 품종별 조사대상 주수 = 품종별 실제결과주수 − 품종별 미보상주수 − 품종별 고사나무주수
			• 품종별 평년수확량 = 평년수확량 × ((품종별 주당 표준수확량 × 품종별 실제결과주수) ÷ 표준수확량)
			• 품종별 주당 평년수확량 = 품종별 평년수확량 ÷ 품종별 실제결과주수
			
			○ 착과수 조사
			• 품종별 주당 착과수 = 품종별 표본주의 착과수 ÷ 품종별 표본주수
			
			○ 낙과수 조사
			• 표본조사
			  − 품종별 주당 낙과수 = 품종별 표본주의 낙과수 ÷ 품종별 표본주수
			• 전수조사
			  − 전체 낙과에 대하여 품종별 구분이 가능한 경우 : 품종별 낙과수 조사
			  − 전체 낙과에 대하여 품종별 구분이 불가한 경우 : 전체 낙과수 조사 후 낙과수 중 표본을 추출하여 품종별 개수 조사
			    ▪ 품종별 낙과수 = 전체 낙과수 × (품종별 표본과실 수 ÷ 전체 표본과실 수의 합계)
			    ▪ 품종별 주당 낙과수 = 품종별 낙과수 ÷ 품종별 조사대상 주수
			    ▪ 품종별 조사대상 주수 = 품종별 실제결과주수 − 품종별 고사주수 − 품종별 미보상주수
			
			○ 과중 조사
			• (밤) 품종별 개당 과중 = 품종별 {정상 표본과실 무게 + (소과 표본과실 무게 × 0.8)} ÷ 표본과실 수
			• (호두) 품종별 개당 과중 = 품종별 표본과실 무게 합계 ÷ 표본과실 수
			
			○ 피해구성 조사(품종별로 실시)
			• 피해구성률 = {(50%형 피해과실 수×0.5) + (80%형 피해과실 수×0.8) + (100%형 피해과실 수×1)} ÷ 표본과실 수
			
			○ 피해율 = (평년수확량 − 수확량 − 미보상감수량) ÷ 평년수확량
			수확량 = {품종별 조사대상 주수 × 품종별 주당 착과수 × (1 − 착과피해구성률) × 품종별 과중 } + {품종별 조사대상 주수 × 품종별 주당 낙과수 × (1 − 낙과피해구성률) × 품종별 과중} + (품종별 주당 평년수확량 × 품종별 미보상주수)
			• 미보상 감수량 = (평년수확량 − 수확량) × 미보상비율

품목별	조사종류별	조사시기	피해율 산정방법
밤, 호두	수확 개시 후 수확량조사 (조사일 기준)	사고발생 직후	□ 수확개시 후 수확량 조사 ○ 착과수 조사 • 품종별 주당 착과수 = 품종별 표본주의 착과수 ÷ 품종별 표본주수 ○ 낙과수 조사 • 표본조사 – 품종별 주당 낙과수 = 품종별 표본주의 낙과수 ÷ 품종별 표본주수 • 전수조사 – 전체 낙과에 대하여 품종별 구분이 가능한 경우 : 품종별 낙과수 조사 – 전체 낙과에 대하여 품종별 구분이 불가한 경우 : 전체 낙과수 조사 후 낙과수 중 표본을 추출하여 품종별 개수 조사 ■ 품종별 낙과수 = 전체 낙과수 × (품종별 표본과실 수 ÷ 전체 표본과실 수의 합계) ■ 품종별 주당 낙과수 = 품종별 낙과수 ÷ 품종별 조사대상 주수 ■ 품종별 조사대상 주수 = 품종별 실제결과주수 – 품종별 고사주수 – 품종별 미보상주수 – 품종별 수확완료주수 ○ 과중 조사 • (밤) 품종별 개당 과중 = 품종별 {정상 표본과실 무게 + (소과 표본과실 무게 × 0.8)} ÷ 표본과실 수 • (호두) 품종별 개당 과중 = 품종별 표본과실 무게 합계 ÷ 표본과실 수 ○ 피해구성 조사(품종별로 실시) • 피해구성률 = ((50%형 피해과실 수 × 0.5) + (80%형 피해과실 수 × 0.8) + (100%형 피해과실 수 × 1)) ÷ 표본과실 수 • 금차 피해구성률 = 피해구성률 – max A – 금차 피해구성률은 다수 사고인 경우 적용 – max A : 금차 사고전 기조사된 착과피해구성률 중 최댓값을 말함 ※ 금차 피해구성률이 영(0)보다 작은 경우에는 영(0)으로 함 ○ 금차 수확량 = {품종별 조사대상 주수 × 품종별 주당 착과수 × 품종별 개당 과중 × (1 – 금차 착과피해구성률)} + {품종별 조사대상 주수 품종별 주당 낙과수 × 품종별 개당 과중 × (1 – 금차 낙과피해구성률)} + (품종별 주당 평년수확량 × 품종별 미보상주수)

품목별	조사종류별	조사시기	피해율 산정방법
밤, 호두	수확 개시 후 수확량조사 (조사일 기준)	사고발생 직후	○ 감수량 = (품종별 조사대상 주수 × 품종별 주당 착과수 × 금차 착과피해구성률 × 품종별 개당 과중) + (품종별 조사대상 주수 × 품종별 주당 낙과수 × 금차 낙과피해구성률 × 품종별 개당 과중) + (품종별 금차 고사주수 × (품종별 주당 착과수 + 품종별 주당 낙과수) × 품종별 개당 과중 × (1 - max A)) • 품종별 조사대상 주수 = 품종별 실제 결과주수 - 품종별 미보상주수 - 품종별 고사나무주수 - 품종별 수확완료주수 • 품종별 평년수확량 = 평년수확량 × ((품종별 주당 표준수확량 × 품종별 실제결과주수) ÷ 표준수확량) • 품종별 주당 평년수확량 = 품종별 평년수확량 ÷ 품종별 실제결과주수 • 품종별 금차 고사주수 = 품종별 고사주수 - 품종별 기조사 고사주수 □ 피해율 산정 ○ 금차 수확 개시 후 수확량조사가 최초 조사인 경우(이전 수확량조사가 없는 경우) 　1)『금차 수확량 + 금차 감수량 + 기수확량 〈 평년수확량』인 경우 　• 피해율 = (평년수확량 - 수확량 - 미보상감수량) ÷ 평년수확량 　- 수확량 = 평년수확량 - 금차 감수량 　- 미보상 감수량 = 금차 감수량 × 미보상비율 　2)『금차 수확량 + 금차 감수량 + 기수확량 ≧ 평년수확량』인 경우 　• 피해율 = (평년수확량 - 수확량 - 미보상감수량) ÷ 평년수확량 　- 수확량 = 금차 수확량 + 기수확량 　- 미보상 감수량 = (평년수확량 - (금차 수확량 + 기수확량)) × 미보상비율 ○ 수확 개시 전 수확량 조사가 있는 경우(이전 수확량조사에 수확 개시 전 수확량조사가 포함된 경우) 　1)『금차 수확량 + 금차 감수량 + 기수확량 〉 수확 개시 전 수확량조사 수확량』⇒ 오류 수정 필요 　2)『금차 수확량 + 금차 감수량 + 기수확량 〉 이전 조사 금차 수확량 + 이전 조사 기수확량』⇒ 오류 수정 필요 　3)『금차 수확량 + 금차 감수량 + 기수확량 ≦ 수확 개시 전 수확량조사 수확량』이면서 　　『금차 수확량 + 금차 감수량 + 기수확량 ≦ 이전 조사 금차 수확량 + 이전 조사 기수확량』인 경우 　• 피해율 = (평년수확량 - 수확량 - 미보상감수량) ÷ 평년수확량 　- 수확량 = 수확개시전 수확량 - 사고당 감수량의 합 　- 미보상감수량 = {평년수확량 - (수확 개시 전 수확량 - 사고당 감수량의 합)} × max(미보상비율)

품목별	조사종류별	조사시기	피해율 산정방법

밤, 호두	수확 개시 후 수확량조사 (조사일 기준)	사고발생 직후	○ 수확 개시 후 수확량 조사만 있는 경우(이전 수확량조사가 모두 수확 개시 후 수확량조사인 경우)
			1) 『금차 수확량 + 금차 감수량 + 기수확량 〉 이전 조사 금차 수확량 + 이전 조사 기수확량』⇒ 오류 수정 필요
			2) 『금차 수확량 + 금차 감수량 + 기수확량 ≦ 이전 조사 금차 수확량 + 이전 조사 기수확량』인 경우
			① 최초 조사가 『금차 수확량 + 금차 감수량 + 기수확량 〈 평년수확량』인 경우
			• 피해율 = (평년수확량 − 수확량 − 미보상감수량) ÷ 평년수확량
			  − 수확량 = 평년수확량 − 사고당 감수량의 합
			  − 미보상 감수량 = 사고당 감수량의 합 x max(미보상비율)
			② 최초 조사가 『금차 수확량 + 금차 감수량 + 기수확량 ≧ 평년수확량』인 경우
			• 피해율 = (평년수확량 − 수확량 − 미보상감수량) ÷ 평년수확량
			  − 수확량 = 최초 조사 금차 수확량 + 최초 조사 기수확량 − 2차 이후 사고당 감수량의 합
			  − 미보상감수량 = {평년수확량 − (최초 조사 금차 수확량 + 최초 조사 기수확량) + 2차 이후 사고당 감수량의 합} x max(미보상비율)

품목별	조사종류별	조사시기	피해율 산정방법

참다래	수확 개시 전 수확량조사 (조사일 기준)	최초 수확 전	○ 착과수조사
			• 품종·수령별 착과수 = 품종·수령별 표본조사 대상면적 × 품종·수령별 면적(㎡)당 착과수
			  - 품종·수령별 표본조사 대상면적 = 품종·수령별 재식 면적 × 품종·수령별 표본조사 대상 주수
			  - 품종·수령별 면적(㎡)당 착과수 = 품종·수령별 (표본구간 착과수 ÷ 표본구간 넓이)
			  - 재식 면적 = 주간 거리 × 열간 거리
			  - 품종별·수령별 표본조사 대상주수
			    = 품종·수령별 실제 결과주수 - 품종·수령별 미보상주수
			      - 품종·수령별 고사나무주수
			  - 표본구간 넓이 = (표본구간 윗변 길이 + 표본구간 아랫변 길이) × 표본구간 높이(윗변과 아랫변의 거리) ÷ 2
			
			○ 과중 조사
			• 품종별 개당 과중 = 품종별 표본과실 무게 합계 ÷ 표본과실 수
			
			○ 피해구성 조사(품종별로 실시)
			• 피해구성률 = ((50%형 피해과실수 × 0.5) + (80%형 피해과실수 × 0.8) + (100%형 피해과실수 × 1)) ÷ 표본과실수
			• 금차 피해구성률 = 피해구성률 - max A
			  - 금차 피해구성률은 다수 사고인 경우 적용
			  - max A : 금차 사고전 기조사된 착과피해구성률 중 최댓값을 말함
			    ※ 금차 피해구성률이 영(0)보다 작은 경우에는 영(0)으로 함
			
			○ 피해율 산정
			• 피해율 = (평년수확량 - 수확량 - 미보상감수량) ÷ 평년수확량
			  - 수확량 = (품종·수령별 착과수 × 품종별 과중 × (1 - 피해구성률)) + (품종·수령별 면적(㎡)당 평년수확량 × 품종·수령별 미보상주수 × 품종·수령별 재식면적)
			  - 품종·수령별 면적(㎡)당 평년수확량 = 품종별·수령별 평년수확량 ÷ 품종·수령별 재식면적 합계
			  - 품종·수령별 평년수확량 = 평년수확량 × (품종별·수령별 표준수확량 ÷ 표준수확량)
			  - 미보상 감수량 = (평년수확량 - 수확량) × 미보상비율

품목별	조사종류별	조사시기	피해율 산정방법

참다래	수확 개시 후 수확량조사 (조사일 기준)	사고발생 직후	○ 착과수조사
			• 품종·수령별 착과수 = 품종·수령별 표본조사 대상면적 x 품종·수령별 면적(㎡)당 착과수
			• 품종·수령별 조사대상 면적 = 품종·수령별 재식 면적 x 품종·수령별 표본조사 대상 주수
			• 품종·수령별 면적(㎡)당 착과수 = 품종별·수령별 표본구간 착과수 ÷ 품종·수령별 표본구간 넓이
			• 재식 면적 = 주간 거리 x 열간 거리
			• 품종·수령별 조사대상 주수 = 품종·수령별 실제 결과주수 − 품종·수령별 미보상주수 − 품종·수령별 고사나무주수 − 품종·수령별 수확완료주수
			• 표본구간 넓이 = (표본구간 윗변 길이 + 표본구간 아랫변 길이) x 표본구간 높이(윗변과 아랫변의 거리) ÷ 2
			
			○ 낙과수 조사
			• 표본조사
			  − 품종·수령별 낙과수 = 품종·수령별 조사대상면적 x 품종·수령별 면적(㎡)당 낙과수
			  − 품종·수령별 면적(㎡)당 낙과수
			    = 품종·수령별 표본주의 낙과수 ÷ 품종·수령별 표본구간 넓이
			• 전수조사
			− 전체 낙과에 대하여 품종별 구분이 가능한 경우 : 품종별 낙과수 조사
			− 전체 낙과에 대하여 품종별 구분이 불가한 경우 : 품종별 낙과수 = 전체 낙과수 x (품종별 표본과실수 ÷ 전체 표본과실수의 합계)
			
			○ 과중 조사
			• 품종별 개당 과중 = 품종별 표본과실 무게 합계 ÷ 표본과실 수
			
			○ 피해구성 조사(품종별로 실시)
			• 피해구성률 = {(50%형 피해과실수x0.5)+(80%형 피해과실수x0.8)+(100%형 피해과실수x1)}÷표본과실수
			• 금차 피해구성률 = 피해구성률 − max A
			  − 금차 피해구성률은 다수 사고인 경우 적용
			  − max A : 금차 사고전 기조사된 착과피해구성률 중 최댓값을 말함
			  ※ 금차 피해구성률이 영(0)보다 작은 경우에는 영(0)으로 함

품목별	조사종류별	조사시기	피해율 산정방법

참다래	수확 개시 후 수확량조사 (조사일 기준)	사고발생 직후	○ 금차 수확량
			= {품종·수령별 착과수 x 품종별 개당 과중 x (1 - 금차 착과피해구성률)}
			+ {품종·수령별 낙과수 x 품종별 개당 과중 x (1 - 금차 낙과피해구성률)}
			+ {품종·수령별 ㎡ 당 평년수확량 x 미보상주수 x 품종·수령별 재식면적}
			
			○ 금차 감수량
			= {품종·수령별 착과수 x 품종별 과중 x 금차 착과피해구성률} + {품종·수령별 낙과수 x 품종별 과중 x 금차 낙과피해구성률} + {품종·수령별 ㎡ 당 평년수확량 x 금차 고사주수 x (1 - max A)) x 품종·수령별 재식면적}
			• 금차 고사주수 = 고사주수 - 기조사 고사주수
			• 품종·수령별 면적(㎡)당 평년수확량 = 품종·수령별 평년수확량 ÷ 품종·수령별 재식면적 합계
			• 품종·수령별 평년수확량 = 평년수확량 x (품종·수령별 표준수확량 ÷ 표준수확량)
			
			□ 피해율 산정
			○ 금차 수확 개시 후 수확량조사가 최초 조사인 경우(이전 수확량조사가 없는 경우)
			1) 『금차 수확량 + 금차 감수량 + 기수확량 〈 평년수확량』인 경우
			• 피해율 = (평년수확량 - 수확량 - 미보상감수량) ÷ 평년수확량
			  - 수확량 = 평년수확량 - 금차 감수량
			  - 미보상 감수량 = 금차 감수량 x 미보상비율
			2) 『금차 수확량 + 금차 감수량 + 기수확량 ≧ 평년수확량』인 경우
			• 피해율 = (평년수확량 - 수확량 - 미보상감수량) ÷ 평년수확량
			  - 수확량 = 금차 수확량 + 기수확량
			  - 미보상 감수량 = (평년수확량 - (금차 수확량 + 기수확량)) x 미보상비율

품목별	조사종류별	조사시기	피해율 산정방법

참다래	수확 개시 후 수확량조사 (조사일 기준)	사고발생 직후	○ 수확 개시 전 수확량 조사가 있는 경우(이전 수확량조사에 수확 개시 전 수확량조사가 포함된 경우)
			1) 『금차 수확량 + 금차 감수량 + 기수확량 〉 수확 개시 전 수확량조사 수확량』⇒ 오류 수정 필요
			2) 『금차 수확량 + 금차 감수량 + 기수확량 〉 이전 조사 금차 수확량 + 이전 조사 기수확량』⇒ 오류 수정 필요
			3) 『금차 수확량 + 금차 감수량 + 기수확량 ≦ 수확 개시 전 수확량조사 수확량』이면서
			『금차 수확량 + 금차 감수량 + 기수확량 ≦ 이전 조사 금차 수확량 + 이전 조사 기수확량』인 경우
			• 피해율 = (평년수확량 – 수확량 – 미보상감수량) ÷ 평년수확량
			  – 수확량 = 수확개시전 수확량 – 사고당 감수량의 합
			  – 미보상감수량 = {평년수확량 – (수확 개시 전 수확량 – 사고당 감수량의 합)} x max(미보상비율)
			
			○ 수확 개시 후 수확량 조사만 있는 경우(이전 수확량조사가 모두 수확 개시 후 수확량조사인 경우)
			1) 『금차 수확량 + 금차 감수량 + 기수확량 〉 이전 조사 금차 수확량 + 이전 조사 기수확량』⇒ 오류 수정 필요
			2) 『금차 수확량 + 금차 감수량 + 기수확량 ≦ 이전 조사 금차 수확량 + 이전 조사 기수확량』인 경우
			① 최초 조사가 『금차 수확량 + 금차 감수량 + 기수확량 〈 평년수확량』인 경우
			• 피해율 = (평년수확량 – 수확량 – 미보상감수량) ÷ 평년수확량
			  – 수확량 = 평년수확량 – 사고당 감수량의 합
			  – 미보상 감수량 = 사고당 감수량의 합 x max(미보상비율)
			② 최초 조사가 『금차 수확량 + 금차 감수량 + 기수확량 ≧ 평년수확량』인 경우
			• 피해율 = (평년수확량 – 수확량 – 미보상감수량) ÷ 평년수확량
			  – 수확량 = 최초 조사 금차 수확량 + 최초 조사 기수확량 – 2차 이후 사고당 감수량의 합
			  – 미보상감수량 = {평년수확량 – (최초 조사 금차 수확량 + 최초 조사 기수확량) + 2차 이후 사고당 감수량의 합}
			    x max(미보상비율)

품목별	조사종류별	조사시기	피해율 산정방법
매실, 대추, 살구	수확 개시 전 수확량조사 (조사일 기준)	최초 수확 전	☐ 피해율 = (평년수확량 − 수확량 − 미보상감수량) ÷ 평년수확량 ○ 수확량 = {품종·수령별 조사대상주수 × 품종·수령별 주당 착과량 × (1 − 착과피해구성률)} + (품종·수령별 주당 평년수확량 × 품종·수령별 미보상주수) ○ 미보상 감수량 = (평년수확량 − 수확량) × 미보상비율 • 품종·수령별 조사대상주수 = 품종·수령별 실제결과주수 − 품종·수령별 미보상주수 − 품종·수령별 고사나무주수 • 품종·수령별 평년수확량 = 평년수확량 × (품종별 표준수확량 ÷ 표준수확량) • 품종·수령별 주당 평년수확량 = 품종별·수령별 (평년수확량 ÷ 실제결과주수) • 품종·수령별 주당 착과량 = 품종별·수령별 (표본주의 착과무게 ÷ 표본주수) − 표본주 착과무게 = 조사 착과량 × 품종별 비대추정지수(매실) × 2(절반조사 시) ○ 피해구성 조사 • 피해구성률 = ((50%형 피해과실무게×0.5)+((80%형 피해과실무게×0.8)+(100%형 피해과실무게×1))÷표본과실무게
	수확 개시 후 수확량조사 (조사일 기준)	사고 발생 직후	○ 금차 수확량 = {품종·수령별 조사대상주수 × 품종·수령별 주당 착과량 × (1 − 금차 착과피해구성률)} + {품종·수령별 조사대상주수 × 품종별(·수령별) 주당 낙과량 × (1 − 금차 낙과피해구성률)} + (품종별 주당 평년수확량 × 품종별 미보상주수) ○ 금차 감수량 = (품종·수령별 조사대상주수 × 품종·수령별 주당 착과량 × 금차 착과피해구성률) + (품종·수령별 조사대상 주수 × 품종별(·수령별) 주당 낙과량 × 금차 낙과피해구성률) + {품종·수령별 금차 고사주수 × (품종·수령별 주당 착과량 + 품종별(·수령별) 주당 낙과량) × (1 − max A)} • 품종·수령별 조사대상주수 = 품종·수령별 실제 결과주수 − 품종·수령별 미보상주수 − 품종·수령별 고사나무주수 − 품종·수령별 수확완료주수 • 품종·수령별 평년수확량 = 평년수확량 ÷ 품종·수령별 표준수확량 합계 × 품종·수령별 표준수확량 • 품종·수령별 주당 평년수확량 = 품종·수령별 평년수확량 ÷ 품종·수령별 실제결과주수 • 품종·수령별 주당 착과량 = 품종·수령별 표본주의 착과량 ÷ 품종·수령별 표본주수

품목별	조사종류별	조사시기	피해율 산정방법

매실, 대추, 살구	수확 개시 후 수확량조사 (조사일 기준)	사고 발생 직후	• 표본주 착과무게 = 조사 착과량 × 품종별 비대추정지수(매실) × 2 (절반조사 시)
			• 품종·수령별 금차 고사주수 = 품종·수령별 고사주수 − 품종·수령별 기조사 고사주수)
			
			○ 낙과량 조사
			  • 표본조사
			    − 품종·수령별 주당 낙과량 = 품종·수령별 표본주의 낙과량 ÷ 품종·수령별 표본주수
			  • 전수조사
			    − 품종별 주당 낙과량 = 품종별 낙과량 ÷ 품종별 표본조사 대상 주수
			    − 전체 낙과에 대하여 품종별 구분이 가능한 경우 : 품종별 낙과량 조사
			    − 전체 낙과에 대하여 품종별 구분이 불가한 경우 : 품종별 낙과량 = 전체 낙과량 × (품종별 표본과실 수(무게) ÷ 표본 과실 수(무게))
			
			○ 피해구성 조사
			  • 피해구성률 = ((50%형 피해과실무게×0.5)+((80%형 피해과실무게 ×0.8) 100%형 피해과실무게)÷표본과실무게
			  • 금차 피해구성률 = 피해구성률 − max A
			    − 금차 피해구성률은 다수 사고인 경우 적용
			    − max A : 금차 사고전 기조사된 착과피해구성률 중 최댓값을 말함
			    ※ 금차 피해구성률이 영(0)보다 작은 경우에는 영(0)으로 함
			
			□ 피해율 산정
			○ 금차 수확 개시 후 수확량조사가 최초 조사인 경우(이전 수확량조사가 없는 경우)
			  1) 『금차 수확량 + 금차 감수량 + 기수확량 〈 평년수확량』인 경우
			  • 피해율 = (평년수확량 − 수확량 − 미보상감수량) ÷ 평년수확량
			    − 수확량 = 평년수확량 − 금차 감수량
			    − 미보상 감수량 = 금차 감수량 × 미보상비율
			  2) 『금차 수확량 + 금차 감수량 + 기수확량 ≥ 평년수확량』인 경우
			  • 피해율 = (평년수확량 − 수확량 − 미보상감수량) ÷ 평년수확량
			    − 수확량 = 금차 수확량 + 기수확량
			    − 미보상 감수량
			      = (평년수확량 − (금차 수확량 + 기수확량)) × 미보상비율

품목별	조사종류별	조사시기	피해율 산정방법

매실, 대추, 살구	수확 개시 후 수확량조사 (조사일 기준)	사고 발생 직후	○ 수확 개시 전 수확량 조사가 있는 경우(이전 수확량조사에 수확 개시 전 수확량조사가 포함된 경우)
			1) 『금차 수확량 + 금차 감수량 + 기수확량 〉 수확 개시 전 수확량조사 수확량』⇒ 오류 수정 필요
			2) 『금차 수확량 + 금차 감수량 + 기수확량 〉 이전 조사 금차 수확량 + 이전 조사 기수확량』⇒ 오류 수정 필요
			3) 『금차 수확량 + 금차 감수량 + 기수확량 ≤ 수확 개시 전 수확량조사 수확량』이면서
			『금차 수확량 + 금차 감수량 + 기수확량 ≤ 이전 조사 금차 수확량 + 이전 조사 기수확량』인 경우
			• 피해율 = (평년수확량 - 수확량 - 미보상감수량) ÷ 평년수확량
			  - 수확량 = 수확개시전 수확량 - 사고당 감수량의 합
			  - 미보상감수량 = {평년수확량 - (수확 개시 전 수확량 - 사고당 감수량의 합)} × max(미보상비율)
			
			○ 수확 개시 후 수확량 조사만 있는 경우(이전 수확량조사가 모두 수확 개시 후 수확량조사인 경우)
			1) 『금차 수확량 + 금차 감수량 + 기수확량 〉 이전 조사 금차 수확량 + 이전 조사 기수확량』⇒ 오류 수정 필요
			2) 『금차 수확량 + 금차 감수량 + 기수확량 ≤ 이전 조사 금차 수확량 + 이전 조사 기수확량』인 경우
			① 최초 조사가 『금차 수확량 + 금차 감수량 + 기수확량 〈 평년수확량』인 경우
			• 피해율 = (평년수확량 - 수확량 - 미보상감수량) ÷ 평년수확량
			  - 수확량 = 평년수확량 - 사고당 감수량의 합
			  - 미보상 감수량 = 사고당 감수량의 합 × max(미보상비율)
			② 최초 조사가 『금차 수확량 + 금차 감수량 + 기수확량 ≧ 평년수확량』인 경우
			• 피해율 = (평년수확량 - 수확량 - 미보상감수량) ÷ 평년수확량
			  - 수확량 = 최초 조사 금차 수확량 + 최초 조사 기수확량 - 2차 이후 사고당 감수량의 합
			  - 미보상감수량 = {평년수확량 - (최초 조사 금차 수확량 + 최초 조사 기수확량) + 2차 이후 사고당 감수량의 합} × max(미보상비율)

품목별	조사종류별	조사시기	피해율 산정방법
오미자	수확 개시 전 수확량조사 (조사일 기준)	최초 수확 전	□ 피해율 = (평년수확량 − 수확량 − 미보상감수량) ÷ 평년수확량 ○ 수확량 = {형태·수령별 조사대상길이 × 형태·수령별 m당 착과량 × (1 − 착과피해구성률)} + (형태·수령별 m당 평년수확량 × 형태·수령별 미보상 길이) • 형태·수령별 조사대상길이 = 형태·수령별 실제재배길이 − 형태·수령별 미보상길이 − 형태·수령별 고사길이 • 형태·수령별 길이(m)당 착과량 = 형태·수령별 표본구간의 착과무게 ÷ 형태·수령별 표본구간 길이의 합 　− 표본구간 착과무게 = 조사 착과량 × 2(절반조사 시) • 형태·수령별 길이(m)당 평년수확량 　= 형태·수령별 평년수확량 ÷ 형태·수령별 실제재배길이 　− 형태·수령별 평년수확량 = 평년수확량×((형태·수령별 m당 표준수확량×형태·수령별 실제재배길이)÷표준수확량 ○ 미보상감수량 = (평년수확량 − 수확량) × 미보상비율 ○ 피해 구성 조사 　− 피해구성률 = ((50%형 피해과실무게 × 0.5) + (80%형 피해과실무게 × 0.8) + (100%형 피해과실무게 × 1)) ÷ 표본과실무게
	수확 개시 후 수확량조사 (조사일 기준)	사고발생 직후	○ 기본사항 • 형태·수령별 조사대상길이 = 형태·수령별 실제재배길이 − 형태·수령별 수확완료길이 − 형태·수령별 미보상길이 − 형태·수령별 고사길이 • 형태·수령별 평년수확량 　= 평년수확량 ÷ 표준수확량 × 형태·수령별 표준수확량 • 형태·수령별 길이(m)당 평년수확량 　= 형태·수령별 평년수확량 ÷ 형태·수령별 실제재배길이 • 형태·수령별 길이(m)당 착과량 = 형태·수령별 표본구간의 착과무게 ÷ 형태·수령별 표본구간 길이의 합 • 표본구간 착과무게 = 조사 착과량 × 2(절반조사 시) • 형태·수령별 금차 고사 길이 　= 형태·수령별 고사 길이 − 형태·수령별 기조사 고사 길이 ○ 낙과량 조사 • 표본조사 　형태·수령별 길이(m)당 낙과량 = 형태·수령별 표본구간의 낙과량의 합 ÷ 형태·수령별 표본구간 길이의 합 • 전수조사 　길이(m)당 낙과량 = 낙과량 ÷ 전체 조사대상길이의 합

품목별	조사종류별	조사시기	피해율 산정방법

오미자	수확 개시 후 수확량조사 (조사일 기준)	사고발생 직후	○ 피해구성조사
			• 피해구성률 = ((50%형 과실무게x0.5) + ((80%형 과실무게x0.8) + (100%형 과실무게x1)) ÷ 표본과실무게
			• 금차 피해구성률 = 피해구성률 - max A
			  - max A : 금차 사고전 기조사된 착과피해구성률 중 최댓값을 말함
			  ※ 금차 피해구성률이 영(0)보다 작은 경우 : 금차 감수과실수는 영(0)으로 함
			
			○ 금차 수확량
			= {형태·수령별 조사대상길이 x 형태·수령별 m당 착과량 x (1 - 금차 착과피해구성률)} + {형태·수령별 조사대상길이 x 형태·수령별 m당 낙과량 x (1 - 금차 낙과피해구성률)} + (형태·수령별 m당 평년수확량 x 형태별수령별 미보상 길이)
			○ 금차 감수량
			= (형태·수령별 조사대상길이 x 형태·수령별 m당 착과량 x 금차 착과피해구성률) + (형태·수령별 조사대상길이 x 형태·수령별 m당 낙과량 x 금차 낙과피해구성률) + (형태·수령별 금차 고사 길이 x (형태·수령별 m당 착과량 + 형태·수령별 m당 낙과량) x (1 - max A))
			
			□ **피해율 산정**
			○ 금차 수확 개시 후 수확량조사가 최초 조사인 경우(이전 수확량조사가 없는 경우)
			  1)『금차 수확량 + 금차 감수량 + 기수확량 〈 평년수확량』인 경우
			  • 피해율 = (평년수확량 - 수확량 - 미보상감수량) ÷ 평년수확량
			    - 수확량 = 평년수확량 - 금차 감수량
			    - 미보상 감수량 = 금차 감수량 x 미보상비율
			  2)『금차 수확량 + 금차 감수량 + 기수확량 ≥ 평년수확량』인 경우
			  • 피해율 = (평년수확량 - 수확량 - 미보상감수량) ÷ 평년수확량
			    - 수확량 = 금차 수확량 + 기수확량
			    - 미보상 감수량 = (평년수확량 - (금차 수확량 + 기수확량)) x 미보상비율

품목별	조사종류별	조사시기	피해율 산정방법

오미자	수확 개시 후 수확량조사 (조사일 기준)	사고발생 직후	○ 수확 개시 전 수확량 조사가 있는 경우(이전 수확량조사에 수확 개시 전 수확량조사가 포함된 경우)
			1)『금차 수확량 + 금차 감수량 + 기수확량 〉 수확 개시 전 수확량조사 수확량』⇒ 오류 수정 필요
			2)『금차 수확량 + 금차 감수량 + 기수확량 〉 이전 조사 금차 수확량 + 이전 조사 기수확량』⇒ 오류 수정 필요
			3)『금차 수확량 + 금차 감수량 + 기수확량 ≦ 수확 개시 전 수확량조사 수확량』이면서
			『금차 수확량 + 금차 감수량 + 기수확량 ≦ 이전 조사 금차 수확량 + 이전 조사 기수확량』인 경우
			• 피해율 = (평년수확량 - 수확량 - 미보상감수량) ÷ 평년수확량
			  - 수확량 = 수확개시전 수확량 - 사고당 감수량의 합
			  - 미보상감수량 = {평년수확량 - (수확 개시 전 수확량 - 사고당 감수량의 합)} x max(미보상비율)
			
			○ 수확 개시 후 수확량 조사만 있는 경우(이전 수확량조사가 모두 수확 개시 후 수확량조사인 경우)
			1)『금차 수확량 + 금차 감수량 + 기수확량 〉 이전 조사 금차 수확량 + 이전 조사 기수확량』⇒ 오류 수정 필요
			2)『금차 수확량 + 금차 감수량 + 기수확량 ≦ 이전 조사 금차 수확량 + 이전 조사 기수확량』인 경우
			① 최초 조사가『금차 수확량 + 금차 감수량 + 기수확량 〈 평년수확량』인 경우
			• 피해율 = (평년수확량 - 수확량 - 미보상감수량) ÷ 평년수확량
			  - 수확량 = 평년수확량 - 사고당 감수량의 합
			  - 미보상 감수량 = 사고당 감수량의 합 x max(미보상비율)
			② 최초 조사가『금차 수확량 + 금차 감수량 + 기수확량 ≧ 평년수확량』인 경우
			• 피해율 = (평년수확량 - 수확량 - 미보상감수량) ÷ 평년수확량
			  - 수확량 = 최초 조사 금차 수확량 + 최초 조사 기수확량 - 2차 이후 사고당 감수량의 합
			  - 미보상감수량 = {평년수확량 - (최초 조사 금차 수확량 + 최초 조사 기수확량) + 2차 이후 사고당 감수량의 합} x max(미보상비율)

품목별	조사종류별	조사시기	피해율 산정방법
유자	수확량조사	수확개시전	○ 기본사항 • 품종·수령별 조사대상주수 = 품종·수령별 실제결과주수 − 품종·수령별 미보상주수 − 품종·수령별 고사주수 • 품종·수령별 평년수확량 = 평년수확량 ÷ 표준수확량 × 품종·수령별 표준수확량 • 품종·수령별 주당 평년수확량 = 품종·수령별 평년수확량 ÷ 품종·수령별 실제결과주수 • 품종·수령별 과중 = 품종·수령별 표본과실 무게합계 ÷ 품종·수령별 표본과실수 • 품종·수령별 표본주당 착과수 = 품종·수령별 표본주 착과수 합계 ÷ 품종·수령별 표본주수 • 품종·수령별 표본주당 착과량 = 품종·수령별 표본주당 착과수 × 품종·수령별 과중 ○ 피해구성 조사 • 피해구성률 = ((50%형 피해과실수×0.5) + (80%형 피해과실수×0.8) + (100%형 피해과실수×1)) ÷ 표본과실수 ○ 피해율 = (평년수확량 − 수확량 − 미보상감수량) ÷ 평년수확량 • 수확량 = {품종·수령별 표본조사 대상 주수 × 품종·수령별 표본주당 착과량 × (1 − 착과피해구성률)} + (품종·수령별 주당 평년수확량 × 품종·수령별 미보상주수) • 미보상감수량 = (평년수확량 − 수확량) × 미보상비율

4. 종합위험 및 수확전 종합위험 과실손해보장방식

품목별	조사종류별	조사시기	피해율 산정방법
오디	과실손해조사	결실완료시점 ~ 수확 전	□ 피해율 = (평년결실수 - 조사결실수 - 미보상 감수 결실수) ÷ 평년결실수 ○ 조사결실수 = Σ{(품종·수령별 환산결실수 × 품종·수령별 조사대상주수) + (품종별 주당 평년결실수 × 품종·수령별 미보상주수)} ÷ 전체 실제결과주수 - 품종·수령별 환산결실수 = 품종·수령별 표본가지 결실수 합계 ÷ 품종·수령별 표본가지 길이 합계 - 품종·수령별 표본조사 대상 주수 = 품종·수령별 실제결과주수 - 품종·수령별 고사주수 - 품종·수령별 미보상주수 - 종별 주당 평년결실수 = 품종별 평년결실수 ÷ 품종별 실제결과주수 - 종별 평년결실수 = (평년결실수 × 전체 실제결과주수) × (대상품종 표준결실수 × 대상품종 실제결과주수) ÷ Σ(품종별 표준결실수 × 품종별 실제결과주수) ○ 미보상감수결실수 = Max((평년결실수 - 조사결실수) × 미보상비율, 0)

품목별	조사종류별	조사시기	피해율 산정방법

감귤
(온주밀감)
	과실손해
	조사
		착과피해
		조사
			○ 과실손해 피해율 = {(등급 내 피해과실수 + 등급 외 피해과실수 × 50%) ÷ 기준과실수} × (1 – 미보상비율)
			
			○ 피해 인정 과실수 = 등급 내 피해 과실수 + 등급 외 피해과실수 × 50%
			  1) 등급 내 피해 과실수 = (등급 내 30%형 과실수 합계×0.3) + (등급 내 50%형 과실수 합계×0.5) + (등급 내 80%형 과실수 합계×0.8) + (등급 내 100%형 과실수×1)
			  2) 등급 외 피해 과실수 = (등급 외 30%형 과실수 합계×0.3) + (등급 외 50%형 과실수 합계×0.5) + (등급 외 80%형 과실수 합계×0.8) + (등급 외 100%형 과실수×1)
			  3) 기준과실수 : 모든 표본주의 과실수 총 합계
			    단, 수확전 사고조사를 실시한 경우에는 아래와 같이 적용한다.
			
			– (수확전 사고조사 결과가 있는 경우) 과실손해피해율 = {최종 수확전 과실손해 피해율÷(1-최종 수확전 과실손해 조사 미보상비율)} + {(1 – (최종 수확전 과실손해 피해율 ÷ (1 – 최종 수확전 과실손해 조사 미보상비율))) × (과실손해 피해율 ÷ (1 – 과실손해 미보상비율)} × {1 – 최댓값(최종 수확전 과실손해 조사 미보상비율, 과실손해 미보상비율)}
			  ▪ 수확전 과실손해 피해율 = {100%형 피해과실수 ÷ (정상 과실수 + 100%형 피해과실수)} × (1–미보상비율)
			  ▪ 최종 수확전 과실손해 피해율 = {(이전 100%피해과실수 + 금차 100%피해과실수) ÷ (정상 과실수 + 100%형 피해과실수)} × (1–미보상비율)

	동상해조사	착과피해 조사	○ 동상해 과실손해 피해율 = 동상해 피해 과실수 ÷ 기준과실수 $$= \frac{(80\%형피해과실수\times0.8)+(100\%형피해과실수\times1)}{정상과실수+80\%형피해과실수+100\%형피해과실수}$$ ※ 동상해 피해과실수 = (80%형 피해과실수 × 0.8) + (100%형 피해과실수 × 1) ※ 기준과실수(모든 표본주의 과실수 총 합계) = 정상과실수 + 80%형 피해과실수 + 100%형 피해과실수

품목별	조사종류별	조사시기	피해율 산정방법
복분자	종합위험 과실손해 조사	수정완료 시점 ~ 수확 전	□ 종합위험 과실손해 고사결과모지수 　= 평년결과모지수 – (기준 살아있는 결과모지수 – 수정불량환산 고사결과모지수 + 미보상 고사결과모지수) ○ 기준 살아있는 결과모지수 = 표본구간 살아있는 결과모지수의 합 ÷ (표본구간수 × 5) ○ 수정불량환산 고사결과모지수 = 표본구간 수정불량 고사결과모지수의 합 ÷ (표본구간수×5) ○ 표본구간 수정불량 고사결과모지수 = 표본구간 살아있는 결과모지수 × 수정불량환산계수 ○ 수정불량환산계수 = (수정불량결실수 ÷ 전체결실수) – 자연수정불량률 　= 최댓값((표본포기 6송이 피해 열매수의 합 ÷ 표본포기 6송이 열매수의 합계)-15%, 0) 　• 자연수정불량률 : 15%(2014 복분자 수확량 연구용역 결과반영) ○ 미보상 고사결과모지수 = 최댓값({평년결과모지수 – (기준 살아있는 결과모지수 – 수정불량환산 고사결과모지수)} × 미보상비율, 0)
	특정위험 과실손해 조사	사고접수 직후	□ 특정위험 과실손해 고사결과모지수 = 수확감소환산 고사결과모지수 – 미보상 고사결과모지수 ○ 수확감소환산 고사결과모지수 (종합위험 과실손해조사를 실시한 경우) 　= (기준 살아있는 결과모지수 – 수정불량환산 고사결과모지수) × 누적수확감소환산계수 ○ 수확감소환산 고사결과모지수 (종합위험 과실손해조사를 실시하지 않은 경우) 　= 평년결과모지수 × 누적수확감소환산계수 　• 누적수확감소환산계수 = 특정위험 과실손해조사별 수확감소환산계수의 합 　• 수확감소환산계수 = 최댓값(기준일자별 잔여수확량 비율 – 결실율, 0) 　• 결실율 = 전체결실수 ÷ 전체개화수 　　　　　 = Σ(표본송이의 수확 가능한 열매수) ÷ Σ(표본송이의 총 열매수) ○ 미보상 고사결과모지수 = 수확감소환산 고사결과모지수 × 최댓값(특정위험 과실손해조사별 미보상비율) □ 피해율 = 고사결과모지수 ÷ 평년결과모지수 　– 고사결과모지수 = 종합위험 과실손해 고사결과모지수 + 특정위험 과실손해 고사결과모지수

품목별	조사종류별	조사시기	피해율 산정방법

무화과	수확량조사	수확전
		수확후
			□ 기본사항
			○ 품종·수령별 조사대상주수 = 품종·수령별 실제결과주수 − 품종·수령별 미보상주수 − 품종·수령별 고사주수
			○ 품종·수령별 평년수확량 = 평년수확량×(품종·수령별 주당 표준수확량× 품종·수령별 실제결과주수÷표준수확량)
			  • 품종·수령별 주당 평년수확량 = 품종·수령별 평년수확량 ÷ 품종·수령별 실제결과주수
			
			□ 7월31일 이전 피해율
			○ 피해율 = (평년수확량 − 수확량 − 미보상감수량) ÷ 평년수확량
			  • 수확량 = {품종별·수령별 조사대상주수 × 품종·수령별 주당 수확량 × (1 − 피해구성률)} + (품종·수령별 주당 평년수확량 × 미보상주수)
			   − 품종·수령별 주당 수확량 = 품종·수령별 주당 착과수 × 표준과중
			   − 품종·수령별 주당 착과수 = 품종·수령별 표본주 과실수의 합계 ÷ 품종·수령별 표본주수
			  • 미보상감수량 = (평년수확량 − 수확량) × 미보상비율
			  • 피해구성 조사
			  − 피해구성률 : {(50%형 과실수 × 0.5) + (80%형 과실수 × 0.8) + (100%형 과실수 × 1)} ÷ 표본과실수
			
			□ 8월1일 이후 피해율
			○ 피해율 = (1 − 수확전사고 피해율) × 잔여수확량비율 × 결과지 피해율
			  • 결과지 피해율 = (고사결과지수 + 미고사결과지수×착과피해율 − 미보상고사결과지수) ÷ 기준결과지수
			   − 기준결과지수 = 고사결과지수 + 미고사결과지수
			   − 고사결과지수 = 보상고사결과지수 + 미보상고사결과지수
			   ※ 8월1일 이후 사고가 중복 발생할 경우 금차 피해율에서 전차 피해율을 차감하고 산정함

5. 종합위험 수확감소보장방식 논작물 품목

품목별	조사종류별	조사시기	피해율 산정방법
벼	수량요소 (벼만 해당)	수확 전 14일 (전후)	○ 피해율 = (평년수확량 - 수확량 - 미보상감수량) ÷ 평년수확량 (단, 병해충 단독사고일 경우 병해충 최대인정피해율 적용) • 수확량 = 표준수확량 x 조사수확비율 x 피해면적 보정계수 • 미보상감수량 = (평년수확량 - 수확량) x 미보상비율

	표본	수확 가능시기	○ 피해율 : (평년수확량 - 수확량 - 미보상감수량) ÷ 평년수확량
			  (단, 병해충 단독사고일 경우 병해충 최대인정피해율 적용)
			• 수확량 = (표본구간 단위면적당 유효중량 x 조사대상면적) + {단위면적당 평년수확량 x (타작물 및 미보상면적 + 기수확면적)}
			  - 단위면적당 평년수확량 = 평년수확량 ÷ 실제경작면적
			  - 조사대상면적 = 실제경작면적 - 고사면적 - 타작물 및 미보상면적 - 기수확면적
			  - 표본구간 단위면적당 유효중량 = 표본구간 유효중량 ÷ 표본구간 면적
			    ▪ 표본구간 유효중량 = 표본구간 작물 중량 합계 x (1 - Loss율) x {(1 - 함수율) ÷ (1 - 기준함수율)}
			    ▪ Loss율 : 7%/기준함수율 : 메벼(15%), 찰벼(13%)
			    ▪ 표본구간 면적 = 4포기 길이 x 포기당 간격 x 표본구간 수
			• 미보상감수량 = (평년수확량 - 수확량) x 미보상비율

	전수	수확 시	○ 피해율 : (평년수확량 - 수확량 - 미보상감수량) ÷ 평년수확량
			  (단, 병해충 단독사고일 경우 병해충 최대인정피해율 적용)
			• 수확량 : 조사대상면적 수확량 + {단위면적당 평년수확량 x (타작물 및 미보상면적 + 기수확면적)}
			  - 단위면적당 평년수확량 = 평년수확량 ÷ 실제경작면적
			  - 조사대상면적 = 실제경작면적 - 고사면적 - 타작물 및 미보상면적 - 기수확면적
			  - 조사대상면적 수확량 = 작물 중량 x {(1 - 함수율) ÷ (1 - 기준함수율)}
			    ▪ 기준함수율 : 메벼(15%), 찰벼(13%)
			• 미보상감수량 = (평년수확량 - 수확량) x 미보상비율

※ 하나의 농지에 대하여 여러 종류의 수확량조사가 실시되었을 경우, 피해율 적용 우선순위는 전수, 표본, 수량요소 순임

품목별	조사종류별	조사시기	피해율 산정방법

밀, 보리 귀리	표본	수확 가능시기	○ 피해율 : (평년수확량 − 수확량 − 미보상감수량) ÷ 평년수확량
			• 수확량 = (표본구간 단위면적당 유효중량 x 조사대상면적) + {단위면적당 평년수확량 x (타작물 및 미보상면적 + 기수확면적)}
			  − 단위면적당 평년수확량 = 평년수확량 ÷ 실제경작면적
			  − 조사대상면적 = 실제경작면적 − 고사면적 − 타작물 및 미보상면적 − 기수확면적
			  − 표본구간 단위면적당 유효중량 = 표본구간 유효중량 ÷ 표본구간 면적
			  ▪ 표본구간 유효중량 = 표본구간 작물 중량 합계 x (1 − Loss율) x {(1 − 함수율) ÷ (1 − 기준함수율)}
			  ▪ Loss율 : 7%/기준함수율 : 밀(13%), 보리(13%)
			  ▪ 표본구간 면적 = 4포기 길이 x 포기당 간격 x 표본구간 수
			• 미보상감수량 : (평년수확량 − 수확량) x 미보상비율

	전수	수확 시	○ 피해율 : (평년수확량 − 수확량 − 미보상감수량) ÷ 평년수확량
			• 수확량 : 조사대상면적 수확량 + {단위면적당 평년수확량 x (타작물 및 미보상면적 + 기수확면적)}
			  − 단위면적당 평년수확량 = 평년수확량 ÷ 실제경작면적
			  − 조사대상면적 = 실제경작면적 − 고사면적 − 타작물 및 미보상면적 − 기수확면적
			  − 조사대상면적 수확량 = 작물 중량 x {(1 − 함수율) ÷ (1 − 기준함수율)}
			  ▪ 기준함수율 : 밀(13%), 보리(13%)
			• 미보상감수량 : (평년수확량 − 수확량) x 미보상비율

6. 종합위험 수확감소보장방식 밭작물 품목

품목별	조사종류별	조사시기	피해율 산정방법

양배추	수확량조사 (수확 전 사고가 발생한 경우)	수확직전	○ 피해율 = (평년수확량 - 수확량 - 미보상감수량) ÷ 평년수확량
			• 수확량 = (표본구간 단위면적당 수확량×조사대상면적) + {단위면적당 평년수확량 × (타작물 및 미보상면적 + 기수확면적)}
			  - 단위면적당 평년수확량 = 평년수확량 ÷ 실제경작면적
			  - 표본조사대상면적 = 실제경작면적 - 고사면적 - 타작물 및 미보상면적 - 기수확면적
			  - 표본구간 단위면적당 수확량 = 표본구간 수확량 합계 ÷ 표본구간 면적
			    ■ 표본구간 수확량 합계 = 표본구간 정상 양배추 중량 + (80% 피해 양배추 중량 × 0.2)
			• 미보상감수량 = (평년수확량 - 수확량) × 미보상비율

	수확량조사 (수확 중 사고가 발생한 경우)	사고발생 직후	

양파, 마늘	수확량조사 (수확 전 사고가 발생한 경우)	수확직전	○ 피해율 = (평년수확량 - 수확량 - 미보상감수량) ÷ 평년수확량
			• 수확량 = (표본구간 단위면적당 수확량 × 조사대상면적) + {단위면적당 평년수확량 × (타작물 및 미보상면적 + 기수확면적)}
			  - 단위면적당 평년수확량 = 평년수확량 ÷ 실제경작면적
			  - 조사대상면적 = 실제경작면적 - 고사면적 - 타작물 및 미보상면적 - 기수확면적
			  - 표본구간 단위면적당 수확량 = 표본구간 수확량 합계 ÷ 표본구간 면적
			    ■ 표본구간 수확량 합계 = (표본구간 정상 작물 중량 + (80% 피해 작물 중량×0.2)) × (1 + 비대추정지수) × 환산계수
			    ■ 환산계수는 마늘에 한하여 0.7(한지형), 0.72(난지형)를 적용
			    ■ 누적비대추정지수 = 지역별 수확적기까지 잔여일수 × 일자별 비대추정지수
			• 미보상감수량 = (평년수확량 - 수확량) × 미보상비율

	수확량조사 (수확 중 사고가 발생한 경우)	사고발생 직후	

품목별	조사종류별	조사시기	피해율 산정방법

차(茶)	수확량조사 (조사가능일 전 사고가 발생한 경우)	조사가능일 직전	○ 피해율 = (평년수확량 − 수확량 − 미보상감수량) ÷ 평년수확량
			• 수확량 = (표본구간 단위면적당 수확량 × 조사대상면적) + {단위면적당 평년수확량 × (타작물 및 미보상면적 + 기수확면적)}
			  − 단위면적당 평년수확량 = 평년수확량 ÷ 실제경작면적
			  − 조사대상면적 = 실제경작면적 − 고사면적 − 타작물 및 미보상면적 − 기수확면적
			  − 표본구간 단위면적당 수확량 = 표본구간 수확량 합계 ÷ 표본구간 면적 합계 × 수확면적율
			  ▪ 표본구간 수확량 합계 = {(수확한 새싹무게 ÷ 수확한 새싹수) × 기수확 새싹수 × 기수확지수} + 수확한 새싹무게
			• 미보상감수량 = (평년수확량 − 수확량) × 미보상비율

	수확량조사 (조사가능일 후 사고가 발생한 경우)	사고발생 직후	

콩, 팥	수확량조사 (수확 전 사고가 발생한 경우)	수확직전	○ 피해율 = (평년수확량 − 수확량 − 미보상감수량) ÷ 평년수확량
			• 수확량(표본조사)
			= (표본구간 단위면적당 수확량 × 조사대상면적) + {단위면적당 평년수확량 × (타작물 및 미보상면적 + 기수확면적)}
			• 수확량(전수조사)
			= {전수조사 수확량 × (1 − 함수율) ÷ (1 − 기준함수율)} + {단위면적당 평년수확량 × (타작물 및 미보상면적 + 기수확면적)}
			  − 표본구간 단위면적당 수확량 = 표본구간 수확량 합계 ÷ 표본구간 면적
			  ▪ 표본구간 수확량 합계 = 표본구간별 종실중량 합계 × {(1 − 함수율) ÷ (1 − 기준함수율)}
			  ▪ 기준함수율 : 콩(14%), 팥(14%)
			  − 조사대상면적 = 실경작면적 − 고사면적 − 타작물 및 미보상면적 − 기수확면적
			  − 단위면적당 평년수확량 = 평년수확량 ÷ 실제경작면적
			• 미보상감수량 = (평년수확량 − 수확량) × 미보상비율

	수확량조사 (수확 중 사고가 발생한 경우)	사고발생 직후	

품목별	조사종류별	조사시기	피해율 산정방법

감자	수확량조사 (수확 전 사고가 발생한 경우)	수확직전	○ 피해율 = {(평년수확량 − 수확량 − 미보상감수량) + 병충해감수량} ÷ 평년수확량
			• 수확량 = (표본구간 단위면적당 수확량x조사대상면적) + {단위면적당 평년수확량x(타작물 및 미보상면적 + 기수확면적)}
			  − 단위면적당 평년수확량 = 평년수확량 ÷ 실제경작면적
			  − 조사대상면적 = 실제경작면적 − 고사면적 − 타작물 및 미보상면적 − 기수확면적
			  − 표본구간 단위면적당 수확량 = 표본구간 수확량 합계 ÷ 표본구간 면적
			  ■ 표본구간 수확량 합계 = 표본구간별 정상 감자 중량 + (최대 지름이 5cm미만이거나 50%형 피해 감자 중량 x 0.5) + 병충해 입은 감자 중량
			• 병충해감수량 = 병충해 입은 괴경의 무게 x 손해정도비율 x 인정비율
			  ■ 위 산식은 각각의 표본구간별로 적용되며, 각 표본구간 면적을 감안하여 전체 병충해 감수량을 산정
			− 손해정도비율, 인정비율 = 470~471p 참조
			• 미보상감수량 = (평년수확량 − 수확량) x 미보상비율

	수확량조사 (수확 중 사고가 발생한 경우)	사고발생 직후	

고구마	수확량조사 (수확 전 사고가 발생한 경우)	수확직전	○ 피해율 = (평년수확량 − 수확량 − 미보상감수량) ÷ 평년수확량
			• 수확량 = (표본구간 단위면적당 수확량 x 조사대상면적) + {단위면적당 평년수확량 x (타작물 및 미보상면적 + 기수확면적)}
			  − 단위면적당 평년수확량 = 평년수확량 ÷ 실제경작면적
			  − 조사대상면적 = 실제경작면적 − 고사면적 − 타작물 및 미보상면적 − 기수확면적
			  − 표본구간 단위면적당 수확량 = 표본구간 수확량 합계 ÷ 표본구간 면적
			  ■ 표본구간 수확량 = 표본구간별 정상 고구마 중량 + (50% 피해 고구마 중량x0.5) + (80% 피해 고구마 중량 x0.2)
			• 미보상감수량 = (평년수확량 − 수확량) x 미보상비율

	수확량조사 (수확 중 사고가 발생한 경우)	사고발생 직후	

옥수수	수확량조사 (수확 전 사고가 발생한 경우)	수확직전	○ 손해액 = (피해수확량 − 미보상감수량) x 가입가격
			• 피해수확량 = (표본구간 단위면적당 피해수확량 x 표본조사대상면적) + (단위면적당 표준수확량 x 고사면적)
			  − 단위면적당 표준수확량 = 표준수확량 ÷ 실제경작면적
			  − 조사대상면적 = 실제경작면적 − 고사면적 − 타작물 및 미보상면적 − 기수확면적
			  − 표본구간 단위면적당 피해수확량 = 표본구간 피해수확량 합계 ÷ 표본구간 면적
			− 표본구간 피해수확량 합계
			  = (표본구간 "하"품 이하 옥수수 개수 + "중"품 옥수수 개수 x 0.5)x 표준중량 x 재식시기지수 x 재식밀도지수
			• 미보상감수량 = 피해수확량 x 미보상비율

	수확량조사 (수확 중 사고가 발생한 경우)	사고발생 직후	

7. 종합위험 생산비 보장방식 밭작물 품목 보험금 산정방법

품목별	조사종류별	조사시기	피해율 산정방법

고추,
브로콜리,
배추,
무,
단호박,
파,
시금치,
당근,
메밀,
양상추
	생산비보장
	손해조사
		사고발생
		직후
			□ 보험금 산정(고추, 브로콜리)
			○ 보험금 = (잔존보험가입금액 ×경과비율 × 피해율) - 자기부담금
			(단, 고추는 병충해가 있는 경우 병충해등급별 인정비율 추가하여 피해율에 곱함)
			• 경과비율
			  ■ 수확기 이전에 사고시 = $\left\{a+(1-a)\times\dfrac{생장일수}{표준생장일수}\right\}$
			  ■ 수확기 중 사고시 = $\left(1-\dfrac{수확일수}{표준수확일수}\right)$
			  ※ α(준비기생산비계수) = (고추 : 52.7%, 브로콜리 : 49.2%)
			
			〈용어의 정의〉
			생장일수 : 정식일로부터 사고발생일까지 경과일수
			표준생장일수 : 정식일로부터 수확개시일까지의 일수로 작목별로 사전에 설정된 값
			　　　　　　　(고추 : 100일, 브로콜리 : 130일)
			수확일수 : 수확개시일로부터 사고발생일까지 경과일수
			표준수확일수 : 수확개시일부터 수확종료(예정)일까지 일수
			
			• 자기부담금 = 잔존보험가입금액 x (3% 또는 5%)
			
			□ 보험금 산정(배추, 무, 단호박, 파, 당근, 메밀, 시금치, 양상추)
			○ 보험금 = 보험가입금액 x (피해율 - 자기부담비율)
			
			□ 품목별 피해율 산정
			○ 고추 피해율 = 피해비율 x 손해정도비율(심도) x (1 - 미보상비율)
			• 피해비율 = 피해면적 ÷ 실제경작면적(재배면적)
			• 손해정도비율 = {(20%형 피해 고추주수 x 0.2) + (40%형 피해 고추주수 x 0.4) + (60%형 피해 고추주수 x 0.6)+ (80%형 피해 고추주수 x 0.8) + (100형 피해 고추주수)} ÷ (정상 고추주수 + 20%형 피해 고추주수 + 40%형 피해 고추주수 + 60%형 피해 고추주수 + 80%형 피해 고추주수 + 100%형 피해 고추주수)
			
			○ 브로콜리 피해율 = 피해비율 x 작물피해율 x (1 - 미보상비율)
			• 피해비율 = 피해면적 ÷ 실제경작면적(재배면적)
			• 작물피해율 = {(50%형 피해송이 개수 x 0.5) + (80%형 피해송이 개수 x 0.8) + (100%형 피해송이 개수)} ÷ (정상 송이 개수 + 50%형 피해송이 개수 + 80%형 피해송이 개수 + 100%형 피해송이 개수)

품목별	조사종류별	조사시기	피해율 산정방법
고추, 브로콜리, 배추, 무, 단호박, 파, 시금치, 당근, 메밀, 양상추	생산비보장 손해조사	사고발생 직후	○ 배추, 무, 단호박, 파, 당근, 시금치, 양상추 피해율 = 피해비율 x 손해정도비율(심도) x (1-미보상비율) • 피해비율 = 피해면적 ÷ 실제경작면적(재배면적) • 손해정도비율 = {(20%형 피해작물 개수 x 0.2) + (40%형 피해작물 개수 x 0.4) + (60%형 피해작물 개수 x 0.6) + (80%형 피해작물 개수 x 0.8) + (100%형 피해작물 개수)}÷ (정상 작물 개수 + 20%형 피해작물 개수+ 40%형 피해작물 개수 + 60%형 피해작물 개수 + 80%형 피해작물 개수 + 100%형 피해작물 개수) ○ 메밀 피해율 = (피해면적 ÷ 실제경작면적(재배면적)x(1-미보상비율) • 피해면적 = (도복으로 인한 피해면적 x 70%) + [도복 이외로 인한 피해면적 x {(20%형 피해 표본면적 x 0.2) + (40%형 피해 표본면적 x 0.4) + (60%형 피해 표본면적 x 0.6) + (80%형 피해 표본면적 x 0.8)+ (100%형 피해 표본면적 x 1)} ÷ 표본면적 합계]

8. 농업수입감소보장방식 과수작물 품목

품목별	조사종류별	조사시기	피해율 산정방법

포도	수확량조사	착과수조사
		(최초 수확
		품종 수확전)
		/
		과중조사
		(품종별
		수확시기)
		/
		착과
		피해조사
		(피해 확인
		가능 시기)
		/
		낙과
		피해조사
		(착과수조사
		이후
		낙과피해 시)
		/
		고사
		나무조사
		(수확
		완료 후)
			□ 착과수(수확개시 전 착과수조사 시)
			○ 품종·수령별 착과수 = 품종·수령별 조사대상주수 x 품종·수령별 주당 착과수
			  • 품종·수령별 조사대상주수 = 품종·수령별 실제결과주수 − 품종·수령별 고사주수 − 품종·수령별 미보상주수
			  • 품종·수령별 주당 착과수 = 품종·수령별 표본주의 착과수 ÷ 품종·수령별 표본주수
			
			□ 착과수(착과피해조사 시)
			○ 품종·수령별 착과수 = 품종·수령별 조사대상주수 x 품종·수령별 주당 착과수
			  • 품종·수령별 조사대상주수 = 품종·수령별 실제결과주수 − 품종·수령별 고사주수 − 품종·수령별 미보상주수 − 품종·수령별 수확완료주수
			  • 품종·수령별 주당 착과수 = 품종별·수령별 표본주의 착과수 ÷ 품종별·수령별 표본주수
			
			□ 과중조사 (사고접수 여부와 상관없이 모든 농지마다 실시)
			○ 품종별 과중 = 품종별 표본과실 무게 ÷ 품종별 표본과실 수
			
			□ 낙과수 산정 (착과수조사 이후 발생한 낙과사고마다 산정)
			○ 표본조사 시 : 품종·수령별 낙과수 조사
			  • 품종·수령별 낙과수 = 품종·수령별 조사대상 주수 x 품종·수령별 주당 낙과수
			  − 품종·수령별 조사대상주수 = 품종·수령별 실제결과주수 − 품종·수령별 고사주수 − 품종·수령별 미보상주수 − 품종·수령별 수확완료주수
			  − 품종·수령별주당 낙과수 = 품종·수령별 표본주의 낙과수 ÷ 품종·수령별 표본주수
			
			○ 전수조사 시 : 품종별 낙과수 조사
			  • 전체 낙과수에 대한 품종 구분이 가능할 때 : 품종별로 낙과수 조사
			  • 전체 낙과수에 대한 품종 구분이 불가능할 때 (전체 낙과수 조사 후 품종별 안분)
			  • 품종별 낙과수 = 전체 낙과수 x (품종별 표본과실 수 ÷ 품종별 표본과실 수의 합계)
			    ▪ 품종별 주당 낙과수 = 품종별 낙과수 ÷ 품종별 조사대상주수
			    − 품종별 조사대상주수 = 품종별 실제결과주수 − 품종별 고사주수 − 품종별 미보상주수 − 품종별 수확완료주수

품목별	조사종류별	조사시기	피해율 산정방법
포도	수확량조사	착과수조사 (최초 수확 품종 수확전) / 과중조사 (품종별 수확시기) / 착과 피해조사 (피해 확인 가능 시기) / 낙과 피해조사 (착과수조사 이후 낙과피해 시) / 고사 나무조사 (수확 완료 후)	□ **피해구성조사 (낙과 및 착과피해 발생 시 실시)** ○ 피해구성률 = {(50%형 피해과실 수 × 0.5) + (80%형 피해과실 수 × 0.8) + (100%형 피해과실 수 × 1)} ÷ 표본과실 수 ○ 금차 피해구성률 = 피해구성률 − max A • 금차 피해구성률은 다수 사고인 경우 적용 • max A : 금차 사고전 기조사된 착과피해구성률 중 최댓값을 말함 ※ 금차 피해구성률이 영(0)보다 작은 경우에는 영(0)으로 함 □ **착과량 산정** ○ 착과량 = 품종·수령별 착과량의 합 • 품종·수령별 착과량 = (품종·수령별 착과수 × 품종별 과중) + (품종·수령별 주당 평년수확량 × 미보상주수) − 품종·수령별 주당 평년수확량 = 품종·수령별 평년수확량 ÷ 품종·수령별 실제결과주수 − 품종·수령별 평년수확량 = 평년수확량 × (품종·수령별 표준수확량 ÷ 표준수확량) − 품종·수령별 표준수확량 = 품종·수령별 주당 표준수확량 × 품종·수령별 실제결과주수 □ **감수량 산정 (사고마다 산정)** ○ 금차 감수량 = 금차 착과 감수량 + 금차 낙과 감수량 + 금차 고사주수 감수량 • 금차 착과 감수량 = 금차 품종별·수령별 착과 감수량의 합 − 금차 품종·수령별 착과 감수량 = 금차 품종·수령별 착과수 × 품종별 과중 × 금차 품종별 착과피해구성률 − 금차 낙과 감수량 = 금차 품종·수령별 낙과수 × 품종별 과중 × 금차 낙과피해구성률 − 금차 고사주수 감수량 = 품종·수령별 금차 고사주수 × (품종·수령별 주당 착과수 + 품종·수령별 주당 낙과수) × 품종별 과중 × (1 − max A) • 품종·수령별 금차 고사주수 = 품종·수령별 고사주수 − 품종·수령별 기조사 고사주수 □ **피해율 산정** ○ 피해율 = (기준수입 − 실제수입) ÷ 기준수입 • 기준수입 = 평년수확량 × 농지별 기준가격 • 실제수입 = (수확량 + 미보상감수량) × 최솟값(농지별 기준가격, 농지별 수확기가격) − 미보상 감수량 = (평년수확량 − 수확량) × 최댓값(미보상비율) □ **수확량 산정** ○ 품종별 개당 과중이 모두 있는 경우 • 수확량 = 착과량 − 사고당 감수량의 합

9. 농업수입감소보장방식 밭작물 품목

품목별	조사종류별	조사시기	피해율 산정방법
콩	수확량조사	수확직전	○ 피해율 = (기준수입 − 실제수입) ÷ 기준수입 • 기준수입 = 평년수확량 × 농지별 기준가격 • 실제수입 = (수확량 + 미보상감수량) × 최솟값(농지별 기준가격, 농지별 수확기가격) − 수확량(표본조사) = (표본구간 단위면적당 수확량×조사대상면적)+{단위면적당 평년수확량 ×(타작물 및 미보상면적+기수확면적)} − 수확량(전수조사) = {전수조사 수확량×(1 − 함수율)÷(1 − 기준함수율)}+{단위면적당 평년수확량×(타작물 및 미보상면적+기수확면적)} ■ 표본구간 단위면적당 수확량 = 표본구간 수확량 합계 ÷ 표본구간 면적 ■ 표본구간 수확량 합계 = 표본구간별 종실중량 합계 × {(1 − 함수율) ÷ (1 − 기준함수율)} ■ 기준함수율 : 콩(14%) ■ 조사대상면적 = 실경작면적 − 고사면적 − 타작물 및 미보상면적 − 기수확면적 ■ 단위면적당 평년수확량 = 평년수확량 ÷ 실제경작면적 • 미보상감수량 = (평년수확량 − 수확량) × 미보상비율 (또는 보상하는 재해가 없이 감소된 수량)
양파	수확량조사	수확직전	○ 피해율 = (기준수입 − 실제수입) ÷ 기준수입 • 기준수입 = 평년수확량 × 농지별 기준가격 • 실제수입 = (수확량 + 미보상감수량) × 최솟값(농지별 기준가격, 농지별 수확기가격) − 미보상감수량 = (평년수확량 − 수확량) × 미보상비율 (또는 보상하는 재해가 없이 감소된 수량) ○ 수확량 = (표본구간 단위면적당 수확량 × 조사대상면적) + {단위면적당 평년수확량 × (타작물 및 미보상면적 + 기수확면적)} • 단위면적당 평년수확량 = 평년수확량 ÷ 실제경작면적 • 조사대상면적 = 실경작면적 − 수확불능면적 − 타작물 및 미보상면적 − 기수확면적 • 표본구간 단위면적당 수확량 = 표본구간 수확량 ÷ 표본구간 면적 − 표본구간 수확량 = (표본구간 정상 양파 중량 + 80%형 피해 양파 중량의 20%) × (1 + 누적비대추정지수) − 누적비대추정지수 = 지역별 수확적기까지 잔여일수 × 비대추정지수

품목별	조사종류별	조사시기	피해율 산정방법
마늘	수확량조사	수확직전	○ 피해율 = (기준수입 - 실제수입) ÷ 기준수입 • 기준수입 = 평년수확량 x 농지별 기준가격 • 실제수입 = (수확량 + 미보상감수량) x 최솟값(농지별 기준가격, 농지별 수확기가격) - 미보상감수량 = (평년수확량 - 수확량) x 미보상비율 (또는 보상하는 재해가 없이 감소된 수량) ○ 수확량 = (표본구간 단위면적당 수확량 x 조사대상면적) + {단위면적당 평년수확량 x (타작물 및 미보상면적 + 기수확면적)} • 단위면적당 평년수확량 = 평년수확량 ÷ 실제경작면적 • 조사대상면적 = 실경작면적 - 수확불능면적 - 타작물 및 미보상면적 - 기수확면적 • 표본구간 단위면적당 수확량 = (표본구간 수확량 x 환산계수) ÷ 표본구간 면적 - 표본구간 수확량 = (표본구간 정상 마늘 중량 + 80%형 피해 마늘 중량의 20%) x (1 + 누적비대추정지수) - 환산계수 : 0.7(한지형), 0.72(난지형) - 누적비대추정지수 = 지역별 수확적기까지 잔여일수 x 비대추정지수
고구마	수확량조사	수확직전	○ 피해율 = (기준수입 - 실제수입) ÷ 기준수입 • 기준수입 = 평년수확량 x 농지별 기준가격 • 실제수입 = (수확량 + 미보상감수량) x 최솟값(농지별 기준가격, 농지별 수확기가격) - 미보상감수량 = (평년수확량 - 수확량) x 미보상비율 (또는 보상하는 재해가 없이 감소된 수량) • 수확량 = (표본구간 단위면적당 수확량 x 조사대상면적) + {단위면적당 평년수확량 x (타작물 및 미보상면적 + 기수확면적)} • 단위면적당 평년수확량 = 평년수확량 ÷ 실제경작면적 • 조사대상면적 = 실경작면적 - 수확불능면적 - 타작물 및 미보상면적 - 기수확면적 • 표본구간 단위면적당 수확량 = 표본구간 수확량 ÷ 표본구간 면적 - 표본구간 수확량 = (표본구간 정상 고구마 중량 + 50% 피해 고구마 중량 x 0.5 + 80% 피해 고구마 중량 x 0.2) ※ 위 산식은 표본구간 별로 적용됨

품목별	조사종류별	조사시기	피해율 산정방법
감자 (가을재배)	수확량조사	수확직전	○ 피해율 = (기준수입 − 실제수입) ÷ 기준수입 • 기준수입 : 평년수확량 × 농지별 기준가격 • 실제수입 : (수확량 + 미보상감수량 − 병충해감수량) × 최솟값(농지별 기준가격, 수확기가격) − 미보상감수량 = (평년수확량 − 수확량) × 미보상비율 (또는 보상하는 재해가 없이 감소된 수량) − 병충해감수량 = 병충해 입은 괴경의 무게 × 손해정도비율 × 인정비율 ○ 수확량 = (표본구간 단위면적당 수확량 × 조사대상면적) + {단위면적당 평년수확량 × (타작물 및 미보상면적 + 기수확면적)} • 단위면적당 평년수확량 = 평년수확량 ÷ 실제경작면적 • 조사대상면적 = 실경작면적 − 수확불능면적 − 타작물 및 미보상면적 − 기수확면적 • 표본구간 단위면적당 수확량 = 표본구간 수확량 ÷ 표본구간 면적 − 표본구간 수확량 = 표본구간 (정상 감자 중량 + (50%형 피해 감자 중량 × 0.5) + 병충해 입은 감자 중량) ※ 위 산식은 각각의 표본구간별로 적용되며, 각 표본구간 면적을 감안하여 전체 병충해 감수량을 산정 손해정도비율, 인정비율 = 470~471p 참조
양배추	수확량조사	수확직전	○ 피해율 = (기준수입 − 실제수입) ÷ 기준수입 • 기준수입 = 평년수확량 × 농지별 기준가격 • 실제수입 = (수확량 + 미보상감수량) × 최솟값(농지별 기준가격, 농지별 수확기가격) − 미보상감수량 = (평년수확량 − 수확량) × 미보상비율 (또는 보상하는 재해가 없이 감소된 수량) ○ 수확량 = (표본구간 단위면적당 수확량 × 조사대상면적) + {단위면적당 평년수확량 × (타작물 및 미보상면적 + 기수확면적)} • 단위면적당 평년수확량 = 평년수확량 ÷ 실제경작면적 • 조사대상면적 = 실경작면적 − 수확불능면적 − 타작물 및 미보상면적 − 기수확면적 • 표본구간 단위면적당 수확량 = 표본구간 수확량 ÷ 표본구간 면적 − 표본구간 수확량 = (표본구간 정상 양배추 중량 + 80% 피해 양배추 중량 × 0.2) ※ 위 산식은 표본구간 별로 적용됨

|저|자|소|개|

송 형 근

약력
- 중앙대학교 법정계열 행정학과 졸업
- 서울시립대학교 경영대학원 석사과정 졸업
- 서울시립대학교 경영대학원 박사과정 수료
- 손해평가사·공인중개사

손해평가사 2차 필기노트

초판 1쇄 인쇄 | 2024년 3월 28일
초판 1쇄 발행 | 2024년 4월 12일

지 은 이 송 형 근
발 행 인 이 재 남
발 행 처 (주)이패스코리아
　　　　　[본사] 서울시 영등포구 경인로 775 에이스하이테크시티 2동 1004호
　　　　　[학원] 서울시 종로구 청계천로 35 관정빌딩 6층
전　　화 02-722-0533 팩스 070-8956-1148
홈 페 이 지 www.sonsakorea.com
이 메 일 edu@epasskorea.com
등 록 번 호 제318-2003-000119호(2003년 10월 15일)

※ 잘못된 책은 교환해 드립니다.
※ 이 책은 저작권법에 의해 보호를 받는 저작물이므로 무단전재와 복제를 금합니다.
　본교재의 저작권은 이패스코리아에 있습니다.